YANGLAO GUWEN
ZHIYEHUA SUZAO

养老顾问职业化塑造

上海市养老服务行业协会 编

中国社会出版社
国家一级出版社·全国百佳图书出版单位

图书在版编目（CIP）数据

养老顾问职业化塑造／上海市养老服务行业协会编．—北京：中国社会出版社，2021.6

ISBN 978－7－5087－6507－5

Ⅰ.①养…　Ⅱ.①上…　Ⅲ.①养老—社区服务—研究—上海　Ⅳ.①D669.6

中国版本图书馆 CIP 数据核字（2021）第 037316 号

书　　名：养老顾问职业化塑造

编　　者：上海市养老服务行业协会

出 版 人：浦善新

终 审 人：李　浩

责任编辑：张　杰

出版发行：中国社会出版社　**邮政编码：**100032

通联方式：北京市西城区二龙路甲 33 号

电　　话：(010) 58124853　58124815

网　　址：www.shcbs.com.cn

shcbs.mca.gov.cn

经　　销：各地新华书店

社工图书专营店

印刷装订：北京华创印务有限公司

开　　本：185mm×260mm　1/16

印　　张：24.25

字　　数：500 千字

版　　次：2021 年 6 月第 1 版

印　　次：2021 年 6 月第 1 次印刷

定　　价：88.00 元

中国社会出版社微信公众号

序

上海是我国最早进入人口老龄化的地区之一。截至2020年底，上海市60岁及以上老年人口533.49万，占总人口的36.1%；户籍人口预期寿命达83.67岁，百岁及以上老年人口共3080人，上海已成为名副其实的“长寿之城”。老年人口的增加，平均寿命的延长，既是上海经济社会快速发展的成果，也是人民群众生活水平不断提升的见证。

习近平总书记强调，城市是人民的城市，人民城市为人民。上海始终坚持以人为中心的发展理念，加强顶层设计和系统谋划，不断探索和完善符合特大型城市特点的养老服务体系，并在全国率先提出“9073”养老服务格局及“五位一体”养老服务体系，不断探索完善养老服务发展的“上海模式”，也为全国建立新型养老服务体系提供重要经验。经过多年积累，上海养老服务已呈现出设施齐全、品类丰富、供给充足等显著特点：养老服务设施多，截至2020年底，已建有729家养老机构、204家社区长者照护之家、320个社区综合为老服务中心、758家老年人日间服务中心、1232个老年助餐服务场所等，各类养老设施星罗棋布；养老服务品种多，机构托养、社区助餐、嵌入式服务、医养结合、精神慰藉、体养结合等，多种养老服务类型丰富；养老服务政策多，从“补供方”到“补需方”，从部门政策到地方立法，从建设财力的投入到具体的服务补贴等，各项养老政策和制度举措日益完善。上海养老服务已迈入了从“量的发展”到“质的提升”的全新阶段。

面对养老服务新模式、新设施的不断涌现，老年人对身边的养老服务资源不了解、不熟悉以及供需信息不对称等问题也日渐凸显，成为上海养老服务实现再次跨越的新挑战。立足于让群众更方便、更快捷地获得优质服务，上海在全国创新设立了社区“民生顾问”制度，搭建起基层为民服务的供需对接平台，体现了党的群众工作的基本要求和以人民为中心的宗旨，将全心全意为人民服务做到实处、做到基层，使城市更有温度，做强做实民生工作的软实力。2018年，上海市率先推出了“养老顾问”服务模式，促进养老服务供需信息的精准对接和养老服务资源的优化分配，并进一步开拓“空中养老顾问”新形式，上海市民政局与上海人民广播电台联合打造“市民政务通－空中养老顾问”专栏节目，在节目现场答疑解惑。自实施以来，上海市共设立3000余家养老顾问点，经过培训的养老顾问员4000余名，累计服务群众21万人次，为广大市民尤其是老年朋友提供了诸如养老服务资源介绍、老年人福利政策指导、养老服务方案制订、家庭养老支持等多项服务，受到全市老年人及其亲属的一致好评，被评价为上海养老服务的“个性管家”和“私人定制”，帮助上海老年人寻找养老服务如网购一样方便。

“养老顾问”是一项需要爱心、恒心、细心和责任心的工作，承担着“宣传养老政策，连接政府；推荐养老服务，连接市场；整合社会资源，连接社区；支持家庭养老，连接家庭”的职责使命。为此，上海始终加强对“养老顾问”队伍的培训，要求“养老顾问”做到“三个首先”，即：首先了解养老政策，为老年人提供精准化的服务建议；首先了解养老设施和布局，为老年人寻找到最适合的服务载体；首先懂得换位思考，从老年人及其家庭出发，提供个性化服务方案。

本书在认真梳理上海养老服务体系建设历史经验的基础上，通过科学界定“养老顾问”的基本概念、主要职能、工作特征等要素，给“养老顾问”绘制出逼真的“画像”，以“市场调研→资源分析→需求评估→方案拟订→方案实施→跟踪评价→方案优化”的工作流程，向读者展示出新时代“养老顾问”的动态立体全息形象，并提出了今后提高“养老顾问”综合素质的路径选择及未来的发展方向。本书的编辑出版，相信会对“养老顾问”团队或即将踏入养老顾问的专业人士大有裨益，为其提供很多鲜活案例和专业支撑，也将为支持养老顾问的政府部门、专业机构或科研团队提供上海实践经验。

养老服务永远在路上。让每一位老年人安享晚年，是全社会的共同心愿。让我们在新的阶段和新的起点上，不断推动养老服务的创新发展，让每一位老年人在晚年生活中健康、长寿、幸福、快乐。

二〇二一年三月·上海

前　言

上海自2018年在全国率先推出了“养老顾问”制度，为配合“养老顾问”队伍培训工作的顺利开展，上海市养老服务行业协会组织在养老管理与服务领域具有深厚理论研究的学者和丰富实践积淀的专家编写了《养老顾问职业化塑造》，旨在加强养老顾问队伍建设，扩大养老顾问队伍规模，进一步提高养老顾问的整体素质，从而促进积极老龄化背景下的养老事业健康发展。

全书共分为五章，以养老顾问职业能力建设为内在逻辑主线，梳理了养老顾问制度产生的背景、养老顾问的主要工作内容、养老顾问的主要能力要求和职业能力建设路径，在解读养老核心政策制度的基础上，围绕养老服务供应与需求，对养老顾问从业人员必备的市场调研、资源分析、需求评估、方案拟订、方案跟踪、方案评价、方案优化等业务能力进行分析，阐述了养老顾问工作理论依据、政策支持、基本方法和主要技巧，并通过案例分析加强了养老顾问实务的阐释。

本书在归纳养老政策制度和养老服务体系建设的基础上，阐述了养老顾问职业道德建设和能力建设的路径，在分析“养老服务的个性化与多元化，全年龄人口的提前规划，养老服务的人工智能化”发展趋势的基础上，对养老顾问制度前景及养老顾问潜能的开发以及养老顾问工作的拓展提出了要求。本书在编写过程中兼顾知识性和系统性，致力于把握以下原则并体现出本书理论与实务相结合的特色：

一是针对性。针对现代养老服务的要求和养老顾问功能的发挥，以提高养老顾问的实践能力为主线，综合考虑养老顾问工作的理论知识、职业观念和实践能力三者之间的关系，全面、系统地阐述养老顾问工作的基本知识和基本操作，为养老顾问制度的发展和推广奠定了基础。

二是实用性。在理论和技术上既继承我国养老服务与管理的优秀传统，又吸收国外的先进经验，以适应新时代养老服务与管理及未来发展的需要，以推进养老顾问制度和发挥养老顾问功能为目的，阐述了提升养老顾问综合素质的路径，指出了养老顾问制度发展方向和养老顾问能力建设的目标。

三是新颖性。注重从养老服务供应与需求两方面，统筹考虑养老顾问制度的发展和养老顾问的能力建设，对养老顾问制度的实施进行了系统而完整的论述。在内容选择上，突出贴近养老需求的社会实际；在文本形式上，适当配以图表和案例，有助于读者更好地理解养老顾问制度内涵和养老顾问从业人员能力提升的理论和实务，以期密切学习主体与知识和技能的联系。

本书在编写过程中，力求概念精准、文字简练、内容充实、图文并茂、突出技能，融养老顾问工作的理论性、操作性和规律性为一体，既具有一定的思想性和理论指导性，又具有较强的可读性和实际操作性，对一线养老顾问从业人员、养老服务与管理相关工作人员的学习，以及高等院校养老服务与管理专业教学，都具有一定的理论指导与实践借鉴意义。

本书由上海市养老服务行业协会组织编写，撰写分工如下。

第一章：杨宝祥；

第二章：胡苏云、杨晓萍、杨宝祥、余旭娇；

第三章：郑涛；

第四章：杨雅；

第五章：刘长松、杨宝祥。

多年从事养老教育培训和实务工作且具有扎实理论功底和丰富实践经验的杨宝祥教授负责全书的统稿。在本书编写过程中，蒋蕊、陈跃斌、蔡怿晖、赵莉娟、殷志刚、李侠、罗洋等提供了大量的参考资料，并在初审中提出了修改建议。

本书的理论研讨、实地调研、组织编写和正式出版，得到了上海市民政局和上海市养老服务发展中心的大力支持，上海市民政局局长朱勤皓专门为本书作序，上海市养老服务行业协会、上海闵行区恒研为老服务中心、上海乐邦养老服务有限公司等机构给予了大力支持，在此致谢！

徐启华

二〇二一年三月·上海

目 录

第一章　养老顾问职业素养与能力建设

基本要求

通过本章的学习，您应能够：

1. 理解养老顾问的基本内涵及其职业素养；
2. 熟悉养老顾问的职责使命及其角色定位；
3. 熟悉养老顾问的职业道德及其建设途径；
4. 掌握养老顾问的素质能力及其提升途径。

核心概念

养老顾问；职业道德；能力建设

导入案例

上海首创“养老顾问”呵护“大城养老”①

一个特大型城市，养老需求必然是多元的。2018 年 5 月，创制性的“养老顾问”在申城应运而生。社区养老服务越来越精细化，“养老顾问”不断升级迭代。

制度：供需对接服务到家

“养老顾问”本质上是一种制度。“上海首创的养老顾问制度，被写入国家文件，在全国推广。”市民政局局长朱勤皓说。2018 年 5 月，申城试点推出“养老顾问”制度，在街镇普遍设立养老顾问点，面对面为市民提供政策咨询、资源链接、个性化养老方案订制等服务，畅通养老服务信息，打通养老供需对接，主要涉及三种类型：街镇顾问点设立在街道综合为老服务中心或者分中心，依托现有的工作力量以及街镇其他养老工作管理人员作为养老顾问；村（居）顾问点设立在居（村）委会，依托居（村）委成员作为养老顾问；专业机构顾问点设立在社区专业养老服务机构，机构管理或者服务人员作为养老顾问。全市 2018 年分两批共推出 104 家社

① 姚丽萍. 上海首创“养老顾问”呵护“大城养老”［N］. 新民晚报，2019－11－14（4）.

区“养老顾问”点，培训了200多名“养老顾问”，服务老年人近万人次；“上海综合为老服务平台”运用大数据平台和智能化分析推荐技术，重点开发线上“智能养老顾问”，为老年人提供自主查询、智能向导服务。迄今，全市共有街镇顾问点254处，已实现街镇全覆盖，并逐渐向居（村）延伸，共有1687处、2486名养老顾问，年服务可达10万人次。作为一种制度创新，“养老顾问”的目标是——打通养老服务供需对接的“最后100米”。一年来，“养老顾问”制度在申城社区的探索让养老服务方便可及，助力多样化、精准化、专业化、智能化的居家养老服务体系，使居家养老服务水平不断接近机构养老。

调度：分时分区长者优先

老年助餐点并不稀奇。如果一个老年助餐点，既服务老年人，也服务社区白领，那就不寻常了。近日，五里桥街道老年食堂正式开张了。这个开在蒙自路、中山南路路口的老年食堂，其中一个规则是长者优先，食堂通过“分时分区”保证老年人优先享受就餐服务，社区不同年龄段、不同经济条件的老年人可通过办理就餐卡享受特定的优惠，社区老年人可向户籍所在地居委会提出申请，居委审核无误后出具用餐证明，老年人凭用餐证明即可在社区食堂办理优惠。重阳节等特定节假日，街道通过五里桥城市爱心共助会等社会组织开展爱心活动，向特定对象免费送餐或提供优惠。

老年食堂的开办，既满足了不同群体需求，特别是老年人的需求，也保障了公益事业可持续。原本，街道只为食堂提供免费场地，补贴直接发给老年人，食堂要持续提供服务，就得靠自身造血，而市场化的白领就餐让这个老年食堂有了造血能力。“我们设立这个老年食堂的逻辑是——创设一个平台，资源共享，让养老事业可持续。食堂就是一个养老平台，有限的政府补贴要直接发给老年人，让老年人有实实在在的获得感；食堂经营方一边公益服务老年人得到政府扶持，一边有机会从事市场经营保障盈利发展；社区白领得到就餐便利，也间接参与社区为老事业。”五里桥街道党工委负责人说。这样的“养老逻辑”同样用于“养老顾问”小程序。

4个月前，五里桥街道“养老顾问”小程序问世。这款特供辖区老年居民、社区工作者的线上社区养老服务咨询系统，整合了各种为老服务资源，举凡政策法规、社区活动、社区服务、机构服务、筛查评估等各类社区为老服务信息，都分门别类进入“养护清单”。这个小程序的最大优势是汇集资源、便利共享。通过一键生成“养护清单”，就可以一站式浏览社区各类养老信息资源，完成养老服务咨询、预约；社区各个养老顾问点上的社区工作者也可以通过小程序服务老人，一站受理，让老年人更便利地申请各项服务。因为“养老顾问”小程序，无论是服务老年人，还是老年人接受服务，都变得便捷高效。

温度：精准定位个性定制

人老了，身体弱了，自尊心常常会变得很强，需要什么也不说，时间久了，老年人好像真的忘了自己需要什么。高龄老人究竟需要什么样的服务？“养老管家”会通过细心观察，借用大数据分析，发现并满足需求，提高养老品质。瑞金二路街道地处衡复（衡山路—复兴路）历史风貌保护区，辖区老龄人口多、服务需求大、服务空间小。有温度的社区养老，一定是善于发现需求的。瑞金二路街道结合前期数据分析，整合养老服务资源，推出“乐安家园”养老服务包，为每位纳入标准化管理的居家老年人提供包括“养老管家”在内的五项基本服务，按照每30位老年人对应一名“养老管家”的比例配备。

“养老管家就是养老顾问的升级版，管家要主动发现需求，满足需求。”市人大代表、瑞金二路街道办事处一位负责人说。养老管家收集数据，分析数据，推进智能化养老，能够真正让养老服务因地制宜、各取所需。一位独居的80多岁的沈老先生，怕麻烦子女，就算很想念，他也绝不会主动打电话要孩子回家。智能床垫传输到“养老管家”系统的老年人睡眠质量监测表明，一段时间以来质量不佳，养老管家马上上门跟老年人聊天，谈话中老年人常常提到孩子。于是，养老管家电话通知老年人的孩子赶紧回家看看。小辈这才意识到，老爸其实没那么坚强，要常回家看看。

如何更精准地发现老年人的需求并满足需求？“养老管家”团队一体化管理，为每一位加入“乐安家园”的老年人定制个性化的养老服务包，涵盖了“医食住行”：医，以长护险和家庭医生上门服务为重点，为更多老年人提供家庭医生上门服务，持续拓宽符合条件老年人长护险享受范围；食，以多层次助餐供给为重点，根据供应商差别和不同的市场运行机制，形成不同价格层次和老年人“自行选择—公益站统一汇总—服务方统一配送”差异化服务模式，给老年人以更多选择；住，以环境改善、适老化改造、辅具租赁、家政服务为重点，结合街道精细化管理和环境整治工程，改善老年人生活环境，提供更适老的服务设施，提高老年人获得感、幸福感；行，以移动爬楼机上下楼和出行移动服务为重点，持续解决老年人出行问题。

第一节　养老顾问职业分析

人口老龄化是指老年人口在人口总体中的比重逐渐增加的过程，特别是指在年龄结构类型已属年老型的人口中，老年人口比重继续上升的过程。一般认为，当一个国家或地区60岁或者65岁以上人口所占比例分别达到或超过总人口数的10%和7%，则社会进入老龄化。人口老龄化是世界性问题，对人类社会产生的影响是深刻而持久的，满足数量庞大的老年群众多方面需求、妥善解决人口老龄化带来的社会问题，事关国家发展全局，事关百姓福祉。我国自1999年步入人口老龄化社会以来，日益呈现老年人口基数大、增长快，需要照料的失能、半失能老年人比例高等态势，高龄化、空巢化趋势明显，人口老龄化对我国经济、社会、文化等方面的影响逐渐凸显出来。我党历来高度重视老龄工作，相应对人口老龄化、加快建设社会养老服务体系、发展养老服务产业等提出明确要求。各地区各部门加大投入、扎实行动，积极推动老龄事业发展，应对人口老龄化工作取得了显著成效。同时，在政策措施、工作基础、体制机制等方面还存在明显不足，同广大老年人过上幸福晚年生活的期盼差距较大。让每一位老年人都能够“老有所养、老有所医、老有所教、老有所学、老有所为、老有所乐”，为他们提供高质量的服务，安享晚年生活，尤为重要。党的十九大报告提出“构建养老、孝老、敬老政策体系和社会环境，推进医养结合，加快老龄事业和产业发展”，为新时代中国特色养老事业指明了方向。

一、养老顾问的基本内涵

尊长敬老是中华民族优秀传统文化的重要组成部分。古人把尊敬老年人提到安邦治国的高度，《礼记·乡饮酒义》“民知尊长养老，而后乃能入孝弟；民入孝弟，出尊长养老，而后成教；成教，而后国可安也。”国家将敬老纳入社会制度的范畴并作出详细规定，包括制定礼遇老年人的法律、举办敬老庆典、落实养老制度等，甚至老年人行路的辅助工具都考虑到，《礼记·王制》有“五十杖于家，六十杖于乡，七十杖于国，八十杖于朝”的记载，其中“杖”的使用意义在于体现优老之礼。政府的大力提倡，加上民间的积极响应，尊老敬老逐渐演变为一种民族品德与文化传统。

（一）养老顾问的基本概念

“顾问”一词，有“咨询、询问”之意，如“诛赏制断，无所顾问”（《韩诗外传》卷七），“时上阴欲废立，得其言，是之。由此，每被顾问”（《北史·艺术传上·萧吉》）；也有“存问、慰问”之意，如“其夫人贺拔氏寝疾，中使顾问不绝”（《北史·高颎传》），“翃从希逸入觐京师，至龙首岗，见柳氏在辎軿中。两情顾问，悲不胜情”（宋罗烨《醉翁谈录·韩翃柳氏远离再会》），“远劳顾问，喜泪交并”（清代蒲松龄《聊斋志异·王六郎》）。“顾问”在古代指供帝王咨询的侍从之臣，有事则询问，多指执政者对近臣的谘商询问。如“顾问冯唐，与论将帅”（《汉书·匈奴传赞》），“旧俗常以衣冠子孙，容止端严，学问通览，任顾问者，以为御史”（汉代应劭《风俗通·十反》），“皆欲置于左右，顾问省纳”（《后汉书·章帝纪》），“臣无陆生之才，不在顾问之地”（《晋书·段灼传》）。清末于弼德院置顾问大臣32人，掌参预机密事务，并审议“洪疑大政”。现多指具有某方面专门知识，供个人或机关团体咨询的人，可以把“顾问”理解为一个职位，泛指在某件事情的认知上达到专家程度的人，例如品牌顾问、法律顾问、投资顾问、工程顾问、理财顾问等；

也指受聘充当领导者参谋角色或继续担任业务工作的离（退）休干部。

根据上海市民政局发布的《关于开展社区“养老顾问”试点工作的通知》（沪民老工发〔2018〕7号），社区“养老顾问”是由政府组织实施，利用各类养老服务设施、机构和人员等资源，为市民特别是老年人寻找养老服务提供便利、指导和支撑的一项便民服务工作。上海试点推出的“养老顾问”制度，在街镇普遍设立养老顾问点，面对面为市民提供政策咨询、资源链接、个性化养老方案定制等服务，畅通养老服务信息，打通养老供需对接。

“养老顾问”的概念目前还没有一个统一的界定和定义，不同的关注角度对“养老顾问”的理解也不同，但养老顾问的工作内容总是围绕养老供需而开展的。广义的“养老顾问”是为满足老年群体的养老需要而在养老政策制度解读、养老资源推荐以及协助制订养老方案等方面开展相关服务的制度、人员和具体措施。狭义的“养老顾问”则是以老龄工作理论为指导，应用社会管理与服务的方法和技巧，调动各类可利用的资源，对存在困难的老年群体提供的专业养老服务咨询。

（二）养老顾问的产生背景

中国特色社会主义进入新时代，社会主要矛盾已经转化为人民日益增长的美好生活需要和不平衡不充分的发展之间的矛盾。随着社会经济的迅速发展、服务型政府建设的持续推进以及政府“放管服”改革的深入，国家对民生保障事业日益重视，民众的需求不断提升且更加多元化、多样化。

面对空前旺盛的养老需求，充分满足老年人多样化的养老需求，需要社会加大优质养老服务供给，为老年人提供更多更优质的养老服务。养老服务供给体系的完善体现在养老政策体系化与养老资源的丰富化，但政策的体系化伴随着复杂化，资源的丰富化伴随着碎片化。近年来，养老服务行业快速发展，各地特别是一些大城市针对老年人的养老服务越来越多，各种形式的养老服务机构、项目、产品，在互联网、自媒体时代，老年人对应接不暇的养老信息产生“信息选择”的困惑，特别是在基层，有很多老年人对身边的养老服务资源不了解、不熟悉，导致供需信息不对称等问题，不仅老年人难以享受到这些养老服务，养老服务也难以做到合理调度、优化配置。养老服务供应与养老需求的不匹配制约了养老服务的可及性，使社会养老服务的“养老”作用大打折扣。因此，有必要在养老服务的需求方与供给方之间建立一个协调机制，在其中进行“调配”并将这些养老服务切实提供给老年人的“养老顾问”应运而生。“养老顾问”制度的创设，旨在实现让老年人都能享受到适合自己的优质养老服务的目标：打破养老服务资源的“信息壁垒”，为老年人提供更多咨询服务和选择空间；在大力推进社区养老的过程中，“养老顾问”可以结合老年人的实际情况提供更加精准的个性化养老服务；将老年人在养老过程中的困惑和需求化解在社区，减轻相关政府部门和养老机构的压力，使他们能够将更多时间和精力用在提高服务质量和扩大保障范围上。

（三）养老顾问的发展历程

养老顾问是随着社会养老需求而产生，并随着需求的不断变化与养老市场变化而发展的。

1. 上海首创

上海市自1979年进入老龄化社会，针对遇到的问题和挑战率先开展了许多探索和实践，养老服务体系建设日趋完善，养老公共服务资源层层叠叠且日益充盈。截至2017年底，全市已建有703家养老机构、154家社区长者照护之家、180家综合为老服务中心、640家老年人日间服务中心、334家社区居家服务组织等，各类养老设施星罗棋布；服务品种多，社区助餐、机构托养、精神慰藉、医养结合，多种养老服务类型丰富；养老政策多，从部门政策到地方立法，从“补供方”到“补需方”，从建设的财力投入到具体的服务补贴，各项养老政策和制度举措日益完善。上海养老服务已迈入从“量的发展”到“质的提升”的全新阶段。

（1）“养老服务包”体现了养老服务供应日益成熟。

上海市2016年在中心城区重点推广“长者照护之家”，建成嵌入式、多功能、小型化社区养老设施，为老年人提供就近、便利、综合的养老服务。在郊区和农村地区，鼓励发展以村民小组为单位的“宅基睦邻点”推动互助式养老，通过建设社区为老服务综合体，提供“一站式”综合为老服务。为推进社会养老服务体系和老年宜居社区建设，进一步方便老年人获取养老服务，上海市老龄办结合基层实践探索成果，于2016年9月6日印发了《推行“养老服务包”工作实施方案》（沪老龄办发〔2016〕17号），明确指出推行“养老服务包”工作是推进全市社会养老服务体系和老年宜居社区建设，进一步方便老年人获取养老服务的重要举措，对于促进养老基本公共服务均等化、提升老年人的获得感、改进政府公共服务方式具有重要意义。

养老服务包主要指面向各年龄段、各类经济状况和身体状况的老年人，通过对辖区内各类养老服务设施和项目以及其他为老服务资源进行分类梳理、整合链接，形成体系完整、内容清晰的服务清单和服务指引，让老年人可知、可选、可用、可及，做到“一包在手、养老无忧”。养老服务包涵盖了所有老年人的基本需求及多样化需求，包括生活照料、医疗护理、康复保健、精神慰藉、文体娱乐、紧急救援、法律维权等。根据老年人需求、社会供给能力以及信息获取方式等，养老服务包具备服务对象类别、服务设施类型、服务项目内容、服务提供属性、服务收费管理、服务获取渠道等基本要素。上海市于2016年9月选取42个街镇进行“养老服务包”试点，依托综合为老服务中心形成“全市通用版+社区特色版”的“养老服务包”。在“养老服务包”应用平台建设方面，通过加快建设社区综合为老服务中心，充分发挥中心实体的枢纽作用以及信息化平台的网络优势，为养老服务包应用提供支撑。以社区综合为老服务中心为平台，整合、汇聚、公开服务资源，对接服务机构和服务组织，并委托热线服务平台提供服务，实现各类为老服务可查询咨询、可受理派单、可转介跟踪。养老服务包在形式上采用涵盖各类为老服务需求的“综合服务包”，逐步扩大服务内容和服务领域，并根据制度变化不断丰富优化养老服务包。在内容上各街镇形成各具特点的“社区特色版”，上海市民政局重点聚焦养老基本公共服务，确定“全市通用版”服务包的内容，促进养老服务的规范化。通过专业评估，针对老年人的不同特点，推出个性化配套服务，并把服务项目菜单化、可点选，尊重了老年人对服务的自行选择，让养老服务更精准，并保证了服务的公平性。街道为老年人设立“一人一案”，并引进社会组织，由第三方专业机构与老年人家属签约，家属可根据各自需要勾选服务内容。街道里每位重度失能失智又不属于低保低收入的困难老年人，每月个人只需支付费用的10%，有效对接了上海市全面推出的“长期护理保险”制度。

“养老服务包”的试点工作突出其针对性、实用性，为老年人提供统一、透明、可及的养老服务，并产生了初步效果：一是提升了老年人的获得感。养老服务包着眼于满足老年人的实际需求，聚焦失能人群，兼顾健康人群，明确养老服务的基本内涵，内容直观、途径简明，提高了养老服务的可及性和便利性。二是促进养老基本公共服务均等化。“养老服务包”明确基本养老服务内容和相关政策，增强透明度和规范性，逐步形成“全市通用版”和“社区特色版”。三是改进基本养老公共服务方式。“养老服务包”整合各类为老服务资源，建立服务路线图，接受老年人及社会各界的监督。

(2)“养老顾问”实现了养老服务供需的有效衔接。

为了缓解社会养老服务压力逐年增大的状况，上海市相继制定并完善了一系列养老服务新政及措施，养老公共服务“家底”越来越厚实。为了让老年人了解、熟悉身边的养老服务资源，使供需信息得以对称，在“养老服务包”试点的基础上，2018年4月20日，上海市民政局发布了《关于开展社区“养老顾问”试点工作的通知》(沪民老工发〔2018〕7号)，推出了旨在为老年人解读相关政策、介绍养老服务资源、推荐适合的养老服务项目的社区“养老顾问”，标志着上海市在全国首创社区“养老顾问”的社会养老服务全新举措。为了不断满足老年人日益增长的美好生活需要，解决养老服务供需对接的“最后一公里”问题，提升养老服务精准化水平，明确了“促进养老服务供需信息对称，为市民提供养老政策咨询、办事指南、服务推介等；推动养老服务资源优化分配，为有需求的老年人形成养老服务建议清单，链接服务资源；推动社会治理重心下移，通过基层顾问点的设立，增强基层组织服务能力，提高基层社会治理水平”的基本目标，提出了开展“养老顾问”工作“以人为本，服务群众；分类推进，分步实施；政府主导，公益为先”的基本原则，在政府组织和推动下，根据实际情况，逐步在街镇、居村、专业机构设立顾问点，依托现有设施、机构、人员，以志愿的形式兼职参与顾问点服务，以需求为导向，为老年人提供全方位的个性化养老服务。

鉴于街镇综合为老服务中心的条件已相对成熟，上海市首批68家社区“养老顾问”点均设在街镇综合为老服务中心内，依托中心现有工作力量以及街镇其他养老工作管理人员提供顾问服务，把“养老顾问”下沉到基层，以方便老年人。居（村）顾问点设立在居（村）民委员会办公接待场所内，依托居（村）民委员会成员，参照“全岗通”模式提供顾问服务。专业机构顾问点设立在社区专业养老服务机构内，依托机构管理或服务人员提供顾问服务。在“养老顾问”基础上，在街镇、居村等层面推出一系列“社区民生顾问”制度，在民生需求和民生保障政策之间架起直接沟通的桥梁和机制，更有针对性地满足群众的个性化需求，进一步畅通为民服务的“最后一公里”。

社区“养老顾问”试点工作作为上海推动社会治理重心下移的新举措，“养老顾问”以基层从事养老服务的工作人员为主，扎根在社区，将老年人急难愁问题解决在基层，以提升基层的凝聚力。社区“养老顾问”的服务分为基本服务和拓展服务两类。“养老顾问”的基本工作内容是养老服务资源介绍（包括辖区内养老机构、社区托养机构等各类养老服务设施以及各类居家养老服务项目等信息）、老年人福利政策指导（包括养老服务补贴、长期护理保险等养老基本公共服务以及老年人享受各类福利政策的指导和办事指南）。顾问点可根据社区老年人需求进行拓展，提供各类养老服务供需对接服务，包括制定养老服务清单（开发和推介适合不同老年人特点的“养老服务包”或养老服务项目手册等）、家庭养老支持（包括家庭护理知识讲座和技能培训、老年康复辅具用品推介、居室适老化改造指导等），并组建顾问团队到社区做巡回宣传介绍等。

（3）“养老顾问”试点进一步健全了养老服务体系。

“养老顾问”制度体现资源对接的功能，就是利用各类社会服务设施、机构和人员等资源，为老年人寻找养老服务提供支撑，让“养老顾问”帮助老年人分析服务需要，到哪里去找到合适、匹配的服务，使养老供需信息对称、养老资源分配优化。上海设立的首批68家社区“养老顾问”试点，主要是为老年人提供养老相关信息、资源和建议，旨在帮助老年人分析自己需要什么样的服务，做老年人的“包打听”和“全知道”，通过“养老顾问”为老年人提供养老服务资源，起到桥梁作用。“养老顾问”咨询点设在街镇综合为老服务中心，集老年人日间服务中心、社区卫生服务站、乐龄家园助老服务站及老年人助餐服务于一处，服务需求较大。社区“养老顾问”从更加专业的维度为老年人出谋划策，把老年人的养老事务安排得更科学。“养老顾问”是一个新鲜事物，有效地打破“信息壁垒”，让更多养老服务机构信息从“雾里看花”走向“明白清晰”，通过“养老顾问”更加专业化的宣导，让更多老年人有更多选择性和对比性。“养老顾问”的价值就在于可以根据老年人的差异需求，提供“精准帮助”，帮助有需要的老年人选择适合自己的服务形式，让老年生活更有品质，让养老服务的资源合理配置。“养老顾问”有效减轻了养老机构回应养老需求咨询的压力，让养老机构可以有更多时间和精力提升服务品质。

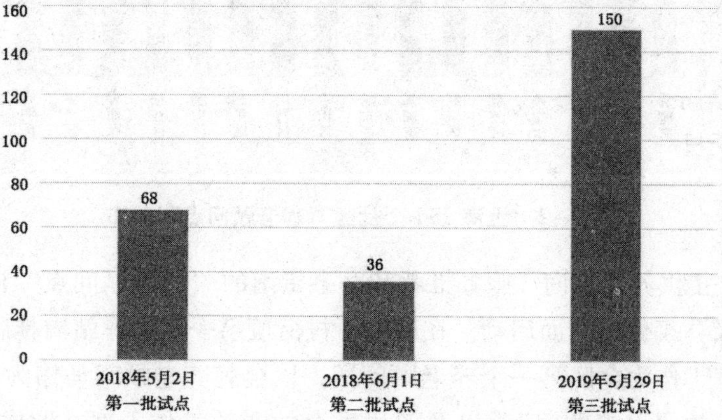

图 1－1　上海市三批社区“养老顾问点”统计

一是社区养老顾问试点稳步增加并下沉至居村，实现街镇全覆盖。2018 年 6 月 1 日，上海市推出第二批 36 家社区养老顾问点（全市社区养老顾问点达 104 家）。设在社区公共空间的养老顾问点像一个个“政策弹窗”，老年人点进“页面”便能获得精准的、个性化的养老信息。“养老顾问”作为政策的遴选者和传播者，有“私人定制师”的职能，也是城市养老服务发展的“活地图”。2019 年 5 月 29 日，上海市推出第三批社区养老顾问点 150 家（全市社区养老顾问点达 254 家）并实现了街镇全覆盖。在上海民生政策和为民服务网络从“有”到“密”的过程中，最关键的一环就是及时回应群众诉求，向群众解释好政策、让群众了解好政策，建立公共信息和民生问题的收集和反馈机制。在街镇普遍设立养老顾问点，扎根基层社区，面对面为市民提供政策咨询、资源链接、个性化养老方案定制等服务，为群众提供精细化服务，通过进一步拓展“顾问”服务内容，更有针对性地满足群众的个性化需求，提升民生服务质量，体现城市发展温度。特别是围绕加强社区养老服务工作对标高品质、高质量发展要求，全面推进社区养老服务体系建设，增强老年人的获得感、幸福感、安全感，让养老服务方便可及，真正打通了养老服务供需对接的“最后 100 米”。

二是社区养老顾问试点积极探索养老服务模式，提供管家式服务。虹口区作为上海老龄化程度最高的城区，截至 2018 年底，80 岁以上老年人口近 5 万人，其中有很多存在“走不出家门”的困境。2019 年 3 月 13 日，四川北路街道山一居民区和中州居民区挂上了“养老顾问点”的铭牌，作为第一批居委层面的养老顾问点，

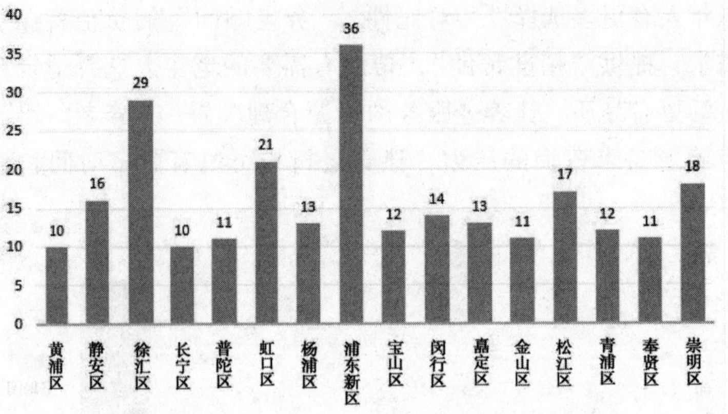

图1-2 上海254个社区"养老顾问点"分布

标志着为居民提供养老咨询、服务推荐和办事指南的"养老顾问点"向居委会延伸的全面"升级"工作的全面启动。在凉城新村街道第一市民驿站内挂牌的"养老顾问马伟工作室"作为全区第一个养老顾问团，以金牌养老顾问马伟为领衔人，携8位常驻顾问点的"养老顾问"，以及各居委会的老龄工作干部，形成"1+8+N"的养老顾问团队，改变了以往仅有5位养老顾问为辖区内近3万老年人服务的状况。养老顾问团队的成立，既减少了居民的路途奔波，又扩大了"养老顾问"的服务覆盖面。对于那些行动不便的老年人，"养老顾问"会主动上门提供"管家式"养老服务，服务内容从"陪医"到"买菜"多种多样，努力实现"贴身服务一厘米"的目标。全区从建立服务清单、拓展服务功能、设立评级标准和创新奖补措施等方面入手，把"管家式"养老顾问工作做实、做深。

古美路街道是闵行区第一家在社区居委会全面覆盖"养老顾问"的街道，率先将养老顾问点延伸到了"家门口"，把原先设立在街道综合为老服务中心的"养老顾问点"下沉到39个居委会，把"单兵作战"提升为"顾问团"服务的新模式。古美路街道积极探索建立了"1+1+N"的养老顾问服务体系，即以街道综合为老服务中心为平台，设一个总管家；以居委会为平台，设一名养老顾问；以居民区为平台，培育一批社区为老服务志愿者。"一中心、多网点、全覆盖"的社区养老顾问服务网络，于2019年开始在古美路街道布局，并试行古美养老顾问"八个一"工作法，即一站式受理、一热线应答、一资源配送、一服务手册、一方案定制、一对一跟踪、一月度巡宣、一网格化管理，构建多层次的社区养老服务体系，从被动接受到主动出击，解决了现有"养老顾问"服务难以覆盖的问题。从解决养老服务"最后一公里"到"最后两百米"，为社区老年人提供丰富、便捷、体贴而又多样化、精细化、专业化的养老服务。

2019年8月23日，五里桥街道养老顾问2.0升级启动，主要体现在以下几个方面的提升：其一，科技助力，开发养老顾问小程序。五里桥街道养老顾问专属服务

Logo 及养老顾问微信小程序二维码，是一款特供辖区老年居民、社区工作者的线上社区养老政策、服务咨询系统，整合了各种为老服务资源，凡政策法规、社区活动、上门服务、社区服务、机构服务、筛查评估等各类社区为老服务信息，都分门别类进入“养护清单”。小程序汇集资源，便利共享，通过一键生成“养护清单”，就可以一站式浏览社区各类养老信息资源，完成养老服务咨询、预约；同时开放了养老顾问权限，允许养老顾问用一部手机为多名老年人生成养护清单。社区各个养老顾问点上的社区工作者也可以通过小程序服务老年人，一站受理，让老年人更便利地申请各项服务。其二，队伍升级，扩容服务站点全覆盖。五里桥街道养老顾问服务点和志愿者队伍同步发展壮大。社区养老顾问进站点、进居委、进中心、进家庭的“四进”模式，让老年人可以随时随地进行咨询。其三，便民利民，实现一站受理便利化。养老顾问 2.0 实现了线上线下同步服务的跨越，养老顾问点为老年人提供就近一站式受理服务，提高了服务效率。其四，科学调度，分时分区长者优先。五里桥街道以综合为老服务中心、双家支持中心等嵌入式养老服务设施为基点，结合日间照料中心的升级改造，探索机构养老与居家养老的有效链接，提高养老服务资源利用率，促进五里桥街道范围内的各类养老服务形态融合发展，不断满足老年人多样化、多层次的养护需求，不断提高老年人的获得感、幸福感、安全感。

图 1－3　社区养老顾问小程序

三是社区养老顾问试点充分发挥社会组织作用，服务养老生活圈。2019 年 12 月 30 日，闵行区首家养老顾问工作室——古美“乐龄坊”养老顾问工作室正式揭牌成立，以“健康、快乐、高品质”为理念的 3H（Health，Happy，High－quality）健康管理创新养老服务的新模式，打造“零距离、智能化、有温度”的养老宜居生活圈。“一站式、综合型、智能化”的“乐龄坊”养老顾问工作室统筹配置古美辖区内各个资源，培育线上线下智能养老顾问团队，让古美老年人在家门口享受优质服务。一个个乐龄互助站绽放在社区，老年人不出小区就能享受到医养结合的养老服务新模式。社区志愿者和古美乐龄助老志愿们通过助餐、理发、读报、义诊、文体活动、生日宴等活动，为老年人送去健康和关爱。华梅花苑、古美敬老院乐龄互助站以及和嘉公寓等社区的健康关爱互助小组通过多元形式，组织老年人参加健康锻炼，许多老年人因此改善了身心健康状况。如今，乐龄互助站已经成为古美路街道老年人高品质生活的新空间，“乐龄坊”养老顾问工作室在缩短“一碗汤的距离”、打造“家门口”嵌入式的社区养老保障方面创新了路径。

四是通过编织养老服务网络完善养老服务体系，实现嵌入式养老。上海市养老顾问制度的有效实施，坚定了社区养老模式的信心，《上海市深化养老服务实施方案（2019—2022年）》明确了通过编织养老服务网络完善养老服务体系建设，在每个街镇范围内构建出“1+2+3”的养老服务网络，构建社区嵌入式养老模式，即打造“一个服务圈”，也就是“15分钟养老服务圈”，让养老服务更加“触手可及”，实现“综合为老服务中心”+“家门口服务站点”的“两级服务供给”；提供“三大服务场景”，也就是让老年人在“综合为老服务中心”或“家门口服务站点”或“直接在自己家里”接受养老服务。养老服务持续提供融合助餐、日托、全托、医养结合等一体化的综合养老服务，持续推进“长者照护之家”建设，进一步推动“机构、社区、居家”养老服务融合发展。围绕继续提升养老服务质量，上海积极探索中心城区闲置资源改建养老设施的方案，丰富养老服务供给。在上海市政府实事项目基础上，依托社会已有餐饮平台，探索社会力量参与社区助餐服务，推进社区助餐服务，力争到2022年，社区老年助餐设施数量和供应量两个“翻一番”，即设施总量达到1600家，供应量达到65周岁以上户籍老年人口的5%。探索建立“认知症障碍老年人”综合照护体系，建立相关设施建设、入住测评等流程标准，细化机构设置标准和服务要求，加强事中事后监管。

“养老顾问”制度在上海社区的探索，打通养老服务供需对接的“最后100米”，让养老服务方便可及，助力多样化、精准化、专业化、智能化的居家养老服务体系建设。

2. 辐射推广

《关于开展社区“养老顾问”试点工作的通知》（沪民老工发〔2018〕7号）规定每个养老顾问点至少配备2名“养老顾问”。上海全市共开通1900多个顾问点，经过培训的养老顾问员2740名，以兼职为主，旨在从基层解决老年人的急难愁问题，累计服务群众15万人次。2019年6月6日启动的长沙市“养老顾问点”，分为“机构内养老顾问”和“社区内养老顾问”，分别由机构工作人员（主要由取得社会工作师资格证书的社会工作者担任）和社区工作人员担任，现各有1名人员兼职承担“养老顾问”工作。

“养老顾问”作为一种社会治理创新的德政善举，彰显服务精细化，该举措靶向施策，由专业人员出谋划策，帮助老年人从自身实际出发，找到性价比最好的养老服务，将家庭养老事务安排得更科学。上海市民政局印发的《2020年上海养老服务工作要点》（沪民养老发〔2020〕5号）明确提出推进长三角区域养老服务一体化，推动养老服务补贴等政策异地结算、养老服务领域相关标准互通互认、上海各区与长三角40城工作对接，以及长三角一体化示范区养老服务合作先行先试。上海、江苏、浙江、安徽民政部门已经启动全面战略合作，将四省（直辖市）民政事业融入长三角一体化发展，通过深化“养老顾问”，构建区域养老信息咨询、信息发布及行业服务管理平台，推进区域内老年人异地养老“前台畅通无阻、后台加速对接联通”。上海市利用城市、乡镇的社区综合为老服务中心作为“养老顾问”的平台为城乡老年人提供就近贴心的养老服务的成功做法得到了多地的借鉴，使养老顾问制度得到辐射推广。如：北京市西城区打造“千人养老顾问”团队；苏州市姑苏区“养老顾问”对接养老资源；湖州市南浔区“养老顾问”打破信息壁垒；杭州市“养老顾问”精准智能化服务送到家（详见本章拓展阅读1－1）。

3. 创新发展

养老顾问制度的本质是养老服务供给体系中供需对接协调机制，而老年人权益保护、跨领域资源协调与创造新资源满足需求这三点正是我国“养老顾问”制度有待开发的潜能。一方面，“养老顾问”不能止于顾问，而要通过增加附加值，提升服务质量，实现一站式解决老年人的基础养老问题，打通养老服务“最后一公里”；另一方面，“养老顾问”不仅仅满足于依托于社区综合为老服务中心坐等老年人上门咨询，还要多登门拜访老年人，主动聆听他们的需求和心声，以解决常见问题、满足基本需求、提升公共服务。上海市作为养老顾问制度的首创地区，在推广社区“养老顾问”制度、养老顾问点实现街镇全覆盖的基础上，在创新发展上探索了更加有效的路径，现已形成“线下养老顾问”“空中养老顾问”“智能养老顾问”三位一体协同发展的服务格局，为全市老年人和广大市民提供全方位顾问服务。

（1）空中养老顾问上线，实现服务立体化。

为了不断满足老年人日益增长的美好生活需要，由上海市民政局和上海人民广播电台“直通990”工作室联合打造的“市民政务通－空中养老顾问”系列节目于2018年10月13日正式播出。通过邀请专家、领导、养老顾问在节目现场答疑解惑，让更多市民找到适合自己“个性化”的养老方式。

“养老顾问”就是在养老服务领域中，为老年人提供政策帮助，为其匹配资源、找到所需要的养老服务，解决的是养老服务设施、养老服务资源和老年人需求对接的问题。截至2018年9月底，上海市104个养老顾问点的200多名“养老顾问”，累计接待和服务人数达8625人次，服务事项8566件，为老年人解决了很多问题。设立“空中养老顾问”，让养老顾问走进演播室，给听众朋友现场提供政策咨询、链接养老资源、参谋养老方式。空中养老顾问陆续走进上海16个区，为市民全方位呈现上海的养老现状，从政策咨询到产品服务，为上海老年人提供更符合生活需求的养老产品，让生活在上海的老年人能“老有所养”“老有所乐”，感受上海这座城市的温度。通过设立“空中养老顾问”，进一步丰富了“养老顾问”的内涵和形式，搭建了线上与线下对接的平台，实现了群众与“养老顾问”的深入交流。

（2）养老服务平台上线，实现服务智能化。

2019年5月31日，拥有新版养老地图、养老服务机构查询、养老政策智能搜索等功能全新的“上海市养老服务平台”上线，智能养老顾问（线上养老顾问）同步亮相，为街镇、社区顾问点提供信息化支持。打开手机或电脑，在“上海市养老服务平台”点击智能养老顾问图标，系统会自动弹出一张表格：填写年龄、勾选户籍，并告知身体状况，智能养老顾问就能依此定制养老方案。没有进行过老年照护统一需求评估等级的，可以在网上先自测进行初步评估，包括是否能自己吃饭、穿衣、移动步行等，然后选择需要机构养老或是社区和居家养老，短短几分钟，智能养老顾问进行一系列身体、经济评估后，系统就会给出匹配的养老服务初步方案。点击心仪的养老机构，实景图片、空余床位、特色服务、入住价格和要求、开放时间、服务内容、咨询电话等信息一览无遗。

图1－4　上海市养老服务平台的养老顾问板块

“智能养老顾问”运用大数据平台和智能化分析推荐技术，重点解决养老服务中的信息不对称问题，即老年人不熟悉养老政策法规、不清楚养老资源的分布、不知如何获得养老服务等问题。老年人可根据自己的身体状况，并参考经济状况等信息，依托信息化平台，采取自主查询、智能向导服务等方式获取服务建议，包括老年人基本信息描述、享受政策补贴情况、养老服务类型及机构建议。养老服务平台具备养老服务信息“一目了然”、养老行业资源“一站获取”、养老服务管理“一网覆盖”三大功能，囊括全市近3000家养老服务设施及机构信息，涵盖养老服务领域官方讯息、最新政策、热点动态、全量数据、规划报告、办事指南等各类实用信息，为行业从业者提高服务水平、专家智库开展研究工作提供资源支持。平台依托民政数据库，实现养老机构、社区居家养老、老年综合津贴、长期护理保险等数据联动共享，服务行业管理，提高工作效率，助力政府决策。

依托上海市综合为老服务信息平台，打造“智能养老顾问”，为全体市民和养老顾问提供养老相关机构和政策信息检索、智能匹配、养老“处方”推荐、养老顾问工作辅助等功能，为社区养老顾问服务提供信息支撑，各养老顾问点的养老顾问可依托平台向老年人提供更专业的养老服务。养老床位是社会的刚需，上海市已经连续22年把新增养老床位列为市民实事项目。所有人都可以查到自家附近乃至全市所有养老机构的床位信息，养老床位分配更加透明，能够让更加多的人知道养老床位的有关信息。通过这样的公开平台，确保信息的准确，既方便市民寻找床位，又保证资源分配的公平公正，市民找养老服务资源更便捷和智能。

（3）推出掌上养老顾问，实现服务便捷化。

2019年10月29日，上海市民政局推出掌上养老顾问——“上海养老顾问”微信公众号，为市民提供指尖上的养老服务。市民借助智能手机，只需动动手指，就能对全市近3000家养老服务机构、200多个社区养老顾问点以及各类养老项目、养老数据等进行查询，从而实现“一屏查询、一目了然、一键直达”。“上海养老顾问”微信公众号已开通机构查询、养老百科、养老地图三大服务功能模块。“机构查询”栏目囊括了上海市近3000家养老服务设施及机构信息，包含养老院、长者照护之家、社区综合为老服务中心、日间照护机构、助餐服务场所、社区养老服务组织、护理站（院）七大类，可通过距离、价格、区域、有无空余床位、是否“长护险”定点、是否收住认知症、是否提供早中晚餐等多种条件灵活组合，精确检索各类养老服务设施。“养老百科”栏目提供了上海市为老服务项目、老龄数据、养老顾问点、个人办事指南和机构办事指南等各类养老实用信息，为市民获取养老服务、提高从业者服务水平、专家智库开展研究工作提供“一目了然”的资源支持。“养老地图”栏目可按名称、区域、类别在地图上直接查找各类养老服务设施和机构并实现一键导航，同时关联推荐周边养老服务设施信息。通过机构查询和养老地图联动，可以直观显示任意机构的位置，并在手机上直接设置导航前往。

图1-5　上海养老顾问微信公众号

渠道的丰富、技术手段的更新和制度体系的建立健全发挥了“养老顾问”的巨大功效，让新时代的养老服务更快走进群众内心，为“老有所养”提供强大支撑，助推老龄事业和产业的飞速发展，让老年人群体更有获得感和幸福感。

（4）养老服务嵌入社区，实现资源融合化。

随着社区养老顾问试点“稳步增加并下沉至居村，实现街镇全覆盖；积极探索养老服务模式，提供管家式服务；充分发挥社会组织作用，服务养老生活圈；编织完善养老服务体系，实现嵌入式养老”向纵深和精准维度的健康发展，在“空中养老顾问上线，实现服务立体化；养老服务平台上线，实现服务智能化；推出掌上养老顾问，实现服务便捷化；养老服务嵌入社区，实现资源融合化”的养老服务体系建设过程中，养老顾问实现了“决策建议者，服务提供者，关系协调者，工作管理者”的角色定位，通过“宣传养老政策，连接政府；推荐养老服务，连接市场；整合社会资源，连接社区；支持家庭养老，连接家庭”，在“彰显服务精细化，实现服务标准化，民生保障一体化”等方面充分发挥了养老顾问制度的价值，为解决人口老龄化过程中所带来的各种矛盾和问题，提高老年人的综合素质和生活质量，实现老年人的“老有所养、老有所医、老有所教、老有所学、老有所为、老有所乐”的目标起到积极作用。

自2014年上海市政府发布《关于加快发展养老服务业 推进社会养老服务体系建设的实施意见》（沪府发〔2014〕28号）以来，上海市养老服务业快速发展，形成了涵盖养老服务供给体系、服务保障体系、政策支撑体系、需求评估体系、行业监管体系的“五位一体”社会养老服务体系。为了积极应对人口老龄化，统筹养老服务领域“底线民生”“基本民生”“质量民生”，确保基本养老服务应保尽保，多样化、多层次养老服务需求得到有效满足，2019年5月27日上海市人民政府发布《上海市深化养老服务实施方案（2019—2022年）》（沪府规〔2019〕26号），结合寸土寸金的现实制约和老年人原居安养的愿望，进一步明确社区嵌入式养老作为模式首选，推进综合照护服务，发展非正式照护服务，推广养老顾问制度等，推动创新实践、深化发展，提出6个“提升计划”共26项“主要任务”：一是养老服务设施提升计划。通过新增配套、存量改造，增加养老服务设施供给，在中心城区构建“15分钟养老服务圈”，在农村地区形成镇有“院（所）”、村有“点”的设施网络，推动养老服务设施全覆盖、成体系、均衡化布局，包括全面落实养老服务设施布局专项规划和建设要求、充分利用存量资源增加养老服务设施供给、加快完成社区嵌入式养老服务设施布点、推动农村地区养老服务设施均衡布局4项任务。二是养老服务功能提升计划。重点聚焦失能失智等老年人刚性需求，完善居家、社区、机构相衔接的专业化长期照护服务体系，创新养老服务业态，丰富养老服务内涵，提供高品质的养老服务，包括完善长期护理保险制度、推广综合照护服务模式、深化医养结合工作、增强家庭照料能力、加强老年认知障碍照护服务、提高智慧养老服务水平、推广养老顾问制度7项任务。三是养老服务行业质量提升计划。按照养老服务"放管服"改革以及"取消养老机构设立许可"的要求，转变管理方式，加强事中事后监管，完善信用为核心、质量为保障、放权与监管并重的服务管理体系，包括建立养老服务行业综合监管制度、健全养老服务质量综合评价机制、推进养老服务规范化建设、强化养老服务领域社会信用体系建设4项任务。四是养老服务队伍水平提升计划。主要是统筹养老服务从业人员的培养培训、职业规划、薪酬激励等各个环节，推动养老服务行业人才队伍建设，包括加强养老服务队伍质量管理、多渠道扩大养老服务从业人员规模、完善养老服务从业人员激励褒扬机制3项任务。五是养老服务支付能力提升计划。主要是稳步提高老年人的经济供养水平，增加老年人养老服务消费能力，包括继续实施老年综合津贴制度、完善养老服务补贴制度、积极发展养老普惠金融3项任务。六是养老服务市场活力提升计划。主要是围绕打通养老服务领域"堵点"，破除发展障碍，健全市场机制，形成公平竞争的市场环境，包括加快推进公办养老机构改革、支持各类主体进入养老服务市场、大力发展养老服务产业、拓宽养老服务投融资渠道、推动长三角养老服务区域合作5项任务。

为了贯彻落实《上海市深化养老服务实施方案（2019—2022年）》，把嵌入式养老作为上海超大型城市的养老服务模式首选，进一步完善社会养老服务体系，上海市民政局于2019年11月19日印发了《上海市社区嵌入式养老服务工作指引》（沪民养老发〔2019〕27号），以期"为社会服务机构和企业从事养老服务提供发展方向和工作引导，激发各类社会主体共同参与养老服务；为老年人及其家人描述社区养老服务功能及场景，方便市民寻找养老服务资源，引导养老服务的社会预期向好；指导各区组织实施养老服务工作，为街镇开展社区养老服务提供完整、可参照的样本"。社区嵌入式养老服务是指在社区内围绕老年人生活照料、康复护理、精神慰藉等基本需求，嵌入相应的功能性设施、适配性服务和情感性支持，让处于深度老龄化的社区具备持续照料能力，让老年人在熟悉的环境中、在亲情的陪伴下原居安养。社区嵌入式养老服务包括通用服务功能和个性服务功能。通用服务功能设置8大类24个服务项目：专业照护类包括机构照护服务（由养老院、敬老院、福利院、养护院、颐养院等机构为老年人提供的集中居住和照料护理服务）、短期托养服务（由长者照护之家等机构为老年人提供全托型、阶段性的照护服务）、日间照护服务（由日间服务中心等机构为老年人提供日间的托养服务，鼓励开展早、晚托，接送等附加服务）、居家照护服务（由社区养老服务机构为老年人提供的居家上门照料服务）。助餐服务类包括堂食服务（由社区长者食堂、老年助餐点等老年助餐服务场所以及开展老年助餐服务的单位食堂、公共餐饮企业，为老年人提供现场就餐服务）、送餐服务（通过政府购买服务、个人付费等方式，由社区长者食堂以及开展老年助餐服务的单位食堂、公共餐饮企业、移动餐车等，依托相关工作人员、志愿者或专业送餐人员，为老年人提供送餐到家服务）。医养结合类包括社区卫生服务（由社区卫生服务中心按相关规范为老年人提供基本诊疗服务、家庭医生服务、家庭病床服务等基本医疗卫生服务）、医养签约服务（由社区内医疗卫生机构与养老服务机构签约，按相关规范为养老服务机构内的老年人提供医疗卫生服务）、护理站服务（由社区护理站为居家老年人提供基础护理和临床护理等服务）。健康促进类包括健康管理服务（由社区卫生服务中心等医疗卫生机构以及专业健康管理机构，为老年人提供生活方式和健康状况评估、中医体质辨识、体格检查、辅助检查和健康指导等服务）、体养结合服务（依托社区养老服务机构、社区老年人健康促进中心等场所，为老年人提供健身辅导、身体机能训练、慢病运动干预等服务）。智能服务类包括急救援助服务（依托智慧养老平台及呼叫中心、终端设备，为居家老年人提供24小时紧急呼叫救援服务）、安全防护服务（依托智慧养老平台及物联网等技术设备，为养老服务机构和居家老年人提供电子围栏、烟雾报警、跌倒报警等安全技防服务）、远程照护服务（依托智慧养老平台和相关智能设备，为居家照护、医疗诊断、健康管理等提供远距离看护及技术辅助服务）。家庭支持类包括志愿关爱服务（通过"老伙伴计划"等项目，组织低龄健康老年志愿者为高龄、独居等老年人提供家庭援助服务）、家庭成员增能服务（通过"老吾老计划"等项目，对失能失智老年人的家庭照料者开展照料技能培训服务）、"喘息服务"（通过政府购买服务、个人付费等方式，组织专业人员，到老年人家中或将老年人接到养老服务机构进行短期照护，减轻老年人家庭成员的长期照护负担和精神压力）、适老化改造服务（通过市场化运作、政府资助等方式，为老年人家庭实施居室适老化改造。有条件的社区可开展楼道、小区适老环境改造服务）、辅具推广服务（支持各类老年用品和辅助器具进机构、进社区、进家庭，可在养老服务场所中开辟专区，提供展示、体验、科普、租赁等服务）、"时间银行"（鼓励和支持社会成员为有需求的老年人提供非专业性的养老服务，按照一定的规则将服务时间存入其"时间银行"个人账户以兑换服务）。精神文化类包括精神慰藉服务（依托社区老年活动场所以及社区服务组织，为无子女、认知和情感障碍等需要关心的老年人提供文娱活动、心理疏导、社会工作支持等服务）、养教结合服务（充分挖掘老年教育资源，为养老机构、长者照护之家、日间服务中心等机构中的老年人提供有益于身心健康的教育服务；扩大"银龄宝典"节目资源的普及度，让更多老年人获取居家养老护理知识和技能）。养老顾问类在完善基础服务（依托街镇顾问点、居村顾问点、专业机构顾问点，为老年人提供养老服务资源介绍、老年人福利政策指导等现场政策咨询和资源供需对接服务）和拓展服务（街镇养老顾问可制定养老服务清单，开发和推介适合不同老年人特点的"养老服务包"或养老服务项目手册，组建顾问团队定期或不定期到社区做巡回宣介）的前提下，积极探索个性服务功能设置，可根据本社区内老年人需求和资源情况，自主确定服务项目，包括但不限于老年认知障碍社区干预服务、家庭生活服务、老年优待服务、法律咨询与维权服务、老年社会参与服务等。

为了更好地满足老年人高品质养老服务需求，着力解决养老服务领域结构性矛盾，上海市明确了让养老服务更加充分、均衡、优质的“增量”“增能”“增效”的“三增”目标。一是“增量”，着眼于全覆盖织密网，上海市社区综合为老服务中心、社区老年助餐服务场所、养老机构床位数等养老服务主要指标数量“倍增”。二是“增能”，着眼于提质求精，聚焦“人”（专业人员）、“技”（科技手段）、“物”（辅具应用）、“医”（医养结合）、“管”（综合监管）等方面，实现养老服务从“有”到“优”。三是“增效”，着眼于活力可持续，社会有效投资明显扩大，养老服务消费潜力充分释放，各类市场主体的活力充分激发。上海市明确的“社区嵌入式养老”作为新时代养老模式的首选，是结合寸土寸金的现实制约和老年人原居安养的愿望，在大力发展社区居家养老服务并取得显著成效的前提下提出的，社区嵌入式养老服务具有典型特性：一是聚焦精准性。在全面排摸辖区内老年人多层次、多样化养老服务需求的基础上，聚焦失能、失智、高龄、独居等有刚性需求的老年人，为他们提供长期照护和社会支持服务。二是资源整合性。依托社区养老综合体和家门口的服务站点，强化行政、市场、社会、家庭的功能互补，有机整合各类面向老年人的服务资源，促进养老服务设施、项目、机构、组织、队伍、政策的高效利用。三是服务专业性。在政府的主导和引导下，积极培育并引进从事长期照护、康复护理、智慧养老、社区支持等服务的各类服务机构，发挥它们各自的专业优势，为老年人提供高品质、高质量的服务。四是关系睦邻性。以打造社区共同体为目标，在社区发展中加强养老服务工作，强化社区睦邻互助和志愿服务精神，促进老年人融入社会与代际和谐，体现人文关怀和城市温度。

二、养老顾问的角色定位

社区“养老顾问”制度，由政府组织实施，扎根基层社区，依托社区综合为老服务中心、居家养老服务中心等，在中心内设立“养老顾问点”，以现有工作力量（包括社区内从事养老服务的工作人员、中心或者养老机构内工作人员）为支撑，免费向社区老年人及其家属提供便民助老服务。服务内容既包括养老服务政策及社会福利政策咨询、养老服务资源及养老服务设施介绍等基本助老服务，也包括养老服务清单制定、家庭养老支持、社区巡回宣介、养老服务事项办理等特色拓展服务。

（一）养老顾问的工作分析

养老服务是融社会科学、自然科学于一体的应用型综合科学，它以研究老年人社会现象和运用老年服务工作的理论、方法，解决老年人的相关问题为主要工作内容。养老顾问工作是养老服务工作的关键节点和重要内容。

1. 养老顾问的工作特征

（1）综合性。养老顾问工作涉及的学科广泛而复杂，要求养老顾问能够运用多种学科的知识、多种工作方法与技能去处理老年人的需求及其相关的一系列社会问题。例如，老年人养老需求涉及老龄政策、市场、资源等方面的知识；老年人权益的保障涉及经济学、法学的知识；对老年人疾病的防治涉及医学的知识；老年人体育活动的指导涉及老年生理学、老年运动学的知识；老年人人际关系的辅导涉及社会学、心理学的知识；养老顾问工作的组织与领导涉及行政管理学、领导学的知识。总之，养老顾问工作是综合多种学科理论知识、多种工作方法和相关服务技能发展起来的，综合性是养老顾问工作的显著特征。

（2）科学性。养老顾问工作不论其基础知识还是专业理论，乃至具体的工作方法、服务技能都具有科学性。养老顾问工作的基础学科有社会学、心理学、法学、医学、行为科学等，这些学科都有专门的系统理论和科学知识。养老顾问工作正是依据这些理论与知识，对所需要解决的老年社会问题进行认真研究和科学分析，制定出具体的工作方法与措施，才能妥善解决问题。因此，养老顾问工作具有明显的科学性。养老顾问工作在试点和推广过程中形成的综合而独立的专业理论与工作理论，是经过工作实践证明行之有效的，因而同样具有科学性。

（3）服务性。养老顾问工作的本质是服务，其基本职能是对有困难有需求的老年人提供有效的服务，帮助他们走出困境与误区，使他们能够保持独立与尊严，幸福地安度晚年。这些服务工作在试点和推行期间是无偿的，主要是政府及其机构为老年人提供的公益服务，但将来也可以是有偿的，如社会上为老年人服务的营利机构针对特殊需求的老年人而提供的定制化服务，有些是非常复杂和专业性较强的，如为老年人提供健康医疗服务；有些是简单和专业性不强的，如照顾老年人的饮食起居等。作为养老顾问，应以服务于老年人为宗旨，有不辞劳苦、任劳任怨的无私奉献精神，全心全意为老年人服务。

（4）专业性。专业性指具有较高深独特的专门知识与技术。养老顾问工作是综合多门学科的理论与知识发展起来的，这些理论与知识都具有专业的特点。养老顾问工作在发展过程中不断地吸收其他专业的理论与知识，形成有别于其他专业特点的理论工作方法与技巧。这些理论、方法与技巧，例如与老年人的沟通交流，如不经过专业训练和学习是难以获得的。

2. 养老顾问的工作类型

老龄化社会产生的问题涉及诸多方面，养老顾问工作的内容也错综复杂，根据不同的标准与内涵，可划分为多种类型。

（1）按工作任务划分。可分为提供帮助型、科学研究型和综合管理型养老顾问工作。提供帮助型养老顾问工作指直接为老年人提供物质和精神上的帮助的工作。科学研究型养老顾问工作指从事与老年人有关的科学理论研究工作，如老年行为学、老年心理学研究等。综合管理型养老顾问工作指在老龄工作机关和老年人服务机构从事综合管理工作。

（2）按工作对象划分。可分为低龄、中龄、高龄和老年妇女的养老顾问等。除了完成养老顾问基本工作外，低龄老年人的养老顾问还要协助解决老年人角色的转换与再社会化的问题；中龄老年人的养老顾问还要指导老年人健康养生，正确处理家庭人际关系与社会交往等问题；高龄老年人的养老顾问还要协助老年人疾病医治、生活照料、临终关怀等工作；老年妇女的养老顾问还要协助从生理心理的角度对老年妇女进行服务与辅导。

（3）按工作目标划分。可分为治疗和照料型、辅导和指导型、研究和管理型的养老顾问工作等。治疗和照料型养老顾问工作是为老年人提供疾病治疗与生活照料。辅导和指导型养老顾问工作是辅导和指导老年人正确参与社会生活。研究和管理型养老顾问工作指组织和领导老龄机构为老年人服务，开展与老年人有关的理论与工作研究等。

（4）按工作关系划分。可分为直接性和间接性的养老顾问工作。直接性的养老顾问工作指直接接触老年人，为老年人提供相关服务的工作。间接性的养老顾问工作指对养老顾问工作进行组织领导、理论研究、政策制定等。

（5）按工作方法划分。可分为个案、群体和社区养老顾问工作等。个案养老顾问工作指针对某个老年人的问题与特征进行具体工作。群体养老顾问工作指针对老年人整体性的工作，如从事老龄问题研究、为养老顾问工作立法等。社区养老顾问工作指创造良好的社区环境与氛围，为老年人提供社区服务等。

（二）养老顾问的角色对比

从国际和国内角度来看，当前在养老服务领域，与“养老顾问”相类似的还有“养老巡视员”“养老经纪人”等。

1. 养老服务共同点分析

在实施主体、工作人员安排等方面，“养老顾问”“养老巡视员”“养老经纪人”三者有共同点。

（1）政府组织实施。从组织实施主体来看，三者均是政府行为，有政策文件支持，由政府组织实施、统筹推进并加强监管。

上海市“养老顾问”工作的政策依据为《关于开展社区“养老顾问”试点工作的通知》（沪民老工发〔2018〕7 号），由上海市民政局对工作进行监管。

北京市“养老巡视员”是通过政府购买服务，承担社区有需求的高龄、独居、有困境老年人巡视探访工作的人员；北京市“养老巡视员”的制度依据是“巡视探访”制度。从 2017 年起，北京市连续三年印发文件，不断推进养老巡视探访工作。政策支持有北京市老龄工作委员会办公室发布的《关于建立居家养老巡视探访服务制度的指导意见》（京民老龄发〔2017〕498 号）、北京市人民政府办公厅印发的《关于加强老年人照顾服务完善养老体系的实施意见的通知》（京政办发〔2018〕41

号）、北京市民政局印发的《关于进一步加强居家养老巡视探访服务工作的通知》。具体工作的开展由民政系统监管。

日本的“养老经纪人”（Care Manger），又称“介护支援专门员”，是在“老年人介护福祉设施”为因身体障碍或精神障碍而很难维持日常生活且需要照料（或支援）的人提供服务计划制订并管理服务计划的人员。“养老经纪人”是由日本厚生劳动省规定，于2000年《日本介护保险法》颁布施行后产生的职业。政府部门负责监管服务质量。

（2）依托基层机构。北京市“养老巡视员”除了由机构和社区内工作人员来担任外，还有志愿者团队的支持；日本“养老经纪人”隶属于“介护老年人福祉设施”，即日本厚生劳动省下设的社区养老机构，“养老经纪人”相当于我国专业养老机构内的专职工作人员。

“养老顾问”依托基层现有工作力量，即机构工作人员或者社区内工作人员，社会工作者和志愿者也有参加。“养老顾问”大都是依托社区综合为老服务中心的现有资源和街道（乡镇）养老工作的管理人员，他们长期在为老服务的第一线工作，熟悉养老政策，也更能理解老年人的一些想法，可以很好地解决老年人和家属对养老政策的一知半解甚至误读的问题。另外，“养老顾问”下沉到村（社区），在方便老年人咨询养老政策的同时，也锻炼了社区工作者队伍，使得基层为老服务工作更有针对性，也更接地气。

2. 养老服务区别点分析

在服务对象、服务内容、服务方式、工作性质、人员要求等方面，“养老顾问”“养老巡视员”“养老经纪人”三者存在着一定的差异。

（1）服务对象不同。“养老顾问”面向全体老年人群体、老年人家属或者与老年人相关的人员。“养老巡视员”面向有需求的独居、高龄以及其他困境的老年人，主要包括80岁及以上的独居老年人、与重度残疾子女共同居住的老年人、无子女或子女不在本市的独居老年人、身体状况和精神状况较差的独居老年人四类服务对象，也可将服务对象拓展到失能、失独等有服务需求的老年人。而“养老经纪人”主要服务因身体或精神上的障碍而很难维持日常生活且需要照料或支援的人，主要为65岁以上老年人，另外包括《日本介护保险法》规定的服务对象，即40岁以上至未满65岁的参保人中，患有日本厚生劳动省指定的疾病，如肌萎缩侧索硬化（ALS）、痴呆症（AD）等，且被认定为需要照护的人。

可见，从服务对象来看，“养老顾问”并没有指定特定群体的老年人，而其他两者对服务对象的要求更加具体，关注点是“困境、有服务需求”“需要照护”的老年人。

（2）服务内容不同。“养老顾问”的服务内容主要是政策法规咨询、养老设施介绍推荐、养老服务清单制定、家庭养老支持、社区巡回宣介等，一般情况下并不提供直接的养老照护服务，“养老顾问”可以视作养老服务的免费“推介人”，在政府扶持下，整合一个地方、一个片区的所有养老政策、养老资源、养老服务项目，通过点对点、一对一的沟通、交流，为老年人更好选择养老服务提供智力支持，给出合理化建议。“养老巡视员”根据巡访对象的实际情况，重点关注老年人的健康状况、精神状态、安全情况、卫生环境、居住环境等方面内容，积极进行询问、提醒和评估，并对重点情况进行记录、汇总和处理。同时在特殊时期要特殊关注，如在汛期要特别注意检查评估服务对象家庭的电路、防汛安全；供暖季要特别注意检查评估服务对象家庭的室内温度和取暖安全。“养老经纪人”则是根据老年人及其家人的需求，制订照护计划并管理服务提供。首先与需要看护的人及其家族面见商谈护理服务的需求，评估哪些护理服务是必要的，并且为使护理保险能用，制订服务计划和个别援助计划；然后定期监控开始使用该服务后所提供的看护服务是否适当，并且根据需要看护的人和看护人的状况再进行评估和进一步规划。

从服务内容来看，“养老顾问”和“养老经纪人”都不提供直接具体的养老服务，而是从咨询、评估、制订计划等方面进行指导。而“养老巡视员”工作重点类似“养老顾问”和“养老经纪人”工作中的沟通、咨询和评估的一部分工作内容。

（3）服务方式不同。“养老顾问”依托顾问点开展服务，主要是在老年人有需求咨询时，养老顾问负责解答、接待，和“养老经纪人”相同，相对处于“被动”状态，即老年人找上门才会提供服务；而“养老巡视员”是根据老年人的需求，定期“主动”提供探访服务，可通过电话问候或上门巡访等多种方式进行，是“主动”提供服务的一种模式。

（4）工作性质不同。“养老顾问”由社区或机构人员兼职承担养老顾问工作；北京市巡视探访服务机构是承接政府购买巡视探访服务的主体，如社区养老服务驿站、农村幸福晚年驿站、街道（乡镇）养老照料中心等，由养老驿站、中心内的工作人员担任“养老巡视员”，巡视探访是其工作的一部分；而日本“养老经纪人”作为国家职业资格，是专职工作。

（5）人员资质不同。对于“养老顾问”，要综合考量其工作经验、对养老政策的熟悉程度、道德素养等，具有养老工作经历并熟悉了解政策支持、道德素养高的人员是最佳人选；北京市对于“养老巡视员”的要求是“各机构聘用巡视探访服务人员时，应严格考察其履职能力、身体状况以及相关条件”。而“养老经纪人”作为一类职业，获得介护福祉士等相关领域的专业资格之后，需要在医疗、保健、福利等领域从事咨询工作5年以上，才可以申请能否参加培训的考试。考试通过才可以参加介护支援专门员培训课程，全部培训课程修完后方可获得职业资格。从人员资质要求来看，“养老经纪人”需接受正规培训获取资格，门槛相对较高。

3. 养老顾问的基本角色

养老顾问是社会养老政策的具体宣传推广者，在养老服务中发挥着重要的作用。

养老顾问在开展实践工作的过程中，为老年人提供丰富多样的服务，担任各种职责、完成多项任务和活动，养老顾问的工作方法、服务对象和服务内容多元化，在不同的情况下扮演着不同的角色。

（1）决策建议者。养老顾问可以根据社区工作经验和社会调查研究得到有效的意见，给有关政府部门制定适合老年人的社会保障政策制度提出建议。养老顾问还可以就如何协助处理老年人的需要，向机构的管理层、专业人员、老年人及其家人等提供必要的咨询服务。养老顾问围绕养老服务在供需对接、需求评估、方案制订、方案实施等方面提出建议，一方面，养老顾问与有需要的个人、家庭或群体构成伙伴关系，向有需要的个人、家庭或群体提供活动和发展方向上的意见；另一方面，就养老服务需求方（服务对象）的情况向养老服务提供方（有关服务机构）提供意见，如向养老服务机构介绍老年人的情况和提出养老服务方案的建议。养老顾问所提出的建议只供参考，一般不介入决定过程，不能出现“强买强卖”等现象，不得与养老服务机构有任何权钱交易，不得收受养老服务机构的贿赂，更不能成为非法养老机构的“黑中介”。建议者的角色是养老顾问与老年人一起或作为他们的代表抵制或增进一个有目的的行为，为有需要的个人或群体争取权益和尊严，通过改进制度、规范来保护和促进这些新的权利。例如为特殊的服务对象倡议和争取合适的服务；替照顾者向有关方面提出意见和争取改善措施。

（2）服务提供者。养老顾问向老年人提供的服务是多种多样的，既有物质方面的，也有精神方面的；既有为老年人解决经济方面的问题，也有为老年人提供心理、精神方面的支持。例如，为老年人提供专业的知识咨询和心理上的咨询与辅导、寻找并整合社会资源。许多老年人的资源匮乏或求助方式较为单一，大多数人主要向家庭、邻居求助，而被求助者往往难以满足老年人的需要。养老顾问可以运用自身的知识与广泛的社会资源来为老年人提供服务，也可以通过个案辅导的方法改善老年人的认知、纠正其行为，还可以通过家庭治疗和家庭服务（如居家适老化改造）来改善产生老年人问题的家庭环境。养老顾问可以通过小组工作的方法、大型社区活动的方法以及志愿者活动的方法等，为老年人各种发展需要的满足提供适切的服务。养老顾问可以帮助老年人建立自信，找到老年人的合适位置。老年人具有心理上、社交上以及家人感情维系的需要，养老顾问可以为受家庭、个人及社交问题困扰的老年人及其家人提供指导和辅导服务，并举办支援小组和其他活动，协助老年人摆脱困扰。有些老年人由于自己的权益没有得到保护等因素而产生自卑心理，对此养老顾问可以向老年人灌输权益意识，帮助老年人维权，也可以培养出社区老年群体的社区领袖，发展培养老年人志愿者，从而更好地做好老年人的老年生活服务，对老年生活进行积极的引导。

（3）关系协调者。协调者是养老顾问在养老服务中扮演的一个重要角色，通过协调和推动社区资源，让机构、老年人及其家人受惠，同时还促进不同社会服务机构之间的联系，为机构提供支援。养老顾问有时要面对不同老年人、不同群体之间的矛盾和冲突，这时养老顾问就要扮演关系协调者的角色，缓解和处理矛盾和冲突。通过养老顾问的介入，可以帮助矛盾、冲突当事人互相沟通和理解，从而缓和、解决矛盾。这些依赖于养老顾问对问题的全面深入了解和分析，可以利用专业的工作方法和手段，策略性地应对问题。高级养老顾问或有专业特长的养老顾问，可以以辅导者的角色介入到有需要的老年人家庭，为他们提供相关辅导服务。例如为有需要的个人和家庭提供心理治疗、家庭治疗或小组治疗，帮助老年人将其困难和需要加以分类分析，协助老年人消除情绪困扰，帮助老年人实现他们所追求的改变。

（4）工作管理者。养老顾问可以通过计划与组织，协调不同服务机构或不同服务者提供的服务，并把这些服务和资源与有需要的服务对象进行有效的连接，实现资源整合。此外，养老顾问还有管理志愿者、带领志愿者参加为老服务的相关管理工作。养老顾问介入养老以后，可以协助老年人与家人沟通，帮助老年人处理社会关系，拉近社会支持。养老顾问可以在社区中组织小组活动，建立老年人的维权小组、老年大学，增强老年人之间的联系和互助。养老顾问可以有效地调动社会资源来为老年人服务，并且可以鼓励更多的老年人参与社区活动，实现老有所为。社区支援综合网络有 4 个支持网络：一是志愿者支持。进行家庭调查、提供咨询、协助沟通等促使义务劳动支持。二是友情支持。在社区采取适当方式加强社区间联系。三是道义支持。发动社区成员给予老年人以道义上的支持，可以联合其他社区。四是专业支持。养老顾问从专业角度协助老年人寻求高水平、高质量的社会养老机构，同时指导养老机构提供针对性的服务支持。

（三）养老顾问的效果分析

上海推出的社区“养老顾问”，是由政府组织实施，为市民寻找养老服务提供支撑的一项便民服务工作。推出社区“养老顾问”是一种社会治理创新，对于推动养老事业发展大有裨益。

1. 彰显服务精细化

社区“养老顾问”是上海新时代民政工作的有益探索，旨在通过精细化服务提升养老服务质量。在社区“养老顾问”试点的基础上，各地依托当地信息平台，为社区养老顾问服务提供信息支撑，推出更多满足老年人个性化需求的服务，解决服务供给与群众需求脱节的问题，进一步畅通养老服务的“最后一公里”。

“养老顾问”促进了养老服务供需信息对称。推行社区“养老顾问”，可以为老年人解释相关政策、介绍养老服务资源、推荐适合的养老服务项目。每位老年人的经济情况、身体情况都不相同，养老顾问可以根据每个人的需求提供个性化的建议。相对于了解社区里的养老机构情况，更多老年人关心社区居家资源，例如哪里是助餐点、达到什么条件可以进托老所、目前“长护险”覆盖的服务内容等。养老顾问和老年人以及老年人子女面对面地交流，了解老年人的养老服务需求，为老年人出主意，提供养老服务信息，选择养老适合的服务资源。

"养老顾问"推动了养老服务资源优化分配。社区"养老顾问"可以帮助有需要的老年人选择适合自己的服务形式，让养老服务的资源合理配置。同时，有利于推动社会治理重心下移。社区"养老顾问"扎根在社区中为老年人提供服务，大都是基层从事养老服务的工作人员，通过给基层"增能"的形式，将老年人的急难愁问题解决在基层，进而提升基层的凝聚力。

2. 实现服务标准化

上海"社区养老顾问"以群众为核心，注重顶层制度设计，建立和强化民生服务事项强大的后台支撑体系，进一步展现城市发展的温度。

（1）强化标准设计。上海市民政部门本着高质量、高水平的服务理念，提出并构建了社区"养老顾问"的"5H"制度体系。一是明确地点（Where）。充分利用现有各类养老服务设施、机构和人员等资源，分门别类设立"街镇顾问点""居村顾问点""专业机构顾问点"，提供全方位的养老顾问服务。二是明确队伍（Who）。主要依托街镇综合为老服务中心现有工作力量以及其他长期从事养老服务工作的管理人员提供顾问服务。三是明确事项（What）。明确了各类顾问点的必备服务项目，顾问点还可根据社区老年人的需求，进一步拓展个性化服务内容。四是明确时间（When）。要求顾问点必须确保在工作时段内提供相关服务。顾问点服务人员以兼职为主，一般不少于2人，确保随时提供服务。五是明确制度（How）。除了要求统一标识，明确硬件配置等标准，还对服务态度、业务要求、服务记录等作出明确规定，严格把控服务质量。

（2）强化业务培训。强化对全市养老顾问制度的规范化管理，上海市分层分级分类，进行系统性培训，提升社区养老顾问的服务能力。

（3）规范服务操作。制定了养老顾问工作指导性意见，明确"养老顾问点"的提出、确认和发布机制以及养老顾问培训制度。各区、各街镇制定本辖区"养老顾问点"的日常管理服务制度，优化服务流程。

3. 民生保障一体化

养老顾问大多是依托社区综合为老服务中心的现有工作力量和街镇养老工作的管理人员，根据老年人需求，将居家养老服务细化到低龄老年人结对关爱高龄老年人的"老伙伴计划""助餐服务"及"长护险"等与绝大部分老年人匹配，有助于找到适合的服务。"养老顾问"是为市民特别是老年人寻找养老服务提供便利、指导和支撑的便民服务工作，满足了很多老年人的个性化养老需求。社区"养老顾问"提供的养老服务资源介绍，包括辖区内养老机构、社区托养机构等各类养老设施以及各类居家养老服务项目等信息；提供的养老政策指导，包括养老服务补贴、长期护理保险等基本公共政策的指导和办事指南；同时还帮助老年人分析自己需要什么样的服务，到哪里去找到合适、匹配的服务，使养老供需信息对称、养老资源分配优化。养老顾问作为老年人与服务的桥梁，已经形成有问题找“养老顾问”的民生保障思维模式。

上海“养老顾问”切实解决老年人急愁难的问题，嫁接供需双方，优化养老服务资源分配，使养老公共服务更有活力。“养老顾问”在一定程度上推动了养老服务资源优化分配，将老年人的急难愁问题解决在基层。一些街镇聚焦“走不出家门”的老年群体，创新设立了“养老管家”，送服务上门，为社区老年人提供更加精准的服务。养老政策小灵通、解决“最后两百米”、知心邻家大姐等都成为“养老管家”身上的标签，他们具有丰富的社区工作经验并熟悉社区相关资源，为照料者厘清了思路，让老年人的生活质量得到了提升，成为老年人的“贴心管家”，深受老年人和家属的欢迎。

近年来，老年人的需求已经开始从简单生活照料向多层次、多样性、个性化需求转变，不再是被动接受照顾，而是主动寻求社会参与。老年人更加渴望丰富多彩、富有尊严的晚年生活。“所有问题都可以一站式连带解决”是养老顾问激发民生保障一体化的社会治理和公共服务效果体现。养老顾问在答疑解困的基础上，做好“附加值”大大提升了服务质量，例如养老顾问会教老年人用微信，陪老年人聊天，帮老年人预约家庭医生，组织老年人参加书法、国画、唱歌等兴趣班等，增强了老年人的幸福感与获得感。

上海市试点一年多来共设立254家街镇级养老顾问点，实现街镇全覆盖，“线下养老顾问”“空中养老顾问”“智能养老顾问”齐头并进，对接养老服务供需，为养老服务打通“堵点”、消除“痛点”，让老年人及其子女的获得感、幸福感、安全感显著提高，有效地提高了养老服务质量。

三、养老顾问的制度建设

“养老顾问”制度就是利用各类社会服务设施、机构和人员等资源，为老年人寻找养老服务提供支撑，使养老供需信息对称、养老资源分配优化。养老顾问的主要职责是政策解读（把政策的关键环节讲清楚）、信息传播（把养老资源传播到位）、资源对接（了解养老资源并做好资源对接）。“养老顾问”熟悉养老政策、养老资源，其使命正是围绕解决养老供需的不对称、不及时，通过政策解读、信息传播、资源对接等具体工作，真正成为养老服务供需的桥梁。满足老年人对美好生活的期待，解决“银发族”养老消费难题，让他们共享新时代的改革红利，是养老顾问制度的价值定位，也是养老顾问的职责使命。

（一）养老顾问的工作职责

满足广大老年人日益增长的物质和文化生活的需要，让老年人共享经济和社会发展的成果，是解决老年人问题的核心，也是构建有中国特色的“共融、共建、共享”社会的必要前提。老年人是社会生活中的重要成员，养老顾问通过开展相关工作，解决好老年人的生存问题，提高老年人的生活质量，对社会的可持续发展有重要作用。

1. 养老顾问工作的社会功能

养老顾问工作的社会功能是指养老顾问工作在社会生活中的地位和作用。

（1）社会服务的功能。养老顾问工作的本质是为老年人服务，服务是养老顾问工作最基本、最重要的功能。随着社会的发展、社会分工的专业化，过去单一的居家养老模式逐步发展为多种模式的社会养老。《中华人民共和国老年人权益保障法》中明确提出：社会要创造条件，保证老年人“老有所养，老有所医，老有所为，老有所学，老有所乐”。作为养老顾问，应增强全心全意为老年人服务的意识，通过真诚服务来实现自己的价值。

（2）社会整合的功能。社会整合是指社会内部人与人之间，人与群体、社会之间的互相联系与合作的和谐状态。人步入老年之后，生理与心理方面所受到的冲击会接踵而来，如职业丧失、地位变换、收入下降、社会活动减少、疾病缠身等，部分老年人无法自我调适，变得孤独、猜疑、忧郁、沮丧，加快了衰老。养老顾问有责任协助老年人正视现实，重新找回自己在社会上的位置，确立有意义的生活目标，以弥补其失落感。老年人回归社会并扮演适当的社会角色，社会因为他们有所作为的存在而变得更加完整和协调。养老顾问能使社会免于解组与分化，为社会营造互相信任与合作的氛围，对社会整合有重要的促进作用。

（3）社会稳定的功能。稳定是社会发展的前提与必要条件。做好老年服务工作，让老年人分享经济发展的成果，是对他们过去贡献的补偿，也是体现社会公平的重要标志，而社会公平是社会稳定的重要砝码。弘扬中华民族尊老敬老的优良传统，一方面使老年人感觉到社会的温暖，保持尊严地生活，减少失落感；另一方面也使年轻人认识到老年人的价值，接受社会的行动。双方良性的互动能消除代际冲突，使社会趋于稳定和谐，能够积极健康地发展。通过养老顾问的服务工作，使所有的老年人都能够无忧无虑地安度晚年。一个尊老敬老的良性社会环境可使年轻人看到自己的将来，增加对社会的理性认识，有助于维护我国安定团结的政治局面。

2. 养老顾问的工作特色

（1）宣传养老政策，连接政府。养老顾问的养老服务工作经验、对养老政策的敏感度尤为重要。只有熟悉养老服务政策法规，才能更好地在整合基层养老资源的基础上，为老年人提供政策指导、建议，帮助老年人作出最适合自己的养老选择。近年来中央密集出台了众多养老政策，地方政府的养老政策更是数不胜数，特别是养老补贴、长期护理保险等制度紧密关系老年人的生活质量，但政策内容复杂繁多，老年人很难全面、准确地把握政策信息，出现了老年人与政府之间的信息不对称。尤其是失能、半失能老年人获取信息能力下降，贫困家庭老年人获取信息的渠道有限，需求更为迫切的老年人反而较难获取政府提供的各种便民利民政策。养老顾问制度可以为有需求的老年人与政府之间建立顺畅的信息传播渠道，通过充分发挥社区积极分子熟悉社区、在社区内受信赖、有权威的优势，使养老政策真正落到实处，施惠于民。

（2）推荐养老服务，连接市场。"银龄市场"的魅力加上养老政策的支持，使得从事养老服务的企业与非营利性组织如雨后春笋般地出现。养老服务机构数量的增加、专业化服务种类的多样化，令老年人眼花缭乱，难以获取准确的信息、选择适合自己的服务机构。养老顾问了解社区养老资源分布情况，可以向老年人推荐适合其需求的服务机构，同时通过回访老年人的服务利用情况，起到第三方监督作用，督促养老服务机构质量的提升。上海市实施的养老服务功能提升计划，聚焦失能失智等老年人的刚性需求，完善居家、社区、机构相衔接的专业化长期照护服务体系，创新养老服务业态，丰富养老服务内涵，提供高品质的养老服务。

（3）整合社会资源，连接社区。老年人的身体逐渐衰弱，容易出现足不出户、逐渐切断与外界联系的情况。养老顾问制度通过主动上门等方式，向独居老年人、半失能老年人介绍社区内可利用的社会资源，促进老年人参与社区活动，重新加强与社区的纽带。在上海市养老顾问的实践中，通过向有需求的老年人介绍"老伙伴"志愿者、市民驿站的各项活动、乐龄俱乐部、兴趣小组等，增强了老年人与社区的联系。上海市开展社区嵌入式养老服务设施布点，明确养老服务功能基本配置，完善社区养老服务设施骨干网，在中心城区构建"15 分钟养老服务圈"，重点打造枢纽型的社区养老综合体（综合为老服务中心或分中心），集成日托、全托、助餐、医养结合、康养服务等功能，强化社区养老资源与服务的统筹调配能力。上海市大力推广综合照护服务模式，以社区嵌入式养老服务为基点，链接机构养老和居家养老，促进各类养老服务形态的融合发展，提高运营能力和资源利用效率。公办养老机构率先为老年人提供居家期上门、康复期护理、稳定期生活照料等养老服务。社区托养机构释放辐射效应，将专业服务延伸到家庭，提升助浴、助洁等居家养老服务项目。通过探索"家庭照护床位"，完善相关的服务、管理、技术等规范以及建设和运营政策，让居家老年人享受连续、稳定、专业的养老服务。

（4）支持居家养老，连接家庭。当老年人失能失智后，需要关注的不仅是老年人本身，还需要关注照护老年人的家人。"老老照护"的家庭中，同样高龄的配偶在照顾失能者的同时，自身也存在着因照护或日常生活的不注意所带来的跌倒、受伤等导致失能的风险。子女照护失能老年人的时候，除身体方面存在风险外，照护与就业之间的矛盾、失业时的自我认同危机等都影响着子女的精神健康。照护者的精神状况又与失能老年人的生命质量紧密相关，因此，养老顾问制度通过向民政部门及时反馈居家养老信息，支持居家养老的同时，在一定程度上减轻照护者的家庭养老压力，缓解老年人与家人紧绷脆弱的状态①。上海市在增强家庭照料能力方面进行了成功的实践。巩固家庭养老的基础性作用，实施“老吾老”计划，通过政府购买服务等方式，在全市普遍开展失能老年人家庭照护者技能培训；完善“老伙伴计划”，实现对无子女、高龄、独居老年人社区探访全覆盖；支持发展面向长期照护对象家庭成员的“喘息服务”；试点“时间银行”等做法，培育“银龄宝典”“养教结合”等服务品牌，普及居家护理知识技能，支持老年人发挥专长和作用，参与社会公益事业，丰富老年人的晚年生活。结合城市更新计划、美丽街区建设等，制定居室和小区适老化环境改造建设标准，采取市场化运作和政府资助等方式，引导困难、无子女、失能、高龄等老年人家庭实施适老化改造。

3. 养老顾问的工作目标

老年人的基本生存状态和需求是确定养老顾问工作价值目标的出发点。老年人需要得到社会的物质关怀和精神关怀。尊重老年人的生命价值，不但为养老顾问工作发展提供了强大的道德动力，也为社会各方理解、认同和支持老年服务工作打下坚实的社会基础，更好地满足老年人的物质需要和精神需要。养老顾问制度是精细化养老服务的制度创新。养老顾问制度由政府组织实施，顾问团队不仅包括民政、社区的工作人员，还包括社区志愿者。养老顾问服务范围包括基本服务（养老政策咨询和资源推介等）和扩展服务（个性化养老服务清单、家庭养老支持等服务）等。

（1）推进老年人“老有所养”。“老有所养”要求社会为老年人提供必需的物质生活保障。物质生活保障包括养老金及其物化的内容，如老年人的衣食住行等，这些都需要养老顾问提供优质服务来实现。建立和完善社会养老服务体系，完善居家养老方式，倡导敬老、养老、助老的社会风尚，能使老年人从国家、社会和家庭获得物质和精神帮助，确保老年人的基本生活。随着社会经济的不断发展，不断调高老年人的养老标准，提高老年人的生活质量，满足老年人多层次的精神生活需要，使老年人能够幸福地度过晚年，实现我国老龄事业发展纲要提出的“老有所养”的目标。

（2）实现老年人“老有所医”。“老有所医”要求社会为老年人提供必要的医疗保障，保证老年人有病时能得到及时的医治，也包括医疗服务的内容。随着高龄老年人的不断增多，老年人的照料问题也越来越突出。建立起医院、社区、家庭相结合，保健、医疗、福利相结合的老年卫生保健系统，开设专业的老年病门诊和医院，能够合理解决老年人看病难的问题。同时大力发展农村老年保险事业，建立三级医疗保健网络，把农村老年人纳入“人人享有卫生保健”的范畴，保证他们的医

① 张继元．养老顾问制度的功能与潜能［J］．中国社会保障，2019（12）．

疗需求，特别是确保经济困难的老年人得到及时的医治，实现我国老年人“老有所医”的目标。

（3）促使老年人“老有所学”。“老有所学”就是使老年人能学到必需的科学文化知识。学习能使老年人积累智慧，挖掘潜能，满足老年人“再社会化”的要求，有利于老年人发挥“余热”。老年人通过学习，使大脑得到有效锻炼，可防止机体过早衰老，有利于老年人的身心健康。

（4）有助老年人“老有所为”。“老有所为”要求社会创造条件，发挥老年人的社会作用，使老年人重新投入工作，参与社会事务，尽其所能，对社会有所作为。老年人有丰富的工作经验，是不可低估的智力资源和劳动资源，通过各种渠道，创造条件并发挥他们的优势，帮助老年人再就业，可以改善老年人的经济条件，解决他们因物价上涨而造成生活水平下降的困难，减轻政府、社会和家庭的赡养负担，实现老年人自身的价值。老年人再就业能创造物质和精神财富，为社会贡献力量。老年人通过参与社会事务可以充实自己，消除孤独感，满足精神生活的需要。

（5）满足老年人“老有所乐”。“老有所乐”要求社会创造条件，有足够的娱乐场所和设施使老年人能欢乐地安度晚年。老年人的精神生活相对比较贫乏，对老年人自身和社会都有不良的影响。国家在积极推进养老“供给侧”改革的同时，应优化涉老产业顶层设计，建立老年人口综合数据管理分析系统和城乡老年人生活状况动态监测系统，在摸清老年人需求的基础上，要根据老年人的生理、心理特点，积极开展老年文娱体育活动，丰富老年人的物质文化生活，使老年人幸福、愉快地安度晚年。

总之，通过养老顾问开展老年服务工作，既能解决人口老龄化过程中带来的各种矛盾和问题，也能提高老年人的综合素质和生活质量。

（二）养老顾问工作的拓展

广义的养老顾问工作就是将养老服务工作的理论、方法和技巧运用到基层养老服务中，帮助老年人解决生理、生活、医疗、社会、经济、心理等方面的问题，改善老年人的生理、心理健康状况以及社会、经济地位和生活环境，使其自信乐观地度过晚年。从养老顾问工作的概念和内涵来看，养老顾问工作的内容主要包括帮助老年人摆脱困境、满足老年人发展需要的服务两大方面。前者主要包括了解其身体健康、经济生活、日常生活照顾、家庭夫妻关系或代际关系处理等各种困难，并帮助和协助其解决，特别是提出养老方案建议。后者主要是指许多老年人在进入老年之后都会产生出一些新的需要，如受教育的需要、人际交往的需要、服务于他人的需要、充实闲暇生活的需要等。养老顾问需要采取多种模式的介入、多元化的工作方法，协调各部门之间的运作，整合调配各类资源以维系整个服务系统的平衡。

1. 满足养老服务的基本需求

(1) 身体健康生活服务。生活服务主要指为帮助老年人解决和克服生活中的困难，满足其基本生活需要，而提供的各种日常生活的帮助与照料。身体健康服务包括健康促进与健康维护服务以及与健康照顾有关的服务。健康促进与健康维护服务指为老年人提供的与身心健康直接有关的治疗、康复、预防等方面的服务，主要包括健康风险评估、例行体检、营养咨询与教育、有关慢性病的健康教育推广活动、处理酗酒和滥用药物问题、协助进行压力管理、推行锻炼身体方案、采取防范措施以防止在家中受伤、推广预防性服务、提供与年龄有关的疾病的信息、提供老年学咨询、提供有关社会服务和后续健康服务的咨询等。与健康照顾有关的服务是为老年人提供的与身心健康间接相关的生活照料、家务助理、出行协助、事务管理等方面的服务，主要内容包括：送餐服务、家庭病床服务、家务服务、探访、电话慰问等个人帮助；手杖、轮椅和住所改造等辅助手段提供；紧急呼叫系统安装等技术支持；信息服务、转介服务、志愿服务、代际互助服务、日托服务、营养配餐服务、法律服务、出行服务、照顾人缓解服务、院舍服务等专门服务项目的提供等。

(2) 处理认知情绪问题。老年人随着老化，特别是遭遇经济收入降低、社会地位下降、社会活动减少、丧偶、家庭变故、亲朋好友生离死别等生活事件时，很容易产生孤独、寂寞、忧郁等精神状况，从而引发心理问题。因此，针对老年人的心理不适，需要辅导老年人进行自我心理调适，以缓解其内心的压力，使其对生活保持一种健康的心态。抑郁症、痴呆症、焦虑症和谵妄综合征是老年人最常见的4个认知和情绪问题。养老顾问要会处理老年人的这些认知和情绪方面的问题，帮助老年人消除产生情绪问题的因素。养老顾问要致力于改变老年人的认知，帮助老年人适应情形的变化，注意老年人对待介入的态度，老年人可能对认知和情绪问题有偏见，可能认为抑郁和焦虑是源于性格上的缺陷，而不是对发生在生活中的一系列复杂的、艰难的生理、心理和社会生活事件的反应；也可能会把不愉快的情绪转化成对身体不适的抱怨。帮助老年人学会意识到自己的各种情感状态也是介入工作中非常重要的组成部分。积极老龄化的本质就是老年人积极地转变社会角色，面对现实，适应老年期的新生活。社会应当为老年人提供一个适宜的生活环境，不仅应该包括物质的满足，同时也应该包括与生活相关的政策保障，这正是积极老龄化的根本。老年人拥有健康的生活和贡献社会的机会和权利，也包括能持续参与社会、经济、精神和文化活动和贡献社会。养老顾问在开展老年服务工作时，要切实为老年人的这些需要着想。

(3) 解决精神慰藉问题。对于老年人来说，家庭不仅是主要的物质生活保障场所，也是重要的精神支柱。老年人随着年龄的增加而减少了社会交往活动，尤其是一些意外事件的来临，会给老年人带来严重的心理损害。老年人特别需要家庭的精神慰藉，而现代年轻人成家后往往搬离老年人，加上工作压力大，大大减少了与老年人交流的时间，老年人失去了交流情感的对象和宣泄情绪的渠道，因而情感需要难以满足，心理难以平衡，容易产生老年心理疾病。要理解老年人的行为方式，重要的是理解老年人在精神上如何界定自己的现实世界：一是珍惜生活，包括欣赏时间的珍贵，以及真实地活在当下，学习享受生活。二是重构生命，通过找到往事的意义而持续建构生命的意义。三是直面人生，面对自己的局限，接受生活的变化，寻求和解与宽恕，弥补过往生活留下的缺憾。养老顾问要在把握好这些问题的前提下开展相应的工作，在精神上关怀老年人。

2. 建立社会支持的综合网络

老年人的社会支持网络会影响老年人的所思所想所为，有效动员老年人的社会支持系统要求养老顾问具有“家庭思维”，把老年人看成是复杂的多代关系系统的一部分。社会支持在帮助老年人抵御面对的各种类型的丧失所带来的有害影响方面扮演着重要的角色。老年人缺乏接触社会的机会，生活中也必然缺少了许多与家人和朋友的有效沟通，从而造成老年人生活的单调、乏味，对老年人的身心造成了很大的影响。因而要构建老年人亲情沟通平台，让老年人与家人建立有效的沟通方式，同时积极推动居家养老和社会养老的有效衔接，共同帮助老年人填补感情空缺。社会支持系统的工作主要包括以下 4 个方面：

（1）老年伴侣的工作。养老顾问要经常帮助老年服务对象进行婚姻生活回顾，让老年人可以从一个全新的角度讲述自己的故事，追寻往事，并从中获得意义，以帮助其识别和解决旧时冲突。

（2）家庭体系的工作。主要包括：帮助家庭“解除羁绊”，把家庭动员起来；识别成功的家庭应对技能，并根据需要拓展新的技能；帮助老年人及其家人把有冲突的需求排出先后次序；为老年人制订一个行动方案，帮助家人治疗旧伤、处理积怨。

（3）照顾人支持体系。照顾老年人的工作会面临许多压力，诸如照顾关系缺乏互惠性、与社会隔离、照顾工作繁重等。养老顾问可以组织照顾人支持小组以维系照顾人，给他们提供情绪上的支持和具体的建议，让照顾事宜效率更高、更有收获。养老顾问还可以做一些切实的事情，鼓励照顾人照顾好自己。

（4）社会参与和融合。老年人参与社会是指老年人参与社会的政治、经济、文化等活动。为老年人创造一定的条件并提供场所，鼓励老年人培养兴趣与爱好，学习知识、充实自己，积极参加社会活动，发挥余热，健康条件允许的老年人还可以再就业，实现自身价值，既可以改善老年人的经济条件，也促进了老年人的社会交往，加强社会融合，缓解老龄化社会带来的矛盾，提高老年人的生活质量。养老顾问工作的重要作用在于鼓励老年人走出家庭，增加老年人之间的社会交往，寻找自己的生活乐趣，为老年人提供各种文体娱乐活动，以丰富老年人的日常生活，使老年人以愉悦的心情安度晚年。

随着社会发展和人们生活质量的提升，老年人的需求随之增多且不断扩展。要完善养老顾问及志愿服务体系，鼓励养老顾问和志愿者深入社区或老年人家中，对老年人的心理进行专业疏导。同时，深入挖掘社区资源，完善养老服务体系。

3. 推动养老产业的协同发展

狭义的养老产业即老龄产业，是以满足老年人特殊需求为目的，以开发老年市场为途径，以促进国民经济增长为目标，集生产、经营、服务为一体的综合性产业，包括养老机构、老年照料服务、老年旅游、老年保健康复、老年文化体育等。广义的养老产业是为生命长期健康、幸福实现的各种产业和研究提供的服务，是生命存在的服务产业，它不仅仅是针对老年人群，还包含和覆盖老年人群并涉及所有人，不仅仅是针对老年人群的服务链和供应链的问题，还从生命的开始就实现维护，尽可能保持和延续生命活力。养老顾问在为老服务的基础上，要积极应对老龄化，以保障改善民生的迫切需要为出发点，大力发展养老服务及相关产业，有效扩大内需、促进经济发展和增加就业。

（1）推进基本养老服务产业发展。

一是大力发展社区养老服务。社区养老服务是居家养老的基本依托和提高质量的标杆。加快完善社区养老的硬件设施和配套服务，对于扩大老年人“家门口”的服务供给、带动投资和服务业发展，具有多方面效应。一方面，填补社区养老服务设施缺口，能够有效拉动投资。原有的养老设施大多存在设施老化、服务单一等问题，因而要分期在城乡社区建设兼具老年餐桌、陪伴护理、文化娱乐等功能的养老场所，并对现有设施进行改造，推进社区养老信息化、智能化建设，打造“没有围墙的养老院”。另一方面，增加社区养老服务供给，为居家老年人提供送餐、助浴、理发、陪护等丰富多样的服务，这对加快服务业发展和扩大就业有重要的促进作用。

二是加快各类养老机构建设。目前，功能完备、收费合理的公办养老机构供不应求。在保持政府对公办养老机构的投入力度，将“兜底性”养老机构作为政府投资的着力点，重点保障“三无”特困老人养老的同时，要更多引入社会资本运营公办养老机构，实行养老机构公办民营和公建民营，这样不仅可以提高经营效率，也能有力拉动社会投资。通过鼓励社会投资兴建市场化的中高端养老机构，不仅可以满足老年人多样化的养老需求，也有利于拓宽社会资本投资领域。

三是提升养老家政服务能力。多措并举加快养老家政服务业发展，是居家养老服务的重要内容。一方面，增加服务种类，提升服务品质。鼓励企业拓展服务项目、丰富服务内容，提供个性化、多样化服务，推动家政服务业从低端保姆市场向现代服务业跃升。另一方面，培育家政龙头企业，带动相关产业发展。扶持培育一批信誉良好、服务优质的养老家政龙头企业，鼓励其连锁型经营、品牌化发展，充分发挥示范引领和辐射带动作用。另外，开展技能培训，提升家政服务水平。建立多层次培训体系，与农民工培训等项目结合，开展持续性、阶梯式培训。

（2）加强养老提质服务产业发展。

一是大力发展智慧健康养老产业。加快发展智慧健康养老产业，对改善民生、培育经济新动能具有重要意义。目前，我国智慧健康养老产业发展取得了积极成效，产业生态体系日渐完善，形成了包括医疗健康电子产品制造、系统集成、服务运营等在内的智慧健康养老产业链。我国企业创新供给能力不断提升，推出了便携式健康监测设备、自助式健康检测设备、智能养老监护设备、家庭服务机器人等新产品，提供了功能丰富的智能监测、康复和看护服务，促进了智慧健康养老产业提质增效。同时，新模式新业态持续涌现，慢性病管理、互联网健康咨询等新业务不断出现，孕育出网络化、智能化、个性化的新型产业形态，提升了智慧健康养老服务的质量和效率。

二是多措并举推进医养结合发展。推进医养结合，既方便老年人就近看病，也能把潜在的投资和消费需求释放出来。加快新建一批医养结合设施，通过扩大医疗服务就近供给，更好地满足老年人医疗消费需求。加快完善养老机构和社区的医疗服务，可以保障老年人的健康需求，并带动医疗等相关行业发展。

三是发展康复护理、临终关怀服务。当前我国康复护理、临终关怀服务供给严重不足，专业化服务机构数量甚少，应大力支持康复服务机构建设，增加相关服务，按照失能、残疾群体人人享有康复的目标，健全完善康复服务体系，在规划、财力等方面支持康复服务机构和设施建设。大力支持社会力量开办临终关怀服务，支持医疗机构设立更多安养、宁养病床病区，鼓励引导社会力量投资兴办临终关怀机构。

（3）提升养老延伸服务产业发展。

一是做大做强康复辅具产业。随着人口老龄化不断加快，我国将成为康复辅具需求最大、增长最快的国家。加快康复辅具产业发展，要着力扩大生产规模，大幅增加辅具产品有效供给，填补需求缺口。要着力推动产品创新，积极推动辅具产业技术创新，为老年人提供更多国产辅具。

二是促进老年产品品牌建设。老年保健品、康复护理用品、助行视听用品、老年家居用品这四大类是需求最为刚性的产品，但市场有效供给尚不及潜在需求的1/3，属于典型的“市盛货缺”。为此，要大力丰富老年人衣食住行消费品种，紧贴老年生活实际需要，开发针对性、实用性强的多样化产品，形成品种丰富、使用方便、材质安全的“银发产品”体系，更好地满足老年人的消费需求。要加强引导和规范，促进老年保健用品消费，针对一些老年人在不良商家诱导下盲目消费，应健全标准，强化监管，规范行业发展。

三是积极发展旅居养老产业。近年来，老年旅游市场迅猛增长，旅居养老已成为一种新型养老方式和新兴产业。要根据老年人生活节奏和消费特点，积极推出“候鸟”式休闲养生游等多种产品，大力发展医疗康复性旅游，让老年人愿出门、待得住、肯花钱，培育持续性消费、深度消费。

（三）养老顾问制度的前景

养老顾问制度的本质是养老服务供给体系中供需对接协调机制，社会福利先发国家在养老服务供给体系完善的过程中也建立了类似的制度，如美国的个案管理（Case Management）应用于养老服务、医疗、儿童福利等领域，其个案经理（Case Manager）背景多样，有取得社会工作师资格的大学、大专毕业生，也有取得护士资格的人。日本照护管理（Care Management）的照护经理（Care Manager）要求拥有医生、护士、社会福利士、介护福利士等职业资格并从事该工作 5 年以上才可以参加“照护支援专员”考试，合格后方可从事该职业。尽管美、日的制度是职业化的制度，而我国的养老顾问由社区工作者兼职或由志愿者承担，但是在对接养老服务供需方面却是相通的。在我国长期护理保险试点中有制订照护计划的环节，但多是同一机构内的计划，与独立的统筹社区内养老资源的功能有所区别，而养老顾问在这点上显然更具制度性优势。个案管理与照护管理制度，除了拥有养老顾问以上功能外，还有老年人权益保护、跨领域资源协调与创造新资源满足需求等重要作用，这也正是我国养老顾问制度有待开发的潜能。

1. 关注老年人权益保护

老年人权益保护主要包括三个方面：一是通过了解老年人需求，为其介绍满足需求的养老服务，协助老年人实现有条件的自立生活并重获自尊。二是在养老服务机构繁多、服务质量参差不齐的养老服务市场中，养老顾问可以推荐优质养老服务资源，避免老年人的权益受损。三是在电话诈骗、网络诈骗手段越来越高科技化的时代，独居老年人常常成为最主要的诈骗对象。社区养老顾问可以成为独居老年人的咨询、谈心对象，避免老年人权益受到侵害。

2. 推进养老供应的完善

目前的养老顾问制度侧重于养老政策咨询和养老方案制订等服务。但老年人的需求是连续的，需要更加综合的服务。因此，养老顾问制度应当在“大健康”理念下，综合多部门资源，更好地满足老年人的需求，减少重复性服务资源的浪费，更高效地促进供需平衡。在现有资源无法满足老年人需求时，养老顾问要创造出新的资源来满足其需求，例如利用先进的理念和知识，提出创新性的解决方案；组织社区居民参与，发挥志愿者作用，产生出新的资源以弥补不足。上海市虹口区曲阳街道通过“以房养老”解决老年人入住养老院资金不足的案例，就是创新思路的有益尝试。

3. 实现制度的持续发展

目前养老顾问多由社区工作者兼职，也有部分属于志愿者队伍，他们能否持续地、积极地从事养老顾问工作成为整个制度可持续发展的关键。要建立一个可持续的养老顾问制度，就要关注养老顾问的身心健康，建构合理的激励机制。如上海市虹口区曲阳路街道建立的“星级养老顾问制度”，养老顾问在从事咨询工作时可以积累公益积分，可用于慈善超市的折抵购物，不仅激发了志愿者的积极性，也维护了志愿者的持续性，促进社区形成乐于助人的氛围，还盘活了慈善超市，有利于培育小微企业。此外，社区还需要建立养老顾问培训、关爱计划，提升养老顾问的业务能力，缓解养老顾问的工作压力，实现可持续发展的养老顾问制度，完善民生保障“最后一公里”，满足人民日益增长的美好生活需要。

第二节 养老顾问职业道德

养老顾问作为养老服务行业的新生事物，目前尚未成为国家明确的“职业”，但作为为老服务的从业人员，应当在为老服务相关职业基础上，加强职业道德修养，以促进养老顾问健康发展并使其向职业化方向发展。

一、职业道德的内涵与建设

（一）职业道德的内涵

1. 职业定义与分类

（1）职业的定义。职业是指从业人员为获取主要生活来源所从事的社会工作类别（《中华人民共和国职业分类大典》）。职业是一种或一组特定工作的统称，是具有一定特征的社会工作类别。社会上的任何职业都同时具备五个特征：一是目的性。职业以获得现金或实物等报酬为目的。二是社会性。职业是从业人员在特定社会生活环境中所从事的一种与其他社会成员相互关联、相互服务的社会活动。三是稳定性。职业在一定的历史时期内形成，并具有较长的生命周期。四是规范性。职业必须符合国家法律和社会道德规范。五是群体性。职业必须具有一定的从业人数。

（2）职业的分类。职业分类是根据社会分工而对职业的种类的划分。社会分工是职业分类的依据，在分工体系的每一个环节上，劳动对象、劳动工具以及劳动的支出形式都各有特殊性，这种特殊性决定了各种职业之间的区别。

《中华人民共和国职业分类大典》在广泛借鉴国际先进经验和深入分析我国社会职业构成的基础上，突破了过去以行业管理机构为主体，以归口部门、单位甚至用工形式来划分职业的传统模式，采用了以从业人员工作性质的同一性作为职业划分标准的新原则，并对各个职业的定义、工作活动的内容和形式以及工作活动的范围等进行了具体描述，体现了职业活动本身固有的特征，最终把我国职业划分为由大到小、由粗到细的四个层次，2015 年新版《中华人民共和国职业分类大典》中职业分类结构为 8 个大类、75 个中类、434 个小类、1481 个职业。职业是参与社会分工，利用专门的知识和技能，为社会创造物质财富和精神财富，获取合理报酬，作为物质生活来源，并满足精神需求的工作。工种是根据劳动管理的需要，按照生产劳动的性质和工艺技术的特征或者服务活动的特点而划分的工作种类。多数工种以企业的专业分工和劳动组织的基本状况为依据，从企业生产技术和劳动管理的普遍水平出发，为适应合理组织劳动分工的需要，根据工作岗位的稳定程度和工作量的工作饱和度，结合技术发展和劳动组织改善等方面的因素进行划分，例如技术工种、非技术工种、特殊工种。职业在特定的组织内表现为职位（即岗位），是机关、团体、企事业单位等根据管理、工作、生产等实际需要而设置的工作位置。一般情况下，一个职业包含一个或几个工种，一个工种又包含一个或几个岗位。养老护理员就是一个职业（工种），其职业编码为 4 - 10 - 01 - 05，属于第 4 大类（社会生产服务和生活服务人员）第 10 中类（居民服务人员）第 1 小类（养老服务人员）的第 5 个细类（养老护理员）。

新职业是指经济社会发展中已经存在一定规模的从业人员，具有相对独立成熟的职业技能，《中华人民共和国职业分类大典》中未收录的职业，包括全新职业（随经济社会发展和技术进步而形成的新的社会群体性工作）、更新职业（原有职业内涵，因技术更新产生较大变化，从业方式与原有职业相比已发生质的变化）。随着政府“放管服”改革和事业单位改革的加快，由社区工作者兼职为主、志愿者为辅的“养老顾问”，有望成为全新而独立的职业。

2. 职业道德的定义

道德是调整人与人、个人与社会之间关系的行为规范总和。道德问题是人们在社会生活中经常碰到的问题，道德要靠传统习惯去传承，靠社会舆论去监督，靠宣传教育去弘扬，靠内在信念去坚守。每个公民都应当承担法律义务和道德责任，这些基本要求与具体道德规范融为一体，贯穿于公民道德建设的全过程。公民道德建设的立足点就是加强社会公德、职业道德和家庭美德建设。

职业道德是从事一定职业的人们在其特定的工作或劳动中特殊的行为规范的总和，也就是所有从业人员在一定职业活动中应遵循的、具有自身职业特征的道德要求和行为规范，涵盖了从业人员与服务对象、职业与职工、职业与职业之间的关系。职业道德是整个社会道德体系中的重要组成部分，在不同社会的不同阶段，职业道德都能在各种职业生活中得到具体的体现。一个社会有多少种职业就有多少种职业道德，它主要包括工业道德、农业道德、商业道德等。随着科技进步与社会发展，社会分工越来越细，职业类别繁多，人与人的职业关系也更加密切，不同行业都产生了各自的职业道德规范，调整着人们的职业关系，维护着行业的生存和发展。

随着经济的发展和社会的进步，精神文明建设备受人们重视。不论哪种职业，从业人员都要在职业活动中遵守职业道德，在职业道德的基本内容、表现形式、调节范围和功能效果等方面全面把握。在基本内容方面，职业道德总是要鲜明地表达职业义务、职业责任以及职业行为上的道德准则，要反映职业、行业乃至产业特殊利益的要求，是在特定的职业实践基础上形成的，往往表现为某一职业特有的道德传统和道德习惯，体现了从事某一职业的人们所特有的道德心理和道德品质。在表现形式方面，职业道德比较具体、灵活、多样，是从本职业的交流活动实际出发，采用制度、守则等形式，既易于为从业人员所接受和实行，又易于形成一种职业的道德习惯。从调节范围来看，职业道德可用来调节从业人员内部关系，加强职业、行业内部人员的凝聚力，也可用来调节从业人员与其服务对象之间的关系，塑造本职业从业人员的形象。从功能效果来看，职业道德与各种职业要求和职业生活结合，具有较强的稳定性和连续性，形成比较稳定的职业心理和职业习惯，并在很大程度上影响道德主体的道德风貌。

3. 职业道德的特点

职业道德又称"职业道德规范"，是一般社会道德在职业活动和职业关系中的特殊表现，是与人们的职业行为紧密联系的符合职业特点要求的道德规范的总和。职业道德具有继承性、稳定性、职业性、实用性和从属性等特征。职业道德与一般社会道德之间的关系，是特殊与一般、个性与共性之间的关系。

（1）适用范围的有限性。职业道德同人们的职业活动相联系，是调整职业内部人员行为规范的总和。每种职业都担负着一种特定的职业责任和职业义务。由于各种职业的职业责任和义务不同，从而形成各自特定的职业道德的具体规范。不同的职业所处的社会环境和服务的具体方式不同，对社会所承担的责任和义务也不同，所以不同行业的职业道德有各自的特点，具有鲜明的职业性。职业道德只能在特定的职业范围内起作用，每一种职业道德只能规范从事该行业人员的职业行为，如养老护理服务内容的特定性，就是养老护理职业道德区别于其他职业的特殊道德规范。

（2）表达形式的多样性。在不同的阶级社会中，一定的职业道德总是反映一定的社会道德和阶级道德，体现着社会道德和阶级道德的要求；一定的社会道德和阶级道德又在很大程度上影响着职业道德。人类的职业生活是职业道德产生的基础，职业道德是职业或行业范围内的特殊的道德要求，是一般社会道德和阶级道德在职业或行业生活中的具体体现。各种职业道德的要求都较为具体和细致，所以，针对不同的行业，职业道德会有不同的表达形式，这些表达形式与所对应的职业是相互呼应的。

（3）严明的组织纪律性。职业道德相比于一般社会道德以及其他领域的道德具有规范性更强的特点。职业道德有时以制度、章程等形式表达，让从业人员认识到职业道德具有纪律的规范性，就像工人必须执行操作规程和安全规定一样。因此，严明的纪律性是职业道德的约束性特点。职业道德存在的价值就在于具有广泛的实用性，可以帮助人们养成优良的职业习惯。职业道德的实用性主要是指各种职业从本职业的要求出发，概括提炼出明确具体的道德准则，如以规章制度、工作守则、服务公约、行动须知等简明的形式公布于众，用以教育和约束本行业人员。这种形式体现适应本行业的具体条件和人们的实际接受能力，形成职业所要求的道德习惯。职业道德可以调整职业关系，是职业行为规范，告诫从业人员应该做什么、不应该做什么以及应该如何做，具有引导和规范的功能。职业道德通过引导和规范职业行为，可以发挥调整职业关系的作用。加强职业道德建设，可以提升从业人员的职业素质（包括专业技能、道德素养），有助于推动行业发展、树立行业新形象。

（二）职业道德的建设

1. 职业道德的主要社会作用

职业道德是社会道德的重要组成部分，对个人的发展有着不可替代的作用，对组织的影响有着长远的意义，对社会的物质文明、精神文明和生态文明建设都起着积极的推动作用。

（1）个人实现全面发展。职业道德对个人的发展有着不可替代的作用。职业道德是个人综合素质的重要组成部分，也是每个从业者自我实现的重要保证。从业者提高自己的职业道德素养，既是社会的需要，也是个人的内在需要。职业道德能够有效调节职业交往中从业人员内部以及从业人员与服务对象间的关系。一方面，运用职业道德规范约束职业内部人员的行为，促进职业内部人员的团结与合作。另一方面，职业道德可以调节从业人员和服务对象之间的关系，使从业人员清晰地认识到如何对待服务对象。

（2）组织实现健康发展。一个组织是否重视职业道德建设直接影响其生存和发展。一个组织如果不注重职业道德的建设，缺乏职业道德的约束，必将影响其长远发展，甚至是企业寿命。职业道德有助于维护和提高组织与行业的信誉，促进行业的发展。提高信誉主要靠产品质量和服务质量，而从业人员的道德水平是提升产品质量和服务质量的有效保证。行业发展需要有经济效益作为支撑，而较高的经济效益来源于员工的较高素质，职业道德水平高的从业人员素质相对较高。

（3）社会实现文明进步。职业道德既是从业人员在进行职业活动时应遵循的行为规范，又是从业人员对社会所应承担的道德责任和义务。职业道德是整个社会道德的主要内容，涉及每个从业者如何对待职业、如何对待工作。职业道德是一个行业全体人员的行为表现，它要求当社会利益与局部利益、个人利益发生冲突时，每个从业人员把社会利益放在首位。如果每个行业、每个职业集体都具备优良的道德，对整个社会道德水平的提高肯定会发挥重要作用。因而职业道德在很大程度上保障着社会的稳定和发展，对社会物质文明建设、精神文明建设、生态文明建设都起到了积极的推动作用。

2. 职业道德建设的主要内容

职业道德的内容非常宽泛，不同职业都有不同的职业道德内涵。职业道德建设是公民道德建设的重要方面。随着现代社会分工的发展和专业化程度的增强，社会对从业人员职业观念、职业态度、职业技能、职业纪律和职业作风的要求越来越高。因而要大力倡导以爱岗敬业、诚实守信、办事公道、服务群众、奉献社会为主要内容的职业道德建设。具体而言，职业道德建设的主要内容包含以下几方面：

（1）职业认知的提高。职业认知是人们对职业行为的社会价值所作出的公认的客观评价和正确的主观认识，是职业责任和职业良心的价值尺度。人们对社会道德关系以及关于这种社会道德关系的理论、原则、规范的理解和掌握是有区别的。人们的道德认识越全面、越深刻，其道德观念就越明确、越坚定，就越有助于转化为道德信念、道德行为和道德品质。从业人员具有了这种道德认知，就会自觉地规范道德行为，有强烈的义务感去完成职业道德的要求，努力做好本职工作。

（2）职业情感的培养。职业道德情感包括对职业的热情、幸福感以及为工作对象服务的热情等。职业道德情感和职业道德信念一起表明职业人员的道德立场，是推动从业人员为完成本职工作而发挥能动性的巨大的精神力量。从业人员一旦拥有了职业情感，就可以在没有外来的和内在的压力的条件下，作出合乎道德要求的行动。

（3）职业意志的锻炼。职业意志是指人们在履行义务的过程中表现出来的自觉克服困难和排除障碍的毅力和精神，是职业劳动者对职业责任的自觉意识，是人们在职业实践中形成的内心尺度或内心天平。它能使人们思想坚定，意志顽强，在任何情况下都严格要求自己，作出正确的行为选择，并持之以恒形成一定的道德品质以及履行道德义务的责任感和自觉性，对社会作出应有的贡献。

（4）职业理想的树立。职业理想指人们对未来具体职业的选择、向往以及要达到的成就的构想，是人的社会化过程的反映，也是人的身心发展的必然结果。社会发展的需要是职业理想的客观依据。个人自身所具备的各项条件是职业理想的重要基础，条件的不同往往制约着职业理想具有现实可能性，条件的变化常常影响着职业理想实现的可能性。

（5）职业作风的实践。职业作风是指职业劳动者在其职业实践和职业生活中所表现出的一贯态度，是职业道德在职业劳动者实际行动中的习惯性表现，是在一定道德意识支配下表现出来的有利或有害于他人和社会的行为。它是人的道德认识和道德品质外在的具体表现，也是道德动机实现的手段。社会主义职业道德的主要内容除了以人民为中心，坚持社会主义核心价值观外，还包括坚持集体主义原则和

“爱国守法、明礼诚信、团结友善、勤俭自强、敬业奉献”的基本道德规范。职业作风的实践包括职业态度（职业劳动者对社会、对其他劳动者履行各种劳动义务的基础）、职业责任（从业者对自己的职业集体和对社会必须承担的特定的职责和义务）、职业技能（从业者胜任职业活动的具体业务能力，是职业道德的载体和表现手段）等。

3. 职业道德建设的主要途径

职业道德是社会主义道德体系的重要组成部分，对个人、组织、社会都有着重要的作用，因此要加强职业道德建设。职业道德建设要做到爱岗敬业、诚实守信、办事公道、服务群众、奉献社会，树立正确的职业观，为社会主义各项建设夯实基础。

（1）个人职业道德建设。职业道德是个人自身发展的重要保证，加强个人职业道德建设尤为重要。首先要加强理论学习，提高自己的职业道德素养。其次，要坚定政治立场，强化法律道德意识，在实践中不断提高自己的专业水平。最后，还需要加强自身作风建设，不断强化自我约束、自我控制能力，树立良好的个人形象。

（2）组织职业道德建设。每个人都离不开组织，加强组织职业道德建设，就一定要在思想上重视它，把职业道德建设纳入所在组织的重点工作计划中，通过建立长效机制，使职业道德的推行具备强有力的保证。以制度为约束的职业道德是理性的、长效的，最能被大众接受和贯彻执行。要让职业道德建设深入人心，使其对组织的具体活动起到长期有效的监督作用，保证组织的发展始终在正确的轨道上。

职业道德对于个人和集体都有着不可替代的作用。树立良好的职业道德，加强职业道德建设，同时也是规范行业的职业道德行为和提高从业人员素质，加强单位建设发展的重要举措。因此，必须认识到职业道德的重要性，从内心自觉地树立职业道德观念并规范自身的职业道德行为。

二、养老顾问职业道德建设

道德和法律是人类社会的主要约束规范。人类社会有了一定的规范，人们的行为就会受到约束，社会才因有秩序而得以稳定和发展。道德是依靠人们的内在信念、传统习惯和社会舆论来维系、协调人们利益关系的行为规范的总和。道德以“善”“恶”为评价标准，需要人们自我约束的自觉性，通过社会舆论的监督对人们形成一种压力。社会的一般道德与养老顾问这一新兴的特定的“准职业”相结合，便产生了养老顾问职业道德。

（一）养老顾问职业道德的内涵

养老服务是一个特殊的行业，养老顾问职业道德是养老顾问在养老服务工作这一职业活动中的道德观念和应该遵守的行为规范的总和，是社会对养老顾问在养老服务活动中提出的特殊要求。养老顾问职业道德是社会道德的一般性与养老服务行业的特殊性相结合，特别是养老顾问这一特殊的服务工作相结合所形成的道德规范，它以人道主义为基础，以孝道精神为核心，以精准服务为要求，其内涵主要包括以下几个方面。

1. 关爱长者

尊老敬老爱老是中华民族的传统美德，是我国社会主义精神文明建设的重要组成部分。老年人不仅哺育后代，还以言传和身教向后代传播做人的道理，老年人是后代人心灵最后的、最坚定的依托。政府关爱老年人，社会关爱老年人，家庭成员关爱老年人，就要敬重老年人，尊重老年人的思维方式和自主选择，为老年人提供更多的便利，创造更好的颐养天年的环境，使老年人感受到关爱，树立自己新的社会价值自信和家庭价值自信。具体而言，在家庭生活中，子女要从物质生活、精神生活方面给予老年人照顾、安慰；在社会上，形成大家关心、爱护老年人的良好道德风尚。

2. 优质服务

为老年人提供优质服务，不仅是社会道德的要求，也符合市场经济条件下的服务理念。优质服务指在符合行业标准或部门规章等通例的前提下，所提供的服务能够满足服务对象的合理需求和适常期许值，保证一定的满意度。优质服务是从消费者的利益诉求出发，完善服务理念、提高服务质量、规范服务操作。服务提供方所提供服务的面向对象，包括消费者、客户、申请人等，只要其能够接受、预备接受、正在接受、已经接受来自提供方的服务，即可为服务对象。优质服务可以根据服务体验与要求的差别，由低到高进一步细分为满意度服务、舒适度服务、惬意度服务。满意度服务一般是要求能够满足服务对象提出的要求，以服务对象的合理要求基本满足，不产生或增加新的负面情绪为基本要求；舒适度服务是在满足服务对象要求的基础上，从多方面使服务更臻完善，以最小化服务对象的负面情绪，并获得服务对象一定好评为基本要求；惬意度服务则是从服务对象的角度和利益出发，既满足客户的服务需求，也能够周到细致地考虑到客户所未考虑到的当下需求和将来需求，并预见性地提供相应的服务，以赢得服务对象的信赖、忠诚度和高度评价为要求。

3. 良心自律

良心即在无人监督的情况下，人们凭借道德的自我约束而作出善恶选择的能力。道德良心是道德规范的自律性最重要的表现形式。在我国，孟子认为“仁义之心”为“天之所予我者”，荀子认为是“物使之然”，朱熹有“天理良心”之说。作为道德主体内心“道德法庭”的良心，其作用是极其巨大的。生活中不乏受良好的激励而舍生取义的人，也不乏受良心的责备而悔不欲生的人。这种约束力之所以强大无比，正是因为它来自主体的理性、意志、情感，是自己对自己的克制。可见，良心作为道德规范自律性的最高体现，事关道德的命运。良心的道德自律能力是以良知（道德认知）为基础的，道德主体的道德认知越完整、越深刻，良心的基础越稳固，良心的道德自律能力越强；良心又是以道德情感为存在方式的，良心的道德自律活动表现为各种道德情感的推动和激励。因此，道德情感越丰富、道德情感体验越深刻，良心的道德自律能力越强；良心的道德自律最终体现于道德主体的道德实践，能否将道德主体的道德认识和道德情感付诸实践关键在于道德意志，道德意志越独立、越果断、越坚韧、越具有自控力，良心的道德自律能力越强。

（二）养老顾问职业道德的特性

每一种社会职业都以其独特方式与社会发生关系，养老行业具有鲜明的职业特点，从而形成养老顾问职业道德的特殊性，特别是养老顾问应遵守服务边界，注重向老年人介绍有关养老服务的政策规定、申请条件、资源渠道，以及合理养老方式的建议等，不得勉强老年人接受，不得因利益关系对养老服务资源选择性推介。养老顾问工作具有明显的社会公益性，应向服务对象解释清楚工作职责与工作性质。

1. 多样性

人们在某一服务环境中都有一定的行为规范。由于养老顾问服务具有环境的复杂性和内容的多样性，围绕养老顾问服务的行为规范也就具有多样性。

2. 层次性

养老顾问职业道德与一般职业道德相比更具有职业道德的层次性。养老顾问既要从人道主义出发，把“以人为本”为宗旨的服务作为养老顾问社会公益和社会效益的追求；又要从政府基本公共服务精准性出发，把养老政策和养老资源等信息提供给老年人，以提高政府基本公共服务的效能；还要适应市场的需要，以市场经济的理念判断满足不同层次需求的老年人，辅以一定的经济效益的维度来充分发挥养老服务企业机构的功能。养老服务业的社会公益性和社会经济性的双重特征决定了养老顾问职业道德的层次性。

3. 密切性

生老病死是人类进化和发展的自然规律，养老与社会中的任何人都有关系。由于养老活动涉及社会上的所有人，人们都会对养老服务从业人员提出道德上的要求并进行道德评价，因而，养老顾问职业道德与一般职业道德相比更具有与社会联系的密切性。

4. 自律性

养老顾问职业道德与一般职业道德相比更具有自律性。如养老顾问职业道德强调的最根本的一点就是“以人为本”，这既是对老年人为社会所作贡献的肯定，又是对与老年人相关的人的尊重。养老服务职业的服务对象包括失能失智的老年人以及老年人的家人，当养老职业活动中主要服务对象无法对从业人员的行为起到约束作用时，在一定程度上依靠从业人员自身的道德修养和道德觉悟。因此，养老顾问职业道德更具有自律性。

（三）养老顾问职业道德的建设

养老顾问面对的是老年人这一特殊群体以及各式各样的养老服务，只有具备一定的职业道德并遵守行业的行为规范，才能使养老服务朝着规范化方向发展。行为规范是社会群体或个人在参与社会活动过程中所遵循的规则、准则的总称，是社会认可和人们普遍接受的具有一般约束力的行为标准，包括行为规则、道德规范、团体章程、行政规章、法律法规等。行为规范是现实生活中根据人们的需求、好恶、价值判断而逐步形成和确立的，是社会成员在社会活动中所应遵循的标准或原则，用以调节人际交往，实现社会控制，是维持社会秩序的工具，它来自主体和客体相互作用的交往经验，是人们说话、做事所依据的标准，也就是社会成员都应遵守的行为准则。良好的社会秩序需要人们遵循一定的行为规范，从而调整一系列的利益关系，建立正常的社会关系。养老顾问的行为规范旨在引导和规范养老顾问可以做什么、不可以做什么和怎样做，也是社会和谐重要的组成部分，是社会价值观的具体体现和延伸。

1. 遵章守法，自律奉献

遵章守法是养老顾问最基本的行为准则。作为养老顾问，必须做到学法、懂法、用法、不犯法，只有遵守法律法规以及行业和机构的规章制度，才能使服务越来越专业化和规范化。养老顾问需要时刻对照法律反省自己的行为是否合法。即使是基于热爱养老顾问这项工作，或是出于对养老供应方或需求方的考虑，也绝不允许违反法律。在推进业务的基础上，要事先确认自己的行为是否违反法律，必须遵守法律法规、尊重风俗习惯以及得到社会认可的规则。在日常工作生活中，要将社会习惯、常识、道德等灌输于意识中，在每个活动中检查是否符合这些规则。

同时，养老顾问需要具备自律精神。为老年人这一特殊群体服务时，除了职责之外，真正的约束还需要靠养老顾问自身。只有具备奉献精神，甘于奉献，真心替老年人着想，才能成为一名合格的养老顾问。由于养老顾问及时、热情、周到的服务，有时服务对象会主动馈赠礼物以表感谢。拒收馈赠、保持清正廉洁是养老顾问的行为准则，也是职业道德的体现。

2. 尊老敬老，以人为本

尊老敬老是中华民族的优良传统，也是养老顾问服务工作的基本行为规范。养老顾问服务要坚持以人为本，做任何事情都以老年人的利益为前提，真正为老年人着想。在工作中细致入微，以老年人儿女的心态为老年人服务，使老年人得到亲人式的服务、感受到家的温暖，才能在工作中得到老年人的认可。养老顾问要尽职尽责，在服务工作中以老年人为中心，在工作中研究新的工作方法，思考老年人的实际需求，通过创新来满足老年人的需求和行业的发展。尊重老年人的生命价值体现了人类社会的基本价值准则和伦理要求。人的基本权利是由生命权、自由权和财产权组成的，生命权是一切权利的源泉。尊重生命是人类最基本的道德准则。每一个老年人的存在都有他独特的价值，都是一个有生命尊严的个体，都应该得到尊重、关怀和帮助。老年人的困难是自然之弱，当他们年老体衰时，家庭与社会理应尊重他们，给他们足够的重视和关爱，让他们感受到社会的温暖与幸福，享受到平等的权利与机会。尊重老年人的生命价值符合人类所追求的博爱精神，体现了对人的生命、人格尊严的尊重，是一种根本的终极关怀，体现了人类文明的高度发展。因而，养老顾问必须正确理解、认识“以人为本”。

3. 钻研业务，热情服务

作为合格的养老顾问，只有满腔的热情不行，还要有为人民服务的本领，努力成为改善和保障民生、促进文明建设的先锋。养老顾问要熟悉服务常识，掌握服务礼仪，精通养老行业管理与服务，养老服务涉及的知识和技能很多，只有刻苦钻研业务，才能提高技能。只有规范化管理与服务，才能达到优质服务的标准。养老顾问在不断地提供优质服务被认可的同时，也就获得了成功。在现代社会，优质的养老服务应突出人性化的特点，在尽最大努力满足服务对象物质需求的同时，还要满足服务对象的精神需求，因此，养老顾问在具体岗位上要提供温情服务、规范服务、文明服务和多样化服务。养老顾问要坚持服务第一，服务细致入微，热爱本职工作，为养老行业的发展作出贡献。

中国传统的差序格局注重的是集体主义价值取向、传统伦理家族本位、群体主义等，我国人民的家庭观念浓厚，老年人对于亲情有极强的依赖性，在需要帮助时大多会向亲朋好友求助，养老顾问应结合传统的求助关系，主动了解受助老年人的生活、心理情况等，以同理心为老年人服务，才能获得老年人的信任。

第三节　养老顾问能力建设

养老顾问工作的开展基于为老服务工作，涉及医学、心理学、人口学、社会学、经济学、法学、教育学等，内容十分丰富。作为一名养老顾问，要有深厚的社会感情，热情的服务态度，精细的工作方法，只有具备一定的基本素质和特有素质，才能有效地开展工作。养老顾问必须遵守养老服务工作特定的专业价值观和职业操守，在掌握养老服务供应信息、了解老年人养老需求的基础上，运用为老服务相关专业知识、方法提供服务，因而养老顾问能力建设尤为重要。

一、养老顾问基本素质和能力

素质是人的各种素养的总和，包括体力、智力、思考能力以及发现、分析、解决问题的能力等，是一个人综合能力的体现。养老顾问要有丰富的知识、熟练的技术、较高的综合能力。社区养老顾问扎根基层社区，由社区或专业机构工作人员兼任，依托“养老顾问点”免费提供养老咨询服务，工作具有鲜明的社会性、群众性、公益性，其所作所为在一定程度上影响着党和政府在人民群众中的形象。因此，社区养老顾问要具备必需的思想政治素质、科学文化素质、职业技能素质等，在实践中全面提高自己的能力和素养。

（一）人才定义及其主要特点

1. 人才定义

人才是那些认同机构的核心价值观，具有职业素养和较高工作技能，能够持续地为机构创造价值的人。中共中央、国务院2010年印发的《国家中长期人才发展规划纲要（2010—2020年）》指出，人才指具有一定的专业知识或专门技能，进行创造性劳动并对社会作出贡献的人，是人力资源中能力和素质较高的劳动者，是我国经济社会发展的第一资源。我国将党政人才队伍、企业经营管理人才队伍、专业技术人才队伍、高技能人才队伍、农村实用人才队伍和社会工作人才队伍统称为“六支人才队伍”。

人才具有以下特点：一是有才能，至少在某一方面独具专长，胜过别人；二是有远见，在专长方面有远见卓识，对问题的了解比一般人深入，具有较强的分析和判断能力，善于透过现象看本质，善于抓住事物的变化规律和发展趋势；三是具有开拓精神和创新能力，有所发现，有所发明，有所创造，独具一格。

2. 技能人才

技能人才是指在生产、经营、服务和管理等领域的一线岗位，掌握专门知识和技术，具备一定的操作技能，并在工作实践中能够运用自己的技术和能力进行实际操作，能够进行创造性劳动、为国家经济建设作出重要贡献的人才。技能人才是我国人才队伍的重要组成部分，是技术工人队伍的骨干，是加快产业优化升级、提高企业竞争力、推动技术创新和科技成果转化的实践者和推动者。

高技能人才是在生产、运输、服务和管理等领域岗位一线的从业者中，熟练掌握专门知识和技术，具备精湛的专业技能，在工作实践中的关键技术、关键环节发挥作用，并擅长解决难题的人员。高技能人才可分为技术技能型、复合技能型、知识技能型三类人员。技术技能型人才是在企业生产加工一线中从事技术操作，具有较高技能水平，能够解决操作性难题的人员，主要分布在加工、制造、服务等职业领域，如假肢师、矫形器师等。复合技能型人才是在生产、服务、加工一线中掌握一门以上操作技能，能够在生产中从事多工种、多岗位的复杂劳动，解决生产操作、服务管理难题的人员，如养老护理员、孤残儿童护理员等。知识技能型人才是既具备较高的专业理论知识水平，又具备较高的操作技能水平的人员，能够将所掌握的理论知识用于指导生产、服务实践，创造性地开展工作，主要分布在高新技术产业和新兴职业领域，如婚礼策划师、社会工作师等。

3. 职业能力

职业能力是人们从事某种职业的多种能力的综合。职业能力说明一个人在既定的职业方面是否能够胜任，也能说明一个人在该职业中取得成功的可能性。职业能力是多种能力的综合，分为一般职业能力、职业专业能力和综合能力。

一般职业能力：主要是指一般的学习能力、文字和语言运用能力、数学运用能力、空间判断能力、形体知觉能力、颜色分辨能力、四肢的灵巧度、手眼协调能力等。此外，任何职业岗位的工作都需要与人打交道，因此，人际交往能力、团队协作能力、对环境的适应能力，以及遇到挫折时良好的心理承受能力都是在职业活动中不可缺少的能力。

职业专业能力：主要是指从事某一职业的专业能力。在求职过程中，招聘方最关注的就是求职者是否具备胜任岗位工作的专业能力。

职业综合能力：国际上普遍注重培养的“关键能力”，主要包括四个方面：一是跨职业的专业能力，包括运用数学和测量方法的能力，计算机应用能力，运用外语解决技术问题和进行交流的能力。二是方法能力，包括信息收集和筛选能力，掌握制订工作计划、独立决策和实施的能力，具备准确的自我评价能力和接受他人评价的承受力，并能够从成败经历中有效地吸取经验教训。三是社会能力，主要指一个人的团队协作能力、人际交往和善于沟通的能力，在工作中能够协同他人共同完成工作，对他人公正宽容，具有准确裁定事物的判断力和自律能力等，这是岗位胜任和在工作中开拓进取的重要条件。四是个人能力，人的社会责任心和诚信将越来越被重视，一个人的职业道德会越来越受到全社会的尊重和赞赏，爱岗敬业、工作负责、注重细节的职业人格会得到全社会的肯定和推崇。

（二）养老顾问的基本素质要求

养老顾问以自己的才智贡献于养老服务事业，要具有奉献精神，把自己的光和热、爱和情奉献给养老服务事业，践行以人民为中心的宗旨，以自己的专长、理想和毅力，努力为老年人排忧解难，提供优质服务，为社会改革和进步作出不懈的努力。

1. 政治素质

养老顾问应具有良好的政治素质、强烈的事业心、正确的服务理念、较强的法制观念，能全心全意为服务对象服务。要树立远大的共产主义理想，能够运用马克思主义的立场、观点、方法分析和解决问题；坚持正确的政治方向，坚决贯彻执行党的各项方针政策，坚定走中国特色社会主义道路；努力实践党的全心全意为人民服务的宗旨，密切联系群众，坚决维护人民群众的利益；要有坚强的组织纪律观念，无论在任何复杂困难条件下，都能在思想上、政治上、行动上自觉地同党中央保持高度的一致。

从工作性质来看，养老顾问工作属于社会服务工作，体现了社会（国家）对社会成员（广大老年人）的一种责任。养老顾问代表社会（国家）来实施这一责任，为老年人、老年团体服务，只有具有全心全意为人民服务的奉献精神，才能做好这项工作。

从工作地位来看，养老顾问属于生产关系和上层建筑的范畴，是为生产力和经济基础服务的，是为社会稳定、国家富强服务的。搞好养老顾问工作能为经济建设创造良好的社会价值，促进生产力的发展。养老顾问要发扬奉献精神，刻苦勤恳奋发工作，为不断完善社会主义生产关系和上层建筑贡献力量。

从工作作用来看，养老顾问工作体系属于社会稳定机制，做好老龄工作，对社会稳定将起到积极作用。养老顾问工作的使命是为社会主义制度下的社会发展、改革开放，提供一个稳定和谐的社会状况和积极健康的社会背景。养老顾问直接或间接地消除和转化由于各种原因造成的不协调或可能不协调的因素。为了更好地发挥这种作用，养老顾问必须培养和发扬奉献精神，竭诚尽职，一丝不苟地努力工作。

从工作任务来看，养老顾问工作的责任重大，纷繁复杂，涉及面广，头绪众多。老龄事业和老龄工作已经摆上了各级党委、政府的议事日程，任务艰巨而光荣，要完成好每一项具体工作任务，都需要付出艰辛的劳动和汗水，没有奉献精神是很难完成这些艰巨、复杂的任务的。

2. 道德素质

养老顾问工作以“为老年人解困”为宗旨，体现了社会服务工作道德方面的人生信念、专业态度和价值观等。养老顾问要把利他主义价值观当作核心价值取向，认同并遵循养老服务专业的伦理准则，体现对服务对象的尊重与关怀。奉献精神是养老顾问政治素质在思想品格上的集中表现。在市场经济发展趋势下，养老顾问应该本着对服务对象负责、对单位负责的精神，遵守国家的有关法律、法规，培养“服务对象至上”的服务意识。

3. 心理素质

养老顾问应具有良好的心理素质，除了需要克服自身的心理压力外，更要以健康的心态、良好的风貌面对和感染服务对象，以促进其改变困境。具体体现在：树立乐观的人生态度，保持自信的心理状态，具备坚忍的意志品质等。

4. 知识素质

养老顾问工作专业性很强、系统性也很强，涉及面比较广，要求养老顾问具有比较完备的知识体系。养老顾问首先需要具备养老服务工作专业理论素质，包括熟悉养老服务资源、老年人福利政策等，可制定养老服务清单，开发推介适合不同老年人特点的“养老服务包”或养老服务项目手册等。其次，合理的知识结构也是养老顾问所必须具备的素质。

5. 智能素质

智能是指在掌握从事相关职业所需专业知识的前提下，有效运用知识的能力。养老顾问不仅要具备扎实的专业理论知识，更要具备解决社会问题的实践能力，使养老顾问工作的专业价值和专业理论具体化和操作化。具体体现在：敏锐的洞察力、较高的调查研究能力、较强的协调能力、创新能力、良好的表达能力、持续的学习能力等。

（三）养老顾问的基本能力要求

养老顾问工作任务的复杂性决定了养老顾问不但要精通为老服务的专业知识，以处理专业性问题，而且要具备更多的基础知识，以增强其适应性，处理各种复杂的问题。养老服务事业的特殊性要求养老顾问必须具有特定的专业素质。养老顾问必须具有的基础知识包括社会学、心理学、经济学、法学、教育学、医学等多种学科。养老顾问需要具备的专业知识除了养老顾问工作通用的养老服务价值观、理论、方法、技巧外，还包括老年护理学、老年营养学、老年康复学、老年服务组织管理等专业知识。

1. 基础知识的掌握

养老顾问的基本素质分为自然素质和社会素质。自然素质指生理特征、心理特性、身体本身、健康状况等。社会素质是受社会教育和在实践锻炼中得来的，主要有思想政治意识、品德修养、业务文化水平、领导艺术、管理能力、沟通协调能力等。基本素质是一个合格的养老顾问必须具备的。养老顾问行为的绩效大小是由养老顾问的基本素质所决定的，加强社会素质的培养和锻炼，是营造一个使各种人才在系统中各尽所能，从而提高系统绩效的良性循环的重要条件。做养老顾问工作，要出于爱心，专心工作，认真履行职责，立足本职，提供优质服务。

养老顾问工作是随着老龄社会的发展而发展的。老龄化是当今社会的发展趋势，老年人口数量逐年增多，工作量也越来越大，作为新时期的养老顾问，必须具有创新的胆识和能力，用新观点去观察变化的新情况，捕捉萌芽状态的新思想、新经验、新路子，钻研新的服务艺术和现代管理方法，创造性地开展工作。

2. 专业知识的运用

养老顾问工作是一种助人的、服务性的专业，这种助人不单单是助人摆脱困境，更重要的是使受助者具有克服困难以自救的意念与能力。在这个过程中，养老顾问需要具备以下知识和技巧：

（1）广博的社会知识。养老顾问面对的是有需要的老年人个体、群体和社区，更是面对包括广大老年人及其家人的社会。养老顾问对社会的认知有助于对问题的认知、了解和解决。社会知识的核心是认知社会的本质。作为从事养老顾问工作的一员，必须时刻坚持和把握认知的实践性，把理论和实践紧密地结合起来，一切从实际出发，坚持调查研究，深入基层，深入工作第一线，了解老年人在想什么、需要什么。另外，养老顾问不能片面地、单一地、孤立地看待事物，而应该从全局的、整体的高度去认识，也就是不要用一种思维方式方法去观察社会、认知社会，而应该具有多种社会观。

（2）精深的专业知识。精深的专业知识是养老顾问工作得以顺利开展的保障和关键。由于老龄社会产生的问题涉及诸多方面，养老顾问工作的内容错综复杂，需要不同学科的人才从事这项工作。养老顾问除了要有广博的社会基础知识外，所处工作岗位的不同对养老顾问也有不同的要求。例如，行政机构管理人员兼职养老顾问，要在组织学、管理学、伦理学等专业知识的基础上，具备养老服务机构管理人员应具备的知识，包括社会管理学、公共关系学、经济管理学等专业知识，还应具备服务老年人健康应具备的知识，包括治疗各种疾病的医学基础知识，以及老年病理学、老年心理学、老年保健学等专业知识，以便有针对性地制定解决老年问题的有关政策和具体措施，为老年人提供优质服务，促进老龄事业的发展。

（3）灵活的操作技巧。养老顾问工作是社会服务工作的组成部分，通过借鉴国内外近几年的探索、实践，已经积累了一套工作方法与技巧，这是养老顾问工作专业知识的核心内容。在整个社会服务工作领域，由于养老顾问的专业方向或专长不同，担负的具体工作也就不同，要把创新精神和锐意进取的时代精神有机地结合起来。养老顾问应该也必须成为专业知识的“通才”，既要懂得和通晓养老顾问工作的所有专业知识，还要能够独当一面、驾驭全局，具备担当重任的工作技巧和能力，这样才有助于妥善地解决问题，更好地适应新形势的要求。

3. 基本能力的发挥

养老顾问应具备的基本能力主要包括：处理养老服务专门技术问题的能力；组织与协调的能力；一定的观察、分析、判断及较强的沟通、应变能力；在处理养老供需关系时，思维敏捷，口齿清晰，语言表达能力强。上海市民政局《关于开展社区“养老顾问”试点工作的通知》（沪民老工发〔2018〕7 号），对社区“养老顾问”人员提出了明确的工作要求：一是服务态度。养老顾问需面对面听取需求并提出合理化建议，服务要耐心、细致、热情，不得搪塞、敷衍、推诿。二是业务要求。养老顾问要提高自身业务能力，了解和熟悉本社区的养老服务资源以及相关养老服务政策。三是服务重点。养老顾问提供服务时，要着重介绍服务的享受条件、政策的规定、寻找资源的渠道，以及选择合理养老方式的建议，不得勉强老年人接受，不得因利益关系对养老服务资源进行选择性推介。

（1）专业技术能力。

养老顾问作为为老服务的新兴“准职业”，其所需的专业技术能力是综合性的。养老顾问应具备以下职业能力：能够熟练运用养老服务业务相关的法律、法规、政策和行业管理规定，掌握基本的养老服务工作专业知识；能够与各类服务对象建立服务关系，对服务对象的问题进行预估，为服务对象提供专业服务，处理各类复杂问题，并对所提供的专业服务质量与效果进行评估；能够制订科学合理的工作方案和发展规划，整合、运用相关社会服务资源，拓展服务领域，保证服务质量；能够根据服务计划，运用专业方法和技术协助服务对象解决问题。

例如养老顾问协助制订养老方案时，要遵循科学的方法，把老年人看作是独立、有尊严、有权利参与和得到安全的生活环境和社会福利、应受到公平待遇的人群。同时，由于老年人在老化的过程中产生了经济、身体、心理、精神等方面的不同需求，所以在解读养老政策和策划设计养老方案以及实施方案的不同阶段都要人性化和精细化。为更好地满足老年人的不同需求，以保证准确地为他们提供所需的必要服务，在协助老年人制订养老方案时，首先要做好对老年人的身体、心理、健康等全面综合的评估。

（2）社会交往能力。

社会交往是人们之间有目的的相互影响的方式，也是人们为了实现自己的目标而采取的社会活动方式。养老顾问必须掌握一定程度的交往与公共关系知识，具有较强的社会活动能力。养老顾问工作是与老年人交流、为老年人服务的事业，是解脱老年人痛苦与困境的活动，这些任务的艰巨性、复杂性要求养老顾问具有高水平的、熟练的社会交往能力。养老顾问的服务对象从处于社会底层、生存有困难的群体到具有不同需求的社会大众，涉及社会各个阶层、各种行业，能够与不同职业群体、文化背景、生活方式的服务对象建立良好的合作关系，实现有效沟通，进行良性互动，是一个合格的养老顾问所必需的能力。养老顾问的社会交往能力是较为复杂、广泛、多层次的交往能力：

交往对象的多样性要求高超的交往能力。养老顾问的工作任务是向广大老年人提供服务，其工作对象已经扩展到整个社会。我国已进入老龄化社会，老年人数逐年增加，老年人的物质精神需求已从过去的低层次向高层次发展变化，同这些人进行有效的交往，开展优质的服务，没有较强的交往能力、社交能力是无法开展工作的。同时，养老顾问还要与社会上方方面面的关系打交道，没有较强的社会交往能力是难以胜任的。

交往情境的复杂性要求娴熟的交往能力。情境是养老顾问社会交往的背景，它对社会交往有直接影响。养老顾问的工作环境是时常变化的，它对养老顾问的交往能力有不同的要求。在与同一个工作对象交往的过程中，由于对方的态度、行为以及具体情境的变化，交往的情境也会随着发生变化。养老顾问做老年人心理咨询时，工作的对象可能会随着咨询的进展而有不同的反应。因此，养老顾问应该审时度势，正确地给出情境定义并作出适当反应，避免陷入工作被动局面。养老顾问某些工作的情境具有综合性，要求养老顾问在短时间内解决各种问题，提出正确的意见和主张，使事情有妥善的解决办法。

交往环境的变化性要求灵活的反应能力。反应能力包括思维、联想能力及行为的敏捷性。养老顾问有时在同一时间内接待许多各有不同要求的服务对象，要使被接待的服务对象都满意，就要有灵活的反应能力，对服务对象的不同要求作出迅速准确的反应，即理解和领会服务对象的意图，根据服务对象的特征判断其性格、身份、爱好等。

（3）沟通协调能力。

养老顾问的沟通协调能力在很多工作中都有明显的表现。例如，在社区或养老机构中，养老顾问组织一场养老政策咨询活动，或创造一定的途径让老年人接受继续教育等。养老顾问的重心在社区，社区工作则以更复杂的情境、更艰巨的任务向养老顾问的组织能力提出挑战。社区工作大量的、主要的工作是社区组织，要求养老顾问靠工作能力将社区、居（村）委会内的老年人动员、团结、凝聚起来，在社会现代文明建设中作出积极的努力。

随着我国老龄化社会的发展，老年人的物质、精神需求日益丰富化、多样化，养老顾问工作的开展建立在与老年人有效沟通的基础上。作为养老顾问，还需要整合各项社会资源，与各界人士交往沟通，因而必须掌握沟通技巧及较强的沟通能力。表达能力是指与服务对象打交道时运用语言、表情传递有关信息的能力。良好的口语表达能力对创造和谐的服务环境，促进服务对象的消费行为有重大影响，养老顾问的口语表达要清晰、准确、礼貌、热情，富于情感，形象生动。

对兼职养老顾问的社区干部来说，每天都要与居民、辖区单位及有关职能部门等打交道，要广泛听取社区成员的意见建议，充分了解服务对象的现实需求，及时反映居民群众的愿望和呼声。社区是一个相互依存、相互联系的整体，只有通过协调才能在社区成员之间达成共识。因此，沟通协调是社区干部和养老顾问的主要工作之一，只有具备较强的沟通协调能力，才能得到各社区成员的积极配合和广泛支持。

养老顾问工作是一个年轻的职业，向社会公众、社会团体、有关政府部门及其他行业介绍养老顾问工作成为养老顾问的任务之一。同时，养老顾问要顺利地开展工作，需要获得广大群众的支持。这些任务的实现都要求养老顾问具备良好的公关能力，引导与帮助广大群众对社会福利政策增强认识、加深了解，获取广大群众对社会服务项目的支持与运用。养老顾问作为一种新兴的“准职业”，只有与社会保持良好的公关关系，才能在广大群众中树立良好印象，为工作的开展创造良好的前提与基础。

（4）判断建议能力。

建议是人们对所处情境的判断及对将要采取的行为所提出的思路或具体措施。建议的提出是在对情境的了解、比较、理解和定义的基础上，协助对方作出选择，而拿出正确的意见或主张。养老顾问的服务情况复杂多样，工作情境也变化多样，必须针对不同情况及时作出恰当的回应。养老顾问强调的个别原则，是在养老服务工作基本模式的指导下，实事求是地采取有差别性的处理方法。判断建议能力来源于敏锐的观察能力，观察能力主要是指通过服务对象外部表现了解服务对象的消费心理的能力。在与众多服务对象的瞬间接触中去判断服务对象的心理，应当学会“察言观色”，采取各种心理策略，引导消费者的养老消费行为，充分满足其物质需求和心理需求。为老年人提出合适的建议，是养老顾问的基本信条，良好的记忆能力有利于养老顾问更好地制订养老方案，养老顾问要牢记养老资源的规模、地点、等级、价位、服务质量等。

（5）自我调适能力。

在为老服务过程中，会面临诸如疾病、伤残、死亡等艰难的人生问题，养老顾问会不由自主地想到自己年老的情景，心情黯淡，对处理这些问题感到焦虑、沉重、力不从心。养老顾问面对的老年人，有的患有抑郁症、痴呆症、焦虑症等精神疾病，有的行动不便、生活不能自理、身上散发异味，在服务过程中往往让人感到透支了精力和情感，觉得自己的工作没有价值。一些老年人面对疾病、衰老、死亡时的悲观情绪也会传递给养老顾问，让人产生沮丧感。在长期服务老年人的过程中可能由于人生阅历、工作技巧的缺乏和老年人自我设防、老年人家属的不积极配合而使工作毫无进展，得不到明显的效果，养老顾问很容易因此产生深深的挫折感，觉得自己的工作没有价值，有可能会表现出对老年人缺乏耐心和关怀，也有可能把它转化为对老年人的愤怒和敌意。因此，如何做好自我调适，提升服务的品质和效率，是养老顾问必须认真思考的问题。

在工作过程中，养老顾问要敏锐体察自己的情绪状态，避免情绪投入过深。在为老服务中，不要在情绪上过深卷入老年人的生活。尤其是长期服务于痴呆、病残、临终等老年人的养老顾问，工作压力大、任务重，缺乏成就感，更要意识到这是老年人的问题，养老顾问不是无所不能的“救世主”。对于很难取得进展的案例，养老顾问要学会自我减压，不必过分自责，要客观评价自己的知识和能力，必要时将老年人作转介处理，使老年人得到更好的服务。由于与老年人交往而对老年服务对象抱有特殊的感情，对所服务的老年人出现反移情，养老顾问要始终铭记帮助老年人客观地考察问题和提出解决方法需要平静和超然的眼光。养老顾问对老年人要做到移情而非同情。移情的发生是养老顾问与老年人一起感觉而不是赞成老年人的感觉。赞成老年人的感觉是同情而不是移情的反应。移情促进问题的解决，而同情常常拖延问题，造成养老顾问与老年人共同沉浸在其情绪中而不采取行动改善处境。

养老顾问要注意区分移情与同情，避免陷入同情境地而被老年人消极、悲观、抱怨的情绪所影响。

养老顾问有时会遇到比较复杂的问题，涉及老年人的医疗保障服务、心理健康、社会支持网络、丧偶后的生活适应等方方面面，解决这些问题常常要与同事合作，很多时候也要与其他方面的专业人员合作，在经验丰富的专业人员的指导和帮助下，不断提高工作技巧。

随着社会的发展，养老顾问的服务范围不断扩大，服务内容也呈现多样性（从最初的解决养老基本问题发展为能力建设和精神、心理问题等），养老顾问不仅要处理个人问题，也要处理家庭，甚至社区问题。不同时间、不同阶段中存在的问题也有着巨大的差异，即使是同一个服务对象也会随着工作进展发生态度和行为上的改变，这就需要养老顾问不断提高适应能力，根据不同的工作情境和服务对象选择合适、恰当的工作方法，制订科学可行的计划和方案。

二、养老顾问行为素质和能力

养老顾问直接面向老年人，既要提供直接服务，又要进行间接服务。养老顾问工作对象的特殊性决定了其工作任务的复杂性，由于工作对象存在的问题多种多样，养老顾问要具有较强的行为素质和工作能力，特别是处理问题与解决问题的能力。

（一）有效整合资源

任何终极目标的实现都是一个持久而又复杂的过程，需要诸多力量的通力合作和密切配合。养老顾问的直接目标是帮助老年人化解危机、破解难题、走出困境，要实现这一目标，养老顾问必须熟悉和掌握各种社会资源。一要熟知可用的政策资源。社会政策是通过国家立法和政府行政干预，解决社会问题，促进社会安定，改善社会环境，增进社会福利的一系列政策、行为准则和规定的总称，包括养老法规与政策、社区建设法规与政策等诸多方面的内容。熟知社会政策是养老顾问做好服务工作的理论保障。二要熟知可用的物质资源。养老顾问应熟知可供利用的行政资源和民间资源，熟知协调行政资源和民间资源的途径和方式方法。三要熟知可用的人力资源。养老顾问的终极目标是使老年人能够自我认识、自我促进、自我实现，建立良好的人际关系，确立积极向上的生活态度。养老顾问要用包容心和同理心同化老年人，用心理学和社会学等知识充实老年人，用法律法规、政策制度和谋生技巧武装老年人，从而使老年人提高自理能力。

（二）高效解决问题

养老顾问在解决疑难问题时应注重方式方法。在法治中国的背景下，人们的民主意识越来越强，法律诉求越来越多，对养老顾问依法服务的能力提出了前所未有的要求。一要有良好的法律知识素养。养老顾问应该围绕老年人的多元化服务需求，在横向上拓宽对法律知识的学习，在纵向上加深对法律知识的理解，不断提高自己的法律知识素养。二要有正确使用法律法规的能力。熟练掌握法律知识是养老顾问依法服务的前提，能够将法律知识与老年人的特定诉求有机结合才是养老顾问依法服务的关键。在服务实践中，养老顾问应善思考、多取经、勤总结，不断提高自己运用法律法规的能力。三要有为老年人解难的正义感。公平正义是养老顾问的灵魂，处于危机和困境之中的老年人会表现出极度的恐慌，迫切需要知道自己面临的危机和困境、造成危机和困境的原因以及危机和困境可能对自己造成的进一步伤害。养老顾问一定要秉持公平正义，充分运用所学法律知识开展服务，把服务对象的损失和伤害降至最低。

另外，养老顾问要提高应对突发事件的能力。养老顾问要学会正确分析和判断形势，并善于发现问题，及时采取果断措施予以处理。其一，能够果断处置突发事件。养老顾问在处置突发事件时，要审时度势、机智果断、争分夺秒；要快速启动应急预案，在尽可能短的时间内完善处置突发事件方案并付诸实施；要以大局为重，敢于担当、主动作为。只有这样，才能将突发事件的危害性和破坏性降至最低。其二，能够提前预测热点事件。热点问题不是一朝一夕形成的，有一个萌芽、发展、暴发的过程。养老顾问应善于捕捉细微的、零碎的信息，能够明察秋毫、见微知著、整合信息、透视本质，提前预测可能的热点问题，从而为有效应对热点问题赢取时间。其三，能够灵活处理历史遗留问题。解决好历史遗留问题，无论对老年人还是对社会都至关重要。养老顾问在处理历史遗留问题时，应本着“尊重历史、面对现实、实事求是、不留后患”的原则，灵活应对，统筹处置。

（三）稳步推进服务

养老顾问工作是一项实践性很强的工作，养老顾问必须具备很强的实务能力。一要能够建立良好的专业关系。养老顾问从接待咨询开始，就要详细了解老年人的来源、类型、是否接受过服务，专注聆听老年人面临的困境、求助的过程、内心的期待，主动介绍自己的服务经历以及养老顾问的专业理念，缩短自己与老年人之间的心理距离，以期建立良好的专业关系。二要能够促使老年人建立自信。养老顾问应始终围绕“以人为本”的服务理念，不排斥、不歧视、守信义、多倾听、非评判，通过危机的化解，有效地解除老年人内心的恐慌；通过现实问题的解决，有效地缓解老年人的生活压力；通过真诚的关怀与平等的交往，有效地减轻老年人的自卑感与疏离感，使老年人产生“以自我为中心”的感受，自觉地参与到问题的解决过程中来，从而恢复自尊和建立自信。三要能够正确评估并修正服务方案。养老顾问应适时监测服务进度和老年人的改变程度，发现服务过程中存在的偏差，总结经验、改进工作的方法和技巧，以更好地适应老年人的需求。

三、养老顾问综合素质的提高

养老顾问作为新生的“准职业”，注重工作能力和素质的提高是适应大环境和与时俱进的要求。养老顾问必须不断加强学习与锻炼，树立现代服务理念，有效履行服务职能，创造性地开展工作，全面提高自身的服务能力和水平。

（一）养老顾问综合素质的形成过程

养老顾问综合素质是由一系列外部行为与心智技能等构成的，是通过练习形成并通过不断实践而巩固起来的一种和谐的控制行为，是由有意识的训练而形成的程序化动作或行为。从认识过程分析，体现综合素质的技能主要有三种：感觉技能属于感觉器官的敏锐和联系的技能；操作技能是控制肌肉运动的功能；心智技能主要是认识活动过程中观察、判断、对策的能力。操作技巧是操作技能的高级阶段，是运用制订计划（或工艺、流程）并运用某种理论或策略作出决定，在执行任务过程时表现出的灵活性和创造性。操作技巧归纳起来主要有三种：个别技巧是指特殊动作操作熟练灵活的能力；工序技巧是指加工、装配（或组织协调）过程中工艺分析（效果分析）及应用的能力；综合技巧是指具有完成任务过程相对独立的判断、应变能力和创新能力。

养老顾问学习与实践职业技能，是一个由低级到高级、由简单到复杂、由不熟练到熟练的循序渐进的练习和实践过程。掌握技能技巧一般需要经过以下 4 个阶段。

1. 知识准备阶段

形成操作技能技巧要有必要的知识准备，只机械地模仿是难以取得良好效果的。因此，要通过自学或接受语言信息教学法为主的培训，运用第二信号系统的作用和人的听觉器官的感受功能，接受各种精练的语言进行知识技能的传授和对练习活动进行调整的方法。这个阶段的特点是：了解操作的全过程是如何进行的，使用哪些设备和工具，操作中应遵守的技术规范，操作的最后结果以及如何进行自我检查，在操作过程中可能出现的错误及预防措施，等等。这些必要的知识掌握得越全面，在练习中目的明确，就越能发挥创造性，技能技巧的形成就又好又快。

2. 局部环节阶段

这个阶段是练习基本功的阶段，主要通过直观信息教学法获得：运用各种直观信息的手段（指导者操作要领示范，直观教具与模型演示，多媒体演示）以及学习者的视觉和身体感觉器官感受功能进行的信息化教学。这个阶段的特点是：练习初期所关注的范围较小，只能集中于个别动作上，不能控制个别细节，出现动作忙乱和紧张、呆板而不协调并产生多余动作，觉察不出自己动作的全部情况和错误。要注重强调操作姿势和操作方法的准确性，按照相关要求和演示的姿势去模仿练习；要细心观察学习者，掌握和了解动作细节，要及时纠正错误动作，避免在操作方法上养成坏习惯。

3. 环节交替阶段

这一综合练习阶段可通过完整与分解教学法在技能训练过程中交叉重叠。完整教学法即从动作的开始到结束，不分动作的部分与段落，完整地按动作全过程进行练习的方法。分解教学法是把完整动作合理地分成几个部分，并按各部分动作要领逐个进行练习，最后达到完全掌握的方法。这个阶段的特点是：逐步掌握一系列局部的动作，并开始将这些动作连接起来，但各个动作还结合得不够紧密，常出现短暂的停顿。

4. 环节协调阶段

这个阶段是锻炼学习者独立操作的阶段，可通过程序训练法获得，即在技能训练过程中，按照逻辑顺序性安排各个过程的训练目标、任务、手段、方法以及技能训练强度与技能竞赛、考核、有控制的方法，可使知识融于技能。这个阶段的特点是：各个动作互相协调，动作技能接近自动化，紧张状况和多余动作基本消除；同时注意范围也扩大了，并能根据条件的变化而迅速、准确地完成所需要的动作。在这个阶段的学习中，要注意独立性和创造性的培养，培养自编工艺规范（或工作流程）和独立解决实际问题的能力。

操作技能技巧形成的 4 个阶段，反映了操作技能技巧形成过程的阶段性。在学习中充分把握这些规律，能更有效地掌握操作技能技巧。

（二）养老顾问综合素质的提升方法

提高养老顾问的综合素质主要包括思想道德素质、科学文化素质、职业技能素质、身心健康素质四个方面。应结合工作实际，找准切入点，全方位、多渠道，通过开展形式多样的活动来实现。

1. 加强学习，提升素质

由于养老顾问工作的特殊性，加强学习已不是养老顾问的个人行为，而是一种社会行为和社会责任。养老顾问要始终把加强学习作为首要任务，不断提升理论修养、职业素养、综合素质。学习应该是全面的、系统的、富有探索精神的，包括知识的学习和技能的学习。既要抓住学习的重点，也要注意拓展学习领域，既要向人民群众学习，又要向专家学者学习：深学理论，筑牢思想根基；广学知识，不断充实自身；拓宽渠道，持续扩大视野；精学业务，强化履职能力。

参加岗前培训是养老顾问不可或缺的一课。上海市民政局《关于开展社区“养老顾问”试点工作的通知》（沪民老工发〔2018〕7 号）明确了强化培训的要求：各区要统筹辖区培训资源，分层分级分类培训，有计划、有针对性地开展养老政策法规、业务知识、服务技能等培训，提升社区养老顾问的服务能力。上海市养老顾问分别由市级和区级民政部门组织了专业培训，培训内容包括养老顾问工作技巧、市区两级养老政策法规解读等业务知识培训，同时还有赴外区参观养老顾问服务点、养老顾问工作室等实地学习。上海市各街镇顾问点对养老顾问采取星级评定的方式，鼓励养老顾问提供优质服务。一些街道还设置“金牌养老顾问”，推选出业务能力强、服务效果好的养老顾问人员，并开展“金牌养老顾问”的能力提升培训工作，在培训基础上，由民政部门进行“金牌养老顾问”的资格认证，不断提升服务能力。

2. 拓宽视野，重在服务

养老顾问的重要职责在于紧紧围绕养老服务开展工作，并把老年人的养老需求作为重点。为此，养老顾问必须把各种要素形成一个具有内在联系的整体系统，以总揽全局、重在突破、统筹兼顾，分清轻重缓急，使各项工作有条不紊、高效运转。一要学会运用战略思维，通观并统揽全局，善于从总体工作高度来思考问题、谋划工作，以前瞻的眼光准确把握事物发展变化的趋势，提高工作的系统性、预见性和创造性，推动工作在更广阔的层面上实现又好又快发展。二要善于统筹把握工作中的重点和难点，在谋划长远中破解现实难题，增强工作的科学性和指导性。三要进一步强化协调理念，增强综合协调能力，坚持积极、鼓励、向上的原则，营造良好发展环境，开创均衡、和谐发展的新局面。

3. 突出创新，与时俱进

中国特色社会主义进入新时代，新情况、新问题比比皆是，新要求、新挑战层出不穷。创新是推动养老事业不断前进的根本保证，养老顾问要提高服务能力，就要不断创新。一是创新思想观念。寻找和把握客观规律，不断突破内在局限和外在局限的观念，打破传统思维定式，树立新型思维方式。根据养老服务发展要求，树立效率观念、服务观念、竞争观念和法治观念等创新观念，从多方位、多角度、多途径思考问题。二是创新方法手段。养老顾问既是管理者，更是服务者，要把优质、高效、快捷作为衡量工作的重要标准，努力提高工作质量和办事效率。要提高养老顾问的科技创新水平，充分利用各种先进的技术手段，提升工作的整体效能。根据社区工作实际需要，逐步建立和完善社区养老顾问培训制度，加强社区养老顾问的再教育、再培训工作，全面提高社区养老顾问的思想政治素质和职业道德水平、专业化水平。三是科学应对变化。养老顾问要善于破除传统的服务观念，培养创新的服务能力，用以人为本的人文思想和人性化的工作方法，将性格、品质、知识等方面素质充分调动起来，结合自身的工作技巧和服务经验，通过创造性的活动，将这些素质转化为实实在在的服务能力，营造充满生机的工作氛围，使工作能充满生机和活力，不断开创工作的新局面。

4. 身心健康，积极向上

随着社会建设进程的加快，为老服务工作涉及面越来越广，社区信息化程度越来越高，承担的各种社会化服务保障任务将更加繁重，对兼职养老顾问来说，责任更加重大，自然而然地产生了心理失衡和心理障碍。因此，应主动树立积极向上的生活理念，提高心理素质，始终保持开阔的心胸，提高对心理冲突和挫折的忍受能力。同时，要积极参加社区养老顾问“立足岗位，争先创优”业务能力竞赛等活动，力争成为社区业务骨干和行业标兵，塑造现代社区养老顾问的群体形象。通过自身努力，提高社会地位、职业威望，赢得社会广泛的尊重。

（三）提高养老顾问综合素质的路径

1. 以模块训练熟悉技能

在技能训练中，通过实施“过程程序化、课题系列化、学习课堂化、操作规范化、考核标准化”，可以有效提高技能水平。为便于技能学习，可以用模块化方法来化解知识技能难点，使每个模块都有自己的起点、终点和评价标准。通过分析、归类，按技能操作的具体要求，进行合理的排列、组合，然后按大类设置模块。在每个模块中进行细化，划分为若干小的单元课题，每个单元课题都提出明确的学习领域、考核标准。养老顾问综合素质的提高，可以借鉴“模块训练”的学习方法，在自学的基础上，结合实际工作，有意识地把工作分解为诸多“模块”，并在实际工作中不断分析、提炼、总结，加强养老顾问关键环节的工作能力锻炼，提高工作技能。

2. 以活动载体发现技巧

技巧是技能的高级阶段，它不仅产生自动化效应，还有创造性的作用。技巧的形成必须以活动、事件为载体，一方面体现专业学习中的主体性和个人特质的差异性，另一方面体现真实的技术或服务领域中人们操作行为的复杂性，以及智力性操作中的判断力。

（1）营造典型氛围，掌握个别操作技巧。通过操作练习形成科学概念，达到动作自如、接近自动化的程度。该阶段进行模拟练习，要形成工作氛围，形成真刀真枪的实战效果，人为制造压力，使注意力集中、责任心增强，从而刺激中枢神经正确地实现意识的要求，达到信息反馈。根据具体情况及时纠正误差，由“自觉”阶段进入“自动化”阶段，从而掌握个别操作技巧。养老顾问可借鉴这一学习方法，在实际工作中注重典型氛围的营造，以强化个别技巧的形成，如与老年人沟通环节，通过环境营造提高老年人的信任感。

（2）通过典型活动，掌握操作流程技巧。提高分析问题和解决问题的能力，做到触类旁通，掌握技巧。养老顾问在实际工作中可以组织社区相关活动，加强与老年人的交往，及时发现问题、分析问题和解决问题，从而提高服务技巧。

（3）选好模拟环节，掌握综合操作技巧。只有掌握了个别技巧和关键流程，再通过不同类型的练习拓展其实际操作能力，才能形成运用专门技能和特殊技能并完成非常规性工作的能力和独立处理难题的能力。通过互动研修式学习，学会总结、分析、提炼，提高创造能力和适应能力，增加其自信心，从而初步掌握综合技巧。养老顾问在实际工作中，要及时总结，通过了解不同老年人的不同需求以及对服务效果的分析，为服务的深入开展而提前设计，以提高服务效果。

3. 以综合实践提升素质

高技能人才操作技能技巧是一项较为复杂的工作，很多因素对操作技能技巧的准确掌握程度产生影响。养老顾问综合素质的提升，要在成熟的模拟操作训练的基础上，通过为老服务实践的检验，提升实战能力，并不断提炼、总结和提高。

拓展阅读↘1－1

各地借鉴上海市养老顾问成功经验

上海市养老顾问成功经验得到辐射推广，多地纷纷结合本地实际，复制或植入上海养老顾问制度，取得显著效果。

北京市西城区打造“千人养老顾问”团队①

2019 年 9 月，北京市西城区的老年人迎来 600 位接受过专门培训、持证上岗的“养老顾问”。“养老顾问”以电话、面谈和入户三种方式为老年人排忧解难，提供养老方式、政策法规、康复辅具等咨询和指导服务，转介养老服务资源，他们就是老年人身边的“问不倒”“百晓生”。

政府着力为老年人提供各种服务，来自各个部门、各种组织的庞杂且具体的政策，最后汇集到基层社区，养老顾问可以成为连接政府服务和民生需求的纽带，能够打破信息壁垒，打通提升民众获得感的“最后一公里”。“养老顾问”这个新岗位最难能可贵之处，是在各种 App、小程序的智能大潮中，依旧坚守“人与人”的温度，满足老年人从内心深处渴望的人与人的交流。

民有所呼，我有所应，老年人翘首以待的就是政府应该想方设法解决的。“养老顾问”持证上岗后，可通过养老顾问点，为西城区老年人提供优待政策指导、养老服务资源介绍及转介等服务。西城区打造涵盖志愿者、“西城大妈”在内的“千人养老顾问”团队，作为全区 42 万余名老年人的贴身顾问，将畅通链接社区、居家养老需求与资源，老年人的大事小情也将有更简单便捷的渠道来解决。“养老顾问”分为线上和线下两类站点，线上依托热线电话、互联网信息平台；线下成立街道、社区、机构三级顾问点，并设置“养老顾问点”全区统一标识和“养老顾问”标识。线上，老年人可拨打“96156 北京通”养老助残卡咨询专线咨询相关服务；也可拨打西城政务服务咨询专线，由在线客服答疑解惑。线下，在全区 15 个街道政

① https：//www. takefoto. cn/viewnews－1896051. html.

务服务大厅、259个社区居委会、近百家养老机构里，均有养老顾问回应居民需求与咨询。

很多老年人身边都缺个“包打听”的“百事通”，一些养老政策没吃透，一些养老机构资源有闲置，养老顾问可以将两者链接起来。养老顾问是政策的宣讲者、为老的志愿者、服务的转介者，持证上岗的养老顾问可为老年人及家庭提供养老方式、政策法规、康复辅具等咨询和指导以及转介养老服务资源等服务。同时，在征求空巢、孤寡、高龄等老年人同意后，养老顾问定期到家中进行巡视，及时了解老年人日常真实需求，并记录到相关信息管理平台。

苏州市姑苏区“养老顾问”对接养老资源①

2019年9月26日，苏州市姑苏区“养老顾问”试点工作在平江街道梅巷社区、旧学前社区以及沧浪街道养蚕里第一社区、养蚕里第二社区、西大街社区、三香社区6个社区正式启动，老年人在社区就能咨询到养老服务设施、项目、政策等问题，不出辖区便可享受一对一、点对点的个性化、专业化养老服务。“养老顾问”采用上门走访和定点咨询两种方式，连接政府、养老服务组织、老年人家庭三个维度，重点关注高龄、空巢、独居等特殊老年人群，促进了供需双方对接。在养老顾问试点成熟后，苏州市将开发智能养老顾问系统，为市民提供全市养老相关机构和政策信息检索、智能匹配、养老服务推荐等，让养老服务资源更方便查询。

湖州市南浔区“养老顾问”打破信息壁垒②

2019年12月，在浙江省湖州市南浔区，一大批社工经过系统培训，有了一个新身份——养老顾问，意味着辖区内的老年居民，从此有了专业的养老“管家”。养老顾问对于社区养老政策、养老服务具体内容、养老资源整合等养老服务的内容心中有数，面对社区老年居民各式各样的情况，做到“对症下药”，给予精准服务。社区配备的“养老顾问”，上门走访掌握每位老年人的情况，询问身体情况、了解生活需求、提供政策讲解等，针对每位老年人的具体情况和养老服务方面的疑惑，“养老顾问”负责给出准确的解答与建议。他们还专门制作了工作手册，详细阐述了“养老帮帮团”的工作构架、服务内容、工作流程图，罗列了辖区的养老资源目录、社会支持目录、涉老政策办理流程等，方便社区“养老帮帮团”更好地理解，并对辖区的老年人进行解释和普及。建立“养老帮帮团”，目的在于打破养老服务资源的信息壁垒，为老年人提供更多咨询服务和选择空间。

---

① http：//www. subaonet. com/2019/1021/2572030. shtml.

② http：//www. zj. chinanews. com/jzkzj/2019 - 12 - 08/detail - ifzrnuvp4177705. shtml.

杭州“养老顾问”精准智能化服务送到家①

2020年4月，杭州市下城区推出专业“养老顾问”制度，首批10名养老顾问接受培训，同时养老顾问服务小程序上线试行。养老顾问是在街道居家养老服务中心等养老服务机构中，根据服务对象的基本情况，运用专业方法引导和挖掘老年人真实需求，有效链接政府、社会提供的养老服务资源，为老年人提供咨询建议或科学制订个性服务计划，具备初级及以上社会工作师资质的专业社会工作者。养老顾问收到智慧养老平台推送的服务对象能力评估报告后，上门进行首次家访，核对老年人基础信息，了解家庭环境，征询其主观需求（或帮助挖掘需求），介绍相关政策及服务内容和流程；根据老年人享受居家养老服务补贴的等级额度，结合老年人的实际状况和服务资源，形成专业建议计划书后再次上门征求意见，引导刚需老年人更多参与体验助浴、康复、照料等专业服务项目；一般在两次上门和老年人（或家属）进行协商后，签订正式服务协议。所有上门记录及计划书都通过小程序推送到智慧养老平台，然后由其派单到相应服务商，服务流程、质量和老年人满意度评价均实现一网监管，服务相关数据同时对接大数据局“城市大脑”数据库。养老顾问主要有三种类型：一是上门主动服务，为低保、低保边缘并被评估为中度或重度失能等级的老年人提供一对一专业服务，形成个性服务方案。试点期间按照每位养老顾问服务30位享受现行养老服务补贴老年人匹配。二是街道顾问点在街道综合为老服务中心（即街道居家养老服务中心）设立专业咨询点，面对面为老年人提供政策咨询、资源链接等服务，畅通养老服务信息，打通养老供需对接。平均每个街道综合为老服务中心还同时配有20人左右的助老员队伍。三是线上顾问，老年人有任何需求或咨询都可通过电话呼叫至下城区智慧养老平台，由常设的15名平台座席顾问线上解答或解决。

“养老顾问”制度让老年人在“不离家、不离亲、不离群”的情况下，实现信息可知、情感可依、服务可及，助力多样化、精准化、专业化、智能化的居家养老服务体系。

【案例讨论】

结合本章导入案例《上海首创“养老顾问”呵护“大城养老”》，经过本章学习后，请讨论：

1. 结合自己所在区域养老资源现状，养老顾问如何设身处地地为不同类型和需求的老年人提供相匹配的相关服务？

2. 结合自己所接触的较为典型的老年人的服务过程和效果，谈谈对所在区养老服务供应资源的优化与发展方向的建议。

---

① https：//zj. zjol. com. cn/news/1436490. html.

【问题思考】

结合本章学习，请思考：

1. 随着社会主义市场经济体制下的全面深化改革，养老顾问如何把握职业道德建设方向与社会改革总体方向的协调统一？

2. 信息化社会背景下，养老顾问如何不断调整并优化角色定位，以更好地履行其职责使命？

3. 结合自身岗位职责，谈谈如何有效提高养老顾问的素质能力。

第二章　老龄政策制度与服务体系建设

基本要求

通过本章的学习，您应能够：

1. 理解人口老龄化社会的主要特征；
2. 理解老龄政策制度的产生及发展；
3. 熟悉上海市养老服务体系的演变；
4. 掌握上海市养老服务获取的途径；
5. 熟悉协助老年人维权的基本流程。

核心概念

人口老龄化；老龄政策制度；养老服务体系；维权技巧

导入案例

人口老龄化的全球应对

1982 年，联合国大会首次召开了老龄问题世界大会，开始着手处理人口老龄化问题，并产生了包含 62 点内容的《老龄问题维也纳国际行动计划》，呼吁在一些问题上采取具体行动，如健康和营养、保护老年消费者、住房和环境、家庭、社会福利、收入保障和就业、教育以及研究数据的收集和分析等。

1991 年，联合国大会通过了《联合国老年人原则》，列举了 18 项有关独立、参与、照顾、自我充实和尊严等老年人应享权利。次年，老龄问题国际会议探讨了后续行动计划，并通过了《老龄问题宣言》。根据会议提议，联合国大会还宣布 1999 年为国际老年人年。每年的 10 月 1 日为国际老年人日。

应对老龄化的行动在 2002 年得到继续，第二次老龄问题世界大会在马德里举行。为了制定出 21 世纪国际老龄问题的政策，会议通过了《政治宣言》和《马德里老龄问题国际行动计划》，呼吁社会各阶层改变态度、政策和做法，在 21 世纪发挥老年人的巨大潜力。对于行动的具体建议优先考虑老年人和发展，增进老年人的健康和福利，为老年人创造良好的环境。

第一节　老龄政策制度的建立

人口老龄化是20世纪末最突出的社会现象之一，也成为21世纪最重要的社会趋势。几乎所有社会领域都受到人口老龄化的影响，包括劳动力和金融市场、住房、交通、社会保障、家庭结构和代际关系等。养老是文明社会的永恒主题之一，每个时代都有与其社会发展程度相适应的养老制度。党的十九大报告把“养老”列为当前社会面临的“难题”之一，指出必须在“老有所养”建设上不断取得新进展，尽快完善“城乡居民基本养老保险制度”和“老年人关爱服务体系”；要“激励人们向上向善、孝老爱亲”。同时又强调必须在中华民族五千多年文明历史所孕育的中华优秀传统文化中汲取智慧和营养。现代老龄政策制度的建立，是一个包括了相关法律、制度、思想观念、社会风气以及医疗健康养生等内容在内的完备体系。

一、人口老龄化及其社会特征

（一）人口老龄化及其发展

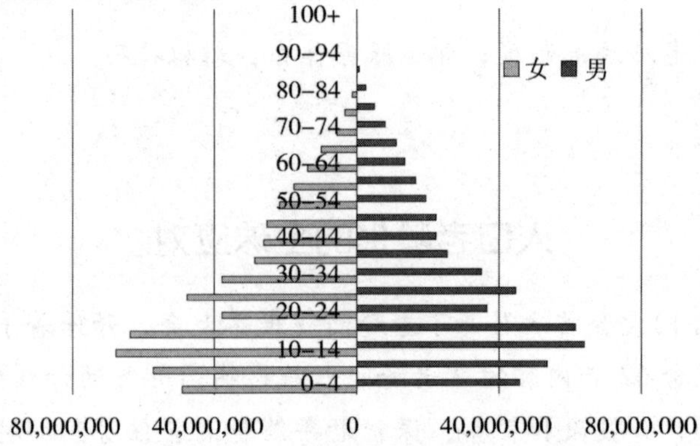

图2－1　1982年中国人口金字塔

1. 人口老龄化的基本界定

人口老龄化指一个国家或地区的老年人口在其总人口中所占比例增加的动态趋势。其重点在于老年人比例的增加，而不是或不仅是老年人数量的增加。从图2－1和图2－2可以直观看出人口老龄化的发展过程：1982年第三次人口普查时中国人口金字塔底部较大，也就是年轻人口比例较大，60岁及以上老年人比例为7.63%；2010年第六次人口普查时，中国人口金字塔中间部分较大，年轻人口比例在缩小，60岁及以上老年人比例达到了13.32%，几乎翻了一倍[①]。

① 资料来源：1982年和2010年全国人口普查资料。

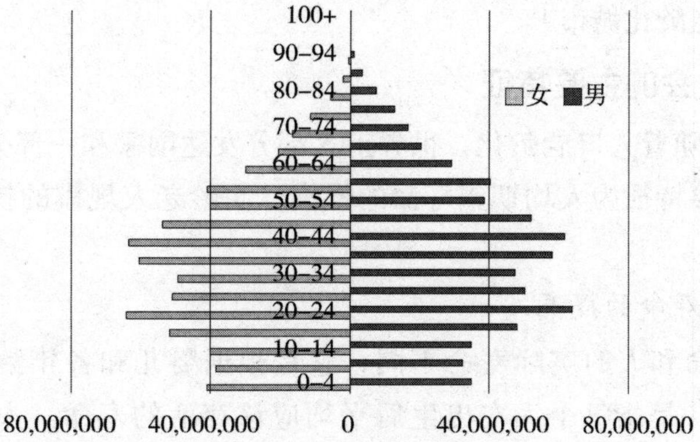

图2－2　2010年中国人口金字塔

2. 人口老龄化的不同阶段

根据联合国的划分标准，当一个国家或地区65岁及以上老年人口数量占总人口比例超过7%，或60岁及以上老年人口数量达到总人口的10%时，意味着这个国家或地区进入老龄化；当一个国家或地区65岁及以上老年人口数量占总人口比例超过14%时，意味着这个国家或地区进入深度老龄化；而当一个国家或地区65岁及以上老年人口数量占总人口比例超过22%时，意味着这个国家或地区进入超级老龄化。

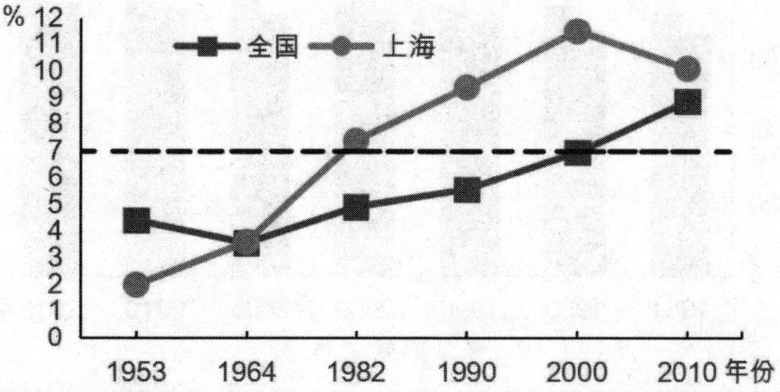

2－3　历次人口普查年份全国和上海人口老龄化状况（65岁及以上人口比例,%）

按上述标准，如图2－3所示，中国在2000年第五次人口普查时，60岁及以上人口1.3亿，占总人口比例为10.5%；65岁及以上人口8827.4万，占总人口比例达到7%，即步入人口老龄化社会。如果以户籍人口为口径，早在1979年，上海市60岁及以上户籍老年人口占户籍总人口比例达10.2%，65岁及以上户籍老年人口占户籍总人口比例为7.2%，标志着上海在全国率先步入老龄化社会。2010年底，上海市65岁及以上户籍老年人口226.49万，占户籍总人口比例为16.0%，意味着上海已成为深度老龄化城市①。

（二）老龄社会的主要特征

过去50年，随着人口老龄化，世界上大部分发达国家和一部分发展中国家迈入老龄社会，其主要特征为人均期望寿命的提高、高龄老人规模的扩大，以及老年人口抚养比上升等。

1. 人均期望寿命的提高

人均期望寿命和人的实际寿命不同，它是根据婴儿和各年龄段人口死亡的情况计算后得出的，是指每个人在出生后平均应该存活的寿命。人均期望寿命可以反映出一个社会生活质量的高低。19世纪初，全球各地人均期望寿命不超过40岁，一半人口在成年前夭折，这也是工业时代以前人均期望寿命低的最大原因。1800年之前，只有欧洲少数精英阶层的期望寿命超过40岁。第二次世界大战后，大部分发展中国家的人均期望寿命随着死亡率下降而提升。1950年时，发展中国家人均期望寿命为40岁，1965年提高至50岁。20世纪90年代，发达国家人均期望寿命达到73岁，发展中国家人均期望寿命为57岁，但发展中国家人均期望寿命状况并不均衡。

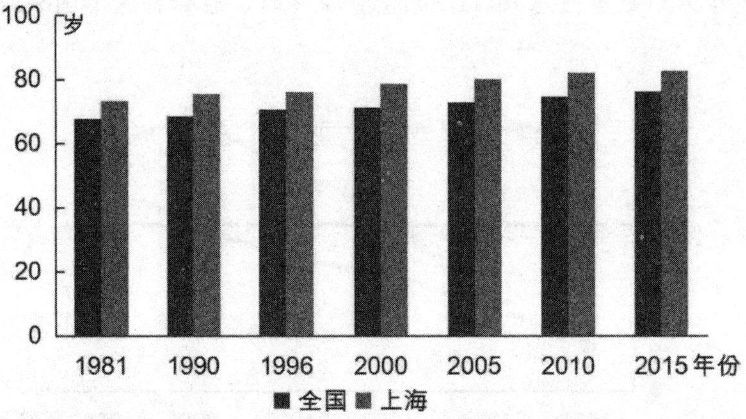

图2-4　全国和上海人均期望寿命

老龄社会中，老年人口比例上升的同时，人均期望寿命也相应逐渐提高。我国人均期望寿命从1950—1965年的45岁左右提高到2015年的76.34岁，其中，男性73.64岁，女性79.43岁。图2-4显示了1981—2015年各人口普查和首查年份全国与上海人均期望寿命的比较，上海人均期望寿命一直比全国人均期望寿命高6岁左右②。

① 资料来源：各年份全国和上海人口普查资料。

② 资料来源：《中国统计年鉴2019》《上海统计年鉴2019》。

上海是目前全国人均期望寿命最高的城市，2018 年上海市户籍人口预期寿命达到 83.63 岁，其中男性 81.25 岁，女性 86.08 岁。与 1978 年改革开放伊始的 73.35 岁相比，上海人均预期寿命提高了约 10 岁①，如图 2－5 所示。

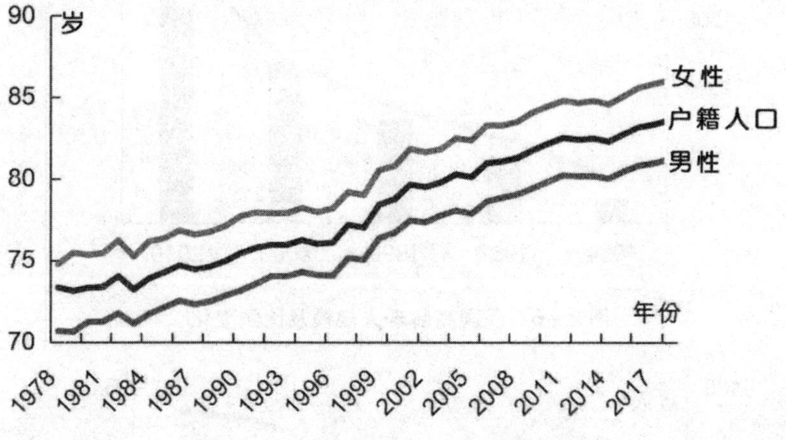

图 2－5　上海户籍人口人均期望寿命

2. 高龄老人规模的扩大

高龄老人是指年龄在 80 岁及以上的老年人。高龄老人是老年特征最突出的人口，其特点有：一般经济自立能力较差，生活自理能力差或不能自理；体弱多病，有的甚至卧床不起和神志不清，患痴呆症比重较大；大多数高龄老人需要家庭和社会向他们提供经济帮助、医疗服务和生活照顾，继续为社会服务的人很少；高龄老人中大部分已丧偶；女性多于男性。

我国 1964 年第二次人口普查时，80 岁及以上高龄老人约为 181.2 万，占总人口比重 0.26%，占 60 岁及以上老年人比重为 4.29%；到 2010 年第六次人口普查时，80 岁及以上高龄老人约为 2095.3 万，占总人口比重 1.57%，占 60 岁及以上老年人比重为 11.80%（见图 2－6）；2018 年末，我国 80 岁及以上高龄老人约为 2955.6 万，占总人口比重 2.12%，占 60 岁及以上老年人比重为 11.84%。近 60 年间高龄老人规模翻了约 16 倍，在总人口中的比重也翻了约 8 倍②。

现阶段，经济发达地区人口寿命长，高龄老人在老年人口中所占比重较大；发展中地区或落后地区低龄老人比重较大，而高龄老人比重较低。上海作为经济发达地区，2018 年底 80 岁及以上户籍老年人达到 81.67 万，占户籍总人口的比重为 5.58%，占 60 岁及以上户籍老人比重为 16.23%，远超全国平均水平③，如图 2－7 所示。

---

① 资料来源：《上海统计年鉴 2019》。

② 资料来源：各年份全国人口普查资料。

③ 资料来源：各年份上海市老年人口和老龄事业监测统计信息，《上海统计年鉴 2019》。

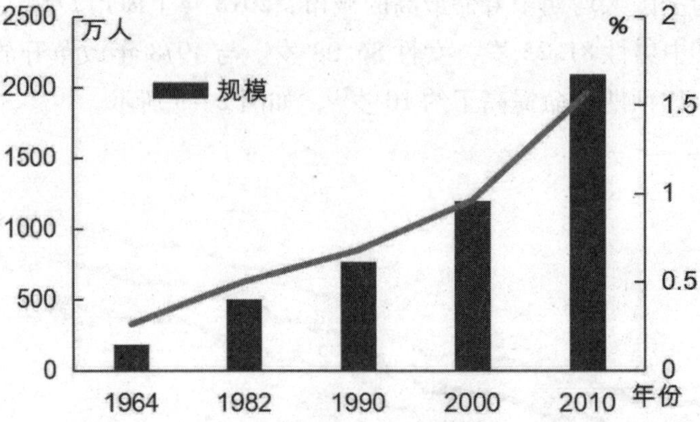

图2-6　我国高龄老人规模及比例变化

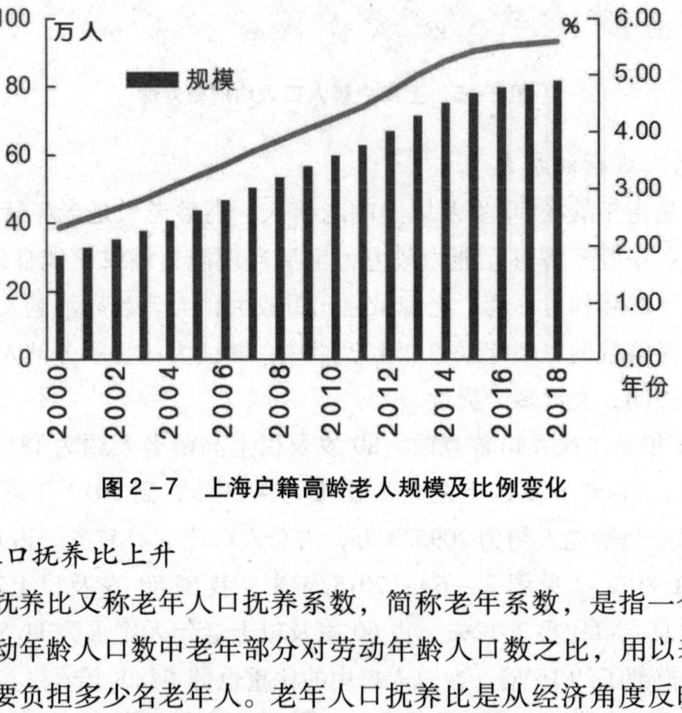

图2-7　上海户籍高龄老人规模及比例变化

3. 老年人口抚养比上升

老年人口抚养比又称老年人口抚养系数，简称老年系数，是指一个国家或地区内人口中非劳动年龄人口数中老年部分对劳动年龄人口数之比，用以表明每100名劳动年龄人口要负担多少名老年人。老年人口抚养比是从经济角度反映人口老龄化社会后果的指标之一。一般来说，老年人口为65岁及以上人口，劳动年龄人口为15~64岁人口。老年人退休后，虽然越来越多人会领取退休工资，看似不需要子女赡养甚至还补贴子女，但是从整个社会的角度来看，除了少数仍然就业的老年人，其余老年人退休后基本不参与或不直接参与社会价值的创造，他们的退休工资其实是更年轻的劳动力参与市场交换后创造的社会价值的一部分。

我国1964年第二次人口普查时，65岁及以上老年人的老年人口抚养比为6.39%，即每100名劳动年龄人口只需负担6~7名老年人；到2010年第六次人口普查时，65岁及以上老年人的老年人口抚养比为11.98%，即每100名劳动年龄人

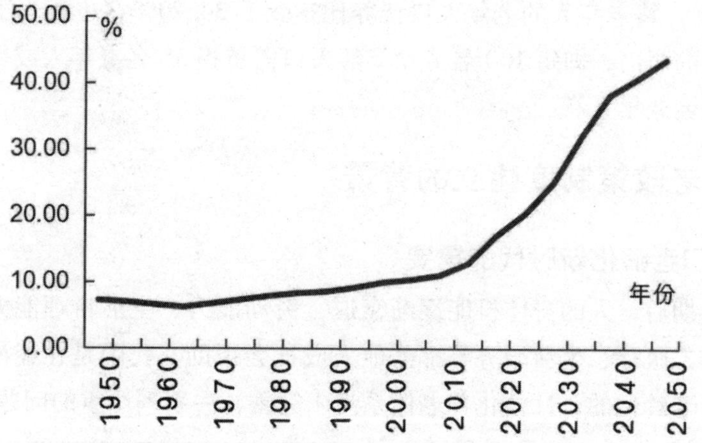

图2－8　中国老年人口抚养比的变动

口需负担12名老年人；2018年末，65岁及以上老年人的老年人口抚养比为16.77%，即每100名劳动年龄人口需负担17名老年人或每6名劳动年龄人口负担1名老年人。根据联合国人口司发布的《世界人口展望（2019年）》的“中方案”，假定我国总和生育率（妇女一生中人均生育子女数）从1.6左右逐步上升到21世纪末的2.01，则2035年中国65岁及以上老年人口与15～64岁劳动年龄人口的比率即老年人口抚养比将上升为32%，也就是约3位劳动年龄人口支持1位老年人口。且如果人口老龄化的趋势得不到扭转，这一比率还将持续上升，到2050年，老年人口抚养比将达到43.61%，几乎2位劳动年龄人口支持1位老年人。

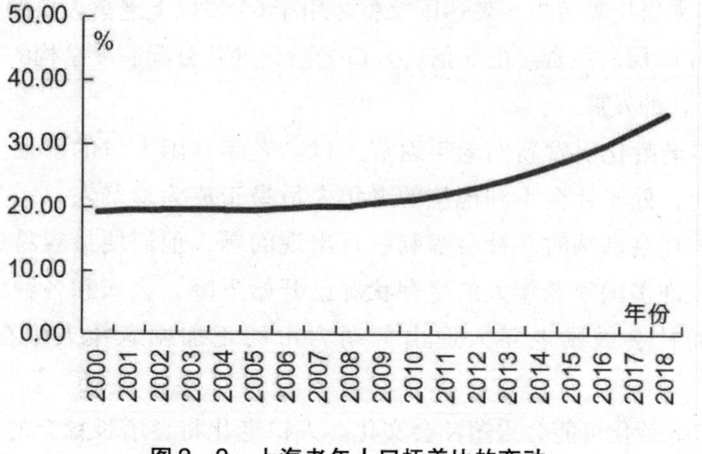

图2－9　上海老年人口抚养比的变动

上海市人口老龄化程度比全国高，老年人口抚养比也高出全国许多。图2－9显示了2000—2018年上海老年人口抚养比的变动。2000年，上海65岁及以上户籍老年人的老年抚养比为19.20%，是同期全国老年人口抚养比的两倍，即每100名劳动年龄人口需负担20名老年人或每5名劳动年龄人口负担1名老年人。2018年，上海 65 岁及以上户籍老年人的老年人口抚养比达到了 34.70%，也相当于同期全国老年人口抚养比的两倍，即每 100 名劳动年龄人口需负担 35 名老年人或每 3 名劳动年龄人口负担 1 名老年人①。

二、养老政策制度建立的背景

（一）人口老龄化新时代的需要

进入老年期后，人的身体机能逐渐衰退，劳动能力、生活自理能力减弱甚至逐渐丧失，赡养、医疗、生活服务等都需他人或社会帮助。我国是在经济不发达的情况下迎来人口老龄化的，社会化养老体系尚未完善，一系列严重的问题也接踵而来。

1. 人口老龄化产生的负面影响

人的“生产者与消费者”双重属性决定了人口老龄化影响到社会结构变迁，并可能对社会经济发展过程产生负面影响，从而引发社会问题。

一是人口老龄化影响经济生活的发展。人口老龄化引起劳动力资源、劳动就业、劳动生产率、消费品构成等方面的变化，从而影响社会经济的运行。

二是福利制度受到人口老龄化的挑战。随着老龄人口数量的增长，养老金、退休金和医疗保险等费用急剧增长，老龄人口的需求开始动摇福利国家的基础，到 2030 年，西欧等发达国家的养老福利计划将占国内生产总值的 50%，中国也面临同样的挑战。

三是社会资源的分配和供给矛盾重重。不同的人口年龄结构具有不同的资源占有类型。老年人属抚养负担，发达国家整体用于 65 岁以上老龄人口的人均社会开支是 15 ~64 岁年龄层所用资金的 5 倍。人口老龄化导致分配制度结构的变化，并可能影响到未来一代的发展。

四是人口老龄化引发新的老年返贫人口。老年贫困人口的出现主要源于老年人自身的分化，处于社会不利地位的老年人最易于成为返贫人口。当社会出现不公平或严重的社会动荡时，社会福利一旦出现问题，他们便最容易成为被淘汰的人口。目前，许多国家老年人的生存状况已开始下降，收入和各种资源占有量都有所下降。而社会鼓励老年人退出劳动力市场正加剧老年人生存状况下降的过程。

五是人口老龄化可能会重塑社会文化。人口老化将会增长社会的守旧情绪，使社会缺乏创新精神，这主要依据老年人口在社会中的地位与作用以及劳动人口的职业结构等。现代化的进程是老年人地位不断下降的过程，老年人地位的下降可能会打乱传统社会运作的机制。

---

① 资料来源：各年份上海市老年人口和老龄事业监测统计信息。

2. 人口老龄化产生的积极影响

人口老龄化是21世纪人类共同面临的重大挑战，也是人类共生共享的重大成就。党的十八大以来习近平总书记关于老龄工作的重要论述和十九大报告相关论述相得益彰，对正在演变为全球趋势的人口老龄化挑战作出回应，从党和国家基本方略层面提出实施积极应对人口老龄化和老龄社会的重大战略安排。中国积极应对人口老龄化挑战的战略思想，描绘出人类应对人口老龄化挑战和建设理想老龄社会的中国智慧、中国方案和中国道路，是习近平新时代中国特色社会主义思想的有机组成部分。

一是应对人口老龄化全民自觉意识显著提升。各级党委政府和老龄工作有关部门按照习总书记“积极看待老龄社会”的总基调，自觉制订战略规划，出台配套政策措施，向全社会传达应对人口老龄化的正能量。国际国内各类企业积极投入老龄产业正在成为新一轮投资热潮，老龄社会的正面效应得到彰显。社会各界广泛开展自我养老、关爱老年人活动，做好“全生命周期养老准备”的全新社会风尚正在形成。新一代老年人积极向上，引领时代潮流，贡献家庭社会，生活多姿多彩，为未来全体中国人过上幸福充实的老年期生活树立了美好预期。全国上下应对人口老龄化挑战的必胜信念更加坚定，建设理想老龄社会正在海纳百川汇成人人参与的强大力量，这是我国未来取得应对老龄社会伟大胜利的根本前提。

二是应对人口老龄化顶层制度设计显露雏形。习总书记提出“党委领导、政府负责、社会参与、全民行动”的老龄工作总方针，明确了党对老龄工作和老龄事业的统一领导，厘清了政府、市场和社会及家庭、个人在应对人口老龄化工作中的各自责任以及领导机制、运行机制。应对人口老龄化的基本制度安排深化改革，养老、医疗社会保障制度改革深度推进，长期照护保障制度建设积极探索，覆盖全体人民老年期收入、疾病和失能风险的三大基本生活保障制度体系日益明确。应对人口老龄化已经形成以党委统一领导和各方协同行动为保障，以国家长期战略为总引领，以中长期规划为核心，以老年人权益保障法和养老、医疗、长期照护三大制度安排以及生育、就业、退休、养老、老龄产业等政策为主要内容的顶层设计框架显露雏形。

三是应对人口老龄化重大制度安排积极推进。针对全民老年期收入风险，养老社会保险制度城乡统筹改革和全国统筹工作扎实推进，企业年金制度、职业年金制度、商业养老保险工作逐步展开，老年社会救助、社会福利和慈善工作深度开展，精准扶贫战略大力推进使老年人实现脱贫。针对全民老年期的疾病风险，医疗保障制度改革有效实施，商业医疗保险工作和老年医疗救助工作取得积极进展，医疗卫生服务改革特别是针对慢病的健康管理工作让广大老年人得到更多实惠。针对全民老年期失能风险，长期照护保障制度试点工作取得积极成效，面向贫困失能老年人群的服务津贴制度全面铺开。顺应广大老年人意愿和尊重我国家庭文化优良传统，出台家庭公共政策，巩固和完善家庭赡养和扶养制度。针对全民老年期特别是高龄长寿的实际需要，不断完善老年优待和老年照顾制度，老年人享有历史上老年人从未享有过的尊严生活和生命质量，这一历史性伟大成就也预示未来各代老年人美好的生活预期。生育、就业、退休、家庭赡养和扶养、养老、医疗、长期照护和老年优待照顾制度安排成为未来应对人口老龄化的制度根基，保障了当前老年人的基本生活，也是我国未来取得应对老龄社会伟大胜利的重要基石。

四是应对人口老龄化经济的正效应成效显著。人口老龄化富含重大机遇和发展活力，党的十八大以来，根据人口结构变化、需求结构变动和产业结构调整的联动效应，从经济结构深度调整、产业结构调整升级的经济发展战略高度，充分利用老龄化本身的力量来应对人口老龄化，相关部门出台了一系列涵盖老龄服务、老龄用品、老龄金融等产业政策。老龄产业市场“放管服”相关政策及时跟进，在“互联网＋”、智能化的背景下，许多深耕老龄产业的企业正在向集团化、连锁化、品牌化方向发展，广大老年人获得价廉物美的产品消费和低廉便捷的服务消费，展示出人口老龄化蕴含的无限潜力和光明前景。应对人口老龄化成为老龄社会条件下经济结构调整和转变经济发展方式的重要主攻方向，政府主导作用和市场决定作用使人口老龄化蕴藏的经济正能量开始有效发挥，这是未来应对人口老龄化加剧经济下行风险的重要动力，也是我国未来取得应对老龄社会伟大胜利的新的动力源泉和物质保障。

3. 应对人口老龄化艰巨的挑战

我国人口老龄化“超大规模”“超快速度”“超重负担”的重要特点和未富先老、未备先老的客观现实以及重度老龄化难以逆转的未来趋势，给应对人口老龄化提出了严峻的挑战。

一是人口老龄化对经济社会产生持续而深刻的影响。人口红利部分消失，老年人口抚养比居高不下将严重拖累经济发展；人口结构变化将改变公共资源分配格局，诱发代际矛盾，影响社会正常发展；老年人思想的日益多元和居住方式的日益独居化、空巢化，容易产生新的社会问题，影响社会和谐稳定。

二是人口老龄化进程明显超前于经济社会发展水平。我国应对人口老龄化的经济基础还比较薄弱，全社会积极应对人口老龄化的措施和手段还不多，实现老有所养的基础条件——社会保障制度和养老服务体系还不完善，综合应对人口老龄化的顶层设计、政策工具、工作基础、体制机制等存在不足。

三是人口老龄化诱发的一系列老龄化问题逐步显现。发达国家在较长时期内逐步出现的老年人经济供养、生活照料、医疗保健、精神抚慰等问题，将在我国较短时期内集中出现，进一步增加了应对人口老龄化的难度。

（二）政府民生事业发展的需要

现代社会总人口中老年人口比例的增大、家庭规模的缩小、人口流动的加剧、价值观念的变化等一系列因素，使老年人问题成为一个社会问题。为了不断满足老年人日益增长的美好生活需要，解决养老服务供需对接的“最后一公里”问题，要站在民生事业高度，优化服务资源配置，提升养老综合服务精准化水平。

1. 老年人的经济保障

人口老龄化给社会带来的最终问题是经济问题，经济水平是制约老年人生存和发展的决定因素。我国城市老年人的主要收入是退休金，近几年，由于一些企业退休金不能按时发放或打折扣，在物价上涨特别是老年人生病或发生意外时，老年人的经济困难就表现得更加突出。而农村老年人的生活状况就更差，他们的经济来源主要依靠劳动收入，随着年龄的增加而体力衰退，收入越来越少，特别是丧失劳动能力之后就等于失去了经济来源，完全依靠配偶或子女养老，生活水平相对较低。老年人在生活上主要依靠子女的现象比较普遍，子女供养仍然是我国老年人目前主要的养老形式。因此，妥善解决老年人的经济来源，确保老年人的经济生活无忧是亟待解决的首要问题。

老年人的经济状况直接关系到老年人物质生活的富足程度、精神生活的丰富程度、医疗获取的及时程度以及生活照料的满意程度，是衡量老年人生活质量的基础和决定性因素。我国老年人的经济状况总体上不断改善，但仍较脆弱。因为他们仍以家庭成员供养为主，且其经济收入与社会居民平均水平相比还有较大差距，有些地区甚至差距还在不断拉大。此外，女性老年人的经济状况普遍不如男性老年人，其经济脆弱性程度更高。

从总体上来看，我国老年人的生活来源仍以家庭成员供养为主，但是比例不断下降，主要生活来源为离（退）休金的老年人比例逐步上升。2010 年，主要生活来源为离（退）休金的老年人占 24.1%，即约 1/4 的老年人能够经济自立；但仍有 40.7% 的老年人主要靠家庭其他成员供养。且女性老年人以离/退休金为主要生活来源的比例明显比男性老年人要低，依靠家庭其他成员供养的比例也明显比男性老年人要高，说明女性老年人的经济状况独立性低于男性老年人，脆弱性高于男性老年人（如表2 -1所示）。从各省、自治区、直辖市老年人的主要经济来源构成看，在上海、北京、天津以离（退）休金为主要经济来源的比例都在60% 以上，这三个城市是我国人口老龄化最严重的地区，然而也是老年人自我养老能力最强的地区①。上海老年人的主要收入来源构成变化如表 2 -2 所示，以离（退）休金为主要经济来源的比例从 1998 年的 66.7% 提高到 2013 年的 94.1% 。

① 杜鹏，吴超. 1994—2004 年中国老年人主要生活来源的变化［J］. 人口研究，2006（2）.

表2-1 我国60岁及以上老年人的主要生活来源构成变化（%）①

主要生活来源	2000年			2010年		
	合计	男	女	合计	男	女
劳动收入	33.0	42.7	23.7	29.1	36.6	21.9
离/退休金	19.6	26.7	12.9	24.1	28.9	19.6
最低生活保障金	1.6	1.5	1.6	3.9	4.1	3.7
财产性收入	0.2	0.2	0.2	0.4	0.4	0.3
家庭其他成员供养	43.8	27.0	59.8	40.7	28.2	52.6
其他	1.8	1.9	1.7	1.8	1.8	1.9
合计	100.0	100.0	100.0	100.0	100.0	100.0

表2-2 上海60岁及以上老年人的主要收入来源构成变化（%）②

收入来源	1998年	2003年	2005年	2008年	2013年
劳动收入	10.6	5.2	3.0	5.3	2.8
离/退休金	66.7	79.9	84.4	84.3	94.1
社会救助	1.1	0.8	0.9	0.2	0.2
子女亲属补贴	18.4	12.8	9.0	6.6	1.7
其他收入	3.2	1.3	2.7	3.6	1.2
合计	100.0	100.0	100.0	100.0	100.0

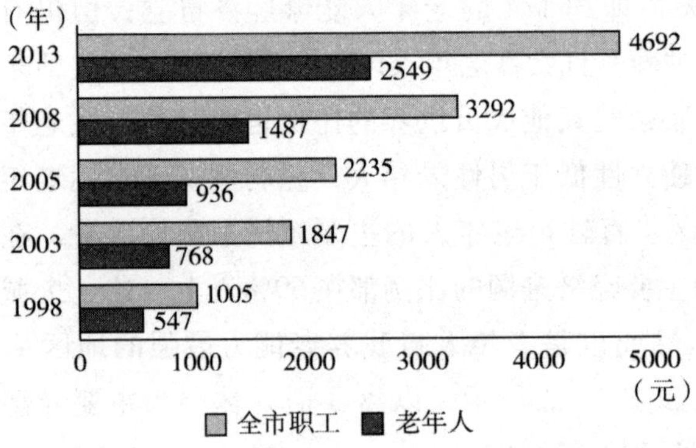

图2-10 上海市老年人与全市职工月均收入比较

上海老年人的经济状况比全国平均水平高很多，也独立很多，但是也面临与在职职工和居民平均收入差距扩大的问题，因此他们的经济状况相对来说还是比较脆弱的。上海老年人的月平均收入2013年达到2549元，年增长速度与全市职工月平均收入持平，但是收入差距却在不断扩大，2013年平均收入差距为2143元③（如图2-10所示）。

① 姜向群，郑研辉．中国老年人的主要生活来源及其经济保障问题分析［J］．人口学刊，2013（2）．
② 上海统计局，国家统计局上海调查队．2014年上海统计年鉴［M］．北京：中国统计出版社，2014.
③ 上海统计局，国家统计局上海调查队．2014年上海统计年鉴［M］．北京：中国统计出版社，2014.

2. 老年人的健康状况

随着预期寿命的不断延长，人们越来越关心健康预期寿命的发展变化。以往的研究成果发展出三种理论：一是“功能缺损的压缩理论”。人类身体功能完好的时间不仅在绝对量上会增加，相对于生命长度的比重也会增加。二是“功能缺损的扩张理论”。由于医疗护理以及提前预防会延长患病人口和功能缺损人口的寿命，随之带来功能缺损时间的延长，因而可能导致功能缺损寿命在余寿中的比重不断扩大。三是“混合平衡理论”。认为在预期寿命延长的同时，健康预期寿命也在延长，两者是平行发展的。

就我国的情况，2004 年中国男性老年人平均有 1.5 年生活不能自理，女性老年人平均为 2.5 年。随着年龄的增长，中国老年人的生活自理预期寿命占余寿的比重也在逐渐下降。女性老年人的预期寿命比男性高，生活自理预期寿命在 60～80 岁，也高于男性，但是 85 岁及以上女性的生活自理预期寿命低于男性，而且女性老年人生活自理预期寿命占余寿的比重在整个老年阶段均低于男性老年人。从 1994—2004 年 10 年间的变化看，中国老年人的预期寿命和生活自理预期寿命都有所增长，但是生活自理预期寿命在余寿中的比重反而下降了，而且随着年龄的增长，下降得越来越快，男性和女性均呈现同样的态势。就平均水平而言，健康状况改善的程度低于寿命的延长，高龄女性老年人在这个方面尤其处于劣势①。

根据上海市老龄科研中心 1998—2013 年五次“上海市老年人口状况和意愿调查”，上海老年人的自评健康状况在 2008 年后有所提高。自评健康状况为“较好或很好”的老年人比例达到了 34.8%，即超过了三分之一；自评健康状况为“不好或不太好”的老年人比例从 1998 年的 34.1% 下降到了 2013 年的 13.5%（如图 2－11 所示）。

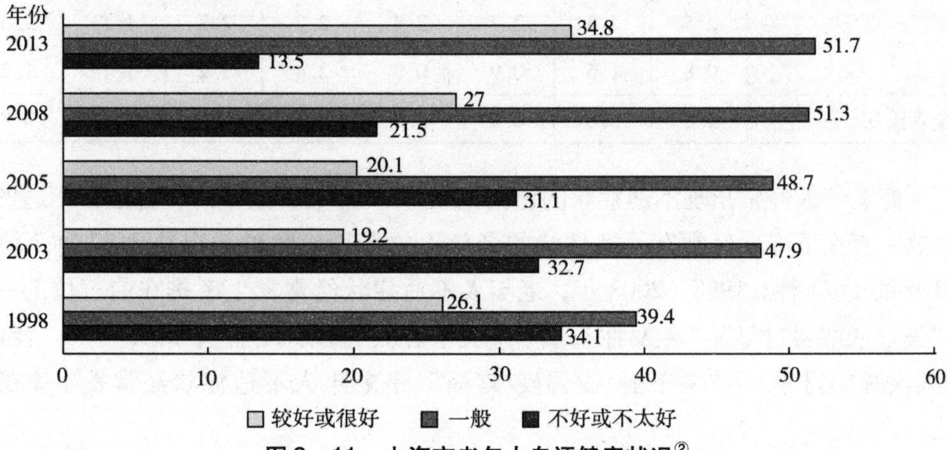

图 2－11　上海市老年人自评健康状况②

---

① 杜鹏，李强．1994—2004 年中国老年人的生活自理预期寿命及其变化［J］．人口研究，2006（5）．

② 上海统计局，国家统计局上海调查队．2014 年上海统计年鉴［M］．北京：中国统计出版社，2014.

上海老年人患病率和患病种数也在2008年后有所下降。在患有疾病的老年人中，患病种数及其结构变化却不是很大，患病老年人的平均患病种数大约是两种。老年人患病率前五位的是高血压、心脑血管病、骨骼或关节问题、老年慢性支气管炎和糖尿病，其中，高血压和糖尿病的患病率呈逐年上升的趋势（如表2－3所示）。

表2－3　2013年上海分性别、年龄、城乡老年人的患病率①　（%）

疾病种类	性别		年龄			城乡		总计
	男性	女性	60～69	70～79	80＋	城镇	农村	
高血压	50.6	52.6	46.5	57.5	56.6	53.4	39.8	51.6
心脑血管病（如冠心病）	24.1	28.2	18.2	30.7	40.8	27.8	16.0	26.3
骨骼或关节问题（如骨质疏松和关节炎）	16.4	26.4	17.8	24.9	27.3	22.0	19.6	21.7
支气管炎/气肿/哮喘/肺炎	12.9	13.1	10.1	14.7	18.1	11.6	22.1	13.0
糖尿病	10.8	13.1	10.6	14.1	12.8	12.8	6.9	12.0
脑中风	7.0	6.7	3.3	9.0	12.8	7.2	4.4	6.9
神经系统疾病	4.8	6.5	5.0	5.9	7.1	3.1	22.9	5.7
前列腺炎	11.9	—	4.5	6.4	7.3	6.2	1.7	5.6
骨折	3.6	6.1	4.3	4.5	7.3	4.5	7.7	4.9
癌症	2.5	2.5	2.7	2.4	2.2	2.7	1.1	2.5
抑郁症	0.8	1.6	0.9	0.9	2.4	1.2	1.1	1.2
帕金森氏病	0.8	0.8	0.4	0.5	2.6	0.7	1.4	0.8

上海老年人经常出现不适症状的比例也从2008年起开始下降，且经常不适的症状种数一直在下降。经常有不适症状的老年人的平均症状种数也从2.77种下降到2013年的1.73种。1998—2008年，老年人不适症状经常发生率排在前三位的一直是“失眠或醒得过早”“突发性头晕”“关节肿大/僵硬/疼痛”；2013年，“疲倦”“失眠或醒得过早”　“关节肿大/僵硬/疼痛”是老年人不适症状经常发生率的前三位。

上海老年人的心理健康状况基本稳定并有所改善，其中，老年人的心理承受能力有了一定的提高，安全感没太大变化，而孤独感则有所减轻。2013年，老年人的

① 上海统计局，国家统计局上海调查队．2014年上海统计年鉴［M］．北京：中国统计出版社，2014.

心理健康状况良好，但高龄老人更容易感到生活空虚和孤独，而农村老年人更易感到孤独或认为大多数人活得比自己好（如表2-4所示）。

表2-4　2013年上海分性别、年龄、城乡老年人的心理健康状况　　(%)[①]

心理健康状况		性别		年龄			城乡		总计
		男性	女性	60~69	70~79	80+	城镇	农村	
对目前的生活基本满意	是	82.0	82.4	84.1	82.2	77.2	83.1	76.2	82.2
	不是	10.8	10.7	9.4	11.8	12.8	9.4	19.4	10.8
感到生活空虚	是	12.5	12.4	9.6	13.0	19.3	12.4	12.7	12.5
	不是	80.4	79.3	84.9	80.0	66.0	79.4	82.0	79.8
总感到心情愉快	是	75.4	72.6	77.2	73.7	65.4	74.3	71.5	73.9
	不是	14.9	18.1	14.1	17.5	21.9	15.4	24.7	16.6
经常感到孤独	是	12.0	14.4	8.3	14.7	24.1	12.6	17.7	13.3
	不是	82.5	78.7	86.9	79.6	65.0	80.5	80.3	80.5
大多数人活得比自己好	是	29.5	27.6	29.1	26.8	29.4	26.9	39.3	28.5
	不是	39.2	40.0	39.8	43.5	33.5	41.0	30.5	39.6

3. 老年人的生活质量

老年人的生活质量受社会制度、生产力发展水平和国家政策所制约，老年生活质量的提高要靠经济、社会、文化、科技等多方面的发展来实现。但是，我国的人口老龄化高于社会经济的发展速度，在经济上的支持和准备不足，老年人总体生活质量水平不高。

（1）老年人的健康问题。老年人对健康保障的需求大于其他年龄组的人，年龄越高，健康保障问题就越严重。一方面由于老年人生理机能的衰退引起疾病缠身，慢性病患病率高，带病期长，健康预期寿命短。在我国，老年人群体中60%~70%有慢性病史，并且常常多种疾病并发。60岁及以上老年人的慢性患病率是平均患病率的3.2倍，伤残率是3.6倍，且城市老年人的慢性病患病率高于农村老年人。另一方面由于高年龄组行动不方便，需要有方便快捷且服务良好的医疗机构。随着我国老龄化向高龄化发展，高龄老年人的医疗和护理的需求量也逐渐增大。目前我国老年人总体医疗保障水平较低，尤其是农村，医疗保险系数很低。医疗保障问题较为突出地集中在如下几方面：一是老年人看病难，主要原因是老年人经济困难、手续烦琐和行动不便、交通不便等；二是老年人的医疗服务措施不完善；三是城乡居民基本医疗保险覆盖率偏低；四是医疗费用支出增大，公费医疗不能及时、足额报

① 上海统计局，国家统计局上海调查队.2014年上海统计年鉴［M］.北京：中国统计出版社，2014.

销。老年人在医疗方面的负担越来越重，健康保障问题就更突出。

（2）老年人的居住问题。随着年龄的增加，老年人的社会活动日益减少，而在家庭居室中的活动越来越多。目前，我国老年人中29.8%居住在城镇，70.2%居住在乡村。在65岁及以上老年户中，有77.02%户是老年人与子女或亲属一起居住，只有一对老年夫妇生活的户占11%，单独老年人户占10.44%，与未成年子女一起生活的户占1.25%。也就是约有23%的老年人未与成年子女一起生活居住，缺少亲人的照顾。

（3）老年人的婚姻状况。我国60岁及以上的老年人中有11.8%从未结过婚，离婚、丧偶者占32.83%，与配偶一起生活的占66%。随着年龄的增长，有配偶的老年人比例逐渐减少，65岁及以上老年人有配偶的仅占58%。无配偶的老年人（包括离婚、丧偶和独身的）生活上的孤独感很强，婚姻状况对老年人的日常生活尤为重要。

（4）老年人的娱乐生活。我国老年人的娱乐生活设施较少，影响了老年人的生活满足感。主要存在两个比较突出的问题：一是“电视病”日渐严重，看电视已成为老年人最主要的娱乐活动，老年人长期坐在电视机前有损身心健康，也隔绝了与他人的交往；二是老年人的娱乐生活单一枯燥，这与目前我国的老年人活动场所不足、布局不尽合理有关。

4. 老年人的家庭生活

美国著名社会心理学家亚伯林罕·马斯洛（Abraham H. Maslow）的层次需求理论将人的一般需要分为生理、安全、归属、尊重、自我实现几个层次。随着年龄增长，当老年人的某些需求不能满足时，便需要社会及他人的帮助。作为一个拥有悠久历史的文明古国，奉养老年人是中国文化中天经地义的习俗。历朝历代对老年人的待遇都有不同程度的体现，逐渐形成了中华民族敬老养老的传统美德。

家庭一直以来都是为老年人提供支持的重要支柱，家庭养老在我国是传统的养老方式，家庭成员对于满足老年人经济、照料、精神等多方面的需求具有难以替代的作用。老年人由于自理能力下降，需要照护服务；由于经济独立性弱，需要完善的社会保障或家属供养；由于孤独或空虚，需要陪伴或社会参与。然而，家庭也越来越不能完全承担老年人的养老需求，需要社会化的制度安排。

老年人需要更多的照顾和慰藉，家庭与婚姻对于提高老年人的生活质量有重要的意义，天伦之乐是老有所乐的基础与核心。一是生活照料方面。老年人的生活自理能力不断下降，特别是在丧失生活自理能力后，生活的各方面都需要家庭成员帮助甚至代劳。随着家庭日益小型化，子女人数减少且大部分有工作，照料护理老年人的时间减少，使老年人的照料护理水平降低。目前，社会服务尚未实现高度社会化，家庭在老年人的生活照料方面仍发挥着重要作用。这样，一方面，需要照顾的老年人越来越多，时间越来越长；另一方面，能够照顾老年人的人越来越少，老年人的照料护理质量受到严重影响。二是精神慰藉方面。家庭对于老年人来说，不仅是主要的物质生活保障场所，也是重要的精神支柱。老年人随着年龄的增大而社会交往活动减少，尤其是一些意外事件的来临，如丧偶、病重或家人的变故、亲朋好友的生离死别等，都会给老年人带来严重的心理损害。因此，老年人特别需要家庭的精神慰藉。但是现代年轻人结婚后往往与老年人分开居住，加上工作压力大，大大减少了与老年人交流的时间。老年人失去了交流情感的对象和宣泄情绪的渠道，因而情感需要难以满足，心理难以平衡，容易产生老年心理疾病。

5. 老年人的社会参与

老年人参与社会，是指老年人参与社会的政治、经济、文化等活动。老年人退休后，随着年龄的增长，体力渐衰，交际圈日益缩小，与社会逐渐脱离，这对老年人的身心发展都是不利的。因此，应该为老年人创造一定的条件和场所，鼓励老年人培养兴趣与爱好，学习知识、充实自己，积极参加社会活动，发挥余热；健康条件允许的老年人还可以再就业，实现自身价值，这样既可以改善老年人的经济条件，也促进了老年人的社会交往，加强社会融合，缓解老龄化社会带来的矛盾，提高老年人的生活质量。

设立“养老顾问”就是创新社会治理、改善和保障民生的体现，“养老顾问”制度的实施有助于提升社会治理精细化水平，提高社会治理能力，让民众能够享受到更优质的服务，从而不断提升民众的幸福感与满意度。

（三）市场经济健康发展的需要

随着社会改革的不断深入，我国养老服务体系建设逐步完善（详见本章拓展阅读2－1），而市场的健康发展主要体现在政策导向、市场变化、现实需求三个方面。

1. 政策导向

国务院《关于加快发展养老服务业的若干意见》（国发〔2013〕35号）针对“我国已经进入人口老龄化快速发展阶段，我国60周岁以上老年人口2025年将突破3亿”以及“目前养老服务和产品供给不足、市场发育不健全、城乡区域发展不平衡等问题还十分突出”的现状和趋势，提出了加快发展养老服务业的总体要求，明确了“把不断满足老年人日益增长的养老服务需求作为出发点和落脚点，充分发挥政府作用，通过简政放权，创新体制机制，激发社会活力，充分发挥社会力量的主体作用，健全养老服务体系，满足多样化养老服务需求，努力使养老服务业成为积极应对人口老龄化、保障和改善民生的重要举措，成为扩大内需、增加就业、促进服务业发展、推动经济转型升级的重要力量”的指导思想，提出了“深化体制改革，坚持保障基本，注重统筹发展，完善市场机制”的基本原则，确定了“全面建成以居家为基础、社区为依托、机构为支撑，功能完善、规模适度、覆盖城乡的养老服务体系”的发展目标，确保养老服务产品更加丰富，市场机制不断完善，养老服务业持续健康发展。一是服务体系更加健全。生活照料、医疗护理、精神慰藉、紧急救援等养老服务覆盖所有居家老年人。二是产业规模显著扩大。以老年生活照料、老年产品用品、老年健康服务、老年体育健身、老年文化娱乐、老年金融服务、老年旅游等为主的养老服务业全面发展，养老服务业增加值在服务业中的比重显著提升。三是发展环境更加优化。养老服务业政策法规体系建立健全，行业标准科学规范，监管机制更加完善，服务质量明显提高。全社会积极应对人口老龄化意识显著增强，支持和参与养老服务的氛围更加浓厚，敬老、养老、助老的优良传统得到进一步弘扬。

党中央、国务院高度重视养老服务，特别是党的十八大以来，出台了加快发展养老服务业、全面放开养老服务市场等政策措施，养老服务体系建设取得显著成效。但总的看，养老服务市场活力尚未充分激发，发展不平衡不充分、有效供给不足、服务质量不高等问题依然存在，人民群众的养老服务需求尚未有效满足。为打通“堵点”，消除“痛点”，破除发展障碍，健全市场机制，持续完善居家为基础、社区为依托、机构为补充、医养相结合的养老服务体系，建立健全高龄、失能老年人长期照护服务体系，强化信用为核心、质量为保障、放权与监管并重的服务管理体系，大力推动养老服务供给结构不断优化、社会有效投资明显扩大、养老服务质量持续改善、养老服务消费潜力充分释放，确保到2022年在保障人人享有基本养老服务的基础上，有效满足老年人多样化、多层次养老服务需求，老年人及其子女获得感、幸福感、安全感显著提高，2019年3月29日，国务院办公厅印发了《关于推进养老服务发展的意见》（国办发〔2019〕5号），在“完善老年人关爱服务体系”方面提出：建立健全定期巡访独居、空巢、留守老年人工作机制，积极防范和及时发现意外风险。推广“养老服务顾问”模式，发挥供需对接、服务引导等作用。探索通过公开招投标方式，支持有资质的社会组织接受计划生育特殊家庭、孤寡、残疾等特殊老年人委托，依法代为办理入住养老机构、就医等事务。积极组织老年人开展有益身心健康的活动。重视珍惜老年人的知识、技能、经验和优良品德，发挥老年人的专长和作用，鼓励其在自愿和量力的情况下，从事传播文化和科技知识、参与科技开发和应用、兴办社会公益事业等社会活动。

2. 市场变化

我国养老服务的发展应适应养老市场的变化，养老市场发展趋势主要体现在以下几个方面。

一是服务对象从单一模式到公众模式。新的社会养老服务体系规划中对不同类型的老年人将提供不同的服务，不仅向孤老优抚对象、“三无”、五保及低收入的高龄、独居、失能等养老困难老年人提供无偿的公共服务，还可根据需求向社会所有老年人提供低偿或有偿服务。例如，机构养老已经从最早的只提供贫困救济的福利院，发展到现在不同层次的养老机构，包括福利性质的敬老院、日间照料中心、提供有偿服务的养老院、老年公寓等，老年人可以根据自身的条件和需求进行选择。

二是服务主体从政府包揽到社会参与。中华人民共和国成立以前，老年人养老长期由家庭承担。传统的“孝”观念保证了家庭成员中晚辈对父母和其他长辈物质和感情的供养。在计划经济体制下，单位和政府承担了大量的养老功能，在城镇形成了单位养老制度，在农村仍以家庭为基础的“养儿防老”保障。中国进入老龄化社会以来，政府所承担的压力越来越大，逐渐开始转向社会养老，服务提供的主体包括政府、企业、非营利组织、社区机构、家庭以及社区居民。以政府为主导，采取公建民营、民办公助、政府购买等多种模式，充分调动社会各方面力量积极参与社会养老服务体系建设的格局已经呈现。

三是服务内容从生活救济到丰富多样。随着社会经济的迅速发展，老年人的需求也呈现出多层次、多样化的特点。现代社会养老服务体系，将通过多种形式，为老年人提供生活照料、康复护理、精神慰藉、紧急救援、权益保障、文化娱乐以及社会参与等多样化服务，满足老年人个性化需求。

四是服务格局从集中养老到多样养老。从古代的“六疾馆”“福田院”到计划经济体制下政府兴办的福利设施，我国老年工作主要以集中养老的方式提供服务。从生命周期来说，人会经历独立养老、介护养老和护理养老三个阶段，这也是人随着年龄增加和身体机能减弱的时间推进式的三种养老模式。在养老初期的独立养老阶段，人的身体状态完全可以满足各种生活和精神需求。在这个阶段最需要注意的是自我调理和养护，调整自己的精神状态，和谐家庭关系，适当参与社会活动，结合相应的养生和医疗等辅助手段，使自己的身体维持在健康状态的时间越长越好，从而将这个养老阶段的时间尽可能地向后期延长。介护养老模式是指人的身体机能无法完全满足生活和精神需求，例如，身体的部分器官失能或者精神状态需要外界的辅助。在这种养老模式下，专业的家政服务、社会工作者或者家庭成员完全可以满足要求，但需要注意从上一阶段独立养老到此阶段需要辅助的介护养老阶段的过渡。失能是指身体或精神上的损伤导致生活或社交能力完全的丧失，护理养老是在身体完全失能的状态下，需要全天24小时专业医疗护理的养老模式。随着养老需求的增大，并且受到传统居家养老的影响，大部分老年人还是希望在家、在熟悉的社区环境中养老。因此，在不断发展的社会养老服务体系中，养老的服务格局由单一的机构养老扩展为居家养老、社区养老和机构养老三部分组成，旨在充分发挥家庭和社区功能，构建居家为基础、机构为补充、社区为依托的社会养老服务体系，创建中国特色的新型养老模式，而且衍生出“抱团养老”“寄居养老”“旅居养老”等模式。

五是服务体系从平面布局到立体布局。社会养老服务除了体现上门服务与社区照料互补、公共服务与个性服务结合、物质养老与精神养老并行的多元化、多层次特点外，还将采取便民信息网、热线电话、爱心门铃、健康档案、服务手册、社区呼叫系统、有线电视网络等多种形式，构建社区养老服务信息网络和服务平台，打造立体化服务体系。

3. 现实需求

人口老龄化的加速对社会高质量发展带来多方面挑战：一是健康方面的挑战，包括身体健康和心理健康。随着人口年龄增长到一定阶段，人体遭遇生理疾病的风险不成比例地上升，这就需要更好的医疗保健基础设施和服务加以保障。此外，老龄人口的心理健康也需要额外关注。因此，老龄化对经济社会的第一大挑战就来自医疗保健体系的供给能否及时响应需求。二是安全方面的挑战，包括居住安全与行动安全。没有居住和出行的安全保证，老年人很容易被排斥在社会公共生活之外。因此，老龄化加速对城市基础设施的老年人生活适宜性和无障碍带来挑战。三是独立性方面的挑战，包括经济独立性和生活独立性。随着人口流动和家庭功能转型，加之计划生育后家庭少子化，家庭养老模式受到较大冲击，而完善的社会保障网络尚不健全，低收入家庭老年人的经济独立性和生活独立性堪忧，严重影响了老年人的生活福利，对城市的包容性发展带来了实实在在的挑战。

“养老顾问”是养老事业发展的必然要求。我国已进入典型的人口老龄化社会，而上海的“老龄化列车”跑得更快。如何正确养老，对于许多老年人，尤其是刚进入老年队伍的老年人，是一个新的课题，许多老年人尽管有丰富的人生阅历和知识储备，却也不足以解决老年生活中不断出现的新问题。而现在的大多数老年人儿女不在身边，不可能随时求教乃至求助子女。许多老年人特别是年迈体衰的老年人，都希望能够更好地享受养老公共服务，安享幸福美满的晚年时光，但目前存在养老服务信息不对称、信息渠道不够通畅，对涉及家庭和老年人的政策知之甚少，对养老机构布局、费用、服务等信息不甚了解，获取信息、选择资源、对接养老服务又十分费时费力等问题。因此，为老年人配备“养老顾问”，帮他们解决养老实际困难，是实实在在的尊老爱老敬老，也将促进养老事业的健康发展。

养老涉及方方面面，有很强的专业性、科学性，而老年人之间又有着很大的差异性，许多老年人的问题需要一对一的咨询，才可能找到更适合的解决方法。社区“养老顾问”恰恰是由政府机构派出的为老年人养老出谋划策、答疑解惑的专业人士，如同雪中送炭，相当于给老年人派来了一位不用花钱的养老“参谋”，“养老顾问”让老年人觉得靠谱、可信，将老年人的养老事务安排得既放心、又更加科学合理的同时，也堵死了那些对老年人行骗的空间，让老年人免受上当受骗之苦。以社区综合为老服务中心作为“养老顾问”的平台，可以为老年人提供就近贴切的养老服务。

就上海市来说，自1979年进入人口老龄化城市已经40多年，至今保持着中国内地“最老城市”纪录。截至2018年底，上海市户籍老年人口（60周岁及以上）已达503.28万，占户籍总人口的34.4%。在深度老龄化背景下，上海积极探索

“大城养老”并取得了可喜成绩：一是加快养老机构床位建设。统计显示，2005 年底，上海共有 5 万张养老床位；2018 年底，上海建成 712 家养老机构、14.4 万张床位，初步缓解“一床难求”的刚性需求。二是大力发展社区嵌入式养老服务。上海重点建设集日托、全托、助餐、辅具推广、医养结合、养老顾问等功能于一体的“枢纽型”社区综合为老服务中心，已建成 180 家，2019 年实现了全市 215 个街镇全覆盖。三是着力提升家庭自主照料能力。如每年帮助 1000 户困难老年人家庭改善居室环境；实施“老伙伴计划”，每年由 4 万名低龄老年人为 20 万名高龄独居老年人提供日常关爱服务。

三、社会化养老制度及其发展

社会化是指通过社会途径、以社会制度保证的方式实现。养老社会化是指对老年人的赡养方式由家庭逐渐转向社会的过程及其产生的结果。社会生产力的高度发展和雇佣劳动制的出现是养老社会化产生的基础。随着工业化、城市化和雇佣劳动制度的出现，以及生产力的高速发展，服务性行业和部门日渐增多，为老年人的赡养由家庭转向社会创造了经济条件和可能。养老社会化的内容包括劳动就业和收入保障、医疗保健和生活服务，以及社会参与和生存意义创造等多个方面。

（一）社会化养老制度的形成

社会化养老是指区别于传统家庭养老的，通过社会途径、以社会制度保证的养老方式，其范围包括老年社会保障、老年社会福利、老年社会服务、机构养老等。老年社会保障是指人类社会区别于传统家庭养老的正式的养老保障制度，主要包括公共养老金、老年社会救济、老年医疗保障与服务、老年社会福利制度。老年社会保障的基础是老年人经济上的社会保障，主要体现在公共养老金制度中。老年社会福利是指社会公益事业给予老年人的津贴或待遇，例如乘坐公交免票，公共场所的免票或优惠，公共住房的政策性优惠，政府对家庭养老给予的支持等。老年社会服务是指国家或社会对老年人给予的资金支持之外的劳务性帮助，包括政府机构、非政府组织、社区对老年人给予的各种劳务性帮助，其中很多是无偿性的帮助，例如志愿者服务等。

随着市场经济的发展，劳动力市场化比例及流动性不断增加，在一定程度上冲击了中国老年人家庭养老的传统安排。特别是在人口老龄化、高龄化和人均期望寿命延长等因素带来老年人长期照料需求上升的背景下，家庭规模缩小、老年人子女数下降、居住安排变化、女性就业率上升、人口流动率提高等因素导致的老年人口长期照料供给资源下降，使得我国老年人养老面临严峻挑战。由于生育率下降和现代性的影响，我国家庭规模小型化和核心化的趋势明显，家庭户规模从 1953 年“一普”时的户均 4.33 人下降到 2010 年“六普”时的 3.10 人。

表 2-5 我国老年人口家庭户居住安排的变化①

家庭户居住情况		城乡合计（%）			城市（%）			农村（%）		
		2000 年	2006 年	2010 年	2000 年	2006 年	2010 年	2000 年	2006 年	2010 年
空巢家庭户		34.7	40.0	48.5	34.7	48.6	53.8	33.5	37.2	46.1
其中	独居户	11.8	14.4	18.7	11.8	13.9	21.5	11.8	14.6	17.5
其中	仅与配偶居住户	23.0	25.6	29.7	23.0	34.7	32.3	21.7	22.6	28.6
非空巢家庭户		65.3	60.9	51.5	65.3	51.4	46.2	66.5	63.9	53.9
其中	与配偶和家人户	25.9	32.4	29.2	25.9	32.1	22.5	24.3	32.5	31.9
其中	独自与家人户	39.4	28.5	22.4	39.4	19.3	23.7	42.2	31.4	22.0
总计		100.0	100.0	100.0	100.0	100.0	100.0	100.0	100.0	100.0

如表 2-5 显示，根据 2000 年、2006 年和 2010 年三次中国城乡老年人口状况追踪调查，2010 年我国 60 岁及以上老年人平均子女数为 3.3 个，其中城镇老年人为 2.6 个，农村老年人为 3.5 个，较 2000 年和 2006 年明显减少。2010 年城市老年人家庭户规模为 3.0 人，农村老年人家庭户规模为 3.8 人。而随着 1950—1960 年出生人口进入老年，由于计划生育政策的影响，他们的平均子女数更少，家庭规模也将更小。老年人口居住安排也相应发生改变，老年人空巢家庭户比例不断上升，2010 年有 48.5%，即接近一半的老年人口生活在空巢家庭（仅自己或自己和配偶居住），城市则高达 53.8%，而农村由于大规模青壮年劳动力的流出，老年人空巢家庭的比例高达 46.1%，非空巢家庭中也有相当一部分只有老年人和孙辈单独居住。

家庭规模和居住安排的变化导致家庭内部对老年人的照料和护理服务下降，家庭养老功能弱化。女性就业率不断上升，尤其是在社会保障制度不完善的农村地区，女性外出打工的比例也越来越高。众多因素都促使养老制度的社会化发展。

（二）社会化养老制度的比较

除了家庭养老的部分，世界各国和地区社会化养老制度主要分为社会养老保险制度、长期护理保险制度和社会养老服务制度。

社会养老保险制度是人类社会在工业化和城市化发展进程中的必然产物。在此之前，家庭是许多国家中老年人的主要生活支柱。始于 18 世纪 60 年代的工业革命，使资本主义机器大工业代替了工场手工业，促进了资本主义生产力的迅猛发展，提高了生产的社会化程度。到 19 世纪，英国、法国、德国、美国、日本等国家先后完

① 资料来源：2000 年、2006 年和 2010 年中国城乡老年人口状况追踪调查数据。

成工业革命，进入工业社会。工业社会以分工合作为特点，开始了对农业社会的取代，造成农业人口向城市的大量转移，传统家庭结构解体，进而产生了建立一种社会化保护体系以分散个人风险的客观要求。当时工业化国家的社会生产力也有了很大提高，已积累起足够的物质财富，能够承担为社会成员提供经济保障的需求。1889 年，德国首相奥托·冯·俾斯麦（Otto Eduard Leopold von Bismarck，1815. 4—1898. 7）创立了第一个缴费性的老年保险计划，明确规定受益者是雇佣工人，这是政府组织强制性养老保险制度的开端。之后，欧美等国纷纷仿效，到第二次世界大战结束，西方国家普遍建立起了社会养老保险制度，保险对象一般仅限于城市工业劳动者。各国的养老保险制度可分为三种模式：一是自由主义体系，以美国、英国、加拿大等为代表。制度安排主要包括基于家庭收入调查确定的社会救助、适量的普适性转移支付和适量的社会保险。即社会养老保险满足最低标准，其余部分用市场补充。二是保守主义合作体系，以澳大利亚、德国、法国、意大利等为代表。国家主要通过建立各社会阶层有别的社会保险制度，以劳动力市场参与和缴费情况分配社会福利，其中政府官员享有福利特权；该体系还保留了宗教的家庭传统，不鼓励女性工作，社会保险将家庭主妇排除在外。也就是社会养老保险根据社会阶层而有所不同，市场发展程度很低。三是社会民主主义体系，以斯堪的纳维亚国家（如挪威、瑞典等）为代表。国家以统一的社会保险制度，基于公民资格或长期居住权分配社会福利，突出普遍保障和公平性。即社会养老保险水平很高，市场发展程度也很低。

长期护理保险制度属于社会保障制度的一种，建立模式与社会养老保险制度类似。不过，长期护理又有其特殊性，目前设立专门长期护理社会保险制度的国家和地区只有荷兰、卢森堡、德国、日本、韩国、以色列、新加坡等，而其他国家或地区的老年长期照料并没有制度化，只有少部分医疗护理可以经由医疗保险支付费用和提供服务。2016 年，中国开始探索建立长期护理保险制度，在 14 个省（直辖市）开展试点工作，并在 2019 年开始扩大试点。

各国和地区的社会养老服务主要是照料服务，主要分为正式照料和非正式照料两类。其中正式照料的形式主要有基于社区的家庭照料、基于社区的其他照料和机构照料；非正式照料则主要由家庭成员提供。中国老年人目前最主要的照料护理方式是来自家庭内部及亲朋好友的非正规照料护理。另外，还有一些个性化定制服务，主要由市场提供，如持续照料、保健康复、文化娱乐等。

第二节　养老服务体系的建设

在养老服务领域，上海持续探索以政府为主的福利性基本养老服务和以市场为依托的多样化、多层次养老服务的发展，并初步构建起以家庭为基础、社区为依托、养老服务机构为载体，居家养老和机构养老相结合的养老福利服务体系，社区居家养老服务体系也初步形成。其中，“居家养老服务”和“医养结合”的概念由上海在全国范围内首次提出；全国首家老年会员制社区——亲和源在上海建成；上海也在全国率先试点了异地养老、候鸟养老、以房养老等；还在国内最早举办了养老及康复辅具医疗领域的专业博览会——中国国际养老、康复及医疗博览会。

一、养老服务基本政策

（一）国家重要养老服务政策

近年来，国家密集颁布与养老相关的政策，从养老设施建设、用地、政府购买服务、社会资本进入、医养结合、养老服务体系建设、“互联网+”养老、智慧健康养老、标准化建设、人才培养、养老服务补贴、金融支持、税费优惠等各个方面都提供配套扶持政策，特别是2013年以来，国家层面重要的养老服务政策陆续出台，“以居家为基础、社区为依托、机构为补充、医养相结合的养老服务体系”逐步清晰。

2013年9月6日，国务院发布《关于加快发展养老服务业的若干意见》（国发〔2013〕35号），要求完善市场机制，充分发挥市场在资源配置中的基础性作用，逐步使社会力量成为发展养老服务业的主体，营造平等参与、公平竞争的市场环境，大力发展养老服务业，提供方便可及、价格合理的各类养老服务和产品，满足养老服务多样化、多层次需求。

2014年8月26日，财政部、国家发展改革委员会、民政部、全国老龄工作委员会办公室联合下发《关于做好政府购买养老服务工作的通知》（财社〔2014〕105号），要求以老年人基本养老服务需求为导向，将政府购买服务与满足老年人基本养老服务需求相结合，重点安排与老年人生活照料、康复护理等密切相关的项目，优先保障经济困难的孤寡、失能、高龄等老年人的服务需求。要充分发挥市场配置资源的决定性作用，将推进政府购买养老服务与逐步使社会力量成为发展养老服务业的主体相结合，与培育专业化养老服务组织相结合，建立以项目申报、项目评审、资质审核、组织采购、合同签订、项目监管、绩效评估等为主要内容的规范化购买流程，有序开展工作。

2015年2月3日，民政部、发展改革委等10部门联合印发《关于鼓励民间资本参与养老服务业发展的实施意见》（民发〔2015〕33号），分为鼓励民间资本参与居家和社区养老服务、鼓励民间资本参与机构养老服务、支持民间资本参与养老产业发展、推进医养融合发展、完善投融资政策、落实税费优惠政策、加强人才保障、促进民间资本规范有序参与、保障用地需求等。

2015年11月18日，国务院办公厅转发卫生计生委、民政部、发展改革委、财政部、人力资源社会保障部、国土资源部、住房城乡建设部、全国老龄办、中医药局《关于推进医疗卫生与养老服务相结合的指导意见》（国办发〔2015〕84号），提出了充分认识推进医疗卫生与养老服务相结合的重要性，并明确了重点任务：建立健全医疗卫生机构与养老机构合作机制；支持养老机构开展医疗服务；推动医疗卫生服务延伸至社区、家庭；鼓励社会力量兴办医养结合机构；鼓励医疗卫生机构与养老服务融合发展。

2016年12月7日，国务院办公厅发布《关于全面放开养老服务市场提升养老服务质量的若干意见》（国办发〔2016〕91号），指出养老服务业既是关系亿万群众福祉的民生事业，也是具有巨大发展潜力的朝阳产业。要求紧紧围绕老年群体多层次、多样化的服务需求，降低准入门槛，引导社会资本进入养老服务业，推动公办养老机构改革，提升居家社区和农村养老服务水平，推进养老服务业制度、标准、设施、人才队伍建设，繁荣养老市场，提升服务质量，让广大老年人享受优质养老服务。

为了尽快破除养老服务业发展瓶颈，激发市场活力和民间资本潜力，促进社会力量逐步成为发展养老服务业的主体，2017年1月23日，民政部、发展改革委、公安部、财政部、国土资源部、环境保护部、住房城乡建设部、卫生计生委、中国人民银行、工商总局、食品药品监管总局、银监会、全国老龄办联合发布《关于加快推进养老服务业放管服改革的通知》（民发〔2017〕25号），旨在进一步调动社会力量参与养老服务业发展的积极性，降低创业准入的制度性成本，营造公平规范的发展环境，培育和打造一批品牌化、连锁化、规模化的养老服务企业和社会组织。提出了“流程简化优化、管理依法合规、服务便捷高效、政策衔接有效”的推进养老服务业“放管服”改革的指导原则，并在“转变运营补贴发放方式、创新服务设施供给方式、加大优惠扶持力度、推进连锁化经营、鼓励发起设立采取股权投资等市场化方式独立运作的养老投资基金、吸引社会力量进入养老服务基础设施和服务领域”等方面提出了提高政府精准推动养老服务发展能力的路径。

2017年2月6日，工业和信息化部、民政部、国家卫生计生委颁布《智慧健康养老产业发展行动计划（2017—2020年）》，要求着力推进供给侧结构性改革，深入实施创新驱动发展战略，充分发挥信息技术对智慧健康养老产业的提质增效支撑作用，丰富产品供给，创新服务模式，坚持政企联动、开放融合，促进现有医疗、健康、养老资源优化配置和使用效率提升，满足家庭和个人多层次、多样化的健康养老服务需求。通过发挥新消费引领作用，促进产业转型升级。

（二）上海主要养老服务政策

上海是全国率先探索开展社会养老服务的城市之一。改革开放以来，上海养老服务发展经历了几次重要跨越，特别是“十一五”以来，从基本形成“9073”养老服务格局，到构建“五位一体”的养老服务体系，养老制度体系建设取得了长足进展，养老服务多元供给成效初显。

1. 养老服务政策的发展演变

上海养老服务政策的演变分为三个阶段：第一阶段是1979—1999年上海进入老龄化社会的初创阶段，第二阶是2000—2012年上海进入深度老龄化阶段后的全面探索阶段，第三阶段是2013年至今的加快发展和深入细化阶段。如表2-6所示。

表2-6 上海养老服务政策及举措的演变

时间	养老服务政策	养老服务举措
1979年，上海进入老龄化社会	《关于“七五”期间老年医疗、教育、福利事业的一些建议》，1985 《上海市老年人保护条例》，1988 《上海市养老机构管理办法》，1998 《上海市老年人权益保障条例》，1998	首家区办养老院——虹口区幸福院成立，1979 上海市老龄问题委员会成立，1983，后更名为上海市老龄委员会 《上海老年报》创刊，1986 上海市老年康复中心在市第三福利院落成开放，1987 规定每年重阳节为本市敬老日，1988 为老服务首次列入上海市实事项目，1992
2000年，上海进入深度老龄化阶段	《养老机构建筑设计标准》，2000 《关于加快实现本市社会福利社会化的意见》，2001 《上海市老年人日间服务机构管理办法》，2001 《上海市老龄事业发展第十个五年计划纲要》，2001 《关于进一步规范居家养老服务补贴经费管理和使用的通知》，2003 《关于本市实施社区助老服务项目的试行办法》，2004 《关于全面落实2005年市政府养老服务实事项目进一步推进本市养老服务工作的意见》，2005 《关于进一步促进本市养老服务事业发展的意见》，2006 《上海市养老服务需求评估标准》，2006 《上海市老龄事业发展“十一五”规划》，2007 《上海市民政事业发展“十一五”规划》，2007	居家养老服务试点，2000 上海市老龄工作委员会成立，2000 首届上海国际残疾人老年人康复护理保健展，2000；2015年更名为“中国国际养老、辅具及康复医疗博览会” 养老机构内部医疗机构获准纳入医保结算单位，2001 上海市老龄事业发展中心成立，2001 社区服务热线“安康通”老年人援助呼叫系统开通并试点，2001 “社区老年福利服务星光计划”启动，规模化建设社区老年活动室，2001 “扶老上网”工作启动，2003 上海市社会福利行业协会成立，2003 对纯老年人家庭结对关爱行动，2004 “新（改）建社区老年活动室”首次列入上海市政府实事项目，2005 “新建老年人日间服务中心”首次列入上海市政府实事项目，2006 “9073”养老服务格局发展思路提出，2007

续表

时间	养老服务政策	养老服务举措
	《关于全面落实2008年市政府养老服务实事项目进一步推进本市养老服务工作的意见》，2008 《社区居家养老服务规范》地方标准，2009 《关于推进本市“十二五”期间养老机构建设的若干意见》，2012	“老年人助餐服务点建设”首次列入上海市政府实事项目，2008 “上海市养老机构意外责任保险”全市推行，2008 “老年人社区健康干预项目”试点站点“常青藤生活馆”开馆，2009 全国“老年友好城市”“老年宜居社区”试点，2009 社区居家养老服务居住地服务管理试点，2011 “为1000个低保困难老年人家庭提供居室适老改造服务”（适老化改造）首次列入上海市政府实事项目，2012 “为10万高龄老人提供家庭互助服务”项目（“老伙伴”计划）首次列入上海市政府实事项目，2012 上海养老服务电子地图开通运行，2012
2013年，国家提出加快发展养老服务业	《老年照护等级评估要求》地方标准，2013 《养老机构设施与服务要求》地方标准，2013 《上海市养老机构条例》，2014 《关于加快发展养老服务业推进社会养老服务体系建设的实施意见》，2014 《养老机构服务应用标识规范》地方标准，2014 《上海市养老设施布局专项规划（2013—2020）》，2014 《老年友好城市建设导则》地方标准，2015 《关于完善本市养老基本公共服务的若干意见》，2016 《关于鼓励社会力量参与本市养老服务体系建设的若干意见》，2016 《上海市老年人权益保障条例》，2016 《关于本市养老服务业企业登记管理的实施意见》，2016 《关于推进本市“十三五”期间养老服务设施建设的实施意见》，2016 《上海市老龄事业发展“十三五”规划》，2016	上海市社会养老服务体系建设领导小组成立，2013 高龄老人医疗护理计划试点，2013 老年宜居社区建设首批试点启动，2013 “护老者培训”“喘息服务”“爬楼机租赁”等项目试点，2014 “新增养老机构内设医疗机构”首次列入上海市政府实事项目 全国养老服务业综合改革试点（浦东新区、闵行区），2014 社区嵌入式养老服务模式“长者照护之家”试点，2014 “新增长者照护之家”首次列入上海市政府实事项目，2015 老年照护统一需求评估工作试点，2015 全国首档老年居家康复护理节目“银龄宝典”开播，2015 “养老服务体系建设”列入2016年度上海市政府系统目标管理重点项目，2016 “为300家存量养老机构实施消防喷淋设施改造”首次列入上海市政府实事项目，2016

续表

时间	养老服务政策	养老服务举措
	《关于全面推进老年照护统一需求评估体系建设意见》，2016 《老年宜居社区建设细则》地方标准，2016 《上海市长期护理保险试点办法》，2016 《上海市社区养老服务管理办法》，2017 《上海市社区老年人日间照护机构管理办法》，2017 《上海市长期护理保险定点护理服务机构管理办法》，2019 《上海市深化养老服务实施方案（2019—2022年)》，2019 《促进养老产业加快发展的若干意见》，2020	“新建社区综合为老服务中心”首次列入上海市政府重点工作，2016 国家级医养结合试点（徐汇区、普陀区、松江区），2016 中央财政支持开展居家和社区养老服务改革试点（松江区、虹口区），2016 上海市综合为老服务平台（www. shweilao. cn）上线运行，2016 长期护理保险试点（徐汇区、普陀区、金山区），2017 养老服务机构服务质量提升三年行动计划启动，2017 老年社会工作服务试点（徐汇区、静安区、奉贤区），2017 “老吾老计划——家庭照护能力提升项目”试点，2018 “郊区农村薄弱养老机构改造”首次列入市政府实事项目，2018 老年人心理关爱项目试点（黄浦区、松江区），2019 家庭照护床位试点，2019

2. 养老服务资源的获取途径

2019年5月31日，“上海市养老服务平台”（www. shweilao. cn）正式开通。“上海市养老服务平台”是由上海市民政局为上海市老年人及其家庭、养老服务行业从业人员全力打造的综合信息服务平台，采用“九宫格”的布局形式，直观展示“养老政策、机构查询、线上申报、养老顾问、养老护理员、长三角养老”等多个栏目信息，其界面亲和、操作简便，是市民养老的“贴心管家”、养老顾问的“智能伙伴”、从业人员的“得力帮手”、服务机构的“展示窗口”。

目前，“上海市养老服务平台”具备以下功能：

（1）养老服务政策“一目了然”。“养老政策”栏目下，涵盖了上海市养老领域1997年以来的综合及专项政策法规、2007年以来的上海市老龄事业发展报告、2007年以来的上海市老年人口和老龄事业监测统计信息等，可为养老顾问了解上海的人口老龄化发展、老龄事业进展及养老服务政策演变提供详尽的信息。此外，“长三角养老”还提供长三角养老政策汇编信息，以便有异地养老需求的老年人查询相关养老政策信息。养老服务领域的政策法规、规划报告、老龄数据等可分类查询，或按发文时间、发文单位、发文字号以及关键词等要素智能查询。

（2）养老服务资源“一站获取”。“机构查询”栏目下，囊括了全市各区数千家养老服务设施及机构信息，包含养老机构、长者照护之家、老年日间照护机构、助餐服务点、社区养老服务组织、社区综合为老服务中心、护理站、护理院等八大类。可查询到的信息包括：机构等级、日常监测、成立时间、建筑面积、咨询电话、机构地址、内设医疗机构、床位总数及可用床位、参考价格、服务内容、是否提供保基本床位、是否为长护险定点、实景图片等，且能在“养老地图”上显示其地理位置，为公众及养老顾问提供精准便捷的养老服务资源查询服务。此外，“长三角养老”还提供长三角异地养老服务、长三角养老工作动态等信息，供有异地养老需求的老年人查询相关养老服务信息。

（3）养老服务管理“一网覆盖”。“线上申报”栏目下，养老机构可进行“综合为老服务评估申请”，主要是申请“社区综合为老服务中心”；个人则可进行“适老化改造申请”。此外，平台依托民政数据，实现养老机构、社区居家养老、老年综合津贴、长期护理保险等数据联动共享，服务养老行业管理，提高养老顾问工作效率，助力政府决策。

在养老顾问栏目下，有“线下养老顾问”“空中养老顾问”“智能养老顾问”三种模式。“空中养老顾问”是上海市民政局和上海人民广播电台《直通990》节目联合打造的“市民政务通－空中养老顾问”专栏节目，邀请“养老顾问”在节目现场答疑解惑，让更多市民找到适合自己“个性化”的养老方式。“智能养老顾问”是运用大数据和智能化推荐等技术，根据老年人的个性化需求精准匹配养老服务设施、政策和养老方式，私人定制解决方案。如果市民不能通过这两种方式找到适合自己的养老方式，可以通过线下养老顾问获取养老服务建议。线下养老顾问可以利用“空中养老顾问”和“智能养老顾问”两种模式的信息优势，为老年人提供全方位的养老咨询，成为打通老人和养老资源的桥梁。

二、老年社会保障制度

社会保障制度是国家和社会依据一定的法律和规定，通过国民收入的再分配，对社会成员的基本权利予以保障，为保障人民生活而提供物质帮助和服务的一项重大社会政策；是国家为了保持经济发展和社会稳定，对公民在年老、疾病、伤残、失业、遭遇灾害、面临生活困难的情况下，由政府和社会依法给予物质帮助，以保障公民基本生活需要的制度。社会保障具有保障公民基本生活、维护社会稳定、促进经济发展、保持社会公平和增进国民福利等功能，具有“根本目的在于保障社会成员的基本生存条件，保障对象是全体社会成员，国家通过立法建立和实施，在维护社会稳定中促进社会发展”等特征。我国社会保障体系“以社会保险、社会救助、社会福利为基础，以基本养老、基本医疗、最低生活保障制度为重点，以慈善事业、商业保险为补充”。完善的社会保障制度通过实现老有所养、病有所医、工伤有保险、灾害有赔偿、失业有救济、残疾有安置、贫困有支援来保障社会成员的基本生活，有效地化解有可能发生的各种社会矛盾，实现国家的安定和社会的稳定，从而为经济发展创造良好、稳定的社会环境。

社会保障制度的建立和完善是以相关法律法规的颁布与实施为标志的。老年社会保障作为一项公共服务的社会制度，承载着保障老年人基本生活、维护社会和谐稳定的重要社会功能。政府在制定和执行老年社会保障制度时，应注重各制度之间的互补性、关联性和衔接性，形成老年社会保障的制度群，从而实现整体联动。老年社会保障包括养老保险、医疗保险、社会福利、社会救济等内容。

（一）养老保险

养老保险又称老年保险，是指国家立法强制征集社会保险费（税）并形成养老基金，当劳动者达到国家规定的年龄、工龄或个人缴费年限，或因工、因病致残完全丧失劳动能力退出生产或工作岗位时，从国家和社会获得物质帮助或补偿，以保证其基本生活需要而建立的社会保障制度。这一概念包括三层含义：一是养老保险是在法定范围内的老年人退出生产或工作岗位后发生作用的，二是养老保险的目的是为退休老年人提供保障其基本生活需求的稳定可靠的生活来源，三是养老保险是以社会保险为手段达到保障目的。世界各国和地区实行养老保险制度可概括为传统型、国家统筹型和强制储蓄型三种模式。我国的养老保险以 1951 年 2 月 26 日政务院颁布的《中华人民共和国劳动保险条例》为起点，经历了几十年风风雨雨，特别是从 1993 年进入养老保险制度实施创新改革阶段，创建了适应中国国情、具有中国特色的社会统筹与个人账户相结合的养老保险模式，改变了计算养老金办法，建立了基本养老金增长机制并实施了基本养老金社会化发放，最终基本建成我国多层次养老保险体系。

1. 养老保险的地位与作用

随着社会保障体系的建立与发展，养老保险与国民经济的内在联系进一步加深。养老保险作为社会保险制度的重要组成部分，在我国国民经济与社会发展中占有十分重要的地位，发挥了积极的作用。养老保险支出作为一种消费性支出，其支付水平、保障能力必然受到经济发展水平的制约，国家对养老需求的满足程度是经济发展和社会进步程度的重要体现。养老保险基金是在国民收入的再分配过程中形成的，国家依法规定企业和劳动者必须参加基本养老保险，养老保险费用由国家、企业和劳动者三方共同缴纳并实行社会统筹。国家养老保险制度的建立，使养老保险由企业行为转变为社会行为，企业的养老负担将由社会共同负担。随着我国社会保障预算制度的建立，养老保险基金纳入国家预算管理的轨道。建立养老保险制度既是我国建立社会主义市场经济体制的客观要求，又是发展社会主义市场经济的基本条件。

2. 城镇职工养老保险制度

我国的养老保险由基本养老保险、企业补充养老保险和个人储蓄性养老保险 3

个部分（或层次）组成。

1997 年，国务院《关于建立统一的企业职工基本养老保险制度的决定》（国发〔1997〕26 号）明确规定：基本养老保险只能保障退休人员基本生活，各地区和有关部门要在国家政策指导下大力发展企业补充养老保险，同时发挥商业保险的补充作用。

企业补充养老保险是指由企业根据自身经济实力，在国家规定的实施政策和实施条件下为本企业职工所建立的一种辅助性的养老保险。企业补充养老保险的资金筹集方式有现收现付制、部分积累制和完全积累制 3 种。企业补充养老保险费可由企业完全承担，或由企业和员工双方共同承担，承担比例由劳资双方协议确定。

职工个人储蓄性养老保险是我国多层次养老保险体系的一个组成部分，是由职工自愿参加、自愿选择经办机构的一种补充保险形式。由社会保险机构经办的职工个人储蓄性养老保险，由社会保险主管部门制定具体办法，职工个人根据自己的工资收入情况，按规定缴纳个人储蓄性养老保险费，计入当地社会保险机构在有关银行开设的养老保险个人账户，并应按不低于或高于同期城乡居民储蓄存款利率计息，以提倡和鼓励职工个人参加储蓄性养老保险，所得利息计入个人账户，本息一并归职工个人所有。

3. 农村社会养老保险制度

随着城市化步伐的加快和农村劳动力的输出，越来越多的农村青壮年人口进入城市，年龄结构出现“两头大，中间小”的局面。针对农村社会养老保险的覆盖范围太小、覆盖对象有缺陷等问题，国务院《关于开展新型农村社会养老保险试点的指导意见》（国发〔2009〕32 号）要求开展新型农村社会养老保险试点，成为继取消农业税、农业直补、新型农村合作医疗等一系列惠农政策之后的又一项重大的惠农政策。“新农保”是以保障农村居民年老时的基本生活为目的，建立个人缴费、集体补助、政府补贴相结合的筹资模式，养老待遇由社会统筹与个人账户相结合，与居家养老、土地保障、社会救助等其他社会保障政策措施相配套，由政府组织实施的一项社会养老保险制度，是国家社会保险体系的重要组成部分。

“新农保”试点按照“保基本、广覆盖、有弹性、可持续”的基本原则，实行基础养老金和个人账户养老金相结合的养老待遇计发办法，国家财政全额支付最低标准基础养老金，强调了国家对农民“老有所养”承担的责任，明确了政府资金投入的原则要求，这是与“老农保”制度仅依靠农民自我储蓄积累的最大区别。新型农村社会养老保险制度，是加快建立覆盖城乡居民的社会保障体系的重要组成部分，对确保农村居民基本生活、推动农村脱贫和逐步缩小城乡差距、维护农村社会稳定意义重大，同时对改善心理预期、促进消费、拉动内需也具有重要意义。

（二）医疗保险

医疗保险是为补偿疾病所带来的医疗费用的一种保险，是职工在疾病、负伤、生育时，由社会或企业提供必要的医疗服务或物质帮助的社会保险。社会医疗保险是国家和社会根据一定的法律法规，为向保障范围内的劳动者提供患病时基本医疗需求保障而建立的社会保险制度。这一制度旨在劳动者患病时，社会保险机构对其所需要的医疗费用给予适当补贴或报销，使劳动者恢复健康和劳动能力，尽快投入社会再生产过程。社会医疗保险作为社会保险的重要组成部分，一般由政府承办，政府借助经济手段、行政手段、法律手段强制实行并进行组织管理。

我国的医疗保险制度建立于20世纪50年代。长期以来，我国的医疗保险制度主要分为3种：一是适用于企业职工的劳保医疗制度，二是适用于机关事业单位工作人员的公费医疗制度，三是适用于农村居民的合作医疗制度。自1994年国务院决定在江苏镇江、江西九江试点开始，我国开始了从计划经济下劳保医疗与公费医疗体系向市场经济下社会医疗保险体系转变的改革历程，逐步建立起包括城镇职工基本医疗保险制度、新型农村合作医疗制度和城镇居民基本医疗保险制度在内的三大医保制度，初步构成了覆盖全体国民，由基本医疗保险、大额医疗救助以及企业和个人补充医疗保险3个层次构成的医保体系，对于保障城乡居民身体健康、提高人民身体素质发挥了积极作用。

（三）社会福利

社会福利是以政府及社会为主体，以全体社会公民与社区居民为对象，以制度化与专业化为基本保证，以保障性与服务性为主要特征，以社会支持网络为主要构架，以物质资助和精神支持为主要内容，以解决社会问题为目的，旨在不断完善和提升公民的物质与精神需求，提高社会生活质量的社会政策和社会制度。福利制度是国家或政府在立法或政策范围内为所有对象普遍提供在一定的生活水平上尽可能提高生活质量的资金和服务的社会保障制度。社会福利状况不仅直接反映着个体生活水准和幸福指数，而且直接折射出一个国家或地区的社会发展水平。中国社会福利制度是指政府出资为那些生活困难的老年人、孤儿和残疾人等特殊困难群体提供生活保障而建立的制度。我国福利制度自建立以来，在解决城乡无家可归、无依无靠、无生活来源的社会成员的生存问题上作出了有益的贡献。社会福利制度的实施使得那些社会上最脆弱群体的生存有了保障，显示出新生的社会主义制度的优越性，有效地保障了社会稳定。

社会福利体系是一个旨在保障公民基本生活和提升公民生活质量以及社会福利水平的有机整体。社会福利体系不仅表现为对公民的基本生活保障，更把提升公民的生活福利水平作为目标追求。社会福利体系的功能发挥就是体现和促进社会平等与社会公正，它通过制度性、政策性以及专业化和职业化的多元化手段，最大限度地使社会成员能够在社会生活中都有平等的机会和机遇，使得贫困者或弱者不仅能够得到基本的生存与生活的保障，而且能够不断提升他们的生活质量与福利水准，能够和社会绝大多数群体一样享受改革开放和社会发展的成果。随着社会的发展，国家、政府以及社区将会或已经设立专门的机构，通过社会服务来关爱老年人，如老年大学、社区老年人活动中心，还不定期地组织志愿者定期上门为老年人服务，为他们提供生活照顾和精神慰藉。

（四）社会救济

社会救济又称社会救助，是指国家和社会为保证每个公民享有基本生活权利，而对贫困者提供物质帮助，主要包括自然灾害救济、社会救济、失业救济、孤寡病残救济和城乡困难户救济等。国家和社会以多种形式对因自然灾害、意外事故和残疾等原因而无力维持基本生活的受灾群众、贫民提供救助，包括提供必要的生活资助、福利设施，以及急需的生产资料、劳务、技术、信息服务等。社会救济是基础的、最低层次的社会保障，其目的是保障公民享有最低生活水平，给付标准低于社会保险。社会救济的经费来源主要是政府财政支出和社会捐赠。

1. 城市社会救济

城市社会救济的对象包括：城市中无依无靠、无生活来源的孤老残幼（定期定量救济对象），无固定收入或收入不足以维持当地生活水平的居民（临时救济对象）；1961 年至 1965 年 6 月 9 日期间被精减退职的 1957 年年底以前参加工作的老弱残职工；原国民党起义、投诚人员，被宽大释放的原国民党的党、政、军、特人员中无家可归者，生活困难的台湾同胞、去台人员亲属，因公致残、完全丧失劳动能力的下乡知识青年，计划生育医疗事故造成生活困难的人员，生活困难的刑事犯罪分子家属，生活困难的归国华侨和侨眷等。城市困难户救济标准以保证救济对象的基本生活需要为原则，项目包括国家供应的生活必需品和其他一些必需品，以及一定数量的必要的生活费用。救济标准由各地区根据当地的具体情况规定，并随着群众生活水平的提高而适当调整。

2. 农村社会救济

中华人民共和国成立初期，农村社会救济主要由政府负责；农业集体化以后，主要由集体经济负担。20 世纪 80 年代以来农村社会救济的任务是：对农村中无劳动能力、无生活来源、无依无靠的老年人、残疾人和孤儿，采取依靠集体供养、辅之以国家必要救济的办法，实行“五保”，即保吃、保穿、保住、保医、保葬（孤儿保教），保证他们的生活达到当地一般群众的生活水平。供养的形式有集中供养和分散供养；对农村中全家收入维持不了当地最低生活水平的贫困户，发给救济费。随着国家经济建设事业的发展，中国的社会救济正在逐步由低层次向高层次过渡。经济不发达地区，已由单纯维持贫困人民的最低生活水平，发展为以扶优、扶贫为重心，解决贫困人民温饱问题，开始由救济型向福利型转变；经济比较发达的地区，社会救济原有的社会功能逐步由社会保险所代替，如建立合作养老保险、合作医疗保险等。

三、养老服务体系建设

养老服务体系主要指与经济和社会发展水平相适应，以满足老年人基本生活需求、提升老年人生活质量为目标，面向所有老年群体，提供基本生活照料、护理康复、精神关爱、紧急救援和社会参与的设施、组织、人才和技术要素形成的网络，以及配套的服务标准、运行机制和监督制度。养老服务体系是老年人在生活中获得的全方位服务支持系统，既包括家庭提供的基本生活设施和生活环境，也包括社区提供的各种服务和条件，还包括政府、社会提供的有关服务的形式、制度、政策、机构等各种条件。社会养老服务体系建设是应对人口老龄化的一项长期战略任务，是坚持政府主导，鼓励社会参与，不断完善管理制度，丰富服务内容，健全服务标准，满足人民群众日益增长的养老服务需求的持续发展过程。

（一）养老服务基本类型

随着经济社会的发展，养老服务类型趋于多样化。依据服务主要提供主体可分为居家养老服务、社区养老服务和社会养老服务等。依据服务提供的场所可分为居家养老服务、社区养老服务、机构养老服务等。“十一五”期间，上海首次发现并提出“9073”养老格局，即90%的老年人家庭自我照顾，7%的老年人社区居家养老服务，3%的老年人机构养老服务。这是上海依据国际经验和本土调研得出的数据，从而确定了养老公共服务投放的路径和养老公共资源配置的比重。

1. 居家养老服务

居家养老服务体系是与中国传统文化相适应的延续数千年的养老服务支持系统。居家养老是由家庭承担老年人的物质、娱乐、医疗保健和日常护理等工作，服务提供者主要是老年人本人、配偶、子女以及亲朋好友，最大的优势是能够得到家庭的温暖和亲情的关怀。居家养老服务是指政府和社会力量依托社区，为居家的老年人提供生活照料、家政服务、康复护理和精神慰藉等方面服务的一种服务形式。它是对传统居家养老模式的补充与更新，是我国发展社区服务、建立养老服务体系的一项重要内容。

居家养老服务，是破解我国日趋尖锐的养老服务难题，切实提高广大老年人生命、生活质量的重要出路；是弘扬中华民族尊老敬老优良传统，尊重老年人情感和心理需求的人性化选择；是促进家庭和谐、社区和谐和代际和谐，推动社会主义和谐社会建设的重要举措；也是加快发展服务业，扩大就业渠道和促进经济增长的重要途径。目前，居家养老服务主要表现为：由政府通过购买服务的方式或者由政府建设信息平台，对政府所辖区域内的老年人的照料，在这样的操作下，老年人基本实现不出家门就能享受到一些具体服务，如生活照料、买菜做饭、缴纳水电费、护理人员进行精神慰藉等服务。

居家养老服务涵盖生活照料、家政服务、康复护理、医疗保健、精神慰藉等，以上门服务为主要形式，对身体状况较好、生活基本能自理的老年人，提供家庭照护、老年食堂、法律服务等服务；对生活不能自理的高龄、独居、失能等老年人，提供家务劳动、家庭保健、辅具配置、送饭上门、无障碍改造、紧急呼叫和安全援助等服务。有条件的地方可以探索对居家养老的失能老年人给予专项补贴，鼓励他们配置必要的康复辅具，提高生活自理能力和生活质量。

国务院《关于加快发展养老服务业的若干意见》（国发〔2013〕35号）明确了“大力发展居家养老服务网络”的工作任务：一是发展居家养老便捷服务。地方政府要支持建立以企业和机构为主体、社区为纽带、满足老年人各种服务需求的居家养老服务网络。要通过制定扶持政策措施，积极培育居家养老服务企业和机构，上门为居家老年人提供助餐、助浴、助洁、助急、助医等定制服务；大力发展家政服务，为居家老年人提供规范化、个性化服务。要支持社区建立健全居家养老服务网点，引入社会组织和家政、物业等企业，兴办或运营老年供餐、社区日间照料、老年活动中心等形式多样的养老服务项目。二是发展居家网络信息服务。地方政府要支持企业和机构运用互联网、物联网等技术手段创新居家养老服务模式，发展老年电子商务，建设居家服务网络平台，提供紧急呼叫、家政预约、健康咨询、物品代购、服务缴费等适合老年人的服务项目。

2000年，上海在全国首次提出“居家养老服务”的概念，要求全面展开以家庭为核心、以社区为依托，以老年人日间照料、生活护理、家政服务、精神慰藉为主要内容，由政府出资为特殊困难老年人购买服务的居家养老服务工作。居家养老服务经历了启动阶段、三年推广阶段以及接下来的深化阶段，从最开始被老年人和家属拒绝，发展到每年为30多万老年人提供各种服务。2000年8月，上海市民政局在黄浦、长宁、虹口、静安、嘉定、杨浦6个区试行居家养老服务。部分街镇出现了一种纸质有价券票——居家养老服务券，符合条件的老年人手持这些服务券可以请助老员上门打扫卫生，可以去小区里的理发店享受免费理发服务，也可以在洗衣房里清洗大件衣物或是在社区老年食堂用餐。2001年，上海各区县已成立居家养老服务中心，设立居家养老服务热线电话，市政府拨给的500多万元补贴经费已经到位。2003年11月起，上海在杨浦、浦东两个区开展试点，建立由政府、中介组织和服务实体三个层次组成的全新居家养老服务体系。2004年，上海建立社区居家养老服务补贴制度，规定困难老人、特殊贡献老人（包括市级劳模、全国单项先进、重点优抚对象以及老年归侨中生活不能自理或部分不能自理的老年人）、百岁以上老年人、80岁以上其他老年人“四类老年人”可享受政府居家养老服务补贴。2009年7月1日起，上海市开始提高居家养老服务补贴，每月由200元涨到300元，经济困难以及中重度老年人可获得100元至200元养老服务专项护理补贴。2012年创新推出“居家养老服务券”制度，由政府出资为困难老人、特殊贡献老人和高龄老人全额购买服务或者提供服务优惠。这一制度先在浦东和杨浦试点，在推广阶段，居家养老服务券和居家养老服务补贴制度得到了发展。

关于居家养老服务的具体内容，2006 年《上海老龄事业发展“十一五”规划》提出：继续深化助餐、助行、助洁、助急、助浴、助医等各类助老活动，并对“六助”的内涵予以明确。2010 年 2 月，上海在全国率先发布《社区居家养老服务规范》地方标准，明确社区居家养老服务内容包括生活护理、助餐、助浴、助洁、洗涤、助行、代办、康复辅助、相谈、助医十大项。2008 年，上海市质量协会用户评价中心调查报告显示，高达 79.8% 的老年人倾向家庭养老这一传统养老方法，只有 14.1% 的老年人乐意进养老院养老。同时，大部分被调查者期望能以居家养老为基础，依托各种形式的社区服务安度晚年，希望社区能提供如老年人日托所、老年人助餐点、洗衣被等服务，方便生活起居。

2. 社区养老服务

社区是指若干社会群体或社会组织聚集在某一地域里形成的一个在生活上相互关联的大集体，也就是同一地域内社会活动或生活属于同一类型的相对独立的地区小社会，其基本构成要素是同一地域、同一类型的社会活动或生活、社区人口、社区管理体系和社区意识。社区养老又称社区照顾，是将那些需要照顾的老年人留在他们熟悉的社区环境中接受照顾，避免让他们离开自己的社区进入机构生活，也就是老年人不离开家庭，而由社区有关服务机构和人士为老年人提供上门服务或托老服务。社区照顾也指动员社区内的一切物力和人力，去满足社区内老年人的需要，以帮助他们在社区内幸福地生活。随着核心家庭增多，加上子女工作忙碌，居家养老功能向社会转移已成为人们的共识。社区养老作为居家养老和机构养老之间的过渡形式，成为许多老年人首选的养老方式。目前，我国各主要城市纷纷推出一些社区老年人服务项目，帮助身处困境中的老年人得到他们所需要的服务，以使老年人更好地安度晚年。社区养老是在政府支持下，尊重地方传统文化与现实基础上，以社区为平台，以家庭和社区组织为依托，充分发挥政府、社会、社区和家庭多方面力量，最大限度地就近满足社区居民的养老需求为目标，利用社会资本和社区机制，通过社区整合、配置养老资源的一种养老模式。这种养老模式适合我国传统文化和现代转型需要，可以有效利用社区血缘、信任、网络和声誉机制等社会资本，部分化解传统文化背景下家庭小型化、空巢化和未富先老的“白发浪潮”状况下居家养老困境，实现老年人生活在自己所熟悉的住所和环境中，满足老年人的物质和精神需求，提高其幸福指数。

居家养老服务是以家庭为核心，以社区为依托，组织专业服务人员，为居住在家的老年人提供以解决日常生活困难为主要内容的社会化服务，如生活照料、医疗保健、精神慰藉、文化娱乐等，同时以上门服务和日托护理为主要形式，使在家的老年人获得社会化的养老服务，具有灵活、方便、快捷、经济的优点，适合“未富先老”的中国国情和老年人“养老不离家”的传统观念。社区养老服务是居家养老服务的重要支撑，具有社区日间照料和居家养老支持两大功能，主要面向家庭日间暂时无人或者无力照护的社区老年人提供服务。在城市，结合社区服务设施建设，增加养老设施网点，增强社区养老服务能力，打造居家养老服务平台，倡议、引导多种形式的志愿活动及老年人互助服务，动员各类人群参与社区养老服务。在农村，结合城镇化发展和新农村建设，以乡镇敬老院为基础，建设日间照料和短期托养的养老床位，逐步向区域性养老服务中心转变，向留守老年人及其他有需要的老年人提供日间照料、短期托养、配餐等服务；以建制村和较大自然村为基点，依托村民自治和集体经济，积极探索农村互助养老新模式。

社区养老院主要指利用社区内的居民住房、厂企的闲置房屋或其他院舍，将社区内的老年人集中起来进行全方位的照顾。这种方式适合于有经济收入保障而没有亲属照顾者，或有亲属，但日常生活照顾有困难者，或家庭关系紧张不愿一起生活者。这种养老方式按床位和护理程度收费，提供住宿膳食和其他照顾，组织各种集体活动，促进老年人之间的交流，充实老年人的生活。社区托老所的养老方式适合子女是双职工、白天或部分时间对老年人生活照顾有困难者，白天或工作忙碌时(如出差)，把老年人送到托老所，参加各种集体活动，互相交流，既接触了群体，消除了孤独和寂寞，又得到了完善的生活照顾；既不影响亲属的工作和学习，又有大部分时间仍和亲属生活在一起。

社区互助养老有两种形式：一种是邻里互助，即依靠左右邻居对老年人实施照顾。如上海和北京一些居委会实行的“求助铃制度”就是这样一种方式，“求助铃”开关设在老年人住房内，铃安装在邻居住房内，老年人有需求则可按求助铃，邻居即来相助。另一种方式是老年人之间的互助。低龄老人一般身体比较硬朗，可以发挥其作用，让他们去照顾社区内的高龄老人，而当他们成为高龄老人之后，又可以安排其他低龄老人来照顾他们，以弥补人口高龄化而导致养老服务人力资源不足的问题。

此外，社区养老还有其他为老服务方式，如为老年人提供包户服务、庇护服务、文化生活服务等，以及以社区为依托，在社区内设置的一些相应的老年人文化服务设施，如老年俱乐部、一些老年人文化艺术团体（老年人合唱团、老年人腰鼓队）等。

在社区服务内容方面，可以发挥多方主体的作用，通过不同主体的共同参与，满足老年人各个方面的养老需求，包括义务支持服务、友情支持服务、道义支持服务和专业支持服务等方面的服务内容。其中，义务支持服务是指直系血亲对家庭老人的服务，服务的项目有生活护理、关心照顾、闲谈、抚慰等。友情支持服务是社区里邻里之间、老人之间、朋友之间、居民之间对老人一种帮助服务，是一种内容最生动、最丰富且具有浓厚的中国特色的社区支持服务。道义支持服务是发动社会、社区力量参与对社区老人群体服务的重要支柱，是潜力巨大、资源丰富、弥补其他服务的人力或财力不足的一种服务，是对义务支持服务和专业支持服务的一种重要补充。专业支持服务是一种最稳定、最全面、服务水准高的服务，是一种由专业人员来管理、专职人员来动手的服务[①]。

为应对人口老龄化危机，上海市率先在全国开展以家庭为依托、社区养老机构为载体的居家养老服务，建立了基本服务网络，为居家的老年人提供专业化的生活照料、医疗康复和精神慰藉服务。而今，上海的社区养老模式无论在规模上还是内容上都有了进一步的扩展，深圳、大连、杭州、北京等地的居家养老模式也逐渐成形并快速发展。全国其他省市也进行试点，探索社区养老的新模式。

2001 年 6 月 8 日，全国社区老年福利服务“星光计划”推动了社区居家养老服务的发展。“星光计划”在 3 年内使用各级彩票中心发行福利彩票筹集的福利基金的 80%（约 50 亿元人民币）和各级政府及社会各界投资的 50 亿元人民币，在全国 10 万个社区居委会和农村乡镇新建或改扩建一批城市社区老年福利服务设施、活动场所和农村乡镇敬老院，以供老年人娱乐、健身和学习使用。2002 年 8 月底，上海“星光计划”首期工程投入资金近 8 亿元（含实物折算），建成标准化老年活动室 316 家（计划 275 家），改造薄弱敬老院 63 家，为老年人安装“安康通”紧急援助呼叫器 6000 台，在 102 家社区事务受理中心增设了为老服务项目，在 131 个街道（乡镇）开展居家养老服务，对符合条件的老年人给予居家养老补贴，享受补贴的老年人达 4 万人次，投入资金 400 多万元。

社区养老往往通过整合社区资源提供服务，如上海静安区静安寺街道的清风老年服务社从 2006 年 8 月 1 日开始，与上海市华东医院食堂达成协议，在社区办起“老年食堂”。医院食堂按老年人营养标准，每天中午和傍晚向社区老年人供应热饭热菜。静安寺街道为居家老人提供的吃饭、清洁、就医三大类 72 项服务中，很多都利用了社区里的理发店、浴室、饭店等资源。2007 年，60 岁及以上社区老年人在曲阳医院就诊可免挂号费，凡是白内障患者，均可申请曲阳医院“爱眼助残”基金，享受资助基金最高 1000 元人民币；每周定时开通老年人心理健康热线，专业的心理医生提供无偿服务。浦东新区在社区单元楼内开设小型养老院，每名老年人的收费为每月 1150 元，由于离家近且生活环境与家里相似，得到老年人的青睐。

2009 年由上海市质量技术监督局和民政局联合发布的《社区居家养老服务规范》（DB31/T 461—2009）地方标准，明确了为老年人提供“助餐、助浴、助洁、助急、助行、助医”等基本生活需求的服务要求，使上海市“社区居家养老服务”有了统一的技术支持和服务质量控制依据。《社区居家养老服务规范》地方标准的发布实施，不仅定义了“社区居家养老服务”“日常生活照料服务”和“社区居家

① 金双秋．满足城市社区老人的需求构建社区综合保障网络［J］．人大复印资料，2003（30）．

养老服务社”“老年人日间服务中心”“社区老年人助餐服务点”等各类服务机构的概念，还分别从事前、事中和事后具体规定各项基本服务内容与要求，明确了从业机构和人员的基本要求以及意外事件处理的要求，基本覆盖了服务过程的质量控制，并确定了质量评价的指标与方法，以有效规范全行业服务与管理。

3. 机构养老服务

机构养老又称为机构照顾，是指在专门为老年人提供护理、食宿、照料的各种福利院、敬老院和养老院等，对老年人实施的照顾。现在更多地将其理解为社会化、专业化和规模化的养老模式。在我国，提供机构照料的院舍分为公办（由政府提供资金兴建）和私办（私人自己筹资兴建）两类。公办福利院主要面向那些曾为社会作出贡献的孤寡老人，免费或只收取少量的费用。近年来，由于政府提供的资金不足，有的公办福利院为了维持正常运转，面向社会接收自费的入院老年人。面对我国老年人口特别是高龄老年人口比例的迅速增长，近年来各类私立的养老机构相继产生，接收自费入院的老年人，收费标准因护理等条件不同而异。

在20世纪90年代以前，机构养老是上海养老服务提供的主要方式，针对的只是一小部分特殊困难群体，即一无经济收入、二无生活来源、三无直系亲属的老年人，重点解决他们的住养问题。当时由当地政府部门审核老年人的经济及家庭状况，符合上述“三无”条件的老年人，无论其身体状况健康与否，都可入住养老机构。20世纪90年代以后，随着全社会老年人对机构养老服务需求的迅速提高，养老机构面向社会老年人开放，入住对象逐步转为以自费老年人为主。1979年，上海由政府举办的养老机构包括4家市级福利院、4家区属社会福利院以及42家农村敬老院，主要满足城市“三无”老人与农村“五保”老人的基本供养问题。20世纪80年代起，上海开始探索有家老年人寄养，接纳有家庭的社会老年人入住养老机构，养老机构由救助型向福利型转变，由供养型向康复型转变，由封闭型向开放型转变。1998年，上海在全国率先出台《上海市养老机构管理办法》。此后每年上海市政府都把新增养老床位列为市政府实事项目，确保建设任务落实。2005年底（“十五”末），上海共有5万张养老床位；到2010年底（“十一五”末），养老床位增加到10万张。关于机构养老的意愿，根据1998—2008年四次“上海市老年人口状况和意愿”的抽样调查，上海老年人希望去机构养老的比例呈现增加的趋势，从1998年的2.8%上升到2008年的3.5%；希望在家养老的比例则呈现缓慢下降的趋势，从1998年的96%下降到2008年的89.3%。老年人选择机构养老的主要原因是“不想拖累家人”“家人没有空照顾”“家中无人照顾”等。

总之，我国的社会养老服务体系主要由居家养老、社区养老和机构养老三个有机部分组成。社会养老服务体系要以满足老年人的养老服务需求为目标，从我国的基本国情出发，坚持政府主导、政策扶持、多方参与、统筹规划，建立起与人口老龄化进程相适应、与经济社会发展水平相协调，以居家为基础、社区为依托、机构为补充的社会养老服务体系，让老年人安享晚年，共享经济社会发展成果。

（二）养老服务主要内容

养老服务一般指老年人由于生理、心理受损，生活不能自理，因而在一个相对较长的时期里，甚至在生命存续期内，都需要别人在日常生活中给予广泛帮助，包括日常生活照料、医疗护理、医养结合服务、社会援助服务以及一些个性化定制服务。

1. 生活照料服务

生活照料指日常生活部分不能自理或完全不能自理的老年人需要的生活照料服务。老年人自理能力部分丧失或完全丧失的原因包括三个方面：身体功能退化或发生残障而在完成日常生活能力指标（ADLs）和工具性日常生活能力指标（IADLs）中的一项或多项时存在困难或无法完成；认知能力存在障碍，表现为记忆能力、心智状态等部分丧失从而影响生活自理能力；情绪状态不稳定或有精神障碍，例如抑郁、害怕等，从而导致影响生活自理能力。生活照料的内容主要包括协助老年人进食、更衣、洗澡、如厕、洗衣做饭等家务服务，以及督促老年人服药，帮助老年人购物、管理钱物等。

2. 医疗护理服务

医疗护理指处于患病状态，且在接受治疗的老年人需要的医疗方面的护理服务，包括在医院临床护理、愈后的医疗护理以及康复护理和训练等。如为患者进行治疗或康复护理，提供注射、输液、鼻饲、导尿、灌肠、压疮、功能锻炼、康复指导及日常生活自理能力锻炼；对高血压、冠心病、糖尿病、心脑血管疾病、老年精神障碍、老年痴呆等慢病的干预性护理，如帮助老年患者改变不良生活方式，科学地控制血压、血脂、血糖等生理指标；提供一定的医疗常识，观察和描述病况，对突发伤病进行紧急处理。

其中，精神护理属于特殊的医疗护理，指长时间持续处于情绪问题或精神障碍状态，如抑郁、害怕、孤独、烦躁等的老年人需要精神陪护和心理疏导方面的服务。我国社会目前对老年人的情绪和精神问题关注不够，干预项目也不多。但随着家庭规模缩小、青壮年人口流动率增长，老年人精神护理问题会得到越来越多的关注。

临终关怀是一种特殊的护理服务，指对中晚期不治、用特殊和一般疗法难以延长寿命或难以实施姑息疗法的病人所采用的各种医疗关怀措施的总称。临终关怀不以延长生存时间为目的，而是以提高患者临终阶段的生命质量为目的，其意义在于以爱心关怀、专业知识和积极态度为病人及其家属提供全面护理，包括身体、意志及精神上的治疗，使晚期病患者在生命的最后阶段得到适当的照顾、尊严及安宁。1996年2月上海市闸北区红十字老年护理医院安宁病房成立，成为中国内地第一家晚期癌末病患及不可逆临终病人的安宁病房，正式推出安宁护理与临终关怀服务，从宣传教育及安宁护理照顾等各方面推动了上海的安宁护理和临终关怀的发展。截至2007年底，病房共有近900位老年人安详、舒适而有尊严地告别人世。1997年8月该院又开展了社区家庭照顾癌末病人或临终阶段其他病患的服务，填补了中国内地此领域的空白并取得了突破性进展。

3. 医养结合服务

“医养结合”是把专业的医疗技术检查和先进设备与康复训练、日常学习、日常饮食、生活养老等专业相融合。以医疗为保障，以康复为支撑，边医边养、综合治疗。从技术上尽可能实现疾病转归，病人的各项功能得到保持或恢复，其中，“医”主要就是重大疾病早期识别、必要的检查、治疗、康复训练，包括有关疾病转归、评估观察、有关检查、功能康复、诊疗护理、重大疾病早期干预以及临终关怀等医疗技术上的服务。“养”包括生理和心理上的护理、用药和安全、日常饮食照护、功能训练、日常学习、日常活动、危重生命体征和身体状况分析、体重和营养定期监测等服务。

上海于20世纪末率先提出“医养结合”的概念，让养老机构与医疗机构相邻近、相依托、相补充，让医生真正走进老年人家庭，从源头上打通“医”与“养”之间的壁垒，使得养老领域增强医疗能力，医疗领域提升对养老的服务能力。

1995年，闵行区社会福利院开设了医疗区和抢救室，这也是上海第一批开设了医护服务的公办养老机构之一。这些医疗、救护设施的建设，完全基于老年人的实际需求和强烈呼吁。在此之前，这家养老机构每年都会遇到多起老年人因心梗、脑出血等突发疾病而抢救不及的情况。院方负责人表示，如果在养老机构里不能实现医养结合，就是对住院老年人生命安全的不负责任，而在当时的上海，几乎没有养老机构具有医护能力，没有聘请有资质的医护人员。因此，闵行区社会福利院致信上海市卫生局，建议放开养老机构内设医疗机构的门槛，并得到了批准。

2001年，位于黄浦区外马路上的上海市强生职工医院的牌子旁，新挂了一块“上海归侨养怡院”的牌子，这是上海当时为数不多的由医院开办的养老院。这幢六层楼房的一楼到三楼是强生职工医院的门诊大厅和病房，四楼以上是养老院。2003年，徐汇区康健街道社区卫生服务中心启动“医、养、护、送”全程健康管理实践，在院内开设了140张老年护理床位和90张养老床位，为入住老年人提供医疗、护理和养老服务。

2005年，上海市人民政府办公厅转发上海市民政局等6部门《关于全面落实2005年市政府养老服务实事项目　进一步推进本市养老服务工作意见的通知》，明确提出对规模较大、参保人员占住养人员60%以上、持有卫生行政部门颁发的《医疗机构执业许可证》的养老机构，其内设医疗机构的一般费用纳入医保联网的账户段、自付段结算；对入住养老机构的符合一定护理等级标准的老年人，试行将部分专项护理费用纳入医保支付范围。

闵行区的养老院以公建公营、公建民营为主，两类养老院总数45家，纯民营的养老院极少。2009年，莘庄镇政府投资建造莘庄镇敬老院，委托莘庄社区卫生服务中心全面管理，可谓“政府办院，医院管理”，开始了医养结合的尝试。

4. 社会援助服务

社会援助是以支援为目的的社会活动。近年来，上海各区普遍开展了老年人应急呼叫项目，通过“一键通”等方式为老年人提供紧急救助、主动关爱以及各种生活服务，但在覆盖对象、服务内容、服务模式等方面还存在着不平衡、不充分等问题。2020年6月，上海市高龄独居（80周岁及以上）的户籍老年人，其中低保、低收入家庭及本人月收入低于上年度城镇企业月平均养老金的老年人（同养老服务补贴对象）均列入应急呼叫全覆盖的项目范围。老年人应急呼叫项目是一种为老关怀服务援助系统，是从西方国家引进的一种养老服务方式。它主要由呼叫援助中心、用户终端的呼叫主机以及配套的服务体系组成，当用户遇到困难和危险等紧急状况或有服务需求时，可以立刻按下随身带的遥控器按钮或者呼叫主机上的求助按钮，方便地与服务热线呼叫中心取得通信联系，呼叫援助中心会立即收到用户发出的信号，其电脑终端通过自动识别来电的机主，当即从中心数据库中调取该用户事先登记过的相关资料，如老年人的姓名、年龄、病史、家庭住址、子女或志愿者联系方式等重要信息，同时话务员通过与该用户对话，确定用户的具体需求，采取相应的援助措施。

此外，“老伙伴”计划、社区睦邻点、适老化改造等也都是社会援助服务的形式。上海市民政局从2012年开始，探索互助关爱养老新模式——“老伙伴”计划，即低龄老年志愿者为高龄独居老年人提供互助关爱服务。社区睦邻点则是指社区内邻近居住的老年人，依托相对固定的活动场所，自觉发起、自愿参加、自主活动、自我服务的社区非正式组织形态。培育发展睦邻点是建设老年宜居社区、构建养老服务非正式照料体系的重要内容。住房“适老化”改造项目，是为低保困难老年人家庭提供居室适老改造服务，是创建老年友好型城市的重要组成部分。项目通过社会组织的专业化管理和操作，主要为低保等困难老年人家庭提供住房安全性和无障碍设施的改造，改善这部分老年人的居住环境和生活质量，降低跌倒、失火、煤气中毒等意外事故的发生。

（三）养老服务有效拓展

1. 定制养老服务

针对老年人的个性化需求，出现了越来越多的个性化定制养老服务，主要包括养老社会或养老公寓、异地养老、候鸟养老等。

（1）养老公寓。1990年，上海第一家退休职工公寓——浦东老年公寓开业，江泽民同志为之题词：“浦江夕阳诗如画，秋色黄花送晚晴”。上海市慈善基金会创办的众仁老年中心包括众仁乐园和众仁花苑，是2000年前中国规模最大、标准最高的老年公寓。亲和源老年社区是由上海新建桥企业集团有限公司下属的亲和源股份有限公司创办的中国首家老年会员制社区，2004 年由亲和源股份有限公司投资兴建，2008 年 1 月开始试运营。社区全部采用无障碍化设计，内设老年公寓、健康会所、老年护理院、公共服务大楼、配餐中心、景观花园等设施。2010 年后，又有很多不同层次的养老公寓或社区陆续在上海建成并营业，为有特殊养老需求的老年人提供生活照料、医疗护理、康复保健、文化娱乐等服务。

（2）异地养老。2007 年，上海市浦东新区组织实施异地养老并在浙江安吉进行试点。9 月 14 日开始，上海浦东民政系统组织了 16 个社区的 1030 名老年人分批赴安吉体验，每批试住 3 天，至 11 月 26 日完成试住测评。政府试点异地养老的初衷是让老年人在老年享受到改革开放的成果，因而要求必须是浦东身体健康的市民，且对教师、先进工作者、工程师等对社会有杰出贡献的老年人优先考虑。

（3）候鸟养老。2010 年，上海祥福颐养院首次出现候鸟养老，这种“异地互动养老”最短 15 天、最长 3 个月。通过与国外养老院合作，将上海的老年人送到国外去度假养老一段时间，让外国老年人来上海住段时间。目前计划先与日本的养老院进行互动，同时与全国各地养老院联网对接，拓宽老年人的异地养老渠道，让老年人有充足的时间去体验各地的风土人情、感受各地的养老理念。

2. 特殊养老服务

（1）失智老人的养老服务。上海市残联、市精神卫生防治办公室和复旦大学公共卫生学院于 2008 年 3—7 月联合开展了“上海市老年期痴呆康复服务需求研究”，对 15158 名 65 岁及以上的社区居民进行调查，结果显示上海社区 65 岁及以上人群中，老年期痴呆粗患病率为 8. 1%，70 岁以上为 9. 9%，75 岁以上为 12. 9%，80 岁以上为 18. 3%。以 2008 年底上海人口年龄构成为标准调整，年龄标化患病率分别为 6. 1%、8. 8%、12. 9% 和 19. 4%。结合 2008 年上海老龄人口 214. 50 万人，粗略推算上海有 17 万失智老人。

2009 年，上海市第三社会福利院建成全国首家拥有 250 张床位的失智照料中心，通过从欧盟国家合作中心不断引进先进设计和人性化照料理念，为失智老年人提供生活照料、医疗护理和康复等服务。中心设有家庭式照料区，重症失智失能照料，声、光、嗅觉多功能康复室，音乐治疗室等设施。为确保失智老年人的安全，除传统的无障碍、防滑、防伤害等养老防护设置外，中心安装柔和的黄光照明设施，安抚老年人情绪；在窗户安装限位装置及防走失门禁系统，兼顾安全性和通风、美观的需要同时，结合老年人以往的生活背景、身体状况，给予个性化的护理康复措施和对症治疗，力求在满足老年人生活照料需求的同时，更多地突出人文关怀。上海市 513 家养老机构中有 339 家收住了失智老人（包括入院前已“失智”患者和入院后随病情发展新增的“失智”患者）共 4757 例，占入住老年人总数的 8%。而上海市 197 个医疗护理机构中，14330 张老年护理床位，共收治 5215 位失智老人，失智老人床位仅占老年护理床位的36.4%。整体来看，入住机构的失智老人不足1万人，多数失智老人留在家中。

（2）独居老人的养老服务。从2003年10月开始，普陀区老龄办按照“政府指导推动、老龄社团运作、社区志愿者参与、家庭子女关爱、独居老人受益”的工作思路，以老龄社团为载体，以独居老人安全、健康、服务为内容，大力开展独居老人关爱照料工作，全面实施关心和帮助空巢独居老人的“守望工程”，努力构筑独居老人社会关爱体系，取得了很好的社会效益。普陀区老龄办在工作中坚持“守望工程”与本区经济和社会发展相适应，匹配相应资金，推动工程的开展；坚持子女关爱与社会守望相结合，走政府、社会、家庭、个人相结合的道路；坚持关心老年人生活与生理心理健康相结合，从物质和精神的结合上提高老年人的生活质量。“守望工程”在普陀区真如镇水塘街和杨家桥小区试点后，全面推进。真如镇成立了“守望工程”指导小组，由镇老年协会牵头，在居民小区招募社区志愿者，成立了32支志愿者服务队。镇政府以项目经费形式向老年协会购买服务，推进“守望工程”。目前真如镇的志愿者结对率达90%，子女签约率达40%。普陀区对不同的老年群体采取不同的“守望”办法：对无业、无子女的独居老人，采取政府托底的办法，实行全面的保护措施，联系入住敬老院，或政府出资落实照顾人员；对退休无子女的独居老人，由老年协会牵线搭桥，组织志愿者与其结对，志愿者与老人签订自愿结对承诺书；对有子女的老年人，与子女签订守望责任书，落实子女关爱责任制。对子女本人照顾老年人有困难或子女在外地的老年人，落实志愿者“守望”相助。2004年10月，上海在全市范围内开展对纯老年人家庭结对关爱行动，逐步形成了独居老人“5+X”服务（“5”指广泛告知、经常问候、热线咨询、安全检查、应急救助；“X”指老年人所需的其他社区服务）。

上海市在实行计划生育的1976年至2005年的30年中，出生的全部独生子女数量约为300万人。与传统家庭老年群体相比，独生子女家庭老年群体往往有较好的经济条件，但依靠子女照料家庭的可能性明显降低，这些老年人对日常生活照料服务的要求较高，对健康、文化、休闲等服务的需求也较多，一些家庭还需要特殊的心理服务。2010年，上海第一代独生子女父母步入退休养老，其中60~69岁空巢老人比重已近四成；60周岁及以上的受访者中，97.4%以退休金、养老金为主要经济来源。目前，针对这一群体的社会保障正在逐步展开，包括社区家庭计划指导为老服务、农村计划生育家庭奖励扶助、独生子女伤残死亡家庭扶助、独生子女困难家庭社会救助等。

（3）孤寡老人的养老服务。根据上海市民政局统计，1978年底上海市区50岁以上无子女赡养的鳏寡孤独老人的总数是13336人，约占全市市区总人口588.7万人的2.27%。上海市民政部门采用两种形式对无亲人供养的鳏寡孤独作了安置：

一是福利机构安置（包括市办和区办两级）。市级养老机构已有4所社会福利院，其中第一社会福利院在市区，第二、三、四社会福利院分别设在松江、宝山和崇明。这4所福利院共容纳孤老近千名，其中包括烈军属孤老、退休孤老及社会孤老。除了市办福利院以外，1979年5月起，上海市在有条件的区试办“幸福院”，如虹口区、普陀区、卢湾区，分别接收安置社会孤老36人、34人、27人。而国家举办的福利机构，由国家拨款开支，设备、条件都比较优越。如第一社会福利院接收的烈军属孤老的伙食、被服、医药等一切费用均由国家负担，另外每月还发给零用金10元。退休孤老的伙食费、衣被、零用等自理，除根据退休工资高低分别缴付1~5元的房租费外，其他一切费用均由国家负担。

二是就地安置。这种情况占绝大多数。以虹口、普陀、卢湾（后并入黄浦区）三区为例，共有孤老3931人，三个区办养老院共收容孤老97人，仅占总数的2.5%，散居在社会上就地安置的占97.5%。其中，社会孤老中女孤老比例最高，多数是中华人民共和国成立前的家庭妇女，相当一部分是家庭帮佣，目前年老体衰，无亲可投，生活无来源。大部分人的特点是：健康状况尚好，生活尚能自理，有的除社会救济以外还能以轻微劳动换取部分零用补贴。

（四）上海养老服务创制

20世纪80年代初期，上海打破仅面向“三无”老人和“五保”老人的传统养老服务保障范围，开始探索接纳有家庭的老年人入住养老机构。自90年代起，上海聚焦养老服务的供求矛盾，大力推进养老机构建设，并从1998年开始把新增养老床位列入每年的市政府实事项目。

1.“9073”社会养老服务格局的形成

上海自2000年开始探索社区居家养老服务，2007年率先提出了“9073”养老服务格局发展思路。《上海民政事业发展“十一五”规划》明确：上海将努力实现全市户籍老年人口中，90%由家庭自我照顾，7%享受社区居家养老服务，3%享受机构养老服务，即“9073”养老服务格局。这为国家建立新型养老服务提供了重要借鉴。“十一五”以来，上海市围绕“9073”养老服务格局的目标，聚焦机构养老床位和社区居家养老服务体系建设，逐步完善服务补贴、需求评估、医疗支撑养老服务等制度，形成了以家庭自我照顾为基础、社区居家养老为依托、机构养老和医疗服务为支撑的社会养老服务格局。

2.“五位一体”养老服务体系的构建

2014年，为进一步贯彻落实《国务院关于加快发展养老服务业的若干意见》（国发〔2013〕35号），积极应对上海市深度老龄化挑战，上海市人民政府印发了《关于加快发展养老服务业　推进社会养老服务体系建设的实施意见》，提出了未来一个时期上海养老服务发展的目标：至2020年，全面建成涵盖“养老服务供给体系、保障体系、政策支撑体系、需求评估体系、行业监管体系”的“五位一体”社会养老服务体系，多层次养老服务需求得到更加充分的满足。“五位一体”社会养老服务体系中，构建多层次养老服务供给体系是前提。2015 年 12 月，十届上海市委十次全会明确提出：“十三五”期间，更加积极主动应对人口老龄化，加快完善社会养老服务体系，形成以居家为基础、社区为依托、机构为支撑、医养相结合的养老服务格局，努力实现基本养老服务应保尽保。

（1）健全养老服务统筹保障体系是基础。在需求侧，通过建立社区居家养老服务补贴制度、开展高龄老人医疗护理试点计划、探索长期护理保险制度等，提升老年人的养老服务支付能力。在供给侧，通过医养结合、养老护理人员队伍建设、信息化建设等，为养老服务业持续发展提供有力保障。

（2）完善养老服务政策支撑体系是核心。上海逐步形成覆盖多元主体的养老服务政策体系，基本厘清了政府、市场和家庭的边界，促进各自作用的发挥。首先，注重发挥政府在养老服务体系中的主导作用，确保人人享有养老基本公共服务的权利；深化上海养老基本公共服务改革，坚持“保基本、兜底线、促公平”。其次，充分发挥市场在资源配置中的决定性作用，营造平等参与、公平竞争的市场环境，激发各类主体的活力，逐步使社会力量成为发展养老服务业的主体。最后，夯实家庭在养老服务中的基础性作用，在居家、社区、机构养老的梯度服务政策体系中，明确居家养老优先的政策导向，支撑家庭照料服务的开展。

（3）建立老年照护需求评估体系是关键。通过统筹整合卫生、民政、医保、财政等领域的保障资源，建立健全基本养老公共服务需求评估制度，确保政府提供的基本养老公共服务与老年人基本养老服务需求有效对接、公平匹配。

（4）打造养老服务行业监管体系是支撑。通过准入监管、日常监管、行业自律、依法监管，初步形成养老服务行业监管框架；建立政府负责、多方协作、行业规范、公众参与的监管格局；完善事中事后监管、依法监管、行业自律、舆论监督相结合的监管机制；全面形成全过程、动态化、多元化、信息化的综合监管框架，促进养老服务水平不断提升。

四、养老服务发展趋势

截至 2019 年底，我国 60 岁及以上老人有 2.53 亿，面对庞大的老年化群体，我国养老资源提供上呈现不足态势，难以满足老年人对养老的需求。我国老年人越来越追求物质生活的好品质、精神生活的高品位、社会生活的深参与，其服务需求从简单生活照料需求向多层次、多样性、个性化需求转变，社会角色从过去被动接受照顾型向主动寻求社会参与型转变。养老顾问等养老服务业新鲜事物不断涌现，其背后是老年人需求在悄然变化。我国老年人消费需求升级态势明显，需求结构已从生存型向发展型转变。

（一）服务的个性化与多元化

2017年3月，国务院印发《“十三五”国家老龄事业发展和养老体系建设规划》（国发〔2017〕13号），提出要推进“互联网+”养老服务创新、发展适老金融服务等，发展养老服务新业态；要求丰富养老服务产业新模式、新业态，繁荣老年消费市场。党的十九大报告中进一步强调，要推进医养结合，加快老龄事业和产业发展。现行养老服务供给内容主要局限在基本生活照料和医疗护理等物质方面，服务项目少、服务层次较低，中高端养老服务供给不足。随着经济结构深度转型、人口预期寿命提高和老年人对生活品质日益追求，具有中、高档养老服务需求意愿和支付能力的老年人对商业性、高端性、个性化、丰富性的养老服务需求迅速兴起，传统家庭和社区养老服务的供给结构越来越难以满足社会各类多元化的养老服务需求，探索养老服务新模式、新业态势在必行。根据中国老龄科学研究中心发布的《中国城乡老年人生活状况调查报告（2018）》，除了上门看病、做家务、康复护理等服务位居需求前列以外，10.6%的老年人需要心理咨询或聊天解闷服务，10.3%的老年人需要健康教育服务。老年人闲暇生活更加注重品质和时尚，旅游日益成为老年人精神生活的新选择。我国养老服务不仅需求量激增，而且老年人对养老服务需求的内容、层次以及形式日益复杂化、多样化，只有满足老人多元化的服务需求，才能真正提高老年人的幸福指数。

（二）全年龄人口的提前规划

2019年11月，中共中央、国务院印发《国家积极应对人口老龄化中长期规划》，提出“到2022年，我国积极应对人口老龄化的制度框架初步建立；到2035年，积极应对人口老龄化的制度安排更加科学有效；到本世纪中叶，与社会主义现代化强国相适应的应对人口老龄化制度安排成熟完备”的目标，并从5个方面部署了应对人口老龄化的具体工作任务：一是夯实应对人口老龄化的社会财富储备；二是改善人口老龄化背景下的劳动力有效供给；三是打造高质量的为老服务和产品供给体系；四是强化应对人口老龄化的科技创新能力；五是构建养老、孝老、敬老的社会环境。

对于个人来说，提前规划老年时期的生活也是非常有必要的。因为大概率下财富不会在老年期增长，健康也不会在老年期改善。提前做好财务和健康的储备，对于人生安然度过老年期是相当重要的。为此，有必要向全年龄人口普及人口老龄化及老龄社会的概念，鼓励人们在较年轻时留意养老的相关信息并作出适当的规划，如教育、生育、就业、创业等规划，都将是在整个老龄化社会背景下的决策；考虑当下及未来的人口老龄化态势，把养老纳入整个人生规划中，将会比较从容。

（三）养老服务的人工智能化

2011年9月17日，国务院发布的《中国老龄事业发展“十二五”规划》（国发〔2011〕28号）中提出：加快居家养老服务信息系统建设，做好居家养老服务信息平台试点工作，并逐步扩大试点范围。此后在《关于加快发展养老服务业的若干意见》《关于鼓励民间资本参与养老服务业发展的实施意见》等多个政策中提到“养老服务信息化建设”的要求。2013年，全国老龄委专门成立了“全国智能化养老专家委员会”，为我国智慧养老服务事业与产业发展把脉导航；2015年国务院印发《关于积极推进“互联网+”行动的指导意见》（国发〔2015〕40号），明确提出了“促进智慧健康养老产业发展”的目标任务。工业和信息化部、民政部、国家卫生计生委于2017年联合发布的《智慧健康养老产业发展行动计划（2017—2020年）》（工信部联电子〔2017〕25号）提出，要加快智慧健康养老产业发展，到2020年，基本形成覆盖全生命周期的智慧健康养老产业体系，建立100个以上智慧健康养老应用示范基地，培育100家以上具有示范引领作用的行业领军企业，打造一批智慧健康养老服务品牌。这些政策与信息意味着智慧养老已经上升到国家战略层面。

智慧养老是指利用先进的IT技术手段，开发面向居家老人、社区、机构的物联网系统平台，提供实时、快捷、高效、物联化、智能化的养老服务。面对我国人口老龄化加剧，物联网、大数据、人工智能等技术为智慧养老服务业的发展带来了前所未有的机遇，同时也为智慧养老行业提供了新思路、新升级，可以有效降低养老难度，提升养老效益及服务质量。上海从20世纪90年代开始，在全国率先开展科技助老，《上海市老龄事业发展“十三五”规划》中将“科技助老信息平台建设项目”列为八大项目之一，建立全市统一的综合为老服务信息化平台，形成“两级平台”（市、区）、“三级网络”（市、区、街道/乡镇），支撑老年人群全覆盖、为老服务全方位、服务管理全过程、服务响应全天候的智慧养老体系。同时，鼓励社会企业充分运用互联网、物联网技术，为老年人提供养老信息服务，主要开展了“扶老上网”工程和“百万老人无障碍刷卡三年行动计划”。面对未来养老产品及服务的人工智能化趋势，上海老人更加需要提升智能化技能，上海的科技助老政府项目及智能养老服务市场化也将迎来进一步发展。

第三节　老年人权益法治建设

随着年龄的增长，老年人的各项生理机能也逐渐衰退，生活、生产、学习的能力慢慢减弱，从而成为社会中相对困难的群体。随着国家城市化进程的加快，农村劳动力大规模向城市转移，产生人口流动的同时，乡土社会中的传统伦理纽带在不断弱化——子女与父母分开，多世同堂的家庭减少，赡养问题成为当前社会养老问题之一。通过法律途径维护老年人的合法权益，将成为法治社会环境下的重要手段。老年人相关法律文件的出台是为了解决老年人维权问题，维护老年人的相关法律权益。养老顾问作为基层老年工作者，起到与老年人沟通的桥梁作用，其解读相关法律文件的能力在很大程度上关系到老年人权益维护的问题。

一、老年人权益保障制度建设

通过对与老年人相关的法律保护常识的梳理、相关立法现状的回溯、常用法律文件的汇总，帮助养老顾问树立老年工作的法治意识，协助其了解老年人相关的法律基础知识，便于工作中通过法律途径实现老年人权益保护的应用与落实。

（一）主要法律中老年人权益保障的相关内容

目前与我国老年人权益保障相关的法律主要有《中华人民共和国宪法》《中华人民共和国老年人权益保障法》《中华人民共和国民法典》《中华人民共和国刑法》等。

《中华人民共和国宪法》明确平等权是人的最基本的权利之一，也是人之所以为人的权利，尤其是在保护困难群体方面。其中第四十九条规定，成年子女有赡养扶助父母的义务。赡养父母是子女应尽的法定义务，任何人不得以任何方式加以改变，也不得附加任何条件进行限制。

《中华人民共和国民法典》中从婚姻自由以及婚后赡养方面出发，以法定的形式将老年人的婚姻自由权规范化，让老年人在婚姻方面的权益保障有法可依。第一千零六十九条特别规定：子女应当尊重父母的婚姻权利，不得干涉父母离婚、再婚以及婚后的生活。第一千零六十七条规定：成年子女不履行赡养义务的，缺乏劳动能力或者生活困难的父母，有要求成年子女给付赡养费的权利。第一千零七十四条规定：有负担能力的祖父母、外祖父母，对于父母已经死亡或父母无力抚养的未成年孙子女、外孙子女，有抚养的义务。有负担能力的孙子女、外孙子女，对于子女已经死亡或子女无力赡养的祖父母、外祖父母，有赡养的义务。

《中华人民共和国刑法》对老年人有特殊照顾。对于年满 75 周岁的老年人犯罪，除采用特别恶劣的手段致人死亡的，都可以从轻、减轻处罚，不适用死刑。第二百六十一条对遗弃罪作出具体规定：对于年老、年幼、患病或者其他没有独立生活能力的人，负有扶养义务而拒绝扶养，情节恶劣的，处 5 年以下有期徒刑、拘役或者管制。

根据我国相关法律法规政策内容，与老年人合法权益相关的，一般可以分为三类：一是生存权。老年人的生存权是指老年人在整个社会中舒适且有尊严地生活。中共中央政治局专门就我国人口老龄化的发展趋势和应对策略组织了学习和讨论活动，习近平总书记在学习中强调相关政策和法规的完善，以及重视社会中的老年服务业。二是财产权。财产是老年人养老的经济基础，更是老年人生存的保障。首先，老年人有拥有财产的权利。其次，财产不仅仅指已经拥有的财产，还包括类似继承和赠予这样的财产利益。另外，老年人登记再婚的，可以书面或口头约定财产所有权。三是老年人的特殊权益。老年人作为社会中的弱势成员，法律基于公平正义给予倾斜性保护。养老是所有老年人最关注的问题，被赡养权是最重要的一项权利。

（二）《中华人民共和国老年人权益保障法》规定的经典内容

《中华人民共和国老年人权益保障法》（以下简称老年人权益保障法）以宪法为依据，是保障老年人合法权益，发展老龄事业，弘扬中华民族敬老、养老、助老的美德而制定的法律，也是中国第一部保护老年人合法权益和发展老龄事业相结合的专门法律。

1. 家庭权利保障

老年人权益保障法第二章对老年人的家庭赡养与扶养方面作了专门的规定，其中涉及老年人的家庭赡养与抚养权、居住权、婚姻自由权、财产权和继承权等相关权利。

第二章第十三条规定：“老年人养老以居家为基础，家庭成员应当尊重、关心和照料老年人。”明确了老年人从家庭成员处获得赡养与扶养的权利，家庭成员负有对老年人关心和照料的义务。赡养人是指老年人的子女以及其他依法负有赡养义务的人，包括老年人的配偶和由其抚养成人并有负担能力的弟、妹。赡养人应当履行对老年人经济上供养、生活上照料和精神上慰藉的义务，照顾老年人的特殊需要，同时赡养人的配偶应当协助赡养人履行赡养义务。第十五条明确规定：“赡养人应当使患病的老年人及时得到治疗和护理；对经济困难的老年人，应当提供医疗费用。”赡养人对老年人的赡养是一项法定义务，赡养人不得以放弃继承权或其他任何理由，拒绝履行赡养义务。如赡养人不履行赡养义务，老年人有要求赡养人付给赡养费的权利。

第二章第十六条对老年人的居住权作了明确的规定：“赡养人应当妥善安排老年人的住房，不得强迫老年人居住或迁居条件低劣的房屋。老年人自有的或者承租的住房，子女或者其他亲属不得侵占，不得擅自改变产权关系或者租赁关系。老年人自有的住房，赡养人有维修的义务。”

婚姻自由权是指老年人有权利按照自己的意愿决定和处理自身的婚姻问题。老年人权益保障法第二章第二十一条规定：“老年人的婚姻自由受法律保护。子女或者其他亲属不得干涉老年人离婚、再婚及婚后的生活。赡养人的赡养义务不因老年人的婚姻关系变化而消除。”虽然在现实生活当中，为了家庭生活的和睦，老年人在决定和处理自身的婚姻问题时会和子女或是其他家庭成员协商，但这种协商并不能限制老年人的婚姻自由权。

老年人对自己的财产拥有所有权，有权依法处理自己的财产，子女或其他人不得干涉。第二章第十七条规定：“赡养人有义务耕种或者委托他人耕种老年人承包的田地，照管或委托他人照管老年人的林木和牲畜等，收益归老年人所有。”第二十二条规定：“老年人对个人的财产，依法享有占有、使用、收益和处分的权利，子女或者其他亲属不得干涉，不得以窃取、骗取、强行索取等方式侵犯老年人的财产权益。”

第二十二条在对老年人的财产权作出规定的同时还对老年人的继承权作了相应规定：“老年人有依法继承父母、配偶、子女或者其他亲属遗产的权利，有接受赠予的权利。”在我国，老年人享有依照法律规定或被继承人生前立下的合法有效遗嘱继承被继承人财产的权利，其他继承人不得以任何理由忽视或不考虑老年人的继承权利。国家相关法律保障老年人继承权的实施。

2. 社会保障权益

老年人权益保障法第三章对老年人的社会保障方面作了专门的规定，其中涉及老年人的生活保障权、医疗保障权、住房保障权、教育保障权和社会服务权等相关权利。

老年人权益保障法中规定，老年人有从国家和社会获得物质帮助的权利。老年人在享有其家庭成员对他的赡养与抚养权利外，还享有从国家和社会获得生活保障的权利。国家和社会有责任实现老年人“老有所养”的目标，国家要建立养老保险制度，保障老年人的基本生活。老年人依法享有的养老金和其他待遇应当得到保障，有关组织必须按时足额支付养老金，不得无故拖欠，不得挪用。国家根据经济发展、人民生活水平提高和职工工资增长的情况适时提高养老金。老年人无劳动能力、无生活来源、无赡养人和扶养人的，或者其赡养人和扶养人确无赡养能力或者扶养能力的，由当地人民政府给予救济。农村除根据情况建立养老保险制度外，有条件的还可以将未承包的集体所有的部分土地、山林、水面、滩涂等作为养老基地，收益供老年人养老。

医疗保障权是指老年人享有从国家和社会获得医疗保险和医疗救助的权利，实现老年人“老有所医”是国家和社会的共同责任。国家应建立多种形式的医疗保险制度，保障老年人的基本医疗需要。有关部门在制定医疗保险办法时，应当对老年人给予照顾。老年人依法享有的医疗待遇必须得到保障。老年人患病，本人和赡养人确实无力支付医疗费用的，当地人民政府根据情况可以给予适当帮助，并可以提倡社会救助。医疗机构应当为老年人就医提供方便，对70周岁以上的老年人就医，予以优先。有条件的地方，可以为老年病人设立家庭病床，开展巡回医疗等服务。同时还提倡为老年人义诊。国家采取措施，加强老年医学的研究和人才的培养，提高老年病的预防、治疗、科研水平。开展各种形式的健康教育，普及老年保健知识，增强老年人自我保健意识。

老年人所在组织分配、调整或者出售住房，应当根据实际情况和有关标准照顾老年人的需要。新建或者改造城镇公共设施、居民区和住宅，应当考虑老年人的特殊需要，建设适合老年人生活和活动的配套设施。

老年人权益保障法第七十条规定，老年人有继续受教育的权利。国家应发展老年教育，鼓励社会办好各类老年学校。各级人民政府对老年教育应当加强领导，统一规划。与此同时，国家和社会还应积极采取措施，开展适合老年人的群众性文化、体育、娱乐活动，以丰富老年人的精神文化生活，从而达到“老有所学”和“老有所乐”的目标。

国家鼓励、扶持社会组织或者个人兴办老年福利院、敬老院、老年公寓、老年医疗康复中心和老年文化体育活动场所等设施。地方各级人民政府应当根据当地经济发展水平，逐步增加对老年福利事业的投入，兴办老年福利设施。各级人民政府应当引导企业开发、生产、经营老年生活用品，适应老年人的需要。发展社区服务，逐步建立适应老年人需要的生活服务、文化体育活动、疾病护理与康复等服务设施和网点。发扬邻里互助的传统，提倡邻里间关心、帮助有困难的老年人。鼓励和支持社会志愿者为老年人服务。地方各级人民政府根据当地条件，可以在参观、游览、乘坐公共交通工具等方面，对老年人给予优待和照顾。广播、电影、电视、报刊等应当反映老年人的生活，开展维护老年人合法权益的宣传，为老年人服务。老年人因其合法权益受侵害提起诉讼交纳诉讼费确有困难的，可以缓交、减交或者免交；需要获得律师帮助，但无力支付律师费用的，可以获得法律援助。

3. 参与社会发展

老年人有参与社会发展的权利，有享受社会发展成果的权利。为实现“老有所为”的目标，国家和社会应当重视、珍惜老年人的知识、技能和革命、建设经验，尊重他们的优良品德，应当为老年人参与社会主义物质文明和精神文明建设创造条件，发挥老年人的专长和作用。根据社会需要和可能，鼓励老年人在自愿和量力的情况下，从事下列活动：对青少年和儿童进行社会主义、爱国主义、集体主义和艰苦奋斗等优良传统教育；传授文化和科技知识；提供咨询服务；依法参与科技开发和应用；依法从事经营和生产活动；参加志愿服务、兴办社会公益事业；参与维护社会治安、协助调解民间纠纷；参加其他社会活动。第七十条还明确规定了老年人参加劳动所获得的合法收入应受到法律的保护。

老年人权益保障法还对一些相关权利作了相应规定。如第十九条规定，赡养人不得要求老年人承担力不能及的劳动。并且对老年人权益受到侵害时的法律责任作了非常明确的规定。

老年人权益保障法的制定和颁布实施，初步形成了中国对特定人群权益保障的法律体系，标志着中国老年人权益保障工作从此走上法制化的轨道。该法既适应了中国人口老龄化发展和老年人权益保障的客观要求，更重要的是法律规定的内容符合中国的实际，体现了中国的国情，保持了中国的传统，反映了老年人的心愿，是一部有中国特色的保护老年人合法权益的法律。

（三）老年人权益保障法规定的重点内容

老年人权益保障法从老年人晚年生活所面临的风险和难题入手，提出在人口老龄化形势日益严峻的今天如何全方位解决老年人问题的方案和对策，在认真总结实践经验，把成熟的具有普遍意义的好经验、好做法上升为法律，以增强法律的适用性的同时，着力解决现实中存在的突出问题，如老龄事业发展的经费保障问题、空巢老人的精神慰藉问题、养老服务设施建设用地问题等，增强法律的针对性。另外，还科学把握我国人口老龄化的发展趋势，对一些影响长远的问题作出适度超前的规定，增强法律的时代性和前瞻性。这主要体现在有关居家养老支持、老年监护、长期护理保障、老年宜居环境等方面的规定中。

老年人权益保障法自1996年8月29日第八届全国人民代表大会常务委员会第二十一次会议通过，并经中华人民共和国主席令第七十三号公布后，经过多次修正和修订，充分体现了"我国积极应对人口老龄化的总章程，新时期保障老年人权益的宣言书，重构社会养老服务体系的新动力"，将党中央关于发展社会养老服务的方针政策上升为国家意志，将发展社会养老服务的有效经验上升为法律制度，将各级政府部门保障老年人合法权益的职责上升为法律责任，使社会养老服务各项工作纳入法制化轨道，为老年人权益保障政策的长期实施和有效运行提供了坚实保障。

1. 五大民生热点

（1）吃饭问题：基本养老保险保障生活。法律明确规定，国家通过基本养老保险制度，保障老年人的基本生活。国家根据经济发展以及职工平均工资增长、物价上涨等情况，适时提高养老保障水平。党中央、国务院于2009年、2011年先后启动了新型农村社会养老保险试点和城镇居民社会养老保险试点。短短3年间，两大养老保险均实现了制度上的全覆盖，与此前建立的城镇职工养老保险一道，为百姓织就了一张覆盖城乡的养老保障网。现行法律对计划生育家庭老年人给予特别关注，规定"国家建立和完善计划生育家庭老年人扶助制度"，为了扶助农村计划生育家庭老年人，2004年以来，我国对农村实施计划生育家庭的老年人每月给予一定奖励，"十二五"期间这项措施惠及城市实施计划生育家庭的老年人。

（2）疾病风险：长期护理保障逐步开展。目前我国有失能半失能老年人超过3300万人。据预测，到2050年，失能老年人将近1亿人，同时还将有7900万临终无子女的老年人，他们将面临突出的护理问题。为有效应对老年人可能面临的失能风险，法律规定，国家逐步开展长期护理保障工作，保障老年人的护理需求。对生活长期不能自理、经济困难的老年人，地方各级人民政府应当根据失能程度等情况给予护理补贴。法律还规定，国家通过基本医疗保险制度，保障老年人的基本医疗需要。

（3）服务需求：发展城乡社区养老服务。法律规定，老年人养老以居家为基础，家庭成员应当尊重、关心和照料老年人。法律还明确规定，地方各级人民政府和有关部门应当采取措施，发展城乡社区养老服务，鼓励、扶持专业服务机构及其他组织和个人，为居家的老年人提供生活照料、紧急救援、医疗护理、精神慰藉、心理咨询等多种形式的服务。在养老服务管理方面，法律明确规定，各级人民政府应当规范养老服务收费项目和标准，加强监督和管理。

（4）住行方便：提供安全便利舒适环境。为了给老年人提供安全、便利、舒适的环境，修改后的法律对国家推进老年宜居环境建设作出明确规定。法律设立“宜居环境”专章，旨在着力解决老年人的住和行的问题。大多数现有城乡建设规划都是按照年轻社会的要求设计的，随着越来越多的人进入老年，这些基础设施成了问题设施。如很多城市六七层楼的居民楼房没有电梯，需要通过适老化改造工程等措施，为老年人创造无障碍居住环境。

（5）社会参与：丰富老人精神文化生活。“老有所为”才能“老有所乐”。应对人口老龄化，既要大力发展养老保障、养老服务，充分保障老年人享有各项合法权益，也需要重视发挥老年人群体的作用。为此，法律规定，国家和社会应当重视、珍惜老年人的知识、技能、经验和优良品德，发挥老年人的专长和作用，保障老年人参与经济、政治、文化和社会生活。国家和社会采取措施，开展适合老年人的群众性文化、体育、娱乐活动，丰富老年人的精神文化生活。社会关注老年人精神慰藉问题。对此，法律作出明确规定，家庭成员应当关心老年人的精神需求，不得忽视、冷落老年人。与老年人分开居住的家庭成员，应当经常看望或者问候老年人。用人单位应当按照国家有关规定保障赡养人探亲休假的权利。

老年人权益保障法是一部符合时代精神的法律，是加强老龄工作和推进老龄事业的旗帜，是广大老年人以及千家万户的福音，也是引领全社会积极应对人口老龄化严峻挑战的总动员令。

2. 四大创新亮点

（1）首次创设了老年人的监护制度。为保障失能失智老年人的人身财产权益，在深入研究我国有关监护的规定，并借鉴国外经验的基础上，创设了老年监护制度。在家庭赡养与扶养方面，一是重新定位居家养老，将“老年人养老主要依靠家庭”修改为“老年人养老以居家为基础”；二是明确了赡养人对患病和失能老年人给予医疗和照料的义务；三是针对现实中老年人住房等财产权益易受侵害及老年再婚配偶法定继承权难以保障等问题，进一步加强了对老年人财产权益的保护；四是充实了精神慰藉的规定；五是增加了有关组织应当对不履行义务的赡养人和扶养人予以督促的规定；六是原则规定了国家建立健全居家养老支持政策。此外，还完善了赡养协议的相关规定，增加了禁止对老年人实施家庭暴力的内容。

（2）逐步开展长期护理保障的工作。在护理保障方面规定国家逐步开展长期护理保障工作，鼓励、引导商业保险公司开展长期护理保险业务，对生活长期不能自理、经济困难的老年人，地方政府应视情况给予护理补贴。在养老和医疗保险方面，在社会保险法关于基本养老和基本医疗保险规定的基础上，进一步规定要建立多层次的养老和医疗保险体系，逐步提高保障水平。在社会救助方面，规定对经济困难的老年人，应当给予生活、医疗、居住等多方面的救助和照顾，还对流浪乞讨、遭受遗弃等生活无着的老年人的救助作了专门规定。在社会福利方面，规定国家建立和完善老年人福利制度，并吸收地方的实际做法，规定了高龄津贴制度。

（3）政府应当支持养老事业的发展。老年人权益保障法明确了政府支持养老服务事业发展的责任，确立了社会养老服务体系的框架，这是我国多年实践经验的总结，并在国民经济和社会发展规划纲要、社会养老服务体系建设规划等国家重要文件中确认；总结实践经验，对居家养老服务、社区为老服务作了原则规定；明确了政府支持养老服务事业发展的责任；加强对养老机构的管理，规定了养老机构设立条件、准入许可和变更、终止等制度，明确了相关部门对养老机构的管理职责；加强养老服务队伍建设，主要规定了养老服务人才培养、使用、评价和激励制度；加强养老机构运营中的纠纷处理和风险防范；完善医疗卫生服务。

（4）增加发展老龄产业等补充规定。

一是完善计划生育家庭老人扶助制度。规定了“国家建立和完善计划生育家庭老年人扶助制度”。2004 年以来我国对农村实施计划生育家庭的老年人每月给予一定奖励，国家计划将这项措施惠及城市实施计划生育家庭的老年人。

二是对外埠老年人实行同等优待。老年人权益保障法确立了对常住在本行政区域内的外埠老年人实行同等优待的原则，倡导全社会优待老年人。进一步充实了现行法有关老年优待的内容：规定县级以上政府及其有关部门应当根据情况制定优待老年人的办法，逐步提高优待水平；丰富了现行法有关司法救助、法律援助、医疗服务、参观游览、乘坐公共交通等方面对老年人给予优待和照顾的内容；在优待方面，主要是为老年人及时、便利地领取养老金、结算医疗费等方面提供优待，在办理涉及老年人重大人身财产权益事项时提供优待等。

三是增设老年宜居环境一章。修订后的老年人权益保障法首次增设了宜居环境一章，主要对国家推进老年宜居环境建设作了原则规定，以便为制定相关配套法律法规和政策提供依据：明确国家责任，概括规定了老年宜居环境建设的总体要求；规定了政府加强老年宜居环境建设的主要任务；在具体环境建设上，重点规定了无障碍环境建设，这主要是考虑到残疾人中有相当一部分是老年人，老年人随着年龄增长所面临的失能或者残疾的风险会逐步提高，无障碍是老年宜居环境的一个基本要求。此外，新法还对老年友好型城市以及老年宜居社区建设作了规定。

四是老年人依法设立自己的组织。增加了老年人可以依法设立自己的组织并开展活动的内容。参与社会发展一章还规定，在制定涉及老年人权益的法律法规和政策时，应当听取老年人及其组织的意见。还对老年人劳动保护以及发展老年教育作了补充规定。

五是充实完善有关法律责任规定。修订后的老年人权益保障法进一步充实和完善了有关法律责任的规定。增加了擅自举办养老机构、养老机构及其工作人员侵害老年人权益以及政府行政管理部门失职渎职的法律责任；增加了违反优待义务的法律责任；增加了违反涉老工程建设标准和不履行无障碍设施维护管理职责的法律责任。此外，根据人民调解法、行政处罚法、治安管理处罚法、刑法等有关法律的规定，老年人权益保障法对现行法律关于家庭成员纠纷处理，干涉老年人婚姻自由，侮辱、诽谤、虐待、遗弃老年人法律责任的条款作了修改完善。

3. 三大权益新规

老年人权益保障法单列“社会保障”“社会服务”“社会优待”三章，以突出对老年人优待与帮助，完善敬老与养老，充分实现老年人的“老有所养、老有所医、老有所为、老有所学、老有所乐”，保障老年人获得经济上供养、生活上照料、精神上慰藉。

（1）精神上慰藉。一是设立老年节。定于每年农历九月初九为老年节。二是要求常回家看看。家庭成员应当关心老年人的精神需求，不得忽视、冷落老年人。与老年人分开居住的家庭成员，应当经常看望或者问候老年人。用人单位应当按照国家有关规定保障赡养人探亲休假的权利。三是老年人婚姻自由的保障。不再限定为“虐待老年人或者对老年人实施家庭暴力的，由有关单位给予批评教育；违反社会治安管理行为的，依法给予治安管理处罚。”而增加了“构成犯罪的，依法追究刑事责任”的条款。

（2）生活上照料。一是明确赡养人的责任：患病老年人及时治疗和护理，对生活不能自理的老年人承担照料或委托他人照料责任。二是明确监护人选择：具有完全民事行为能力的监护人，可以在近亲属或者其他关系密切愿意承担监护责任的个人、组织中协商确定自己的监护人。三是明确养老机构的责任，规范养老服务标准及收费。四是明确国家的责任：最低生活保障及符合条件的低收入家庭中的老年人，其医疗保险所需个人缴费部分，由政府给予补贴；国家逐步开展长期护理保障工作，对生活长期不能自理、经济困难的老年人，地方政府给予护理补贴；推进宜居环境建设。

（3）经济上供养。一是明确赡养人承担、配偶协助。二是明确老年人财产权益充分保障。享有占有、使用、收益和处分的权利（原法只规定处分权利），子女及亲属不得窃取、骗取、强行索取（原法只规定不得强行索取）。三是明确老年人遗嘱必须保留配偶必要的份额。四是明确国家责任。对经济困难的老年人给予基本生活、医疗、居住或者其他救助；无劳动能力、无生活来源、无赡养人和扶养人，或者赡养人和扶养人确无赡养能力或者扶养能力的，由地方各级人民政府依照有关规定给予供养或者救助。

（四）《上海市老年人权益保障条例》的亮点

上海于1979年进入老龄化社会，比全国提前20年。老龄化快速发展进程中，独生子女父母成为老年人群主体，少子无子家庭剧增，空巢、失能、高龄等多种现象叠加，各种老龄问题短期内同步呈现，给经济社会发展带来严重挑战。作为全国老龄化程度最高的地区，上海应对老龄化的要求更高、挑战更多。2016年1月，上海市十四届人大四次会议审议通过了《上海市老年人权益保障条例》（以下简称《条例》），于2016年5月1日起施行。

1. 创新社区养老服务供给

《条例》明确规定，要创新社区养老服务供给，通过政府购买服务、委托运营等方式扩大社区养老服务力量。构建社区综合为老服务平台，方便老年人就近获取多样化的社区综合服务。健全家庭养老支持措施，为失能老年人家庭照顾提供特别帮助。完善老年人在家门口获得基本医疗服务政策措施，规定社区卫生服务机构应当开展老年人健康管理和常见病预防工作，并要求有关部门完善社区用药政策，建立慢性病患者长处方等机制，以满足老年人常见病、慢性病的基本用药需求。

2. 加强养老人才队伍建设

市级层面制订养老服务人员队伍建设专项规划，区级层面根据专项规划制订本地区的工作计划和实施方案。完善养老服务人员培养、就业政策措施，明确将养老服务专业人才培养纳入现代职业教育体系规划，把养老服务相关专业列入重点领域导向专业目录。建立健全养老服务人员评价激励机制，促进其劳动报酬合理增长，努力建立一支规模与需求相适应、年龄梯度适当、等级比例合理的养老服务人员队伍。

我国现有的养老护理人员呈现出“四低”现象，即学历和素质较低、正规化水平较低、薪酬待遇较低、社会地位较低。十几年来，上海乃至全国的养老护理人员的技能教育是社会培训而不是正规的学历职业教育，主要依靠较低水平的护工培训机构的岗前培训、岗后轮训或养老机构自主的岗后培训，且培训时间较短，最长的也仅百余小时，从而导致养老护理人员的专业化水平并无明显提高，人员构成无显著改善，且人员储备严重不够，呈现出“质低量缺”的特点。随着养老护理人员教育培训的正规化，从业人员的薪酬待遇和社会地位自然会得到改善，养老护理这一职业的吸引力也会相应提高。

3. 关注养老制度创新设计

《条例》中提到了“老年照料需求评估制度”“社区养老服务”“长期护理保险”等内容，这是老年人相关立法领域的一个重大进步，特别是“长期护理保险”成为最顶层的制度设计。在养老事业先进国家的养老服务或养老机构中，非医疗护理也就是养老护理在老年人护理中的比重接近90%。这就意味着，为了实现和确保高质量和可持续，完全有必要针对养老护理引入和医疗护理一样的保险制度。此外，在以保险制度为顶层制度设计的前提下，“老年照料需求评估制度”应该作为保险缴费和支出的金额计算标准，“机构养老服务”“社区养老服务”等应作为保险制度的服务对象和保险制度的支出对象。只有将相关制度的相互关系进行系统的梳理和精确定位，才能发挥因制度的创新、叠加和协同而产生的巨大的正面推动作用。

老年照料护理统一需求评估是指上海市建立统一的评估机制，由第三方专业评估机构按照统一的评估标准，对老年人的身体状况进行评估。2018 年，上海市人民政府办公厅关于印发《上海市老年照护统一需求评估及服务管理办法》的通知，对统一需求评估的目的、定义、职责、要求、规范、方法等提出了明确的要求。老年长期护理保险（简称“长护险”）是继医疗、生育、失业、工伤和养老五大险种之后，第六个受政府规范性文件强制保障实施的独立险种，是在老年人生活无法自理，需要接受照料护理时，通过保险金支付相关费用的险种。2018 年 1 月 1 日起，上海在全市开展长期护理保险试点工作。

4. 明确精神赡养具体要求

在精神赡养方面重申家庭成员“常回家看看”的规定，并进一步明确，对入住养老机构的老年人，家庭成员要“常去院看看”。如果子女等家庭成员拒不探望老年人，老年人可以提起诉讼，要求他们履行探望的义务，上海的法院也可以根据老年人的起诉作出相关判决，要求子女回家或者到养老机构探望。如果当事人拒不执行这一生效判决，相关信息将会归入信用平台，对当事人的工作与生活都将带来一定的影响。

二、老年人维权需求及其协助

协助老年人寻求法律求助途径并解决维权问题，是优秀养老顾问的必备技能之一。

（一）老年人法律求助途径

1. 民事案件解决途径

根据老年人权益保障法，老年人合法权益受到侵害的，被侵害人或者其代理人有权要求有关部门处理，或者依法向人民法院提起诉讼。对侵犯老年人合法权益的申诉、控告和检举，人民法院和有关部门应当依法及时受理，不得推诿、拖延。老年人维权的案件中，绝大多数属于民事案件，主要通过民事诉讼方式解决。

（1）和解。和解是民事纠纷的当事人在自愿互谅的基础上，就已经发生的争议进行协商、妥协与让步并达成协议，自行（无第三方参与劝说）解决争议的一种方式。和解可以在民事纠纷的任何阶段进行，无论是否已经进入诉讼或仲裁程序，只要终审裁判未生效或者仲裁裁决未作出，当事人均可自行和解。在诉讼阶段的和解可以通过撤回起诉、中止诉讼或由法庭制作调解书进行。在仲裁阶段的和解可以通过裁决书或调解书进行。和解不具有强制执行力，如一方不履行，应按照和解协议承担违约责任，但不能直接申请法院强制执行。

（2）调解。调解是指双方当事人以外的第三方就纠纷当事人的请求，以法律、法规和政策或合同约定以及社会公德为依据，对纠纷双方进行疏导、劝说，促进他们相互谅解，进行协商，自愿达成协议，解决纠纷的活动。在我国，调解的主要方式是人民调解、行政调解、仲裁调解、司法调解、行业调解以及专业机构调解。

（3）仲裁。仲裁是当事人根据在纠纷发生前或发生后达成的协议，自愿将纠纷提交第三方（仲裁机构）作出裁决，纠纷各方都有义务执行该裁决的一种纠纷解决的方式。没有仲裁协议，不能启动仲裁程序。一裁终局制度是指仲裁机构对申请仲裁的纠纷进行仲裁后，裁决立即发生法律效力，当事人不得就同一纠纷再次申请仲裁或向人民法院起诉的制度（但有权向人民法院申请强制执行）。限于民商事仲裁，婚姻、收养、监护、抚养、继承纠纷不能仲裁。对于侵害老年人劳动和社会保障权益的，老年人可要求人力资源和社会保障部门予以处理或通过其他仲裁机构解决，对仲裁结果不服的，可以向人民法院诉讼。

（4）诉讼。民事诉讼是指人民法院在当事人和其他诉讼参与人的参与下，以审理、裁判、执行等方式解决民事纠纷活动，以及由此产生的各种诉讼关系的总和。对于侵害老年人人身权、财产权、婚姻家庭权益的违法行为，受害人都可以依法提起民事诉讼。对于行政机关侵害老年人权益的行为，受害的老年人可以依法提起行政诉讼。对于受到遗弃、家庭暴力、虐待等，情节严重构成犯罪的，受害人可以依法向法院提起刑事自诉，请求法院追究有关人员的刑事责任。

2. 寻求法律援助方法

老年人权益保障法第五十六条规定：老年人因其合法权益受侵害提起诉讼交纳诉讼费确有困难的，可以缓交、减交或者免交；需要获得律师帮助，但无力支付律师费用的，可以获得法律援助。

（1）法律援助的途径。一是法律援助机构。县级以上人民政府司法行政部门设立的法律援助机构、众多社会组织和社会团体提供的有针对性的法律援助。申请应当采用书面形式（包括电子文档），填写申请表；以书面形式提出申请确有困难的，可以口头申请，由法律援助机构工作人员或者代为转交申请的有关机构工作人员做书面记录。二是法律援助热线电话。老年人寻求法律援助，还可通过拨打上海市、区（县）司法局及法律援助中心面向广大市民群众的法律咨询专用热线电话12348。

（2）法律援助的范围。困难群体等要求支付赡养费、抚养费等；因公受损的人员请求赔偿；不能为自己辩护的老年人、未成年人、残疾人等；关于赡养协议、抚养协议公证、抚恤金、救济金公证等；公民的选举权、被选举权等民主权利受到侵犯的案件；可能会被判处死刑，且被告人没有辩护人；其他需要法律援助的案件。

（3）法律援助的申请。首先咨询法律援助方面的相关内容和自己是否符合申请法律援助的条件，其次在有关部门领取申请表，再向其递交申请表及需要的相关材料，援助机构在对申请人的案件及其所提交的情况进行审查后决定是否受理，如果受理，则签订法律援助合同，最后会指派律师为其服务。

申请法律援助所需材料：由有关部门（乡镇、街道、劳动部门和单位）出示的申请人及家庭成员的经济状况证明；身份证、户籍证明；申请援助事项的基本情况及案件的材料；立案通知书；其他材料。

（二）老年人常见维权类型

对老年人维权类型进行梳理，便于养老顾问了解并掌握常见维权类型，形成自身的知识储备，能在协助老年人维权过程中短时间内作出合理的判断。涉及老年人法律维权方面的问题主要表现在侵害老年人的财产权与赡养权、投资理财与保健品诈骗类等。

1. 侵害老年人的财产权

（1）房屋财产类纠纷案件。从涉老民事案件审判实践中可以看出，老年人和子女就购买“房改房”及居住问题易产生矛盾，有的子女为了自身利益千方百计地在老年人身上打“小算盘”，虽已分得或购置了住房，但仍挤占父母房屋拒不搬迁；有的子女因忌恨老年人分配不均，引起家庭矛盾激化；有的子女或亲属采用欺骗手段，利用物业公司、中介公司违规操作，擅自变更租赁关系、产权关系，这都不同程度地侵害了老年人的合法权益。此外，随着近年来城市建设速度的加快，城市动拆迁范围的扩大，因动拆迁而衍生的涉及房屋动拆迁安置款纠纷和房屋确权、继承析产纠纷案件也相应增加。

（2）继承权类纠纷案件。例如，老年人的配偶死亡后，另一方再婚需要依法处理或者带走自己财产时，往往会受到子女、亲友或者其他家族人员的阻拦，不让老年人处理或者带走遗产，这样会给老年人的财产权利造成极大的间接或者直接损失。

（3）财产处理类纠纷案件。老年人依法处理自己的财产时，子女或亲属以分家产多少作为赡养老年人的条件，或者以给付过老年人赡养费为由抢占老年人财产；“啃老族”与老年人同住，只享受权利，不承担义务，日常生活费用不承担，使老年人不堪重负；在老年人的配偶一方或子女去世后，子女或其他家庭成员无视其继承权，侵犯老年人的财产权。

2. 侵害老年人的赡养权

（1）老年人被遗弃问题。有的子女以赡养为借口，大肆攫取老年人财产，或者是与老年人共同居住的子女以赡养、照料老年人生活为名，在购买房屋产权、户口迁入、更改户主等目的达到后，遗弃老年人。

（2）老年人受虐待问题。世界卫生组织对“虐待老人”定义为：在任何理应相互信任的关系中，导致老年人受到伤害或痛苦的单次或重复行为，或缺乏适当行动。和家庭暴力一样，它体现为多种形式，不只包括身体上殴打，还包括精神或情感、性和经济虐待等“冷暴力”，其中最容易忽视的便是精神虐待。如辱骂、恐吓，令其难堪，毁其财物或阻止他们与亲朋见面等，都可能导致老年人受到伤害或痛苦。

（3）老年人精神赡养问题。有的子女不孝，不思老人赡养，老年人无依无靠、衣食得不到解决。尤其是独居老人，虽然衣食问题得到了解决，但却饱受精神养老问题的困扰。众所周知，由于受生活压力影响和传统观念的影响，许多年轻人习惯把“养老”理解为是对老年人物质与经济上的给予，认为只要在物质与经济上供给了就行，而对老年人精神方面的需求则考虑甚少，忽视与老年人进行感情交流，使得老年人难以得到心理慰藉。子女长期不探视老年人，使老年人处在一种孤独、凄凉的境地，老年人时常会感到失落、孤独、焦虑。许多老年人希望子女平时多回来看望自己，给予精神的慰藉，这使得部分老年人迫不得已通过财产分割、继承等间接手段，以实现得到子女关心的目的。

3. 老年人受诈骗的问题

（1）投资理财型。老年人辛苦了一辈子，或多或少都会存有一些积蓄。老年人一般没有足够的精力和能力开展投资理财，而正规银行的存款利率较低，在这种情形下，一些不法分子将目光盯在老年人的这笔“养老钱”上，他们吹嘘自己的“理财产品”安全系数高、投资回报大，以骗取老年人的存款。

（2）保健品诈骗型。人进入老年之后，免疫力不断下降，出于对死亡的恐惧，都比较热衷于健康养生，对保健养生的需求较大。但随着辨识能力的减弱，老年人对于保健品的真伪与有效与否不能作出清晰的判断。部分商家和不法分子抓住这种“商机”，通过会销、会诊、打感情牌等手段，诱导老年人上当受骗。

（3）电信诈骗型。当人进入老年后，按照正常的发展规律，认知力、对新生事物的接受能力都在不断地下降和退化，不能够及时接受科技进步带来的新兴产物。不法分子利用老年人身边没有年轻子女陪伴，翻新诈骗手段，探寻监管漏洞，对老年人进行诈骗。

（三）协助老年人维权要点

养老顾问的职责之一是能通过相关法律途径，帮助老年人维护自身的合法权益。

养老顾问是基层老年工作者，是资源的筹措者，是供需沟通的桥梁，在老年人维权过程中的协助技巧是每个养老顾问都要学习和掌握的必备技能。

1. 老年人维权协助流程

（1）明确何种权利受到侵害。养老顾问在接到老年人维权求助时，应当耐心聆听老年人遭遇，并明确何种权利受到侵害。老年人的合法权利包括但不限于受赡养权、再婚自由权、继承权、住房财产权、不受遗弃和虐待的人身权、享有社会关爱的权利，在老年人的实体权利遭受侵害时，首先应明确何种权利受到侵害，在此基础上寻求相应的救济途径。

（2）链接相关法律求助途径。养老顾问应当梳理出本辖区内的相关法律求助途径，包括老年维权机构的联系方式、法院的联系方式，如果老年人有需要的话，可以提供当地知名律所的联系方式，并告知老年人各类渠道的使用范围与使用方式。

（3）劝诫并给出合理化建议。养老顾问并非专业的律师，但要结合自身的经验和知识给出合理化建议。老年群体在维护自身权利时，心态和行为上常常会出现消极维权或维权不当、行为过激的情况，这样都不利于老年人的维权。养老顾问应劝慰老年人，对待自身权利受到侵害的情况，要相信法律，勇于提出自己的诉求，同时在维权的方式方法上采取正确的维权方式，走合法的维权途径，表达自己的诉求。

（4）老年人维权的后续跟踪。养老顾问帮助老年人链接相关法律途径后，需要对老年人维权事件进行跟进，做到服务的持续性，让老年人感受到被关爱、被关心，减轻因维权带来的消极心理。同时，养老顾问在后续跟踪的基础上，应定期梳理相应的维权案件，便于作为经典案例，提供常规化的建议和帮助。

2. 老年人维权协助技巧

养老顾问首先要明确自身的角色定位——资源的联结者与老年人心声的倾听者，而并非是专业的律师，所以遇到法律方面的问题，应当及时链接当地的知名律师或者法律机构。在帮助老年人维权的过程中，要做到“听、查、劝、快”。

“听”，是做好这类工作的基础。就是要仔细倾听当事人的陈述，不论当事人情绪多么激动、说话语无伦次甚至行为无礼，一定要让他们痛痛快快地说完，不要中途打断，更不能恶语训斥。仔细倾听别人的谈话是对他人人格的尊重，养老顾问可以以很随意的语气与纠纷各方唠唠家常，也可以用交心的语气说说他们的心里话，这样会迅速增加当事人对养老顾问的好感和信任，为下一步工作带来便利。在搞清楚老年人维权发生的原因后，才能进一步帮助老年人。同时，不要先入为主，也不要带着个人喜好偏听偏信，而要站在公平、公正的立场进行倾听。

“查”，就是要调查事情经过工作，判定老年人是情绪不佳，还是真的受到权利侵害，冷静理智地对老年人的陈述进行全面了解和掌握。

"劝"，就是在充分了解问题来龙去脉的基础上，对老年人进行疏导，在感情上给予老年人支持，让老年人感受到安心与被关心。

"快"，就是要趁热打铁，在判定老年人受到侵权后，应当及时链接相关的法律资源，帮助老年人尽快解决被侵权的问题。

（四）常见诈骗类型的防控

老年人的安全防范意识较差，往往对不法分子的诈骗伎俩不能及时了解和辨别。近年来，不法分子常常采取拨打电话、编发短信、卖保健品等方式实施诈骗活动。为有效预防此类事件的发生，以下梳理了九种常见的诈骗类型并提出应对策略，便于养老顾问协助老年人进一步提高自我防范能力。

1. 主要诈骗套路与应对策略

（1）套路一：免费试用。一部分推销保健品的商家会利用"赠药""免费试用"等促销手段吸引老年人，一部分老年人在接受赠品后，因不好意思回绝，只好购买其产品。

谨记：免费承诺，不能轻信。天上不会掉馅饼，任何带着赠送、免费字样的服务，最终都将会在受骗人身上收回成本。所以，老年人遇到这类情况，切记不能轻信。在面对一些优惠活动时，老年人不要跟风，可在回家咨询子女或者小区周边优质养老服务机构的基础上（例如社区养老顾问等），再做决定。

（2）套路二：伪科学。一部分推销保健品的商家会打着"专利、高科技、绿色环保"旗号，以质次价高的保健品诱骗老年消费者。这部分商家会通过夸大宣传，且制造争相购买等假象，蒙蔽老年人的双眼，激发老年人盲目的购物欲。

谨记：对于伪科学要擦亮眼睛。老年人与年轻人的其中一个差别，就是辨识度的降低。随着年龄的增大，老年人的感知能力、学习能力都在逐步下降，对于一些伪科学的东西，他们无法进行有效的分辨。老年人在自身难以分辨的情况下，应当咨询一部分具有医疗资质的养老服务机构或者护理站、社区医院，在咨询的基础上，再判断是否需要购买。目前，随着长护险在上海的全覆盖，像恒研护理站等知名护理站几乎遍布上海各个区域，这些护理站不仅在政策指引下开展长护险的医疗照护服务，更是政府"医养结合"政策在社区中的有力抓手，其门槛比社区医院低。所以，老年人如果不方便到社区医院咨询，可以就近到社区附近的护理站咨询。

（3）套路三："会销 + 专家"忽悠。一部分推销保健品的商家会通过发传单、送小礼品等形式吸引老年人听"权威专家"的"免费讲座"，再通过各种活动骗老年人高价购买保健产品。

谨记：只听养生讲座，但不购物。根据上海恒研服务机构的调研显示，老年人对于养生的需求普遍很高，社区中只要涉及"养生"有关的活动，90% 的老年人会积极参加。但是，在参加活动前，老年人要对会销类养生与政府举办的公益类养生做好区别。一般来说，由社区居委会组织的养生类活动，是经过筛选的、可以放心参加的公益类活动，不存在打着养生旗号做推销的可能。老年人参加活动前，要先对活动举办方进行筛查，确认是否属于政府指定的公益项目承接方，是否已经经过居委会筛查，之后再参与活动。

（4）套路四："名医"会诊。一部分推销保健品的商家会以名医义诊形式开展咨询，在"名医"把脉诊断后，无中生有或有意夸大老年人的身体健康隐患，借机推销药品或医疗器械。

谨记：判断"名医"的真假，相信正规医院的指导。这类套路类似于专家讲座。针对这类套路，老年人在参加活动前要对"名医"的真假作出判断，是假名医，就不要参加这类活动。但也会存在一种可能，但他的资质是真的，但他说的话是假的，他们给出建议的最终目的是为了推销保健品。面对这种情况，老年人一定要在咨询有医疗资质的服务机构的基础上，再作出判断。

（5）套路五：电话诈骗。这类骗局常见的有银行卡涉嫌洗钱、所寄包裹贩毒、积分兑换礼品等，通过诱骗、恫吓，将老年人诱入圈套。老年人会因为情绪紧张，来不及判断真假而被骗。

谨记：对于转账类电话和短信，一律不理睬、不转账。老年人在接到这样的诈骗电话时，必须不予理睬，如果半信半疑，或者相信对方所说的话，也应该做到以下两点：一是可以反拨来电电话，进行核实。对方做贼心虚，通常是不接电话的。二是直接拨打当地电信商的电话，查询自己是否欠费。如果老年人意识到是诈骗，应该马上报案。与子女相关的，应当及时打电话与子女沟通。

（6）套路六：廉价旅游。一部分推销保健品的商家会通过低价安排老年人外出旅游等手段进行诈骗，结果老年人已经支付了相关费用，还没等来出发旅游的通知，这家公司就消失了；或是老年人在旅行过程中被强制性消费。

谨记：对于低于市场价的旅游活动，一律不相信。遇到"廉价旅游"的情况，老年人需要先去辨别提供服务的公司是否可靠；再去辨别旅游产品是否可靠。一般而言，一部分正规的旅游公司也会存在"低价＋消费的旅游"活动。所以，如果老年人有出游的打算，可以寻找专门针对老年人提供旅游服务的优质公司，尤其是有旅游业务的养老服务公司。例如上海恒研服务机构，是在10多年专注养老服务的基础上，根据老年人的需求拓展老年旅居服务的。像这类的养老服务机构能结合多年的服务经验，提供安全、舒心、精准的老年人旅游服务。

（7）套路七：温情攻势。这类骗局专门针对单身老年人，他们一旦遇到谈得来的，在几天的"叔叔阿姨"甚至"爸爸妈妈"等温情语言，以及帮助洗头、洗脚、按摩等温情服务的基础上，很容易信任对方，进而被骗取钱财。

谨记：子女要常在老年人身边。这类诈骗往往发生在独居老人或者与子女分居的老年人身上，其背后的主要原因在于信息的闭塞或者说信息反馈的不及时。针对这类骗局，最好的办法是子女能经常在家陪伴老年人。但实际上由于工作的需要、照顾子女的需要，很多家属没办法经常陪伴老年人。建议能够给老年人，尤其是独居、高龄、空巢的老年人，安装信息化养老智能平台及监测系统，做到时时反馈，全天候应答。目前，市场上已经研发出此类产品，包括各级政府的云监控系统、监控摄像头等智慧系统，老年人或子女可根据实际情况安装。

（8）套路八：投资保健品，给予高回报。一些不良商人向老年人承诺购买保健品，可按月给予高回报，将老年人的钱收集到手后去搞投资，实际上是非法集资。

谨记：投资有风险，一定要防范。对于与投资回报挂钩的保健品，老年人应当不予理睬。因为不同的物品具有不同的核心功能，药品的功能是治疗疾病，保健品的功能可能是辅助健康，但一定不是投资回报。所以，老年人遇到投资保健品的情况，一定要做好防范工作，切记不要上当。

（9）套路九：连环计，步步设套。更加精明的商家会通过连环计的方式，设置圈套诱骗老年人上当。他们会在第一天开办免费讲座，赠送小礼品；第二天推销低价物品，声称回家试用，可退货退钱；第三天如期退货退钱，并推销另一高价产品，承诺退款；之后骗取钱财，逃之夭夭。

谨记：对于任何口头约定或协议，不要相信。针对这一类骗局，不同环节，可以参照上述套路中的解决方案操作。

2. 老年人经常受骗原因解析

（1）老年人重视自身健康。随着年岁的增长，老年人的身体机能逐渐下降，很多老年人出现死亡恐慌的心理障碍。所以当面对琳琅满目的保健品，尤其是有延缓衰老功能的保健品时，老年人往往抵制不住诱惑，选择购买。

（2）老年人生活孤独寂寞。因为子女长大后，远离父母在外发展事业、打拼挣钱，很少回家陪老年人，老年人经常是一个人吃饭、睡觉，往往陷入孤独寂寞中。老年人为了解“闷”，就到从事健康讲座、免费电疗的地方凑热闹。

（3）老年人有可支配收入。老年人奋斗了一辈子，会有一定的积蓄，加之有退休金，他们有一定的“闲钱”可以掌控，因此舍得在保健品上花钱。

（4）老年人分辨能力下降。随着年龄的增长，老年人的思维相较于年轻人显得较为迟钝，很难分辨出好坏真假，容易被那些不良保健品推销商忽悠。

三、老年人常见维权案例分析

对于老年人维权常见问题的汇总，可为养老顾问提供常见维权问题的知识储备，在接到老年人维权协助请求时，能在短时间内作出较为准确的判断，推动老年人维权进度的发展，真正将老年人维权落到实处，解决老年人维权的问题。以下梳理了10个最为常见的老年人维权常见问题，并提出参考性解答。

【案例2-1】

"托老"内容需有明确约定

曹阿婆一家人将曹阿婆所住的养老院诉至法院，因养老院对其进行人身伤害。原来，曹阿婆患有轻度的老年痴呆，经常走错房间，打扰了其他老年人的正常生活。养老院嫌其扰乱环境，强行对其使用束缚带，结果导致曹阿婆的手腕及背部组织严重挫伤，最终治疗无效死亡。法官认为，养老院应采取妥善方式避免发生意外，因此判决养老院承担全部责任。

温馨提醒：老年人或家属要与养老院签订正式的书面合同，对养老院应履行何种程度的看护义务要有明确约定，尤其是类似束缚带的使用，需要有明确说明。这样，老年人出了意外或受到伤害，双方就有明确责任。此外，家属应找到正规、优质的养老院进行托老，避免此类问题的发生。如果存在入住敬老院困难的问题，也可以寻找社区附近的优质养老服务机构提供专业的养老服务。目前"9073"的养老格局使得养老院往往一床难求，更多的家庭转向"社区养老"和"居家养老"，通过线上智能设备和线下专业团队，享受与敬老院同水平甚至更高水平的养老服务。

【案例2-2】

放弃继承就可不赡养?

李老伯夫妇有一儿一女，老两口跟儿子生活。女儿结婚时与父母约定：不要嫁妆，不继承遗产，今后也不赡养双亲。后来由于儿子车祸丧失生活自理能力和劳动能力，无法承担老两口的赡养，李老伯便要求女儿尽些赡养义务，并负担部分费用。法院认为，女儿以不要财物和放弃继承权为由拒绝履行赡养父母义务违反法律规定，属无效协议，应履行义务。

律师提醒：子女赡养父母是法定义务，不得附加任何条件，也不能以放弃继承权或以父母早年对子女未尽抚养义务等为由拒绝赡养。养子女、有抚养关系的继子女都应对养父母和继父母尽赡养义务。此外，可以根据现有的养老政策为老年人申请养老服务，或者找到知名的养老服务机构寻求服务帮助。

【案例2-3】

孙辈有无赡养祖辈的义务

林大伯夫妇育有林某仙和林某强姐弟二人，林某强同妻子王女士育有一子，后林某强夫妇因车祸去世，其子交由王女士妹妹抚养至今并参加工作。林大伯夫妇后因老年痴呆入院，林某仙认为住院费太贵，自己无法承担，且自己是外嫁的女儿，理应由孙子赡养老年人，提出需要林某强之子支付医药费和赡养费用。

温馨提醒：子女赡养父母是应尽法定义务，而对祖父母和外祖父母而言，孙辈则并非理所当然就是法定赡养义务人，只是在子女无法履行应尽赡养义务时，有负担能力的孙辈才有赡养义务，只要子女中还有人具备赡养能力，孙辈就无须承担赡养义务。

【案例2-4】

立遗嘱别侵害弱者权益

王阿婆夫妇育有一子名为王金宝。今年2月，65岁的王金宝因病去世，去世前立下医嘱，将个人全部财产归其女儿继承。今年4月，已经90岁高龄的王阿婆提起诉讼，要求重新分割遗产。法院判定王阿婆作为直系亲属，有权分得其遗产。

温馨提醒：我国法律在赋予公民用遗嘱处分自己财产权利的同时，也对公民行使这种处分权作了必要的限制。根据法律规定，遗嘱继承应对没有劳动能力又缺乏生活来源的继承人保留必要份额，剩余遗产再按遗嘱继承。

【案例2-5】

同居关系不受法律保护

5年前，张老伯的老伴去世，由于张老伯生活状态属于半自理，需要他人协助，所以其子女为他到保姆中介公司找到已经丧偶的李女士做保姆，每月保姆费5500元。时间长了，张老伯和李女士二人相互感觉不错，两人一致认为再婚太麻烦，就以同居关系相处。今年年初，张老伯因车祸变为完全失能老人，因不熟悉失能护理技能，张老伯子女又高价请来私立医院护士做护理服务，但最终一个月后，张老伯死亡并获得赔偿金10万元，悉数转到李女士个人账户上。张老伯的子女认为，每月正常给李女士支付保姆费用，同时李女士与张老伯不属于夫妻关系，要求李女士返还收到的赔偿款。而李女士却认为，自己照顾张老伯多年，赔偿金应属于自己。

温馨提醒：我国民法典第一千零五十四条规定：无效的或者被撤销的婚姻自始没有法律约束力，当事人不具有夫妻的权利和义务。同居关系不受法律保护，其间财产不发生法律上的共有关系，因此，李女士应返还赔偿款由张老伯子女继承。此外，对于独居、高龄、空巢老年群体，建议找到正规的优质养老服务企业，合理安排服务人员上门服务。家属也可根据目前的养老政策，为老年人申请符合条件的养老服务，享受政策优惠。这样，既可以节省请保姆的高额费用，又可以享受到专业的养老服务。尤其是失能老人、半失能老人、失智老人，更需要得到专业的照护服务，以减轻家庭的照护负担。

【案例2-6】

养子女继承权如何判定

宋阿姨夫妇育有姐妹二人，姐姐宋某宝，妹妹宋某玉。宋某宝自出生起便被宋阿姨夫妇送予他人抚养。在宋阿姨夫妇近期生病住院后，姐姐宋某宝主动回到身边照顾，住院费也由其支付，并在两位老年人去世后出钱安葬。其间，妹妹宋某玉并未担负照料老年人的义务，只偶尔打电话给母亲。宋阿姨夫妇死后留下一处房产，一直由妹妹宋某玉居住，姐姐与妹妹协商是否可以分得部分房产，遭到妹妹的拒绝。妹妹认为姐姐自小被别人抚养，没有对亲生父母遗产的继承权。

温馨提醒：姐姐宋某宝由他人抚养长大，与亲生父母权利义务关系消除，生父母死亡后不具有法定继承权人资格，但她对生父母生前赡养较多，身后妥善安葬，依法可分得遗产。

【案例2-7】

再婚配偶婚前财产不属共同财产

10年前，45岁的刘女士带着两个孩子和58岁的老秦再婚。去年老秦去世，留下一套住房。老秦的儿子认为，该房是生母在世时和父亲一同购买的，与刘女士无关。刘女士则认为自己和老秦是合法夫妻，都是老秦的直系亲属，与老秦的儿子一样都应当有继承权。

温馨提醒：我国民法典规定，遗产按下列顺序继承：第一顺序：配偶、子女、父母；第二顺序：兄弟姐妹、祖父母、外祖父母。本案中，在老秦前妻去世后，前妻所拥有的一半房屋由老秦和其子女共同继承，另一半属于老秦个人财产，且是婚前财产，而非与刘女士的共同财产，刘女士只能和双方子女一起作为第一顺序继承人分割老秦的遗产。

【案例2-8】

继承纠纷重在确定遗产

陈奶奶夫妇育有一子，陈奶奶老伴病故后留下房屋两套。两年前，儿子私自将其中一套出租房出售，并办理过户，随后又将陈奶奶目前居住的房子以哄骗的方式过户到自己名下。事后，儿子以自身没有时间和精力赡养母亲为由，在陈奶奶不情愿的情况下将其送进敬老院。陈奶奶因此将儿子诉至法院。儿子认为，父亲母亲只有自己一个孩子，以后这些财产都是自己的，只是早分配和晚分配的问题。

温馨提醒：本案中，应先将共同财产的一半分出来为配偶所有，其余为遗产。其次，配偶、子女、父母是第一顺序继承人。根据民法典规定："被继承人的子女先于被继承人死亡的，由被继承人的子女的直系晚辈血亲代位继承。”也就是说，陈奶奶丈夫的遗产继承人应是陈奶奶、他们的儿子。

为了避免身后子女及其他遗产继承人发生不必要的纠纷，老年人最好在生前确定好遗嘱。遗嘱可以自书，也可以以他书、录音、录像等形式存在，为了增强遗嘱的效力，老年人最好对遗嘱进行公证。在立遗嘱过程中，首先应保证遗嘱内容的明确具体，不能因含糊不清引起不必要的麻烦。另外，最好还要全面慎重，尽可能把全部财产进行罗列，作出财产处置时要慎重。

【案例2-9】

老年人房屋买卖需要慎重

王奶奶一家想要置换房屋，刚好某买房人看中了王奶奶家的房屋，王奶奶一家便与买房人签订了房屋买卖合同。合同中约定：买方违约无权收回定金，卖方违约应双倍返还定金，并应于合同签订之日起30日内办理过户。签订合同后，王奶奶的大儿子认为房价低了，想要重新约定价格，因协商不成，将买房人诉至法院。法院认为双方签订房屋买卖合同是真实意思表示，具有法律约束力，合同中未约定合同的解除条件，王奶奶的大儿子也不存在解除合同的法定理由。

温馨提醒：房屋是个人或家庭的重要财产，在签订房屋买卖合同前，可请专业的律师做好合同文本的把关，或者在合同中明确解约条款，将风险降到最低。

【案例2-10】

遇到儿女离婚房产怎么分

赵先生在和张女士结婚前，与父亲老赵共同出资买下房产，产权人为老赵父子。婚后，赵先生在产权证上添加了妻子张女士的名字。两人离婚时，张女士提出分割房产的要求。老赵认为，该住房是自己与儿子共同出资购买的，与张女士无关，她无权要求分割房产。最终法院判定，张女士可获得部分房产。

温馨提醒：赵先生家人增加张女士为房屋产权共有人并办理手续，张女士就对房产享有权利，虽未出资，但应视作老赵父子对她的赠予，因此可要求分割房产。

拓展阅读↘2-1

现代养老服务体系建设①

自1999年我国步入老龄化社会以来，人口老龄化加速发展，老年人口基数大、

① 杨宝祥．老年社会工作培训教程［M］．北京：中国社会出版社，2014.

增长快并日益呈现高龄化、空巢化趋势，需要照料的失能、半失能老年人数量剧增。我国的人口老龄化是在“未富先老”、社会保障制度不完善、历史欠账较多、城乡和区域发展不平衡、居家养老功能弱化的形势下发生的，加强社会养老服务体系建设的任务十分繁重。

一、养老服务体系建设的意义

加强社会养老服务体系建设，是应对人口老龄化、保障和改善民生的必然要求。随着人口老龄化、高龄化的加剧，失能、半失能老年人的数量还将持续增长，照料和护理问题日益突出，人民群众的养老服务需求日益增长，加快社会养老服务体系建设已刻不容缓。

加强社会养老服务体系建设，是适应传统养老模式转变、满足公众养老服务需求的必由之路。长期以来，我国实行以居家养老为主的养老模式，但随着计划生育基本国策的实施，以及经济社会的转型，家庭规模日趋小型化，“4－2－1”家庭结构日益普遍，空巢家庭不断增多。家庭规模的缩小和结构变化使其养老功能不断弱化，对专业化养老机构和社区服务的需求与日俱增。

加强社会养老服务体系建设，是解决失能、半失能老年群体养老问题、促进社会和谐稳定的当务之急。目前，我国城乡失能和半失能老年人约3300万，占老年人口总数的19%。由于现代社会竞争激烈和生活节奏加快，中青年一代正面临着工作和生活的双重压力，照护失能、半失能老年人力不从心，迫切需要通过发展社会养老服务来解决。

加强社会养老服务体系建设，已越来越成为各级党委政府关心、社会广泛关注、群众迫切期待解决的重大民生问题。随着我国综合国力的不断增强，城乡居民收入的持续增多，公共财政更多地投向民生领域，以及人民群众自我保障能力的提高，社会养老服务体系建设已具备了坚实的社会基础。近年来，在党和政府的高度重视下，各地出台政策措施，加大资金支持力度，使我国的社会养老服务体系建设取得了长足发展。养老机构数量不断增加，服务规模不断扩大，老年人的精神文化生活日益丰富。以保障“三无”“五保”、高龄、独居、空巢、失能和低收入老年人为重点，借助专业化养老服务组织，提供生活照料、家政服务、康复护理、医疗保健等服务的居家养老服务网络初步形成。养老服务的运作模式、服务内容、操作规范等也不断探索创新，积累了有益的经验。

加强社会养老服务体系建设，有利于满足庞大的老年人群体对照料和护理的需求，推进养老服务消费市场的形成，在扩大消费和促进就业等方面具有积极作用。我国社会养老服务体系建设仍然处于起步阶段，还存在着与新形势、新任务、新需求不相适应的问题，主要表现在：缺乏统筹规划，体系建设缺乏整体性和连续性；社区养老服务和养老机构床位严重不足，供需矛盾突出；设施简陋、功能单一，难以提供照料护理、医疗康复、精神慰藉等多方面服务；布局不合理，区域之间、城乡之间发展不平衡；政府投入不足，社会投资规模有限；服务队伍专业化程度不高，行业发展缺乏后劲；优惠政策落实不到位；服务规范、行业自律和市场监管有待加强等。

二、我国养老服务的历史经验

近年来我国养老体系建设取得长足发展，以居家为基础、社区为依托、机构为补充、医养相结合的养老服务体系初步形成；老年宜居环境建设持续推进，老年人社会参与条件继续优化；老年文化、体育、教育事业快速发展，老年人精神文化生活日益丰富；老年人优待项目更加丰富、范围大幅拓宽，敬老养老助老社会氛围日益浓厚，老年人的获得感和幸福感明显增强。

一是注重养老文化环境的构建。我国有尊老敬老的传统，“孝”文化深入人心，其中有诸多理念对现代人仍有较大的影响，如落叶归根、养儿防老等，尤其是对农村人口的影响显著。受这些思想的影响，很多老年人不愿意住进敬老院、福利院等社会养老机构，认为只有被遗弃的老年人才不得不选择这些社会养老机构。与此同时，一些年轻人也认为将父母送到机构养老是“不孝”的表现，怕别人笑话或指责。“孝”文化决定了居家养老的模式在短时间内很难完全改变。虽然在社会城市化、工业化进程加剧，家庭规模缩小的今天，完全依靠居家养老已经不足以解决我国养老问题，但是老年人希望在自己熟悉的环境中养老仍然是未来很长一段时期内的主要养老模式。因此，需要尊重中国传统文化和价值观，积极探寻适合我国国情的养老模式。

二是完善老年人政策法规保障。政策法规具有稳定性和延续性特点，一旦制定，短时间内很难改变，能够有效保障工作朝着一个方向持续稳定地开展。例如，2000年以后，政府频频出台的各种政策法规，明确了老年工作开展的战略目标，推动各地探索以“居家养老为基础，社区养老为依托，机构养老为支撑”的养老模式。在多项政策法规的保障下，各地政府对发展老年工作的重要性的认识也得到不断提高，探索出很多颇有成效的养老模式，例如“星光老年之家”工程、上海静安区的“牵手护老”项目、江苏的“虚拟养老院”等。

三是构建科学合理的合作机制。在我国老年服务政策的发展历程中，各级政府对家庭在老年服务中的作用都不同程度地予以强调。与此同时，市场也是老年服务业发展中不可忽视的力量。但面对老年服务中的“市场失灵”和“家庭失灵”问题，政府、社区和非营利性养老组织适时予以补充显得尤其必要和重要。因此，老年服务的社会化既要避免“政府包办”，引入社会力量参与养老服务；也不能“过度市场化”，政府要积极承担起政策制定、财政资助、监督管理和资源整合的责任。

四是强化老年服务工作的专业性。老年服务工作一般由民政部门、卫生健康部门负责。老年人的需求是不断变化和多样的。现在较为突出的空巢老年人养老问题、老年人自杀问题、老年人丧亲等问题，既是社会发展的必然结果，也是社会进步中急需解决的关键性问题。因此，只有不断地提高服务的专业性，例如，通过引进专业的心理咨询人员、社会工作人员、居家养老护理员等为老年人提供专门的服务，才能与时俱进，满足多层次、多样化的养老服务需求。

三、现代养老服务体系建设

基于老年人养老服务需要特征，我国正在着力构建为老年人提供有效照护，以居家为基础、社区为依托、机构为补充，医养相结合，政府主导、社会参与、全民关怀的社会养老服务体系，从而使养老服务供给能力大幅提高、质量明显改善、结构更加合理，多层次、多样化的养老服务更加方便可及，切实提高老年人的生活质量和生命质量。

一是加强养老法规和标准化建设。继续推动完善养老服务法规政策体系，研究推动养老服务有关立法，提升养老服务法治化水平，将养老服务纳入国家有关规划范围，以规划引导养老服务体系建设。加强养老服务标准化工作，以规范服务行为、提高服务质量、提升行业管理水平、保障老年人权益为导向，立足养老服务行业需求，准确把握标准要素内在联系，遵循标准化工作规律，加快构建养老服务标准的总体框架，基本形成涵盖养老服务基础通用标准，机构、居家、社区养老服务标准、管理标准和支撑保障标准，以及老年人产品用品标准，国家、行业、地方和企业标准相衔接，覆盖全面、重点突出、结构合理的养老服务标准体系，促进形成安全、便利、诚信的养老服务消费市场环境。

二是夯实社区居家养老服务基础。有效照护是养老服务的核心，老年服务需求包括生活照料、护理、教育、文化娱乐、法律咨询等内容，而最急迫和必需的服务是正常生活所需的照料以及家庭照料所缺乏的专业护理。尤其是从政府职责来说，承接的是家庭无法又无力承担的服务内容，确保的是老年人及家庭的基本服务需求。照护即日常生活照料和专业护理，明确社会养老服务内容的核心是照料护理，有利于重组各类服务提供主体，形成新的基础、支撑、平台和服务机制。组合服务制度、设施、标准、资金、队伍等要素，在新的目标下可形成各个部分所不具有的整体力量。大力发展社区居家养老服务，逐步建立支持家庭养老的政策体系，支持成年子女与老年父母共同生活，履行赡养义务和承担照料责任。支持城乡社区定期上门巡访独居、空巢老年人家庭，帮助老年人解决实际困难。支持城乡社区发挥供需对接、服务引导等作用，加强居家养老服务信息汇集，引导社区日间照料中心等养老服务机构依托社区综合服务设施和社区公共服务综合信息平台，创新服务模式，提升质量效率，为老年人提供精准化、个性化、专业化服务。鼓励有条件的地方推动扶持残疾、失能、高龄等老年人家庭开展适应老年人生活特点和安全需要的家庭住宅装修、家具设施、辅助设备等建设、配备、改造工作，并对经济困难老年人家庭给予适当补助。大力推行政府购买服务，推动专业化社区居家养老机构发展。进一步建立健全家庭养老支持政策，鼓励家庭成员与老年人共同生活或者就近居住，为老年人随配偶或者赡养人迁徙提供条件，为家庭成员照料老年人提供帮助。开展好中央财政支持居家和社区养老服务改革试点，通过政府扶持、社会力量运营、市场化运作，全面提升居家和社区养老综合服务能力，总结推广居家和社区养老服务发展的可推广、可复制、可持续的经验。

老年人长期居住在社区，环境熟悉、生活便利，他们更愿意在社区接受相应的服务。作为一个地域概念，社区又能放置各种养老服务设施，设立养老机构，提供各种各类服务。因此，无论是对老年人，还是各类机构，社区都是一个重要的服务平台。在这一平台里，设施、服务、资金、队伍能够得以整合，老年人能够从中获得综合性的连贯服务，有利于提高他们的生活质量。加强社区养老服务设施建设，统筹规划发展城乡社区养老服务设施，新建城区和新建居住（小）区按要求配套建设养老服务设施，老城区和已建成居住（小）区无养老服务设施或现有设施未达到规划要求的，通过购置、置换、租赁等方式建设。加强社区养老服务设施与社区综合服务设施的整合利用，支持在社区养老服务机构配备康复护理设施设备和器材。积极推进“互联网+”智慧养老业务创新与产业发展，推动智慧健康养老技术产品研发，支持智慧健康养老产品及服务推广，继续开展智慧健康养老应用试点示范；支持企业和机构运用互联网、物联网等技术手段创新居家养老服务模式，发展老年电子商务，建设居家服务网络平台，提供紧急呼叫、家政预约、健康咨询、物品代购、服务缴费等适合老年人的服务项目。鼓励有条件的地方通过委托管理等方式，将社区养老服务设施无偿或低偿交由专业化的居家社区养老服务项目团队运营。

三是拓宽社会力量参与养老渠道。贯彻全面放开养老服务市场、提升养老服务质量的有关政策要求，加快推进养老服务业“放管服”改革，为社会资本进入养老服务业营造良好环境。规范有序推进 PPP 模式，引导社会资本参与养老服务业，鼓励采取特许经营、政府购买服务、政府和社会资本合作等方式支持社会力量举办养老机构。对民间资本和社会力量申请兴办养老机构进一步放宽准入条件，加强开办支持和服务指导，落实好对民办养老机构的投融资、税费、土地、人才等扶持政策。深化老年人长期护理保险试点，鼓励有条件的地方探索建立长期护理保险制度，积极探索多元化的保险筹资模式，保障老年人长期护理服务需求。允许养老机构依法依规设立多个服务网点，实现规模化、连锁化、品牌化运营。

四是推进医养结合养老健康服务。统筹落实好医养结合优惠扶持政策，深入开展医养结合试点，建立健全医疗卫生机构与养老机构合作机制，建立养老机构内设医疗机构与合作医院间双向转诊绿色通道，为老年人提供治疗期住院、康复期护理、稳定期生活照料以及临终关怀一体化服务。大力开发中医药与养老服务相结合的系列服务产品，鼓励社会力量举办以中医药健康养老为主的护理院、疗养院，建设一批中医药特色医养结合示范基地。支持养老机构按规定开办康复医院、护理院、临终关怀机构和医务室、护理站等。鼓励执业医师到养老机构设置的医疗机构多点执业，支持有相关专业特长的医师及专业人员在养老机构开展疾病预防、营养、中医养生等非诊疗性健康服务。推进地方养老机构内设医务室、护理站，以及养老机构内设医务室取消审批后的监管以及纳入医保定点工作；继续配合推进基层医疗卫生机构和医务人员与老年人家庭建立签约服务关系，为老年人提供连续性的健康管理和医疗服务，促进居家社区养老服务与医疗服务协调发展。

五是推动社会养老服务提质增效。加快推进具备向社会提供养老服务条件的公办养老机构转制为企业或开展公建民营。完善公建民营养老机构管理办法，鼓励社会力量通过独资、合资、合作、联营、参股、租赁等方式参与公办养老机构改革。政府投资建设和购置的养老设施、新建居住（小）区按规定配建并移交给民政部门的养老设施、党政机关和国有企事业单位培训疗养机构等改建的养老设施，均可实施公建民营。全面提升养老机构服务质量，加快建立全国统一的服务质量标准和评价体系，完善安全、服务、管理、设施等标准，加强养老机构服务质量监管。建立健全养老机构分类管理和养老服务评估制度，引入第三方评估，实行评估结果报告和社会公示。优先保障特困供养人员集中供养需求和其他经济困难的孤寡、失能、高龄等老年人的服务需求。加强养老服务行业自律和信用体系建设。支持发展养老机构责任保险，提高养老机构抵御风险能力。

拓展阅读↘2-2

1. 上海养老服务平台（养老顾问板块）

http：//www.shweilao.cn/views/index/pensionAdvisersHome.jsp

2. 上海养老服务平台（空中养老顾问直通990板块）

http：//www.shweilao.cn/cms/cmsDetail? uuid=1fb3549e-0069-4f65-b9c3-8432b5422a2c

【问题思考】

1. 积极老龄化和健康老龄化的含义分别是什么？老龄社会中如何推进这两个目标？

2. 养老顾问在提供服务时，机构养老、社区养老、居家养老的优先级别应该如何确立？为什么？

3. 在为特殊人群提供养老顾问服务时，有哪些养老政策和养老服务可以提供他们选择？请举例说明。

4. 你怎么看待上海的养老政策和养老服务？你认为还有哪些值得改进的方面？

第三章　养老顾问职业礼仪与沟通技巧

基本要求

通过本章的学习，您应能够：

1. 理解养老顾问的职业礼仪；
2. 熟悉老年心理的变化特征；
3. 掌握老年沟通的基本技能。

核心概念

礼仪伦理；职业礼仪；老年心理；沟通技巧

导入案例

《论语》中记载了一个“孔鲤过庭”的故事：有一次孔子独自站在堂上，他的儿子孔鲤快步从庭里走过。孔子问：“学《诗》了吗?”孔鲤回答说：“没有。”孔子于是说：“不学诗，无以言。”意思是不学习《诗经》，就不懂得怎么说话。于是孔鲤回去学习《诗经》。又有一天，孔子又独自站在堂上，孔鲤快步从庭里走过。孔子问：“学礼了吗?”孔鲤回答说：“没有。”孔子说：“不学礼，无以立。”意思是说不学礼仪，以后就无法在社会上立足。于是孔鲤赶紧回去学习礼仪。

这个故事告诉人们：在孔子眼中，一个人若要在社会中取得相应的认可，和这个人的礼仪修养以及懂得如何说话（即沟通）是紧密关联的。

第一节　养老顾问的职业礼仪

孔子对礼仪有“礼者，敬人也”这一非常精妙的概括总结。作为一名养老顾问，懂得应有的职业礼仪知识并掌握与老年人沟通的技巧，是必要的职业素养。

一、现代职业礼仪基础理论

礼仪是人类维系社会正常生活而要求人们共同遵守的最起码的道德规范，是人们在长期共同生活和相互交往中逐渐形成，并以风俗习惯等传统方式传承下来的。

作为一种文化，礼仪不仅反映了一个国家的文明程度和道德风尚，而且从个体角度而言，是其思想道德水平、文化修养、沟通能力的外在表现。

（一）现代礼仪

熟练运用职业礼仪，必须全面掌握现代礼仪的准确内涵，以及其在生活和人际沟通中的作用，这是掌握各种礼仪规范的基础。

1. 礼仪的基本含义

礼仪，从广义上讲，指一个时代的典章制度。从狭义上讲，是人们在社会交往中由于受历史传统、风俗习惯、宗教信仰、时代潮流等因素的影响而形成的，既为人们所认同，又为人们所遵守，以建立和谐关系为目的的各种符合礼仪的精神、要求的行为准则或规范的总和。

中国素有“礼仪之邦”的美称，几千年来创造了灿烂的礼仪文化。东汉时的许慎所著的《说文解字》是世界上最早的字典之一，书中对“礼”的解释为“禮，履也。所以事神致富也。从示从豊，豊亦声，灵启切”，意思是众人在统一号令之下，对祖先、神、天地的顶礼膜拜。所以，“礼”最初的意义就是祈福，后来又发展出来一整套祭祀仪式，对祭祀的时令、供品，包括参与祭祀者的穿着、动作等都有一定的要求，慢慢形成风俗习惯并扩展到整个社会形态中。最初“礼”和“仪”其实是两个概念，并与“俗”有着密切联系。“礼”是指制度化的国家礼仪，是社会意识形态下的规则、制度，“俗”是指民众自然生成的生活习惯，“仪”是“礼”的具体、有形的表现形式，严格遵循和依据“礼”的规定及内容，形成了一套系统且完整的程序和形式。早在西周时期，“礼”由一系列的制度、规定及社会共识构成，既作为人际交往时应遵守的伦理道德标准，又作为社会的一种观念和意识，约束着人们的言谈举止。礼是以制度、条文的形式出现的，是一种理想的面对未来的设计，而俗则是实际生活的情形，是社会现实。从地方的角度出发，俗可以超越礼，俗胜于制，礼据俗而定。“礼俗”特指中国传统社会中礼俗相交、以礼节俗的一种社会状态或文化特质。《礼记》中就记载了大量的古代礼仪。以日常饮食的仪容为例，食礼规定人吃饭时不能把饭窝成一团搁在碗里，喝汤时不能使汤倾流不止，咀嚼的时候不要发出声音，不能把咬过的鱼肉放回到食盘里去，更不能当众剔牙，等等。

2. 现代礼仪的内涵

礼仪是人们表示尊重和友善而共同遵守的言语和行为等的准则和规范，其内涵发展到今天已经有了很大的改变，更多体现的是人们的高尚道德情操、文明素养、平等尊重。从社会角度来说，礼仪是一个国家社会文明程度、道德伦理及风俗习惯的反映；从个体角度来说，则是一个人的内在修养和素质的综合表现；从交际角度来看，礼仪可以说是人际交往中适用的一种艺术，一种交际方式或交际方法，是人际交往中约定俗成的示人以尊重、友好的习惯做法；从传播角度来看，礼仪是在人际交往中进行相互沟通的技巧。由于在仪式之外加入礼义的精神，使“礼”除具有仪式行为之外，还在于仪式背后所具有的“通乎治理天下之大道”，因此于“义”为最尊，是维系社会秩序、建立人伦义理的保障，履行礼仪制度成为实践伦理的途径。现代的“礼”指礼仪、礼法或态度上的礼貌，包括在特定社会关系下每个人从其身份出发，所有言行举止的规范，包括内在的修养和外在的仪式，从社会秩序上升到道德责任，进而实现个人的修养境界。现代礼仪包含以下几个层面：

（1）礼仪是一种行为准则。“入乡随俗”就是这个意思，人们进入某个地域，就要对那个地方的风俗习惯有所了解，按照当地的习俗和规范行事，才是一种礼貌、一种修养。

（2）礼仪具有一定的作用。礼仪是在一定社会活动中逐渐发展、约定俗成的结果，是人际交往中需要遵守的规范、准则、方式、流程，具有指导并协调人际关系的作用。

（3）礼仪的社会目的明确。讲礼仪的目的是实现社会群体间人与人的尊重，实现和谐社会。一个人只有在尊重他人的前提下，才有可能获得他人的尊重，也只有在互相尊重的过程中，才有人与人之间的和谐关系。

（二）职业礼仪

职业礼仪是职业活动中从业人员应当遵循的一系列礼仪规范，特别是在职业活动中，以一定的、约定俗成的程序、方式来表现的律己、敬人的过程，涉及穿着、交往、沟通、情商等内容。

1. 职业礼仪的内容

在职业场所开展工作时涉及的礼仪活动，包括人际交往的方方面面，通常认为包含以下几个维度的内容：着装礼仪，包括着装和服饰的规范；仪容礼仪，涉及仪容修饰与职业形象塑造，包括发型面部的修饰、肢体其他部位的修饰、化妆修饰等；仪态礼仪，包括站姿、坐姿、蹲姿、行姿以及拜访接待迎送等举止礼仪；言语礼仪，包括掌握所在行业的语言规范、与人沟通的技巧，以及非语言运用。

2. 职业礼仪的作用

职业礼仪在职场中的地位和作用十分重要，是社会公德、职业道德等的行为规范，协调着职场中的很多关系。从组织内部来说，这是作为组织成员应该具备的技能；从社会公众的视角来说，无疑体现的是一种职业品质和行业水准。职业礼仪的作用主要体现在以下几个方面。

（1）尊重作用。这种尊重不仅体现在组织内部成员之间、组织与其成员之间、组织成员与组织外部之间，也包括组织与组织之间，表示尊重和敬意。

（2）约束作用。职业礼仪规范一旦制定和推行，对任何一个该职业内的人员有自觉或不自觉的约束，成为一种行为规范，也是衡量一个人是否职业化、是否具备职业素养的重要标志。

（3）文化作用。一个行业职业礼仪的形成，往往会无形中体现该行业或该企业的一种教化氛围，对组织成员有潜移默化的影响，而且往往通过传帮带，成为企业文化的重要组成部分，影响着社会、组织的发展。

（4）协调作用。职业礼仪不仅起着规范、约束和调整行为人行为的作用，同时对化解矛盾、处理人际关系、发展健康的职场人际关系和客情关系（产品、服务提供者与其客户之间的情感联系）都有极其重要的作用。

拓展阅读↘3－1

教养就是细节①

著名艺术家、作家、文艺评论家陈丹青写了一篇关于教养的社交礼仪感悟文章：所谓教养就是细节。他列举了40个生活中展示个人教养的礼仪行为（本书列举其中10个细节）。

（1）别人给你倒水时不要只看着，要用手扶一下，以示礼貌。

（2）别人对你说话，你起码要能接话，不能人家说了上句，你没了下句，或者一味地说着“啊啊啊”“是是是”。

（3）有人盯着你看的时候不要直视对方，也不要假装没注意到。

（4）女人一辈子不能手心朝上向男人要钱花。

（5）吃完饭退席时说：“我吃完了，你们慢用。”

（6）给人递水递饭一定是双手。

（7）坐椅子不要翘起来。

（8）吃饭要端碗，不要在盘子里挑拣，不要拿筷子敲碗。

（9）最后一个进门要记得随手关门。

（10）送人走要说：“慢走。”

二、养老顾问职业礼仪基础

养老顾问与老年人的关系是养老服务这一系统中较为关键和重要的关系。养老顾问能否通过各种具体琐碎的服务行为与老年人建立起亲切友好、团结协作、相互配合的良好关系，直接影响到服务质量和养老顾问的工作成效。因此，养老顾问的职业礼仪不仅体现其职业素养，更是关系到提供服务的养老组织的经济效

① http://www.mw8.com/fanwen/wjbkini.html.

益和社会效益。

养老顾问的职业礼仪是指从事相关老年服务的从业人员，在为老年服务工作中为表达对服务对象的关注与尊重而采取的律己敬人的方式与方法，是老年服务伦理的外在表现形式。

（一）老年服务活动的职业伦理

职业伦理是关于从事某种职业的群体或个人的一些总结性的价值要求。职业伦理把某个行业的从业人员进行区分，使其具备特定的社会角色，从社会伦理的角度确立职业的伦理规范和价值观的问题，并在此基础上规定从业人员的权利与义务。因此，需要遵循以下原则。

1. 慈善原则

中华民族是一个热情仁爱、乐善好施的民族，慈善的概念古已有之。在中国传统文化典籍中，“慈”是“爱”的意思。“慈者爱，出于心，恩被于业”（孔颖达疏《左传》），许慎的《说文解字》中也有“慈，爱也”的解释，尤指长辈对晚辈的爱抚，即所谓“上爱下曰慈”。“老其老，慈其幼，长其孤”的“慈”即为“爱”之意，可见“慈为爱之深也”。“善”的本义是“吉祥，美好”，即《说文解字》中“善，吉”所解释的，后引申为和善、亲善、友好。与“慈善”相近的“慈悲”一词原本是一个佛教用语，意思是给众生快乐，将众生从苦难中拯救出来，泛指慈爱与怜悯。大乘佛教中的佛、菩萨以追求慈悲及智慧为最高目标。

中国自古以来就有“慈善”的传统，据《周礼·地官》记载，早在西周时期，周王在中央行政官职中已设立“地官司徒”一职，助其教化国民、安定天下，主要职责是“以保息六养（慈幼、养老、赈穷、恤贫、宽疾、安富）万民”，这也正是现代慈善概念中的具体内容。

养老顾问从事的工作，既包括养老政策、优惠措施、医疗康复、法律心理方面的咨询，也涉及具体的生活照料，诸如饮食、睡眠、如厕、洗浴、衣物换洗等需求满足，尤其是对那些长期卧床老年人的养护，更应报以一颗慈善之心，给予关爱与照料。慈善最基本的精神就是能以耐心、细心和爱心去投入工作，这一原则要求养老顾问在对老年人的服务活动中积极做增进老年人健康和福祉的事情，关心并维护老年人的合法权益。

2. 诚信原则

诚信是中华民族的传统美德，服务工作中的诚信原则就是强调诚实劳动、讲求信誉。常言道“做事先做人”，这也是养老顾问所要承担的义务和职责，确保服务对象能得到效率和质量保障的服务活动。诚信要求在对老年人的服务过程中保持言谈举止的真诚友善，多能站在老年人的角度看待问题，帮助老年人解决实际问题，赢得老年人的信任和肯定，有利于工作的开展。当然诚信原则在实施过程中也要讲究一定的灵活性，对于罹患绝症的老年人有时候需要善意隐瞒病情，以免老年人因心理承受能力不够而遭受打击。

3. 人本原则

这一原则要求养老顾问在提供服务的过程中一切以老年人为中心，充分理解和了解老年人的动机和需求，重视老年人的内心感受，开发人性化服务产品，提供人性化的服务，提高老年人的满意度和忠诚度。同时，人本原则也要求我们尊重和善待服务对象，而不论其亲疏、贫富，都能一视同仁，施以同理心和善意。

4. 互利原则

养老顾问提供的产品就是服务，客户通过享用这一产品给予相应的给付，所以工作的核心其实就是在利他的同时能利己，坚持个人合法权益与承担社会责任相统一，个人利益的实现也正是在为社会、为他人提供利益的过程中实现的。对养老顾问来说，就是在为老年人提供完美服务的同时实现个人价值和利益。

（二）养老顾问职业礼仪的特点

1. 规范性

养老顾问职业礼仪的核心内容是服务，是一种价值尺度，更是一种道德准则，对养老顾问的举止行为具有普遍的约束和规范作用，是一种被业内和社会广泛认同的社会价值取向和对他人的态度。无论是具体言行还是具体姿态，所反映出来的是行为主体的思想、道德等内在品质与外在行为标准，也只有这样，才能在为老年人提供服务的岗位上实现自我价值。

2. 策略性

策略性是指礼仪作为一种方式和手段，表现在养老顾问面对不同的服务对象，在不同的时间、地点、地域、时机等要采取不同的礼仪方式，考虑到一些复杂的关系处理，甚至破格“礼待”。一般情况下，礼仪讲的是“适合得体”，不仅在言谈举止上，穿着打扮甚至饰品的使用上也同样是有策略性的。相比一般的社交礼仪，养老顾问面对的可能是与直接服务对象相关的各种复杂关系，因此职业礼仪更加富于理智性和智慧性。

3. 沿习性

礼仪形成本身就是个动态发展的过程，是在风俗和传统变化中形成的行为规范。在这种发展变化中，表现为一种继承和发展，且一旦形成，就具有一种相对的独立性。例如“尊老爱幼”一直是我国自古的传统，也深深地嵌入中国文化的核心，相关的礼仪文化也源远流长。古代圣贤孟子在著作中多次谈到“尊老敬老”的话题，“谨庠序之教，申之以孝悌之义，颁白者不负戴于道路矣！”“老吾老以及人之老”“敬老尊贤，俊杰在位，则有庆。”同时，老年服务礼仪也是一个扬弃传统礼仪和文化的过程，那些糟粕会逐渐被抛弃，而那些优秀的、反映劳动人民内在精神风貌、气质修养的礼仪形式则会继续沿袭下去，并在中国社会不断深入老龄化的今天，得以成为一个不断更新迭代的行业系统。

4. 综合性

礼仪是一门关于人的交际行为规范的科学，这是它有别于其他学科的标志，但它又广泛吸收了其他许多学科的成果，使自身体系不断充实、完善，因此，礼仪本身就是一门综合性的学科。因为服务对象的特殊性，养老顾问的职业礼仪必须综合一定的实践性、知识性、科学性。例如，当老年人家属问及根据老年人健康评估，可以给出怎样一个合理的、可接受的方案时，养老顾问若无法马上当面说出一二三，很容易被认为不专业，也很失礼；当老年人和家属就护理问题发生矛盾，养老顾问如果不能恰当处理，那么很可能影响双方或多方，同样也会被认为失礼。因此，养老顾问的职业礼仪既有其特殊的专业性，更同时兼具了综合性这个特点。

总之，养老顾问的职业礼仪需要体现的是文明、优雅、专业和实用。

三、养老顾问职业礼仪实务

养老顾问职业礼仪是一种学问，也是一门交往中的艺术，其实践性、应用性都很强。养老顾问在提供服务过程中所表现的仪容仪表、言谈举止不仅代表其个人素养，同时也传递出了组织机构是否专业的信息。通过职业礼仪实务的学习，养老顾问应在理解掌握养老顾问职业礼仪基本理论和专业知识的基础上，更好地解决问题，做好沟通，提升自身的专业形象和职业技能。

（一）着装礼仪

服装是以实用性定位的，但是很多时候并不完全以实用性来考量，而是被一些标准所限定，限定的标准和范围小到团队、中到公司、大到国家。标准是由组成这个环境的人群构成的，其文化知识、人群层次都会影响到标准的形成。

1. 着装及搭配的基本原则

（1）色彩搭配规律。

不同的色彩有着不同的象征意义，不同颜色的服装穿在不同人身上会产生不同的效果，因此，服装色彩的搭配是有学问的。日常着装色彩搭配应遵循“三色原则”，即全身着装颜色最好不要超过三种颜色，而且以一种颜色为主色调，颜色太多会显得乱而无序、不协调。黑、白、灰三种颜色无论怎么搭配都是很和谐的，而且这三种颜色在服装配色中占有重要位置，几乎可以和任何颜色相配。

服装的基本色彩搭配方法有三种：一是同色搭配法。这种搭配法被称为是最保险的配色法。它既包括上下装同色——即套装，如男士西装、女士职业套装等；也包括把同一种颜色按照色系的深浅、明暗度不同进行搭配，以造成一种统一、和谐的审美效果，如墨绿色配浅绿色、红色配深红色等。二是相似搭配法。指两个比较相似的颜色，即相邻的颜色进行搭配的方法，如橙配黄、黄配草绿、白配灰、红配橙红。相似搭配由于富于变化，色彩有差异，服装更显活泼与动感。三是主辅搭配法。就是以一种色彩为整体的基调，再适当辅之以其他色彩的搭配，各种颜色不失各自特点，相映生辉。但在搭配时要注意对比效果，既鲜明，又不要太刺眼。

无论采用哪一种搭配方法，都应该掌握调和（协调）这条共同的基本原则。调和不等于没有对比，没有变化。调和就是美。另外，在着装配色上必须考虑到个人的肤色、年龄、体形等来选择颜色。例如，皮肤发黄的人，不宜选用黄色、土黄色、灰色的服装，否则会显得精神不振、无精打采。脸色苍白的人，不宜选用绿色服装，否则会使脸色更显病态。白色衣服对任何肤色效果都不错，因为白色的反光会使人显得神采奕奕。体形瘦小的人适合穿明亮度高的浅色服装，这样显得丰满。而体形肥胖的人用明亮度低的深颜色则会显得苗条。大多数人的体形、肤色属于中间混合型，所以颜色搭配没有绝对的原则，重点是要在着装实践中找到最适合自己的搭配颜色。

（2）着装 TPO 原则。

“TPO”是英文 Time（时间）、Place（地点）、Occasion（场合）三个单词的缩写。着装的 TPO 原则是指人们的穿着打扮要在符合身份特点的情况下，兼顾时间、地点、场合并与之相适应，是世界通行的着装打扮的最基本原则。

一是与时间相适应。着装要富有时代特色，把握时代主流，既不能太超前，也不能滞后，应散发时代气息。同时，着装还要合乎季节时令。

二是与地点相适应。着装要考虑到不同国家、不同地区所处的地理位置、自然条件以及生活习俗等。地方不同，着装也应该有所区别，特定的环境应配以与之相适应、相协调的服饰，才能获得视觉和心理上的和谐美感。豪华宾馆铺着丝绒地毯的会客室与陈旧简陋的会客室，穿着同一件服装得到的心理效应是截然不同的，给人的感觉也是不同的。

三是与场合相适应。这主要是指在上班、社交、休闲等不同场合应有不同的着装。上班时间，着装应遵循端庄、整洁、稳重、美观、和谐的原则，能给人以愉悦感和庄重感。正式社交场合，着装宜庄重大方，不宜过于浮华。参加晚会或喜庆场合，服饰则可明亮、艳丽一些。参加殡葬仪式，则要求以深色、素色为主，切忌穿新潮的时装或鲜艳的服装，以免与现场悲哀、肃穆的气氛不协调。节假日着装应随意、轻便些，西装革履则显得拘谨而不合时宜。家庭生活中，着休闲装、便装更有利于与家人之间沟通感情，营造轻松、愉悦、温馨的氛围。

2. 配饰类型及其佩戴原则

在衣着的整体构成中，装饰用品是作为服装的辅助用品而出现的，但又是区别于服装而独立地存在的。装饰用品与服装构成了服饰的完整性。服饰之间的配套是一种基于实用和审美基础上的人体造型艺术，是一种立体的艺术，是基于人们对色彩、线条和造型的感知能力而产生的。穿着一套精心设计的服装，切不可忽视装饰用品，巧妙地使用首饰和饰物，是构成整体和谐的点睛之笔，能达到互相烘托、交相辉映的装饰效果。

装饰用品的种类，根据作用大致可以划分为实用类和装饰类。实用类如帽子、鞋袜、眼镜、腰带、皮包等，这类饰品与服装搭配得当，可使人锦上添花。装饰类又称首饰，如耳环、戒指、手镯、项链、手表、胸花等。装饰品的特点是体积较小，效果明显，其功能是点缀、美化整体形象。如果把所有的装饰品都集于一身、刻意堆砌、全身披挂，反而会掩盖独具特色的自然美，破坏了整体形象的和谐。

装饰品是服装美不可缺少的点缀，正确而有效地利用装饰品，可使着装锦上添花。合理选择、佩戴装饰用品，主要考虑以下几点：一是风格统一。装饰用品与服装的式样、色调、风格要一致和谐。二是对比效果。选择具有对比色的服饰品，组成动人的、个性化的着装。例如在春秋两季，女性大多喜欢穿漂亮的羊毛衫，如果羊毛衫是玫瑰红色的，配以一朵银色的胸花，就能给人以活泼俏丽、艳而不俗的美感。三是弥补作用。佩戴的装饰用品能有利于弥补自己生理上的某些不足。例如，双腿较短的人，服装与袜子、鞋最好选用同一种颜色，能给人以修长之感；脸大的人，最好不要戴太小的帽子，那样会显得脸大头小；脖子较短的人，合适选用细长的项链。四是协调适宜。佩戴装饰要因时因地因人而异，“因时”是指根据季节变换服饰，不合时宜的服饰不仅不符合审美习惯，对健康也不利。如女性在严冬仍然穿着短裙和单鞋，就毫无美感可言。“因地”是指佩戴饰品要考虑到不同场合，在社交晚会或者娱乐休息场所，可以打扮得珠光宝气或者鲜艳活泼一些，但如果在为重病老年人提供服务的场合，这样的打扮就不合时宜。

3. 养老顾问着装配饰要求

养老顾问通过规范的着装能充分显示饱满的精神面貌和积极向上的职业素养，并由此增进与老年人的关系，有利于增强服务对象的信任感，主动配合工作。因此，在对老年人服务过程中，从业人员应穿指定的工作服，并按照着装原则严格要求自己，以利于工作的顺利开展。

（1）工作着装。养老顾问在工作中穿工作服可以体现精神风貌，醒目的工作服是老年人识别老年服务人员的主要标志，着工作服是对自己职业热爱和对老年人尊重的表现。老年服务工作服的庄重、典雅，使老年服务从业人员自然而然产生一种职业的责任感、自豪感；工作服的大方、整洁、合体，能充分展示出养老顾问沉稳、平和、干练、敬业的风采。

（2）佩戴胸牌。养老顾问工作需要体现严谨认真的面貌，在穿工作服时必须佩戴工作牌。工作牌上应附有本人照片，并有姓名、职务、职称以及所在部门的信息，便于老年人识别、问询和监督服务工作，同时也可督促养老顾问工作认真负责，鼓励其能高质量地为老年人提供服务。工作人员应确保工作牌整洁、无破损，端正地戴在左胸上方。如有破损应及时更换，更不可随意佩戴他人工作牌。

（3）清洁齐整。规范、统一、清洁、整齐的工作服体现着养老顾问职业的严谨性、科学性、艺术性，体现着养老顾问的尊严和责任，规范的着装也向社会展示着养老顾问严谨、自信、优雅、庄重、诚信的工作作风。由于养老顾问工作以综合技能操作为特点，要求迅速、准确、安全，因此养老顾问的工作服体现出简洁、大方，便于进行各项操作，而且端庄的外表可增加老年人的信任感。

（二）仪容礼仪

仪容是指一个人的容貌，是个人仪表的重要组成部分。仪容由发式、面容以及人体所有未被服饰遮掩的肌肤（如手部、颈部）等构成。在个人仪表中，仪容占有举足轻重的地位。职场仪容礼仪主要指发式、面容及四肢修饰的规定和具体要求。

1. 头发修饰

头发梳理得体、整洁、干净，不仅反映了良好的个人面貌，也是对人的一种礼貌。作为养老顾问，其发式礼仪的要求有以下几点：

（1）整洁卫生。头发应整洁、无异味。要经常理发、洗发和梳理，保持头发的整洁。整理完头发后，要把撒落在身上的碎发等物清除干净；如果有必要使用发胶，可选用清香型的，注意保持头发整洁、不蓬散，不要用太过浓郁的发胶或发油。

（2）符合常规。男性养老顾问头发的长度要适宜，前不及眉，后不及领，旁不遮耳。不能留长发或者梳大背头、大鬓角的发型，尽量不要剃光头。

女性养老顾问的发型根据长短而定。如果是长发，应以盘发为宜，不梳披肩发，头发不能遮盖眼睛。如果要戴头饰，应以深色小型为宜，不可过于引人注目。

（3）注重护理。头发护理应按照发质的不同而进行，做到经常洗发、定期理发，还要注意通过日常修整保持美发，如梳理头发要选择适当的工具，同时避开公共场合。

2. 面容修饰

面容修饰礼仪的基本要求是保持面部的干净清爽，无汗渍油污等不洁之物。最简单的方式就是及时洗脸，午休、用餐、出汗、劳动之后，都应当立刻洗脸。

表3－1　面容修饰礼仪之清洁面部

项目	清洁要点
眼睛	保持眼部清洁，分泌物要及时清除。工作场合不宜戴墨镜
耳朵	及时清除耳朵中的分泌物；若有耳毛，应定期及时修剪
鼻孔	鼻腔要随时保持干净，不让鼻涕或别的东西充塞鼻孔；及时修剪长到鼻孔外的鼻毛
嘴部	牙齿清洁，无异味
脖颈	清洁脸部时，注意同时清洁脖颈，尤其是脖后、耳后，不要让其成为“藏污纳垢”之地，护肤时也要同时对脖子上的肌肤进行护理

（1）男性养老顾问面容修饰。

男性养老顾问应养成每天修面剃须的良好习惯。除了宗教信仰和风俗习惯原因外，不宜蓄留胡须，否则会给服务对象一种不清洁的感觉，显得不尊重老年人。还需要关注一些细节，忌眼耳有明显的分泌物，忌露出鼻毛。男性养老顾问要养成出门前照镜子的习惯。

（2）女性养老顾问化妆修饰。

化妆的目的在于给人一种精神面貌良好、焕然一新的感觉，适度的化妆也是对服务对象尊重的一种礼貌的表现。

女性养老顾问的化妆应遵循“适当”的基本原则，也就是说女性养老顾问在上岗之前根据岗位和接待礼仪的要求进行化妆，其风格应以淡雅为主。

第一，淡妆上岗原则。现代社交礼仪中，化妆是一个基本的礼貌，素面朝天并不会给人以好感，尤其是在生病、熬夜、身体不适等情况下，素面往往会体现一个人的憔悴，精致的妆容则会显示你的美丽同时也是对对方的尊重。养老顾问工作中，精致淡雅的妆容是最为合适的，浓妆艳抹或者前卫冷傲，会给人留下轻浮无礼、傲慢的形象。而且在室外工作时，一旦出汗，过于浓重的妆容难免会使人尴尬。

第二，符合审美原则。女性养老顾问化妆的目的和作用在于体现一个人职业形象的和谐自然之美。符合审美原则的化妆要注意以下三点：首先，色彩搭配。色彩要素雅洁净、和谐统一，给人以自然、舒服、清爽的感觉。所以应该根据自己的肤色选择合适色系的化妆品。化妆并不是要改变肤色或者一味求白，而应与自己原有的肤色恰当结合，使化妆后的皮肤显得干净整洁、自然、协调。因此，最好选择接近或略深于自己肤色的颜色化底妆，这样比较符合当今人们追求的自然美。其次，依循自然。如果眉毛天然整齐细长，浓淡适中，化妆时可以不描眉；脸型和眼睛形状较好的就可以选择不画眼。最后，脸型适配。在化妆时要依据自己的脸型进行调配。例如脸型比较宽的，色彩可以集中一些，描眉、画眼、涂口红腮红尽量集中在中间，以给人收拢之感；眼皮薄的人，眼线可描得浓一些，这样会显得眼皮厚。

第三，尊重科学原则。女性养老顾问需要科学选择化妆品并懂得正确使用，以免伤及皮肤。除此之外，还需要学习科学的化妆技法，以求自然美和修饰美的和谐统一。

女性养老顾问特别要注意两点：一是不在公共场合化妆和补妆，避免给人轻佻、浮夸、缺乏修养的感觉；二是不以残妆示人，以避免给人懒散、邋遢、不修边幅的感觉。因此，坚持化妆，化得自然淡雅，同时也要注意及时进行检查和补妆。

表3－2　面容修饰礼仪之简易化妆

步骤	项目	具体操作
1	打粉底	1. 使用饰底乳（含隔离）。用绿豆大小的底乳敷在脸上，均匀涂抹，注意量不要一下用得太多
		2. 粉底液。比饰底乳多一倍的量均匀地涂抹在脸部，通常选用与自己肤色接近的粉底液，用点、按、压、揉的手法，均匀涂抹在面部和颈部，尤其是注意眼部、头发与额头交界处
		3. 遮瑕霜（液）。用化妆刷轻轻地在瑕疵及其周围涂遮瑕霜
		4. 定妆（散粉）。用粉扑轻轻地拍打在脸部，要均匀上粉，注意脸和脖子交界处
2	画眉毛	1. 要做好修剪，用修眉工具顺着眉毛生长的方向，将多余的眉毛修除，使眉形清晰、整齐、流畅
		2. 用眉笔刷蘸取浅色眉粉在眉毛处画出一条眉形，再用深色眉笔加深层次，有缺失的地方用眉笔按照缺一补一的方式一根根填补
		3. 用修改笔蘸取基底液将眉底线修饰干净
		4. 在眉弓处用白色或珠光色提亮
3	刷眼影	1. 根据不同的服装颜色进行眼影色彩的搭配
		2. 注意色彩的过渡。先用浅色，再在靠近睫毛的地方加深
		3. 完妆后要在眉骨鼻梁上扫上一层白色的散粉，使其具有立体效果
4	勾眼线	1. 眼线应画得紧贴睫毛
		2. 画上眼线时，先从内眼角向外眼角方向画；画下眼线时，则相反，并在距离内眼角1/3处收笔
		3. 内眼角不画，重点晕染眼尾

续表

步骤	项目	具体操作
5	抹腮红	1. 腮红与眼影和唇膏要属于一个色系，用小刷蘸取腮红刷到颧骨下方
		2. 标准型：在笑肌位置用刷子由外往内打圈方式刷上腮红
		3. 长脸型：从脸颊部位开始到耳朵方向横向扫
		4. 圆脸型：斜形涂法。年轻女孩用圆形涂法
		5. 方脸型：斜形涂法，可离鼻子稍近一些
		6. 正三角型：从颧骨向太阳穴方向涂抹，下面深，上面浅
		7. 倒三角型：从太阳穴向颧骨方向涂抹，面积不能大
		8. 菱形脸（颧骨突出）：在整个突出的颧骨部位，微微呈射线状抹上腮红
6	涂唇膏	1. 画唇线：用唇线笔画，笔的颜色略深于唇膏，嘴巴自然放松张开，先上后下，一般是从两侧往中间画
		2. 涂唇彩：色彩要协调，无色也可以，一般从两侧向中间涂
		3. 用纸巾吸去多余的唇膏，并注意牙齿上不要留有唇膏

3. 四肢修饰

肢体是礼仪的载体，许多礼仪形式都是通过肢体各部位器官的协调一致来完成的，因此四肢修饰同样不可忽视。

（1）手部。

在对老年人的服务中，很多工作都是通过手来进行的，因此，养老顾问手部的清洁与卫生对防止交叉感染以及维护职业形象特别重要。

首先，要做到“六洗”。上岗前、弄脏后、接触精密物品或入口之物前、上过卫生间之后、下班之前、规定须洗手之时。

其次，做好护手工作。手是人的第二张脸，一双保养良好、干净的手会使人感觉美感和舒适，所以在清洗完手之后要及时涂抹护手霜；若有皮肤病要及时进行治疗，并尽量避免与人接触；做护理工作时要注意戴手套。

最后，关注指甲。养老顾问的工作不允许留长指甲，因此，要定期修剪指甲，长度不宜超过指尖；也不要过于修饰，更不能涂抹彩色指甲油或艺术绘画；禁止在公共场合修剪指甲或用牙齿啃咬指甲等，这与养老顾问职业形象不符，显得不礼貌、不卫生、不雅观。

（2）手臂。

职场人员最好不要穿无袖服装，避免“走光”。如果手臂有缺陷，例如有较大的疤痕，则不宜穿短袖工作服，应穿长袖给人以完好的形象。尤其是女性，要注意腋毛不外露。另外，夏天天气热，人的腋下容易产生气味，此时要注意勤擦洗、勤换衣服，或者使用一些能去除异味的产品；如果是健康问题引起的，则要去医院做咨询诊疗。

（3）腿脚。

脚部修饰要注意两点：一是在正式场合，男性养老顾问不应暴露腿部，也就是不宜穿短裤；女性养老顾问可以穿长裤、裙子，但是不应穿短裤，裙子的长度应及膝或过膝。二是勤洗脚、勤换袜子和鞋子，这不仅是礼仪的需要，也是健康的需要。在正式场合要穿袜子，穿符合规定的工作鞋，并做到清洁、舒适、美观、方便。不可穿拖鞋、凉鞋、镂空鞋。此外，不要在他人面前脱下鞋子，更不要脱下袜子抓挠脚部。

（三）举止礼仪

举止是指人体的各种动作姿态，是一种动静结合的美和个人风度的具体体现。一个人的行为举止，是社交中无声的语言，是个人性格、品质、情趣、素养、精神世界和生活习惯的外在表现。文明优雅的举止往往会给人留下良好深刻的印象，使人乐于接近；而缺乏修养、自私粗俗的举止则会使人敬而远之，严重影响社会交往的展开。所谓举止礼仪，就是在社会交往中被大多数人认可的举止规范行为。站姿、走姿、坐姿等每个动作都有其规则，从人的动作中能读出其内心世界。因此，养老顾问时刻要注意一举一动，让自己的举止更优美、言谈更大方。

1. 站姿

站姿是人们生活交往中的一种最基本的举止，显现的是静态之美。良好的站姿应该给人以一种挺直、高雅的感觉，这是一切优美体态的基础。

（1）规范站姿。一是站立时头部微抬，面向正前方，双眼平视，下颌微收，颈部挺直。二是挺胸收腹，上身挺直。三是两肩放平，双臂自然下垂，放在身体的两侧，手心向内，中指微压裤缝。四是双腿要立正，注意身体的挺拔，身体重心要放在两脚中间。

（2）常用站姿。

后背式站姿：在标准站姿的基础上，挺胸抬头，下颌微收，双目平视，两腿分开，两脚平行，不能超过肩宽，双手在身后交叉，右手搭在左手上，贴在后腰部。这种站姿略带威严，容易产生距离感，是男士常用的站姿。

前腹式站姿：在标准站姿的基础上，脚掌分开呈“V”字形，双手交叉放在小腹前，右手搭在左手上。这种站姿，男士可以将两脚分开，但不宜过大。女士则可以采用丁字步，一脚稍微向前，脚跟靠在另一只脚的内侧。在站累的情况下可以适当调节一下步态，可以将一条腿向前跨半步或向后撤半步，将身体的重心轮流放在两条腿上。

立式站姿：两腿呈“V”字形，两手放在腿部两侧，手指稍微弯曲，中指压

图3－1　男士标准站姿

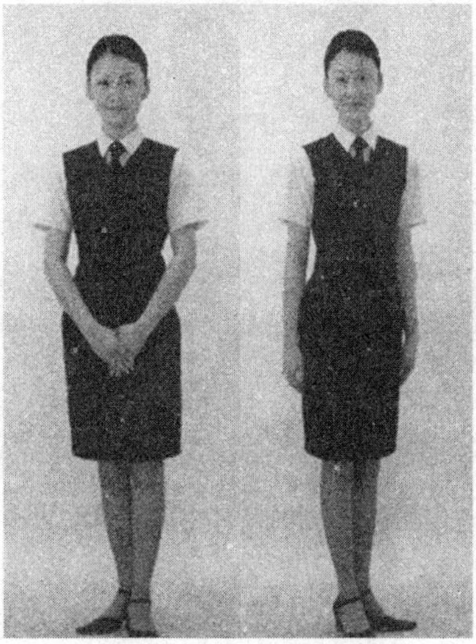

图3－2　女士标准站姿

裤缝。

不管是哪种站姿，要注意上身始终要保持挺立并养成一种职业习惯。男性站姿刚毅自信，女性站姿则端庄大方。

（3）错误的站姿。错误站姿不仅不够雅观，而且缺乏敬人之意。因此，要克服出现以下不良站姿：一是身体歪斜。若身躯出现头偏、斜肩、腿曲、身歪，或膝部不直，不但直接破坏了人体线条美，而且会显得颓废消沉、萎靡不振或者自由放荡。二是手位不当。站立时手位不当主要表现在：双手抱在脑后；用手托着下巴；双手抱在胸前；把肘部支在某处；双手叉腰；将手插在衣服或裤子的口袋里。三是脚位不当。在正常情况下，“V”字步、“丁”字步或平行步均可采用，但要避免“人”字步，即通常说的“内八字”。四是小动作过多。站立时避免一些下意识的小动作，如摆弄衣角、咬手指甲等，会给人一种散漫、缺乏自信的感觉。

2. 坐姿

坐姿是指人们就座后身体所保持的一种姿势。这是一种静态的人体体位。在现实生活中，坐姿是采用最多的姿势之一，也是交往活动中最重要的人体姿势之一。

（1）坐姿的要领。上体挺直，不弯腰驼背，也不可前贴桌边后靠椅背，上体与桌、椅均应保持一拳的距离；双膝并拢，不可两腿分开；双脚自然垂地，不可交叉伸在前面，或一前一后伸腿，甚至呈内八字状；双手应掌心向下相叠或两手相握，放在身体的一边或膝盖之上；头、领、颈应保持与站立时的姿势一致。坐着谈话时，上体和双腿应同时转向对方，双目正视说话者；离开座位时要自然稳当，右脚向后收半步，而后站起。不能突然站起，以免惊吓他人。

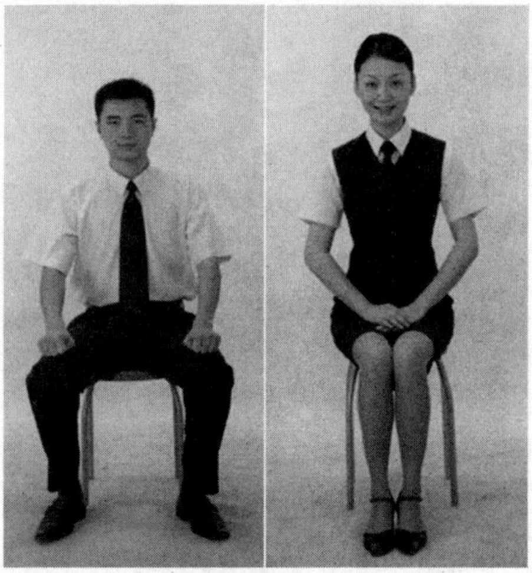

图3-3 标准坐姿

男女的坐姿大体相同，只是在一些细节方面存在差别。例如，女子就座时，双腿并拢，以斜放一侧为宜，双脚可稍有前后之差。也就是说，如果两腿斜向左方，则右脚放在左脚之后；若两腿斜向右方，则左脚放置在右脚之后。这样人正面看来双脚交成一点，可延长腿的长度，也显得颇为娴雅。男子就座时，双脚可平踏于地，双膝亦可略微分开，双手可分置左右膝盖之上。

（2）错误的坐姿。

一是身体歪斜。坐的时候上身不直，出现倚靠、塌腰等不雅姿态。

二是双腿叉开过大。面对他人时，不管叉开大腿还是小腿都是非常失礼的行为。

三是随意架腿。坐下后架起腿未必不可，但应当是两条大腿相架，并且不留空隙，而不是架起“二郎腿”。

四是两脚随意抖动。面对他人时，切勿反复抖动或摇晃自己的腿部，免得令人心烦意乱，给人不够安稳的感觉。

五是脚尖指向别人。坐后一定要使自己的脚尖避免直指别人，跷脚之时尤其忌讳这一动作。脚尖应垂向地面，或者斜向左、右两侧，才是得体的。

六是注意手势。与人谈话的时候，双手可随着谈话的内容做一些手势，但是在正式场合与人交流的时候，不要过于频繁。

3. 行姿

如果站姿和坐姿被称作是人体静态造型的话，那么行姿则是人体的动态造型。行姿，即行走的姿势，它产生的是运动之美。人人都会走路，但走出风度、走出优雅、走出美来，则要靠平时练习和注意。

（1）行姿要求。

行姿要做到“行如风”。起步时，上身略微向前倾，身体的重心落在前脚掌上。行走时，双肩平稳，目光平视，下颌微收，面带微笑。手臂伸直放松，手指自然弯曲。摆动时，以肩关节为轴，上臂带动前臂，前后自然摆动，摆幅以 30 ~ 50 度为宜。

行走步幅适当，一般应该是前脚的脚跟和后脚的脚跟相距一脚长。跨出的步子应是全脚掌着地，膝和脚腕不僵直行走，足迹在一条直线上。步行速度，一般是女性 108 ~ 110 步/每分钟，男性 118 ~ 120 步/每分钟。

行走中，男性不要左右晃动肩膀。女性的髋部不要左右摆动，穿高跟鞋时应注意保持身体平衡，以免摔跤。男女两人同行，女性步幅较小，男性步幅较大，男性应适当调整步幅，尽量和女性同步行走。

行走时，不要左顾右盼、左摇右摆、大甩手，也不要弯腰驼背、歪肩晃膀、步履蹒跚，不要双腿过于弯曲、走路不成直线，更不要走“内八字”或“外八字”。

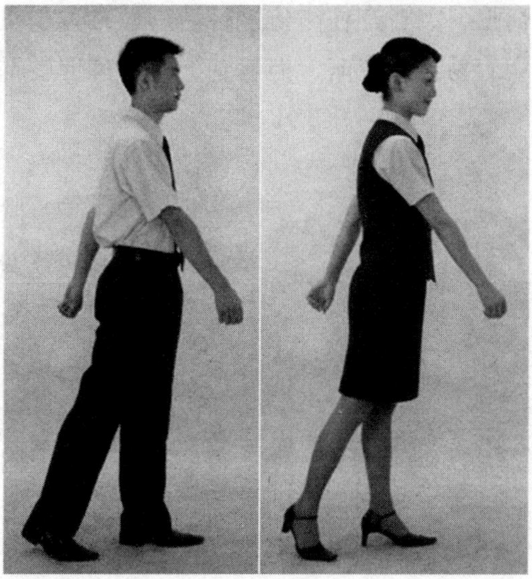

图3－4　标准行姿

（2）变向行姿。

变向行姿是指在行走中，需要转身改变方向的时候，注意身体先转，头后转，要注意向他人告别、祝愿、提醒、寒暄等时候的行走姿态。

后退步。与人告别的时候，不能扭头就走，应先向后退三步，再转体离开。退步时脚轻擦地面，不要高抬小腿，后退步幅要小。转体时要身体先转，头稍后一些转。

引导步。引导步是用于走在前边给宾客带路时的步态。迎宾时，要尽量走在宾客的左侧前方，整个身体半转向宾客方向，左肩稍前，右肩稍后，保持三两步的距离。遇到上下楼梯、拐弯、进门时，要伸出左手示意，提示客人先上等。

前行转身步。在前行中需要拐弯的时候，要在距离所转方向远侧的一脚落地后，立即以该脚掌为轴，转过全身，然后迈出另一脚。向左拐时，要右脚在前时转身，向右拐时，要左脚在前时转身。

（3）规避事项。

瞻前顾后。行走时前俯后仰，或者两个脚尖同时向里侧或外侧呈八字形行走，步子太大或太小，都会给人以不雅观的感觉。

响声过大。行走时应步态轻稳，不妨碍他人，否则会给人留下举止粗鲁、缺乏教养的感觉。

身体不正。行走时，应当避免头颈不直、肩膀摇晃、双手后背、手插裤袋、含胸挺腹等姿势，这样会给人以拘谨、懒散、傲慢、呆板或缺乏教养之感。

勾肩搭背。行走时与人勾肩搭背，或边走边吃东西、边抽烟等，不仅会影响他人，也会给人一种没有修养的印象。

4. 蹲姿

蹲姿，是指由站立的姿势转变为两腿弯曲，从而使身高下降的姿势，是比较特殊的情况下所采取的一种暂时性的体态。在老年服务过程中，也有一些需要下蹲的情形，如对工作岗位进行清理、拿取低处的物品、捡拾落在地上的东西等时候。蹲姿容易被人忽略，但弯着上身和撅起臀部是不雅观的。

图3－5　蹲姿

（1）蹲姿规范。

下蹲拾物时，应自然、得体、大方，不遮遮掩掩；下蹲时，两腿合力支撑身体，掌握好身体的重心，避免滑倒；下蹲时，应使头、胸、膝关节在一个角度上，使蹲姿优美；男士下蹲时，两腿之间可适当留有缝隙；女士无论采用哪种蹲姿，都要将腿靠紧，臀部向下。

（2）常用蹲姿。

高低式蹲姿。下蹲时右脚在前，左脚稍后，两腿靠紧向下蹲。右脚全脚着地，小腿基本垂直于地面，左脚脚跟提起，脚掌着地。左膝低于右膝，左膝内侧靠于右小腿内侧，形成右膝高左膝低的姿态，臀部向下，基本上以左腿支撑身体。

交叉式蹲姿。在实际生活中常常会用到蹲姿，如集体合影前排需要蹲下时，女士可采用交叉式蹲姿，下蹲时右脚在前，左脚在后，右小腿垂直于地面，全脚着地。左膝由后面伸向右侧，左脚跟抬起，脚掌着地。两腿靠紧，合力支撑身体。臀部向下，上身稍前倾。

半蹲式蹲姿。一般是在行走时临时采用。它的正式程度不及前两种蹲姿，但是在需要应急时可以采用。基本特征是身体半立半蹲。在下蹲时，上身稍许弯下，但不要和下肢构成直角或锐角；臀部务必向下，而不是撅起；双膝略微弯曲，角度一般为钝角；身体的重心应该放在一条腿上；两腿之间不要分开过大。

（3）注意事项。

不要突然下蹲。蹲下来的时候（特别是行进中需要下蹲时），速度不要过快。

不要离人太近。下蹲时，应和身边的人保持一定距离。和他人同时下蹲时，更不能忽略双方的距离，以防彼此“迎头相撞”或发生其他误会。

不要方位失当。在他人身边下蹲时，最好是和他人侧身相向。正面他人，或者背对他人下蹲，通常都是不礼貌的。

不要毫无遮掩。在大庭广众面前，尤其是身着裙装的女士，一定要避免下身毫无遮掩的情况，特别是要防止大叉开。

总之，下蹲时一定不要有弯腰、臀部向后撅起的动作；切忌两腿叉开、两腿展开平衡下蹲，以及下蹲时露出内衣裤等不雅的动作，以免影响姿态美。当要捡拾落在地上的东西或拿取低处物品的时候，不能有只弯上身、翘臀部的动作，而是应先走到要捡或拿的东西旁边，再使用正确的蹲姿，将东西拿起。

（4）养老顾问常见蹲姿。

由于养老顾问的服务对象具有的特殊性，在与老年人交流、为老年人提供服务的过程中，应该掌握一些较为常见的蹲姿，以实现与老年人通畅的交流，以体现优质的服务。

其一，与行动不方便的老年人交谈时的蹲姿。在养老服务机构，经常会碰到行动不是很方便的老年人，如坐轮椅、卧床的老年人，需要蹲下来才能和他们更好地交流。这时可以有高低式蹲姿或半蹲式蹲姿，这样两腿发力较为充分，也更容易保持一个好的姿态。也可以根据老年人的实际需要调整距离，有些老年人听力衰退，就需要稍微靠近一些，才能更好地进行交流。有些是卧床的老年人，距离也要适当调整，不能离得太远。对于使用轮椅代步的老年人，不要俯身或利用轮椅支撑身体来进行沟通，而应适当蹲在旁边，并维持双方眼睛于同一水平线，以利于平等交流与沟通。

其二，清理地上污渍时的蹲姿。有时候需要蹲下来清理地上的一些污渍，需要注意下蹲的姿势。此时可以使用高低式蹲姿，这样两腿发力较为充分，更容易保持姿态，行动起来方便。

注意不要下蹲得过快，造成重心不稳定而导致摔倒。另外，穿裙子的女士要注意，下蹲时将身体的侧面与他人相对。

拓展阅读↘3－2

日本护士跪着照顾病人[①]

日本医院不论大小，医生护士的服务态度总是很亲切，特别是对待老年人和孩子。

前不久记者到一家医院体检时，看到这样温馨的一幕：一位女护士几乎是跪在地上与坐在椅子上的老太太说话，护士耐心地向老年人介绍医生复诊的时间。按理说哪个医生什么时候出诊，医院都会写得很清楚，贴在墙上，但老年人没看见，就询问了护士。护士耐心解答之后还询问老太太：近来身体如何？晚上睡得好不好？老太太笑着道谢之后说："托你的福，我现在好多了，希望下次还能看到你。"

这样的情景在日本的医院里并不少见，护士与来医院的儿童患者说话时也往往采取跪式，这样能与小孩的视线平等，更容易交流。此外，日本护士给患者打针或者抽血前，往往会说"失礼了""您忍耐一下，马上就好"。患者走出诊疗室时，护士还要对患者说声"请多保重"。

---

① https：//www.med66.com/new/12a61a2011/2011222zhaoda142935.shtml.

除了门诊外，病房的护士更是热心、体贴。由于病人多是躺在床上，所以护士都是跪着照顾病人。一次，记者看到一名护士跪着喂一位老太太吃药，她胳膊和手的高度正好与老太太的头部齐平；吃完药，护士又跪着给这位老太太更换身下的褥垫，然后又陪老人家聊了一会儿才起身离开。

（四）言语礼仪

语言是一种文化行为，是实现良好人际交往的重要媒介。人生相知交谈始，人们相互间的沟通凭借符号系统来实现。“言语”通常意义上就是通过口头传递的信息，也就是自然语言，它是以听为形式的语言，也是人类最重要的交际工具。

1. 言语礼仪规范

首先，说话时要注意对方的心态和时机。也就是要考虑对方能否听得懂，是否感兴趣，接受程度怎样。在特殊的日子、特定的时刻，一句由衷的祝贺、一段真诚的赞美，必有锦上添花之效果；在他人陷入困境之时、心情沮丧之日，一句贴心的问候，一番恳切的鼓励，更有雪中送炭之功效。其次，说话不可说假话、空话、大话。说空话、大话者，可能会迷惑人一时，但绝不能哄人长久。在这种情况下，“日久见人心”所见的是浅薄之心、不可信赖之人。最后，就是要注意区分客套语和反语。在日常生活及社交中，还有一类“言不由衷”的现象，是出于特定的需要和惯例，而不能视为虚伪和失礼。

在社交场合的客套话，如“久仰大名”“幸会”“光临寒舍”“蓬荜增辉”等，显然有点言过其实，但令对方感到舒服，觉得受到尊重，已是约定俗成的社交客套话，是不失礼貌的表现。

2. 常见礼仪用语

（1）请托用语。通常指在请求他人帮忙或是托付他人代劳时，照例应当使用的专项用语。在工作岗位上，任何服务人员都免不了会有求于人。在向客人提出某项具体要求或请求时，都要加上一个“请”字。

（2）致谢用语。致谢用语一般为“谢谢”“感谢您的帮助”等。致谢的几种情况：一是获得他人帮助时；二是得到他人支持时；三是赢得他人理解时；四是感到他人善意时；五是婉言谢绝他人时；六是受到他人赞美时。

（3）应答用语。常用的应答用语主要有“是的”“好”“很高兴能为您服务”“好的，我明白您的意思”“我会尽量按照您的要求去做”，等等。一般不允许对客人说“不”字，更不允许置之不理。

（4）问候用语。标准式问候用语的常规做法是：在问好之前，加上适当的人称代词，或者其他尊称。例如，“你好！”“您好！”“大家好！”等。

（5）迎送用语。最常用的欢迎用语有：“欢迎！”“欢迎光临！”“欢迎您的到来!”“见到您很高兴!”“恭候您的光临!”等，往往离不开“欢迎”一词。但在客人再次到来时，可在欢迎用语之前加上对方的尊称，如“先生，真高兴再次见到您!”“欢迎您再次光临!”等，以表明自己尊重对方，从而使对方产生被重视之感。

最常用的送别用语主要有“再见”“慢走”“走好”“欢迎再来”“一路平安”，等等。

(6) 推托用语。拒绝别人也是一门艺术。在工作中有时也需要拒绝他人，此时必须语言得体、态度友好，不能直言“不知道”“做不到”“不归我管”“问别人去”，等等。

(7) 道歉用语。常用的道歉用语主要有“抱歉”“对不起”“请原谅”，等等。

表3-3　养老顾问机构问询服务礼仪一览表

情景	礼貌用语
首问语	您好！欢迎光临！请问有什么可以帮到您?
问候语	您好/早上好/下午好/新年好……
提示语	请您/麻烦您到……办理（配以指引手势）。
指路语	请这边走/请往左（右）拐。
征询语	您好！请坐！请问您想咨询什么业务?
	您的业务已办理完毕，您还有其他需求吗?
送别语	欢迎下次光临，请您慢走!

表3-4　养老顾问接待礼仪一览表

情景	参考礼貌用语
迎接客户	您好！欢迎光临!
客户犹豫时主动询问	您好，请问您需要提供什么帮助?
客人较多，不能及时办理业务	非常抱歉，我们今天业务较忙，会尽早帮您安排。
对个别客户失礼表现和无理要求婉转拒绝时	对不起！很抱歉!
正在接待客户，其他客户提问	对不起，请稍等。
客户有疑问，无法立即回答	对不起，我需要请示后再答复，请稍候。
办理业务或解答出错时	对不起，我没有听清楚或讲明白。
接听电话	您好！这是（××养老机构），请问……
送别	谢谢！“请您慢走!”/“欢迎再次光临!”

表 3－5　养老顾问服务礼仪七步曲流程

步骤	动作	话术	要点
1	迎接	您好！上午/中午/下午好！欢迎光临！	站相迎，诚请坐
2	询问	请问我能为您做些什么？请往这边走。	笑相问，慎导引
3	接待	请坐。请稍等。请给我看下您的资料……请您慢慢说……	双手接，耐心听
4	办理	您询问的事项办理大约需要××分钟（小时）。您先喝杯茶，稍等片刻。您可以先预约，到时候我们电话通知您/家属……	快速办，巧提示
5	推荐	这是我们最新的服务产品介绍，您先了解一下。您可以申请我们的 VIP 客户服务项目，这样更符合您的情况。您可以办理更为划算的……套餐服务，我帮您分析一下……	巧缔结，快速办
6	递送	这是您所有的资料、证件、单据，请您查看/请您收好。	双手递，细提醒
7	相送	请您对我的服务作出评价。/谢谢！再见！/请走好。	起立送，道再见

【案例讨论】

小黄来上海打工几年了，这次她去一家养老机构应聘行政岗位工作。今天是最后一轮面试，为确保万无一失，她做了精心的打扮：一身前卫的衣服、时尚的手环、造型独特的戒指、亮闪闪的项链、新潮的耳坠，身上每一处都是焦点，简直是无与伦比、鹤立鸡群。而她的对手只是一个相貌平平、刚到上海不久的女孩，学历也并不比她高，所以小黄觉得胜券在握。但结果却出乎意料，她并没有被这家机构所认可。

1. 请分析此案例中小黄为什么没被录取？
2. 作为养老顾问从业人员，你认为最为职业的形象是怎样的？

第二节　与老年人的言语沟通

在为老年人服务过程中，养老顾问灵活掌握运用沟通技巧非常重要，恰到好处的沟通方式和技巧能起到意想不到的效果，有利于各项工作的开展。

一、与老年人言语沟通的基本原则

随着年龄的增长，老年人在生理和心理上都发生了变化，一般老年人的心理承受能力会出现很大程度的降低，遇到困难或挫折时，情绪反应更为激烈，对身心健康的影响也更为明显，老年人渴望被尊重和理解，害怕孤独和寂寞。因此，养老顾问要主动关心老年人，并通过诚恳得体的交流为他们排除寂寞，使他们心情舒畅。

（一）以尊称和敬语表达尊敬

1. 称呼

在人际交往中，特别是在和陌生人打交道的时候，人们对于别人怎么称呼自己都表现得非常在意。对于养老顾问来说，称呼就是在提供服务的过程中对服务对象采用的称谓语，称呼得准确得体，在很大程度上影响着服务品质和服务对象的感受。

（1）多用习惯称呼。尊老、敬老、助老是中华民族的传统美德，孝敬长辈是一个人最起码的道德和良好品行的表现。在交往中，尊老、敬老会很明显地体现在称呼上，例如“老先生”“老人家”等冠以“老”字头的叫法，就让人油然而生一种尊重之感。“叔叔”“阿姨”“大叔”“大妈”等称谓，使得与服务对象的距离迅速拉近，产生亲近、亲密的感觉。对一些德高望重的老人家，则可以敬称为“某某公”“某某婆”。

（2）注意个性差异。沟通中一个非常重要的原则就是双向沟通，要求在理解和尊重交往对象的基础上，建立一种良好的沟通渠道，以促进交流，与服务对象建立一种约定俗成，而且双方都认可的交往方式，称呼是其中重要的一环。有些老年人严谨认真，有一定的名望和地位，这就需要通过称呼体现出对对方的尊重和敬意，在和对方交往时，当用敬称称呼对方。例如老年人以前的职业是教授、医生等，继续采用“某某教授”“某某医生”会让老年人觉得受到尊重。另外，有些人虽然是“爷爷”“奶奶”，但更喜欢称呼“某某先生”“某某女士”，感觉把人叫得年轻，就像给老年人灌输“你还年轻”的概念，久而久之，老年人会更注重保养，心态也变得年轻。所以要因人而异，了解服务对象，对某些老年人可以尽量采用年轻的称呼，让老年人觉得自己仍然充满活力。

2. 敬语

养老顾问服务从业人员在与服务对象沟通交流过程中，应当恰当、准确地选择敬语，这不仅仅是尊老敬老的表现，也是成为一名优秀的职业人的基本素质。准确得体地使用敬语可以体现出一个人的修养和品位。根据不同使用场合和目的，养老顾问常用的文明礼貌用语可以分为问候语、迎送语、答谢语、征询语、赞美语、推托语和道歉语。

（1）问候语。问候语，又叫见面语、称呼语，虽然短小简单，但却是人们生活中最常用的重要交际口语，是表示对别人的尊重。与老年人见面时，应该直截了当地问候对方，如“您好”“大爷好”“阿姨，您好”，等等；在一些特定时间场所，应该根据实际情况组织不同的语言，如“早上好”“下午好”“晚上好”等。

（2）迎送语。迎送语适用于在提供服务的过程中迎接或送别服务对象时使用。需要注意的是：展现对服务对象的热情和友好，表现对服务对象的重视。例如“有什么可以帮助您的吗?”“您有什么需要再来找我。”对于那些第一次来咨询的老年人，迎接语应使对方产生亲切、被重视的感觉，如“阿姨，您来啦。”使用迎送语的同时，还应该注意向服务对象施以点头、微笑、鞠躬等辅助语言符号。

（3）答谢语。答谢语应用范围很广，在获得帮助、得到支持的时候，向对方感谢就非常必要，如“非常感谢”“劳您费心”，有些表示向对方的应答，如“不必客气”“这是我应该做的”。

（4）征询语。养老顾问在服务过程中需要了解服务对象的需求和感受，恰当的询问就非常必要。向服务对象提供服务时的主动性询问，如“您需要帮助吗?”向服务对象征求意见或建议时应该使用封闭式征询，如“您觉得这样可以吗?”“这种力度合适吗?”提出方案供老年人选择时，可问“您是喜欢蓝色还是白色?”

（5）赞美语。在人际沟通中，每个人都希望得到他人的认可和赞美。在面对服务对象时能适当地赞美，不仅能够给服务对象带来愉悦，也能够成为和服务对象之间进一步沟通的“润滑剂”。要学会在日常工作中赞美老年人，在恰当的时机和场合夸老年人，例如“您今天气色真好”“需要向您学习的地方太多了”。老年服务产品的营销人员对客户也要真诚赞美，例如“您太有眼光了”“您的这个建议非常好，我会向领导转达”。赞美要发自内心，让人感觉有真情实感，这样才不会显得虚假。而且还要注意场合，观察对方的状态，如果对方恰逢情绪特别低落，或者有其他不顺心的事情，过分的赞美往往会让对方觉得不真实，反而弄巧成拙。

（6）推托语。有时候，养老顾问不一定能够完全满足服务对象的需求和愿望，或者达不到老年人的要求，这时候就需要合理推脱掉，要向服务对象真挚表达情况，使他们能够容易接受这种“不得已的拒绝”。可以直接向对方道歉，如“对不起，我确实做不到”；也可以向对方作出合理解释，“我们这里有规定，我不能做这个”。

（7）道歉语。养老顾问在面对服务对象时，难免会干扰到他人，或给他人带来不便，需要真诚地向对方道歉，如“抱歉”“对不起”“真是过意不去”等。道歉要真诚，才能收到好的效果。

（二）以平实的语言表达亲近

1. 语言尽量平实

语言平实指的是语言贴近老年人的生活，语言不华丽，不过多地用修饰语，让老年人一听就懂，并感觉很亲切。随着社会的发展，信息传播的渠道越来越丰富，特别是网络信息技术越来越发达，产生了越来越多的新词。接收信息快、容易接受新鲜事物的年轻人便有了网络流行语。流行语作为一种词汇现象，反映了一个国家、一个地区、在一个时期内人们普遍关注的问题和事物。不同时期有不同的流行语，而不同的流行语作为社会的一根敏感神经，反映出社会的变化。由于自身心理生理原因和社会原因，老年群体接收信息的速度和数量远远不及普通社会人，很多老年人对流行语不能感知或难以理解，这就需要养老顾问在与老年人进行语言沟通和交流的时候，尽量不使用可能会对交流产生障碍的流行语。

2. *注意地域差异*

我国幅员辽阔，人口众多，在漫长的历史发展过程中，由于地理历史条件和各民族的差异，在语言上形成了不同（即方言）。服务对象可能来自五湖四海，有部分老年人可能会有浓重的地方口音，所以养老顾问要做到以下几点：不要嘲笑某位老年人口音有这样或那样的缺陷，有些方言可能比较难懂，所以更要认真聆听老年人的表达，领会老年人的真正意图，要善于运用老年人喜闻乐见的语言表达方式和他们交流，例如四川老年人说“摆龙门阵”，而东北老年人则说“唠嗑”。

另外，老年人的个性差异也表现在很多方面，会受到教育程度、专业职业背景等相关因素的影响。老年人的经历不同，也会给他们的语言风格打上深深的烙印，在农村劳作了一辈子的老年人，使用的语言就更为质朴、直接；搞了大半辈子科学研究的人，语言的表达则十分严谨，日常交流也常常专业名词不断。因此，在面对不同个性的老年人的时候，要善于用他们乐于接受的语言进行交流。

（三）以得体的语言表达用心

很多老年人随着年岁的增长，人际关系范围缩小，生活节奏和内容发生变化，产生深深的失落感和孤独感，有些老年人甚至会失去自信心，觉得自己无能。另外，随着年龄的增长、身体机能的衰退，疾病的困扰也会成为老年人的心病，会感觉死亡的临近，从而产生焦虑感，缺乏安全感，最终形成了老年人独特的心理特征：自尊与自卑相互缠绕与依托。这种心理会对日常的人际沟通产生重要的影响。因此，养老顾问在与老年人沟通交往中，要了解他们的禁忌，在言语上多加注意，给予老年人更多尊重，从而更好地推进服务，提高服务质量。

1. *巧妙谈“老”的话题*

老年人忌讳别人说自己老了。一是忌讳别人说自己外在的“老”，如“您的头发白得真厉害”“怎么身子佝偻了”。二是忌讳别人说自己内在的“老”，如“您有‘三高’，关节也退化得厉害，身体状况可不乐观”。三是忌讳别人说自己心理的“老”，如“这次见面我发现您的记忆力大不如以前了”。如果这样和老年人交流，主观意图可能是好的，但是老年人听到这些话往往不是怒气反驳，就是心生怨怼。这是因为老年人非常忌讳被人当“废物”，更忌讳被别人说“病”。老年人离（退）休了，不是什么都不能干，最怕别人说他们没用、身体不好了。因此，平时在服务过程中应该多关注老年人的一些常见病，但在和老年人的沟通中应该尽量避免流露出让他们联想到“无能感”“身体不好”的言语。

2. 巧妙谈"病"的话题

因为年龄的原因，老年人会出现这样或那样的疾病，这些疾病不仅给老年人的身体带来痛苦，对老年人心理的影响也很大。有些老年人特别惧怕得病，而有些老年人会无限夸大疾病对自己的危害甚至出现严重的焦虑。养老顾问要善于用语言引导这些老年人乐观起来，尽量不去触动老年人内心的这根弦，不要总在老年人面前议论某某人又得什么病了、这个病不好治、那个病会死人。

3. 巧妙谈"死"的话题

老年人身体的机能日渐衰退，已经能明显感觉到自己走到生命的夕阳之中，对死亡有着一种本能的敬畏。面对死亡，不管是恐惧，还是坦然，死亡毕竟在人的心里留存的是一种灰暗与绝望的情绪。作为养老顾问，需要传递给老年人的是希望和信心，以及珍惜和把握当下美好生活的正能量。所以，在工作中除非特殊情况，应当尽量避免谈论"死亡"话题，那些和死亡、丧葬相关的事也忌讳提及，以免引起服务对象不好的联想。在老年人面前谈论某某人死了，对老年人说"您都快死的人了，还管那么多干吗"等，是对老年人的不尊重。

4. 巧妙谈"私"的话题

中国人的传统观念里，幸福的家庭应当是父慈子孝、其乐融融，而幸福的家庭是所有老年人的追求与梦想。但在现实生活中，有许多家庭会有一些纷争，家庭成员之间存在一些矛盾，在老年人的心目中，这些家丑是不希望被外人说三道四的。因此，养老顾问不要当着老年人的面谈论其家庭矛盾，给老年人添堵，如"您的孩子怎么总也不来看您呢?"也许老年人想倾诉，也许你对老年人的家庭情况比较了解，但一定不能主动和老年人去聊对方家里的事情，避免给老年人带来难堪和不快。

二、与老年人言语沟通的主要技巧

语言是最为重要、最为方便的沟通媒介。语言是人与人沟通的直接桥梁，如何打开话匣子对有些人是一种挑战，如何延续交谈和令人愿意倾诉也是一种挑战，其中都有各自的技巧。养老顾问面对老年人这一特殊群体，需要掌握语言的一些沟通技巧，来拉近双方的距离，展开话题，做好沟通交流。

（一）完美谈话沟通的三阶段

1. 如何开始谈话

（1）注意提示的运用。在与服务对象展开话题前，养老顾问需要留意对方的行为态度，因为这通常会得到一些提示，来确定这是不是一个可以展开交谈的机会。

正面的提示包括：老年人和你有眼神的接触，说明对方有沟通的愿望；老年人有微笑的表情，看起来心情还不错；老年人的面部表情较为自然。

负面的提示包括：老年人正在忙于某些事情。如果老年人正忙于一些事情，这时候即使很主动地打招呼，你得到的回应效果也可能不是很好。例如老年人正在和自己的伙伴聊得火热，此时养老顾问想展开工作话题，这会让老年人感到反感；老年人正急着往别处赶路，养老顾问却拦着要说事情，显然不是一个好时机。

如果想展开一段谈话，养老顾问自己首先要发出正面的提示，和老年人打招呼说“您好”，加上微笑表示友好，就很容易获得老年人的好感，从而展开话题。

（2）注意展开的形式。一般有这样两种方式：一是邀请式，如“大爷，您今天看起来精神不错哦!”二是问题式，如“阿姨，这两天感觉怎么样?”

（3）注意话题的题材。可以先从自己开始，简单透露自己的感受或近况，如“我最近工作挺忙的，经常加班呢。”也可以从对方身上发掘话题，衣着、外表、首饰等都是可以展开话题的题材，如“王阿姨，您的这件外套真好看。”还可以从当时的环境，例如天气展开话题，如“最近天气凉了好多，早晨起来得要加一件外套了。”简单而适当的话语可以把大家的关系拉得很近，但有时候老年人可能不想多作交谈，所以也可以在清谈当中看出一些“负面”的提示，如：起身，眼睛向下看，或者四处张望，不主动提问，或提出新话题也不接话茬。因此，养老顾问一定要学会通过行为来判断交谈的流畅性，当然有些老年人会因为性格原因害羞或因不习惯而变得沉默，不要误以为对方没有兴趣和你交流下去，除非对方表现出许多负面的提示。如果发现真的话不投机、对方没有兴趣，不宜勉强维持下去，离开时仍要保持礼貌。

2. 如何维持谈话

开始了一场谈话之后，可以运用一些漫谈资料、自我提示和共同兴趣来维持话题，也要适当地转换话题。

（1）漫谈资料法。这是指在回答问题时多透露点漫谈资料，使对方能发掘更多话题，否则谈话便会显得很枯燥无味；也要留意对方透露的漫谈资料，以便发掘更多的话题。例如在和老年人的谈话中，老年人透露出自己喜欢热闹，就可以顺着热闹这个话题聊开去。养老顾问可以和老年人说一说养老机构有很多老年人，兴趣爱好都很多，准备了很多的活动项目，还专门请老师过来教大家各种各样的画画、舞蹈等技能，老年人可能就会对此非常感兴趣，话匣子也就打开了。总之，要根据老年人话里话外透露的信息，去发掘更多的话题。

（2）自我揭示法。就是自行透露自己的资料，这样的谈话方式可以帮助对方更了解自己，也为对方提供谈话题材，有平衡彼此谈话内容的作用，但要注意自我揭示的内容需要和谈话内容有关，也不宜过多或太长，要看对方的反应。内容可以包括三个层次：与谈论话题有关的个人经验、自己对谈论事情的意见、自己分享事情的感受。

（3）共同兴趣法。养老顾问在和老年人交谈之前，最好尽可能地了解对方的兴趣所在，也可以在和老年人漫谈之中尽快发现对方感兴趣的事物或话题，这样有助于顺利维持谈话。

老年人有一些共同的兴趣倾向。如老年人的怀旧心理比较重，对于自己经历的事情，尤其是年轻时候的成就很愿意和别人谈及，所以养老顾问可以多陪老年人聊聊过去的经历、成就，老年人会很高兴。当然，同样是老年人，不同的人也会有不同的兴趣爱好，有的喜欢绘画，有的喜欢书法，有的喜欢养花，有的喜欢垂钓。养老顾问一方面可以通过间接的途径对老年人的兴趣有所了解，也可以在交谈中去发现老年人感兴趣的话题。

（4）话题转换法。在和老年人谈话的过程中，如果发现对方对交谈已经不感兴趣，那就需要用漫谈资料的方法展开新的谈话内容。如果是自己想结束交谈，也应该巧妙地把进行的话题转移。很多老年人由于受生理和心理因素的影响，有时会有些爱唠叨。如果养老顾问想要尽快结束谈话，投入到其他工作中，怎么做会比较合适呢？可以从老年人过去的经历转移到现在的养生保健，例如，“大爷您经历了这么多的事，为国家作了那么多的贡献，真是令人佩服啊！您看您现在身体这么棒，多好呀！您可得要好好保重身体，有没有感觉饿了？觉得咱这边的伙食咋样？”尽量不要硬性地打断老年人的话题，而应适时转移话题，引导老年人进入自己感兴趣的话题中。

与老年人交谈过程中还需要注意聆听和回应。要感受老年人说话背后的含义，对方会更加喜欢和你倾心交流，这样就能够促进彼此的了解，所以聆听和回应的技巧非常重要。聆听最重要的前提是集中注意力，保持专注和倾听。不用担心下一步要说什么，只要细心去听，掌握对方的说话内容、事件、意见和感受等，这都是继续谈话的重要信息。聆听时还可以把对方说的一些重要的字眼或资料记下来，并就这些进行回应。回应的技巧在于能表达出自己明白对方的感受和说话的含义。可以简单总结对方的内容，尤其是对方花很多时间谈自己的经验和感受之后，你可以用自己的话总结对方刚才说过的内容，并简单讲一讲对方的感受，表示明白对方。点头是聆听技巧的一种，表示正聆听以及明白对方说话。

无论用哪一种方法进行交流沟通，都要注意平衡谈话内容，避免一方讲得太多或太少，如果有些老年人特别善于谈话，养老顾问就应该少发言、多聆听。

3. 如何结束谈话

当你发现一次谈话已经停太久，或者双方都感到想结束话题时，那就选择一个适当的时候结束一次谈话，但首先要发出预备离开的信息，不要显得太突然地结束谈话。例如可以这样说：“王姐，我要去收拾其他的东西了，您也先休息。”在发出预备离开的信息之后，通常可以提出再联络的表示：“我下周再过来看望您。”

（二）沟通中常用的语言技巧

1. 安慰

老年人由于自身或社会的原因，较多地会出现孤独、抑郁、焦虑等负面情绪，养老顾问有责任对老年人进行安慰。事实上，老年人的心理十分敏感而且脆弱，相比其他人群，老年人需要更多的安慰和理解，因此，在必要而且恰当的时间对服务对象进行安慰，这会使其感受到关注和重视，也会在一定程度上缓解他们心理上的负面情绪。恰当的安慰能真正起到给予被安慰者支持和关爱的作用，因此养老顾问应该了解安慰的语言艺术。

（1）安慰身体不好的老年人。身体不好的老年人被别人伺候，多少都会有些难为情，而且还会引起伤感，遇到这样的情况，就要用语言有技巧地转移老年人的思维重点。老年人说："你看我病成这样，什么都干不了，只会拖累人。"养老顾问回复说："大爷，您身体好的时候多能干呢，看看您屋子里贴的那些劳模奖状！现在年纪大了，身体不好，晚辈们伺候您、照顾您是应该的，您不要有什么负担。"

（2）安慰身患疾病的老年人。人在身体不能自理的时候都会表现得比较悲观，如果遇到这样的老年人，就应当引导老年人积极地想问题。老年人说："我咋那么倒霉，摊上这个毛病?"养老顾问回复说："大爷，以前毛主席说过，对世界大战我们有两条原则，第一条反对，第二条不怕。对待生病，咱也可以采取这两条原则。谁都不愿生病，但是既然病了，就得积极配合治疗，好好康复。您心里别老想着自己的病，您的病就好一半了……"

（3）安慰抑郁轻生的老年人。有些老年人总是把死挂在嘴边上，一方面是对死亡的恐惧，另一方面也是觉得活着没有意义。面对这种情况，养老顾问的回应和安慰应该大方和自然，而不能回避和躲闪。老年人说："我这病拖了好几年，治不好了，活着就是受罪，还不如死了算了。"养老顾问回复说："大爷，我可不赞成您这么说，咱能活着本身都是一个很大的奇迹呢，只要好好活着，没准哪一天科学取得重大突破，咱的病就治好了呢。"

一定要注意在安慰老年人的时候，不能让自己和对方一起陷入负面情绪中，更不能陪着对方一起伤感、一起掉眼泪，这样只会增加服务对象的心理负担和压力。安慰对方的目的是帮助他们减轻或摆脱负面情绪，因此，要传导给对方的应是积极的正能量，是支持和引导。

2. 解释

解释是对事物的现象、过程、状态、道理等进行描述，以说明事物的含义、原因、理由等。解释分为主动解释和被动解释两种。

（1）主动解释。当服务对象对服务人员及其服务活动表现出疑虑，或者可能产生某种误会的时候，由服务人员主动作出解释。提供优质服务的一个关键因素就是要赢得服务对象的接纳和信任。这种接纳和信任就包括学会在恰当的时间，用恰当的方式作出恰当的解释。一是及时。当得知某件事可能会给服务对象带来疑虑或不愉快的时候，就应该及时地向服务对象作出解释，以期得到对方的理解和谅解。如果服务对象不熟悉某项必要的活动或某项事物，那就应该主动把相关的事项向服务对象解释清楚。二是真诚。解释的时候应该要体现足够的真诚和合理。如果解释经不起推敲，或是不能自圆其说，那么就会让自己的信用在服务对象面前彻底垮塌。三是善意。很多时候为了抚慰或顺应老年人的情感需求和健康状况需要，需要“善意的谎言”，真实而直接的解释反而不利于沟通。

（2）被动解释。被动解释是应服务对象的要求对某一事物作出说明。这种情况下，养老顾问不仅要及时合理顺应情势作出解释，还需要注意以下几点：一是淡定从容。如果表现出混乱或者焦躁，很可能会加重服务对象的疑虑和担心，那就会使得原有的误会进一步扩大。二是不厌其烦。老年人心有顾虑时，会反复询问，此时一定不能表现出不耐烦或不再想解释的态度，一定要保持心平气和地向老年人做好解释，有问必答。三是不惧冷眼。老年人对养老顾问有误会的时候，可能会冷眼相待，对养老顾问的解释置若罔闻或粗暴打断，这就需要多一些耐心、包容和理解，因势利导，找到合适的时机再行解释。

3. 致歉

人在日常工作中难免会做错事，给别人带来困扰和不便，这时候如何致歉就显得非常的重要。向人致歉的关键在于：谦虚的心态，得体的用语。

（1）及时。一旦知道自己发生错误或者失误，就应当第一时间道歉，拖的时间越久，对方就会越生气窝火，进而扩大双方的矛盾。及时道歉可以避免双方的冲突，避免因小失大。

（2）大方。道歉者态度谦逊是应该的，但是不要过分贬低自己，否则容易被人看不起，或让对方得寸进尺。

（3）规范。道歉用语应当文明规范。希望对方原谅时，“多多包涵”“请您原谅”是恰当的表达；当有劳别人的时候，可以说“打扰了”“麻烦你了”；“深感歉意”“非常惭愧”，则用于内心感到有愧他人的时候；一般情况下，可以说“对不起”“很抱歉”“失礼了”。

（4）借喻。如果道歉难以当面启齿，可以借助写信或是借助某物，来表达心中的歉意，例如黄玫瑰和灯笼花的花语就是“道歉”。

要注意，道歉并不是万能的。在有些情况下道歉不仅不能让对方接受，还有可能在对方情绪激动的时候火上浇油，反而事与愿违，所以有时不如用实际行动去打动对方。

4. 致谢

在得到他人帮助之后，表示由衷的感谢是完全应该的。尤其是当受到服务对象帮助的时候，明确地表达感谢是给予对方最好的感谢回馈。不过表达谢意也需要有相应的规范及技巧。

（1）及时主动。及时主动地表达谢意，最能显示一个人的真诚。尽管许多人帮助他人并不指望得到回报，但是受帮助的人及时而主动地表达真诚的感谢，这是人际关系最好的推动剂。

（2）选择路径。感谢他人的途径和方法是多种多样的，根据不同的对象要选择恰当的途径和方法。除了物质的表示以外，还可以通过其他的形式，可以根据帮助者的身份、职业、性格、文化程度及经济情况等具体情况来选择最恰当的形式，因人而异。对于养老顾问来说，除了口头致谢，还可以通过和服务对象的接触了解，为对方送上更实用而贴心的小礼物，真诚和关爱是最好的感谢。

（3）把握尺度。做任何事情都要掌握分寸，力求适度，过分和不足都不妥，致谢也是如此。

（4）诚实守信。有时为了解决一个麻烦或困难，会公开寻求帮助，许下诺言，给予某种方式的酬谢——这不失为一种行之有效的方法。但一定要恪守诺言，不管对方付出的劳动如何、动机如何，如果确实提供了帮助，应该不折不扣地兑现诺言。

（5）情感交流。表达谢意是一种情感行为，帮助和感谢是一种情感交流行为，对感情的回报，除了必要的物质馈赠之外，最好还要用同样的感情来报答，而不能一次性处理，这样才能建立起更加密切的人际关系。

（三）非语言沟通技巧的应用

非语言沟通是指通过身体的动作、体态、语气、语调、空间距离等方式交流信息，进行沟通的过程。非语言提供解释内容的框架，表达信息的相关部分，甚至非语言传递出的信息会比有声语言更为强烈、更有影响力。

1. 副语言

副语言也称辅助语言，包括发声系统的音质、音幅、音调、音色等。语言有真有假，副语言作为思想感情的表现却较为真实，因为往往是不自觉的。

（1）语气。感情的传递在很大程度上取决于“怎样说”，而不完全是“说了什么”。“怎样说”中非常重要的因素就是使用什么样的语气来说。老年人是敏感而自尊的，这就要求养老顾问在和他们对话沟通时多一些肯定，少一些否定；多一些平和，少一些激动；多一些理解，少一些评论。

养老顾问的主要工作对象是老年人，他们的听力和理解力通常都处于衰退期，必须根据他们的生理和心理特点来采用说话的语气和方式。与老年人说话时语速要稍慢，声音要稍大，咬字要清晰。声音稍大，指的是音量而不是音调，音调表示的是听觉分辨一个声音的调子高低的程度，音调高则显得声音轻、短、细，音调低则重、长、粗。一个人说话音调平和，会更适应听觉的特点，让人感觉平静舒适，有利于信息的传递。对于听力本来就有所损失的老年人来说，用中音调和低音调要比高音调更适合老年人的心理和生理特点，也就是平常所说的语气平和。

另外，谈话的语调还要注意因人而异，并不是对所有老年人都要把声音放大。

有的老年人听力很好，但养老顾问还是用很大音量说话，就是对老年人的不尊敬。

（2）语速。老年人因为听力和思维的衰退，接收语言信号并进行语义加工处理的速度会降低，这就要求和他们进行语言交流时要适当地放慢语速，正常说话语速为每分钟150~200个字，而与老年人交流的时候，语速应该保持每分钟120~140个字。当然语速还取决于交流对象的具体情况，一般而言，与交流对象的语速大体保持一致为佳。

2. 态势语

态势语是通过体态、手势、表情、眼神等非语言因素传达信息的一种言语辅助形式，又称体态语。态势语的作用主要表现在补充、强化口语信息，沟通、交流情感，调控交际过程等方面。态势语的种类有眼神、表情、手势、身姿等。

（1）面部表情。面部表情是身体上最容易引起注意的部位，基本上可以分为惊讶、害怕、生气等，可同时多种混合在一起。和人交往的时候，面部表情要配合说话的内容。笑容是面部表情重要的一环，作为养老顾问，与服务对象交流时适时表达微笑，传递了一种友善、快乐、欢乐、同意、尊敬、高兴等信息。别人接收到这个信息之后，也更愿意接近和交往。

（2）目光接触。“眼睛是心灵的窗户”，目光的交流接触是人际间最能传神的非语言交往。适当的目光接触是表达敬意和注意力的象征，眼神接触能够有力地表示出态度，是话语的重要技巧。眼神接触要自然，不要过于频繁或逃避眼神，或者直盯着对方。和他人交流时，不需要全程都望着对方的眼睛，可以不时转移到对方面部的其他地方，例如鼻子等部位，这样会比较自然。养老顾问与老年人进行沟通的时候，要注意眼神的交流，要让老年人感受到是在认真地听他说话，觉得沟通容易进行。

（3）肢体语言。身体摆出来的姿势等于告诉别人希望有什么样的交往关系，对对方所说的事是否有兴趣。双手不交叉，双腿交叠，而方向指向对方或微微张开，这些姿势会让人理解为精神放松，愿意和别人保持交往。面向别人并向前微微的倾斜是非常重要的姿势，表示对彼此沟通的敬意和投入。养老顾问日常姿态很重要，特别是在和老年人交谈时，一定要注意个人姿态，不能傲慢无礼。

握手是一种礼仪，是人与人之间交往中富有丰富内涵的一种礼仪。握手通常表示友好，可以沟通原本隔膜的情感，加深彼此的理解信任。在工作中，养老顾问要注意握手对双方交流带来的影响。例如在面对新入住机构的老年人或老年人家属时，恰到好处的握手，不仅能够为个人加分，也能为进一步沟通奠定很好的基础。另外，要注意握手的顺序、时间等细节。

手臂姿势通常称作手势，指人在应用手臂时所出现的具体动作与体位，是人类最早使用且至今仍被广泛运用的一种交际工具。一般情况下，手势既有处于动态之中的，也有处于静态之中的。在长期的社会实践过程中，手势被赋予了种种特定的含义，具有丰富的表现力，加上手有指、腕、肘、肩等关节活动幅度大，具有高度的灵活性，手势变成了人类表情达意的最有力的手段，在体态语言中占有重要的地位。养老顾问说话时可以适当配合手势的运用，加强内容表达和感染力，但要注意手势运用的时候要自然而不要太夸张，不经意地咬指甲、紧张地握拳、扳折手指关节等都会传达一些不同的情绪。一个人想表达友谊时，通常是张开手臂。有时候对老年人进行生活照料时，需要服务人员通过手势来做引导，指引时应该手心向上，五指并拢，指尖朝向所指物体方向。

空间距离指的是社交场合中人与人之间身体所保持的距离间隔。交往双方的人际关系以及所处情境决定着相互间自我空间的范围。空间距离是无声的，但是它对人际交往具有潜在的影响和作用，有时甚至决定着人际交往的成败。每个人都有自己的空间，都应该尊重别人的领域和空间，所以“侵犯”他人空间必然会影响相互的交往。养老顾问在与服务对象的交流中要注意距离的把握，不是说离得越远越好，而要根据实际情况来选择合适的距离。如，有的老年人听力很好，就没有必要离得很近，那样反而会招致老年人的反感。与老年人交流最好是和老年人持平，尤其是眼神的持平，这样老年人不至于抬头或者低头而引起不适。

总之，养老顾问一定要注意日常的积累，时刻关注服务对象的非语言符号，而且要合理利用个人的非语言符号，加强沟通，这样能够使服务工作做得更好。

拓展阅读↘3－3

记住4种空间距离

1. 亲密距离（0～0.45米）。通常用于父母与子女之间、情人或恋人之间，在此距离上，双方均可感受到对方的气味、呼吸、体温等私密性刺激。

（1）密切距离——接近型（0.15米）。这是为了爱抚、格斗、安慰、保护而保持的距离，是双方关系最接近时所具有的距离。这时语言的作用很小。

（2）密切距离——较近型（0.15～0.45米）。这是伸手能够触及对方的距离。是关系比较密切的同伴之间的距离，也是在拥挤的公交车上人与人之间不即不离的距离。

2. 个人距离（0.45～1.2米）。一般用于朋友之间，此时人们说话温柔，可以感知大量的肢体信息。

3. 社交距离（1.2～3.5米）。用于有公开关系而不是私人关系的个体之间，如上下级关系、顾客与售货员之间、医生与病人之间等。

4. 公众距离（3.5～7.5米）。用于进行正式交往的个体之间或陌生人之间，这些都有社会的标准或习俗，这时的沟通往往是单向的。如果保持4米左右的距离，说明说话人与听话人之间有许多问题或思想待解决与交流。7.5米以上的公众距离则属于远离型。

【案例讨论】

张女士应聘当地一家高端养老院，作为养老顾问，她的主要工作是护理能自主活动的老年人的日常生活。张女士个性活泼开朗，待人也很热情，喜欢与人聊天，她也很喜欢这份工作。有时候张女士会去老年人的家里做居家服务，慢慢地和李大伯一家变得很熟悉，李大伯一家对她也很诚恳、客气，张女士说话总是很得李大伯的欢心，李大伯有时待她像女儿一样。有一次，李大伯因为家务琐事，和子女争吵起来，张女士在一旁看不惯，忍不住参与其中，想从中进行调解，帮着李大伯数落子女的不是，结果李大伯的子女把所有的怨气都发泄在张女士的身上，事后还向她所在的养老机构进行投诉，认为张女士的职业素养不够，机构不应该聘请这样的养老顾问。张女士心里感觉非常郁闷。

1. 请分析此案例中张女士为什么会被投诉？

2. 如果是你，遇到这样的场景，会作何处理？

第三节　与老年人的深度沟通

中国正经历着快速的人口老龄化和老年人口高龄化，健康老龄化成为日益重要的国家发展战略。而健康老龄化的实现，则依赖于身体健康和精神健康两个方面，两者缺一不可。与老年人做好深度沟通，为老年人提供良好的心理卫生服务，是所有从事养老服务工作的专业人员所面临的重要课题。

一、老年人心理变化的特征

（一）老年心理学基础知识

世界精神卫生联盟提出："没有健康就无法发展，没有精神健康就无法真正实现健康。"所以健康应该包括身体健康和精神健康两部分，老年精神健康是实现老年健康的两大支柱之一。因此，作为养老顾问，熟悉老年心理，保障老年人精神健康，是服务工作中的重点之一。

1. 心理过程的基本概念

心理过程是心理活动发生发展的过程，指的是人脑对现实的反应过程。一般心理过程包含三个成分：认知、情绪和意志。认知过程是指人们获得知识或应用知识的过程，这是人最基本的心理过程，包括感觉、知觉、记忆、想象、思维和语言等。人脑接收外界输入的信息，经过头脑的加工处理转换成内在的心理活动，进而支配人的行为，这个过程就是认知过程。情绪过程是指人在加工外界输入的信息时，不仅能认识事物的属性、特性及其关系，还会产生对事物的态度，引起满意、不满意、喜爱、厌恶、憎恨等主观体验。意志过程是指人不仅能认识世界，对事物产生肯定或否定的情感，而且能在自己的活动中有目的、有计划地改造世界，这种自觉地确定目的并为实现目的而自觉支配和调节行为的心理过程叫意志。意志与认知、情绪有密切关系。

心理过程反映的是人类心理现象的共同特征，理性上的差异，也就是人在获得和应用知识的过程中形成的各种各样的心理特性叫个性心理，心理现象的共性和个性差异都是心理学关注的主要内容。个性心理包含个性倾向性（如需要动机、兴趣、愿望、信念和世界观）、个性心理特征（如能力、气质和性格）和自我调节系统（以自我意识为核心）三个方面。

2. 老年人心理健康标准

世界卫生组织（World Health Organization）给健康的定义是：“健康是一种身体上、心理上和社会上的完满状态，而不只是没有疾病和虚弱现象。”大多数人认为身体上的健康与否很容易辨别，但对心理健康的标准就不大好把握了。一般来说，心理健康是一个相对的概念，是与社会人群的比较而言的。随着年龄、社会职业的变化，就某个人来说，衡量其心理健康的标准也会相应地变化，因为社会适应能力本身就是心理健康与否的标准之一，但是这绝不意味着就人群总体来说心理健康没有一个相对稳定的标准。根据国内外心理学专家对老年人心理健康标准的研究，结合我国老年人的实际情况，老年人心理健康的标准基本可以从以下几个方面进行界定：

（1）能够适应老年生活。进入老年，从工作岗位上退下来，社会身份、生活内容等随之发生改变，老年人要学会适应退休后的生活。在退休后的一两个月内，老年人的主要任务就是适应和融入新的生活，寻找和培养新的兴趣。此外，人到老年不可避免会遭受到由于生理、心理以及生活上的变化所带来的各种挫折或不幸，唯一的办法就是面对问题、处理问题、接受和超越问题。著名爱国将领张学良曾被囚禁了半个世纪，但他活过了百岁，他的养生秘诀就是“过简单生活，什么都不放在心上”，他就是一个能面对现实、随遇而安的人。

（2）情感意志表现较好。不以物喜，不以己悲。处于顺利时不欣喜若狂，碰到不幸事件也不悲观绝望。碰到各种挑战，如丧失亲人或身患疾病，甚至面对将来一定会到来的死亡，能泰然处之。具有较强的意志力，经受得起各种挫折。有位老奶奶在 50 多岁时中风偏瘫，右半边身子不能动，而且中风后丧失了写字和阅读能力，原来认识的字都不认识了，但她出院之后一直锻炼，用左手练书法、画画、写诗歌，在这位老年人身上可以看到“活到老学到老”的精神。

（3）人际关系协调得当。人到老年，生活的重心自然转移到家庭和亲朋好友上，老年人要能够协调和适应这样的生活。有位老先生过去工作时很少理会家里的事，退休后与老伴朝夕相处，他不主动分担老伴的家务，而是成了老伴的监工，在边上指手画脚提出很多要求，老伴不肯的话就会吵闹起来，这位老先生的表现实际上也是一种不适应的表现。

（4）总体认知功能良好。认知功能良好具体表现为老年人感知觉上好，能对事物作出符合逻辑的判断，能够记住必须要记住的事，在正常生活及休闲娱乐活动中能有创造的欲望和表现等。

（5）心理状态定位准确。人的一生都是在不断发展的过程中，每个年龄段都有各自的心理特点，如果成年人还保留着儿童的心理特点，那就是心理年龄的滞后，或心理发展过程中的停滞。老年人的心理出现回归现象较为常见，俗称“老小孩儿”，老年人会像孩子一样渴望得到亲人的关心和照顾，得到家人，特别是子女、晚辈给自己的礼物会异常开心，非常高兴，类似这种人们应该给予理解。但如果老年人坐在地上撒娇要赖，或者通过尿床（非疾病因素导致）的方式引起关注就不适宜了。

（二）老年人心理认知变化

发展是由多重因素决定的，衰老在一定程度上是可以延缓的，某些干预措施可改善晚年的心理状态，预防心理衰退。因而，要理性地看待老年期心理发生的变化，在强调心理发展连续性的同时，也要看到老年期心理变化的总体趋势。认知功能主要包括智力、记忆和问题解决能力等，其衰退和变化是老年期不可忽视的问题。

1. 感知运动反应迟缓

视觉和触觉等感官接收到外界给予信号后的瞬间，便向大脑传输针对性极强烈的感官信号，再经大脑皮层分析处理后，将反馈信号传输给运动系统，出现一系列动作。老年人的感官系统随着机体的衰老，将发生反应迟缓、传输信号减慢或降低等变化，而这样的变化常常表现在老年人的行走、持物动作、发音等诸多方面。据统计，老年人的反应速度较青年人和成年人的反应速度减慢 20% ~30%，明显出现迟缓表象。

2. 记忆能力逐步减退

记忆可分为识记、保持、再认和再现过程。人类大脑有许多不同的记忆系统，每种系统都有各自的基本目标。例如根据记忆对信息保持时间的长短，可划分为短期记忆和长期记忆；依据记忆信息的内容，可划分为语义记忆和程序记忆等。不同的记忆类型会包含不同的信息，所以人们有时会把记忆看成是储存多种信息可供日后提取的“文件柜”。人的记忆力在 45 岁之后将进入逐渐衰退的阶段，达到 70 岁之后又将进入另一个记忆力明显降低的阶段。因此，记忆力下降是老年人的一个显著特征。老年人记忆力的减退，主要是再现能力的减退。老年人在想不起某人名字时，如对他提示几个字或什么时间见过面等信息时就能很快想起，这说明老年人的记忆力只是全面提取有困难，其保持和储存过程仍可以持续多年。

（1）记忆类型变化明显。老年人明显表现出“理解记忆保持较好，机械记忆明显衰退”的特点。研究表明（杨志良，1981），老年人对自己所理解的材料的记忆与年轻人相比无多少差别，而对自己不理解的材料或无意义的材料（如没有意义的字母组或数字等）的记忆成绩却不如年轻人。这就可以解释为什么文化程度较低的老年人的记忆水平比文化程度较高的老年人衰退得更明显。

（2）回忆能力衰退明显。有些老年人碰到过去熟悉的老朋友怎么也想不起他的名字，遇到明明查过几次字典的字也想不起它是什么意思，这种能够辨认出来却不能回忆的情况，在老年人生活中相当普遍。老年人的短期记忆相比长期记忆保持良好。例如记8位的电话号码，听一遍之后立即默背出来，正常老年人可以做得和年轻人一样好。短期记忆的容量几乎不随着年龄增长而变化。而对于长期记忆来说，老年人却经历一个明显的衰退过程。这与人们日常生活中常听到的老年人最常见的自我描述是一致的，如“我的记忆力不如年轻时那么好了。”所以老年人在日常生活中最好把事情记在随身携带的本子上，随时在本子上更新要记忆的事情。

（3）记忆速度明显减慢。由于神经的生理反应随着年龄而减慢，老年人的心理活动和动作反应比较迟缓。在记忆上，记住某些材料或要求对所记过的材料迅速回忆出来，感到很困难。实验表明，如果老年人自由地掌握记忆的速度，其记忆效果和年轻人差不多，但是，如果规定在某一时间内完成，老年人的成绩就不如年轻人了。

（4）记忆广度明显下降。在数字光度记忆任务（念一串数字，然后立即按顺序说出刚才听到的数字）上，发现65岁的老年人平均只能记住6.25个，而大部分年轻人平均可以记住8~9个。

3. 思维衰退速度较慢

年老过程中思维的衰退出现较晚，尤其是与熟悉的专业有关的思维能力在年老时仍能保持。但老年人由于感知和记忆力方面的衰退，在概念、逻辑推理和问题解决方面的能力有所减退，而其中尤为明显的则是思维的敏捷性、流畅性、灵活性、独特性以及创造性都有所衰退。

人到老年期，概念学习、解决问题的思维能力有所衰退，但是思维的成分和特性十分复杂，老年人思维的其他特点如思维的广阔性、深刻性等往往比儿童、青少年强。生活现实和研究表明，老年人的思维存在着明显的个体差异，有的老年人思维显著衰退，有的老年人却依旧维持着高水平，这与一个人的生活方式和生活态度密切相关。只要老年人不把自己封闭起来，坚持参加力所能及的有益身心健康的活动，经常关心、思考、研究某些问题，就仍能保持较高的思维水平。

4. 智力水平逐步减退

人的智力到了老年呈现衰退趋势，这是一个不可否认的事实，应当接受。老年性智力衰退，主要表现为记忆障碍、思维固执、注意力难集中、持久性差，较为严重的是“老年痴呆”。老年痴呆的一般症状是：健忘，找不到自己所在的方向，不知道当时的时间方位，言行脱离常识，甚至忘了自己刚才吃过的饭，找不到自己的家，随地大小便，等等。这些症状在普通的老年人身上并不多见。但老年人的智力并非全部衰退，衰退的多限于非语言性的、要求一定速度的动作性操作智力，而言语性智力到了老年不但不衰退反而有所增长。

心理学家通过大量的研究发现，智力是由不同成分构成的，各种成分的发展轨迹在一生中互不相同。卡特尔提出了一些很有代表性的例子，具体包括流体智力和晶体智力。在人的发展过程中，成年以前两种智力都随着年龄增长而不断提高；成年之后，流体智力会缓慢下降，晶体智力反而可能有所增长。而在老年阶段，由于脑神经功能的衰退，流体智力会受到较大影响，如记忆空间、定向和推理等能力出现减退；而晶体智力与知识经验积累有关，随年龄增长减退较晚，到七八十岁才有所减退，而且减退速度缓慢，有时候晶体智力在老年还会有所提高，如常识、词汇理解等。

5. 解决问题能力降低

日常问题纷繁复杂，多种多样。不同个体所面临的日常问题，或者同一个个体在不同时间、地点所面临的日常问题，总是千差万别的。解决这些日常问题，涉及的心理结构是不同的。因此，日常问题解决能力又细分为工具性问题解决能力和人际性问题解决能力。工具性问题解决是指对个体的生存具有工具性意义，但不涉及人际情感因素问题的解决活动，如买菜、洗澡、打电话、购物等。对于大多数老年人来说，这种能力是相对保持的，甚至是随年龄增长而有所提高的。对于高龄老年人而言，这种能力相比年轻老年人会较差一些，可能是受健康因素所致。人际性问题解决能力是指处理社会关系情境中出现的人与人之间的问题，如缓和夫妻矛盾、消除朋友间误会等。老年人能够更有技巧地处理人际上的冲突，相比年轻人而言，老年人也会更多采取退让、回避或改变自己态度的方式来解决问题。

（三）老年心理的个性特点

人格在很大程度上是稳定和具有一定持续性的。有效研究在间隔30年之后重复测量了人格的发展变化，结果令人惊奇的是人格几乎没有什么改变。但也有研究发现了个体变化的现象。例如，男性在40岁的时候是生命中最好的时期，通常会感到世界是可控的，因而持有积极的态度；但到了60岁进入老年阶段，感到世界是充满威胁的，因而采取顺应的态度。可见人们从积极控制向消极控制发生转变。究其人格发生改变的原因，个体早期的经验会影响个性的发展。另外，生活中所经历的重大事件，例如自然灾害、人为事故等，也会对个性改变产生作用。

1. 小心谨慎

（1）重视准确，忽视速度。心理学家发现：老年人在做一件事情时，往往比较重视完成任务的准确性，即比较注意避免犯错误，而对完成任务所花时间的长短并不是很在意。例如，生活中老年人常常嫌年轻人做事毛手毛脚，不够踏实认真。

（2）做事扎实，不易冒险。老年人表现在行动上的另一种小心谨慎就是做事稳扎稳打，轻易不愿冒风险。这也是一般人对老年人的一种印象深刻的看法。心理实验证实：老年人宁愿拿较低的工资，也不愿冒较大的风险去选择一份有机会得到高工资的工作。

2. 固执己见

性格是一个人对自己、对别人、对周围的社会生活环境所持的一种态度和行为方式，是心理特征的一种稳定表现。进入老年期之后，人的活动能力和生理机能开始逐渐衰退。许多在年轻时意气风发、活泼向上的人，到了老年期之后变得低沉、缓慢和淡漠。此外，老年人由于一生经历众多，经验丰富，因此其性格特点更为突出。随着时间的推移和个人思想的逐渐成熟，老年人的世界观、人生观和价值观都固定成形，有了自己独特的为人处世的模式。那些不了解老年人身心特点和个性特点的人，会感觉到老年人是越来越冥顽不化和固执己见。

对于个性特点较为固执的老年人，可使用低球技术（low – balling technique）的心理技巧和策略进行测试：先提出一个较小的要求，待老年人接受了之后，接着再提出一个较大的要求，这个要求需要老年人付出比第一个要求更多的物质和精神代价。心理学的研究表明：使用低球技术比直接提出那个较大的要求来得更容易，并且为老年人接受。

3. 返老还童

有的老年人虽然已年届花甲，生理机能日渐衰退，体力也大不如前，从外表看来已经是一个典型的老年人形象了，但其内心和言行举止表现得却像一个不谙世事的小孩。这些老年人与那些承认自己已经衰老的老年人不一样，他们的脾气和性格随着年龄的增长反而越来越幼稚，时常表现出与实际的生理年龄不相称的语言和行为。如，在自己的亲戚、朋友面前显得不拘小节，蛮不讲理；情绪激动，得理不饶人；对生活中的事物表现出前所未有的兴趣和好奇心；常主动要求别人过多的照顾和关怀；总是要求老伴或子女陪在身边；挑剔饮食；等等。老年人小孩化并不是什么坏现象，这种现象的出现有其科学道理，老年人的这种变化对其身心健康也是极其有利的。

平日里，老年人如果能够经常到室外走动走动，除可活动筋骨外，更重要的还可以接触阳光进而促成皮肤合成维生素 D，改善肠道对钙的吸收，减少骨质的丢失，同时也可防止骨质疏松症的发生。老年人经常参加一些有益的文娱活动，如唱戏、跳舞、垂钓、下棋等，更可使其身心愉悦，避免消极的自我暗示。心理学家发现，儿童智力玩具也同样适用于老年人，因为老年人在玩玩具时，可以通过开动脑筋、积极思考而使大脑得到有效的运用，防止因疏于用脑而导致加快老化。

4. 细节变化

老年人会展现出一些有别于其他年龄段的个性特点。最典型的是常常会花很多时间回忆过去的记忆和经历。变得内向，体验到孤独感。老年人退休之后会逐渐从社会关系中退出，社交范围主要集中在亲朋关系。做事保守，会经过深思熟虑后才作出决定。适应性减弱，例如不愿意出远门或旅行，并且重大的生活事件会对老年人产生很大影响。依赖性较强，例如去看病的时候，希望能有亲人陪伴。缺乏灵活性，较执拗，对有些事坚定不移地相信。容易受骗，尤其是在购买保健品、家人健康和理财方面容易上当受骗。不修边幅、邋遢，甚至有的喜欢收集破烂。

【案例3-1】

张大爷的隐情

张大爷最近有了一个新的习惯，总是热衷于参加各种保健品推介会，用并不多的退休工资购买各种各样的保健品。子女们和他说了很多次，说这些保健品其实没什么营养，可能还会有害，浪费钱。可是张大爷非常执拗，他对子女说："我愿意，怎么着？花的是我自己的钱。"而且还认了一个干儿子，就是经常向他推荐保健品的一个销售人员，张大爷在他手上买了许多保健品，甚至还请他到家里来吃饭，平常跟他打电话、唠家常，一打电话就是一两个小时。

请分析张大爷这种行为背后的心理原因是什么？

（四）老年心理的情绪特点

情绪在人的毕生发展过程中一直发挥着非常重要的作用，它一方面是个体心理适应状态的表达，另一方面也扮演着行为动机的角色。人们所拥有的喜怒哀乐，不仅是对周围事件的反应，同时也在社会关系沟通方面具有重要的功能。人到老年，由于生理变化、社会交往、角色地位的改变及心理机能的变化，容易产生消极的情绪与情感。

1. 容易产生消极的情感

（1）孤独感。孤独感是老年期较常见的一种消极情绪，它往往给人带来寂寞、冷落，甚至被遗弃的体验。随着年龄增长，老年人会缩减那些不重要的外围社交关系，而保持与亲朋好友的交往，其中与老年人交往最密切的就是配偶和子女。目前空巢老年人越来越多，子女在外忙于工作和事业，很少回家。如果不幸丧偶，老年人更会感到寂寞孤单。国内研究资料指出，多数老年人有不同程度的孤独感。人到老年，群体交往减少，信息沟通渠道不够畅通，大部分时间待在家里无所事事，便容易产生孤独感，尤其是离退休的老干部。有研究指出，人到老年，家庭结构、家庭成员之间的关系以及家庭生活条件都发生了较大变化：有的失去配偶；有的子女另立门户，老年人独居；有的子女与老年人不往来、不赡养，等等。这些会使老年人产生孤独感。孤独感对老年人的身心健康是极其有害的。研究发现，失去配偶又极少与人交往的孤独老年人，其死亡率比常与人交往的老年人高一倍。一位丧偶的老年人这样描述自己的生活状态："整天没个说话的人，像个不会说话的哑巴，每天寂静得连一根针掉下来都听得见。"现今社会之所以出现花钱来"陪聊"、79 岁老年人花 10 多万元葬狗等现象，都是因为老年人忍受不了孤独的折磨而做出的无奈之举。

（2）疑虑感。老年人饱经风霜，历经坎坷，遇事多疑虑。离退休后，由于职务、地位变化，老年人遇事特别敏感，时常怀疑别人对自己是否另眼看待，怀疑自己在群众心目中是否享有过去的声望。随着身体的老化，老年人越来越害怕生病。有时候老年人对自己身体的过分担心已经干扰了他们的正常生活。例如在早晨起来时腿有些浮肿，老年人就会怀疑自己得了什么病，然后去医院检查，即使医生检查后告知其没问题，仍会有所疑虑，会怀疑医生是否认真检查了、仪器是否出现了问题等。老年人喜欢诉说身体的不适，一方面是感到需要多照顾、关心一下自己的身体，另一方面是有意或无意地想获得别人的关心。有些老年人还会过分担心周围的人，例如有些老年人希望子女一直待在身边，一旦子女去外地或国外出差，老年人就会十分挂念，担心子女的安全问题，子女不报平安的话就吃不好睡不好。

（3）忧郁感。由于各种原因，老年人容易产生不安和忧郁感。失落、孤单、自卑、疑虑的情绪对于老年人的心理都会产生负面影响，而且老年人在现实生活中容易遭受挫折，不顺心的事时有发生。他们中有的为家庭纠纷难以和解而忧虑，有的为子女就业而苦恼，更多的老年人则为健康欠佳和患病而忧虑。到了老年期，身体各系统和器官逐渐发生器质性和机能性变化，经常身患各种疾病。长期病魔缠身的老年人，时时受到死亡的威胁，更容易产生忧郁感。许多老年人会变得长吁短叹、烦躁不安、情绪低落，这些都是忧郁的表现。

（4）老朽感。人到老年，体力受到限制，感觉等机能也日渐迟钝，生活适应能力逐渐降低，因此老年人心理上往往容易产生一种老朽感。这种老朽感往往使人的活力下降，损伤人体的防御机制，从而加速衰老。

（5）失落感。即一种若有所失、无所事事又无所适从的感觉。社会经济地位、健康、容貌、配偶等这些丧失对老年人来讲都是重要的诱发事件。过去那种幸福的忙碌已经一去不复返，对新的生活规律往往又不能很快适应，一种被冷落的心理就会油然而生。

（6）自卑感。由于社会角色发生改变，老年人常会发出"廉颇老矣"的感叹，觉得"自己没用了，活着也是社会和家庭的负担"。这种自卑感和老朽感一旦形成，老年人就会经常对自己产生怀疑，忧心忡忡，表现出焦虑的情绪。而有些老年人好攀比、好面子，年轻时候比自己的事业，谁赚的钱多；老了以后比儿女，有些子女年过中旬还没有结婚，这就像老年人心中的一块大石头一样，出去遛弯看着别人带着孙子孙女出来玩，老年人的自卑感就会油然而生。

（7）恐惧感。随着年龄增长，老年人的身体功能下降，老年性常见病，如糖尿病、高血压、心脏病等的出现，会让老年人对体力不支、生理变化、衰老以及预感到的死亡产生恐惧心理。精神病专家罗斯在对病死者的开创性研究中发现，大多数濒死者很希望有机会来公开讨论他们的状况，来感受死亡的临近。罗斯列出了死亡恐惧面临的5个阶段：一是否认（这不可能发生在我身上），二是愤怒（为什么是我），三是讨价还价（如果我能活到我儿子结婚，那就够了），四是沮丧，五是接受。同时，面临亲人死亡的临近，人们也会有相似的反应。环境因素也会对老年人的情绪状况产生影响，有研究表明，尽管噪声对身体有害，但老年人也不适宜长期待在过于安静的环境里，尤其是白天容易使人产生孤独感。因此，家里时常出现欢声笑语，去找周围邻居做伴，或家里没人时打开收音机或电视机，人为制造出些响声来等行为，会让老年人觉得心里更安全、踏实。

2. 情绪体验强烈而持久

就情绪体验而言，由于老年期中枢神经系统有过度活动的倾向和较高的唤醒水平，老年人的情绪呈现出内在、强烈而持久的特点，尤其对消极情绪的体验强度并不随年龄的增长而减弱。老年人由于比较理性，往往通过认知调节来减弱自己的情绪反应，但老年人对于负性应激事件所引发的情绪体验要比青年人和中年人持久得多。

3. 善于控制自己的情绪

调查结果表明，老年人比青年人和中年人更遵循某些规范以控制自己的情绪，尤其表现在控制自己的喜悦、悲伤、愤怒和厌恶情绪方面。

4. 对生活满意程度较高

对老年人生活满意度调查表明：从总体来看，各年龄阶段的老年人对生活很满意或满意的占绝大多数。老年人的积极情绪体验表现为轻松感、自由感、满足感和成功感。

人们很容易把老年以后随年龄增长而带来的变化归为消极的，例如身体健康水平的下降，记忆、智力功能的减退，人际交往范围的缩减等。但事实上，老年人的情绪并没有一般人想的那样糟糕，个体的情绪是一个持续成熟的过程。一项为期23年、追踪了4代的纵向研究发现，自我报告的消极情绪，如不安、无聊、孤独、不快、沮丧等会随着年龄增长而减少；同时，积极情绪，如兴奋、有趣、自豪及成就感，则倾向于在老年期保持稳定，或只是轻微的减弱。社会情绪选择理论为这种积极情绪的现象提供了一种可能的解释：随着年龄增长，个体会更自觉地寻找能够带来情绪满足的人或活动。因此，与年轻人积极地扩展人脉、结识新朋友不同的是，老年人会精简自己的人际交往，仅仅与熟人或关系亲近的人保持联系。从这个角度来看，老年人的社交圈子缩减了，也可以看作是好事。另外，老年人有很好的情绪调控能力。相比年轻人而言，老年人发生人际冲突的较少，即便发生了冲突，双方也会以相互退让的方式解决，而不会大打出手。老年人在情绪表达方面存在很大的个体差异，有些老年人在表达方式上会比较含蓄，不会因为一点喜事就欢呼雀跃，也不因为一点悲事就痛哭流涕，他们既能看到好事中坏的一面，也能看到坏事中好的一面，其情绪体验很少表现为纯粹的肯定或否定，所以“得而不乐，失而不哀”常常是老年人情绪状态的表现。

拓展阅读↘3－4

保持快乐心情的习惯

美国《预防》杂志专门介绍了长寿专家提出的4条有助于保持快乐心情的好习惯。

第一，常打电话。保持长期的友谊，对维持快乐心情和身体健康都有好处。而仅仅通过打电话与朋友聊天就让血压降低也不是什么奇怪的事。此外，每周至少参加一次社交活动的人，思维会更敏捷，并有预防心脏病的作用。

第二，记录愉快时光。记录下愉快的事能够提神。那些写下值得感激之事的人在未来一周会更乐观，对他们的生活也会更为满意，不过这也不要做得过火，那些一周写1次感恩日记的女性，比那些每周写3次的人更觉得幸福。因此，要找到合适的次数，以免成为负担。

第三，多做好事。一天做5件好事，能使人变得幸福和安宁。当然做善事不必事先计划，一些举手之劳和微不足道的小事就会让你感到意外的回报。

第四，回忆过去。每周抽出一些时间，写下或录下，甚至是只在心里回忆过去的重大事件。可以用不同的时间段来撰写你的人生史：大学时代、新婚之时、职业生涯、初为人母（父），写下每个人生阶段的成功、失误以及对未来的教训。另外，回忆不好的时光与回顾美好时光一样有用，因为很多事情只有在若干年之后才能发现那次损失为你开启了另一扇门，并最终解开心结。

二、与老年人深度沟通技巧

生活中与老年人的沟通大致分为解决问题和闲暇聊天两种情形。解决问题主要表现在当发现老年人的衣、食、住、行等日常生活（如老年人不吃饭、不睡觉、不吃药等）不能正常进行，影响到身心健康时就要及时沟通，以了解情况，查明原因，尽快改善。闲暇聊天则可以根据老年人的日常习惯及身心状态，选择适宜的时机进行，关键是找话题、找机会，让老年人感到舒适和愉快，恰当运用沟通技巧是为老年人提供深度心理关怀的核心技能。与老年人深度沟通，关键前提是养老顾问与老年人建立良好关系。在沟通时要注意以下要点：保持尊重，友善和诚恳的态度；要有耐心，保证有充足的时间，避免作仓促的解释；在分析老年人的话语时应小心谨慎，在老年人未完成表达时，不能胡乱下结论性的语言；避免与老年人争辩，以免对方沉默不言及趋向自卫；尽量选择安静、没有干扰的地点和老年人交谈。

（一）充分运用言语沟通的技巧

1. 目标导向

与老年人沟通时，初次见面需要进行简单的自我介绍，明确要说什么。若想了解对方感觉及需要，应该选择开放式的提问抓住关键词，如“您感觉怎么样?”“您感觉哪里不舒服?”“您觉得怎么做会好一些?”，如此就可以给对方自由发言的机会，拓宽交谈范围。

2. 注重礼仪

交谈时拉近距离，弯下腰或坐下来，保持面对面、目光相对交谈，视线不要游走不定、左顾右盼。

3. 关注效果

吐字清楚，语速相对慢些，语调适中，若对方听力下降则要稍大声一些或靠近耳边说。

要调整好说话音量。在与老年人说话的过程中，不能因为老年人听不清就冲着老年人大喊大叫，这是一件很不礼貌的事，在很大程度上会伤害老年人的自尊心。但说话声也不可以太小，以免老年人听不到。要根据老年人的实际情况掌握实际的度。

不断重复自己所说的话。老年人的记忆力下降，可能会很快忘记讲过的话，此时就需要多重复几次，以助其形成深刻印象。

4. 因人而异

对有心理障碍或自闭倾向的老年人，要了解其“心结”，就要花更多时间，用加倍的耐心、爱心去体贴老年人的心，直到其主动开口说话。

对有语言障碍的老年人，必要时想方设法共同商定替代手段，如利用手势、文字或图画、符号等替代常用语言。

5. 禁用忌语

避免运用复杂的语言，尽量不用当下的流行语，如果必须要用，可以作一个简单的补充说明，也不能用句子成分结构过于复杂的话语。

由于老年人的记忆力下降，对于非亲友的人都会遗忘，为保护老年人的自尊心，应避免问“您还记得我吗?”，要改说“我又来看您啦!”

在沟通中要注意避免以下可能令老年人反感的语句：

命令式。“不要哭”“再努力些”等会令老年人抗拒、逃避、自卫，因为老年人在过去是惯于做主的。

说教式。“你应该这样”等会令老年人羞耻、内疚及不满。

争辩式。“事实是这样”“你这样不对”等会令老年人趋于自卫、反驳或不敢坦言心声。

批评式。“你自己破坏了”等会令老年人自卑及反抗。

分析式。“你都是因为怕媳妇才会这样做”等会令老年人愤怒、不安及自卫。

逃避式。“我们不要说这些了”等会令老年人感到被拒绝而不敢坦言。

责问式。“你为何不这样做?”等会令老年人觉得不被信任和尊重。

(二)适当运用非言语沟通渠道

非言语沟通，包括眼神交流，面部表情和躯体行为（如坐姿、身体运动和动作)，与声音有关的各种特征和能够观察到的生理反应等。在会谈中需要对这些非言语的行为给予仔细观察和理解。在针对老年人的心理活动中，肢体语言是一种很有用的交际用语，与老年人沟通时，如果出现了解决不了的问题，要学会运用眼神或是肢体语言来表达想法。一般肢体语言主要包括动作强弱、感情起伏、回避问题。

1. 动作强弱

如果对方低头垂肩拱背，动作迟缓拖拉，说话有气无力，则表示活力较弱。反之，若昂头挺胸，动作轻快，声音洪亮，则显示精力充沛，更易于沟通。

2. 感情起伏

肢体语言可淋漓尽致地展示人类感情，基本表情有高兴、悲伤、恐惧、惊讶、愤怒和厌恶六种。人的各种情绪都会形成一股力量，需要得到适度发散和宣泄，自然会通过身体表现出来，人的身体会随着内心情绪的起伏而变化，自动调整面部线条及动作方向，与其情绪的能量形态相呼应。

高兴时情绪积极向上，能量呈向四周发散型，新陈代谢处于最佳状态，表现为面色红润，眉眼及嘴角上抬，身体轻松，仰头，四肢伸向四周，手舞足蹈。此时身心功能处于最合适的协调状态，易于萌生博爱的情怀，富有活力，激发创造力。

悲伤时情绪消沉低下，能量呈低缓迷乱型，新陈代谢低，表现为面色苍白，眉眼及嘴角下拉，身体沉重，低头，四肢无力下垂，或者身体蜷缩。此时身心功能处于低水平，说话有气无力，冷漠无欲。

生气时情绪高昂激愤，能量呈向心集中型，新陈代谢快速增加，表现为面色涨红，面部线条向心集中，双眉紧锁、双眼圆睁、咬牙切齿。此时身心功能处于亢进状态，具有破坏攻击性，常会心生怨恨，大声叫喊、拳打脚踢以宣泄能量。

3. 回避问题

老年人有时会言行不一致，养老顾问需要进一步弄清其真实情况。如对方眼睐地面、坐姿颓废，呈现出心神不定，却说“我心情很好”，则表示对方可能内心希望自己心情很好，但不知该如何是好。

总之，与老年人沟通时，可以利用肢体语言和老年人互动。例如，及时用微笑式语言向老年人反馈自己的感受，同时也要学习适当接受来自老年人的触摸，如老年人有时会摸摸养老顾问的头发、手臂、脸颊来表达谢意。又如，当老年人心情不好、生病或感到害怕恐惧时，养老顾问应陪伴老年人，并适当运用触摸（如握住老年人的手，扶其手臂、肩膀等方式）向老年人表达温暖、关爱、支持，但要注意切莫抚摸老年人头部，因为这样可能会触犯老年人的尊严。

（三）关注深度沟通的全程管理

1. 安全第一

注意老年人的安全。例如小心地滑，掌握正确扶法；老年人坐轮椅时，一定不要让轮椅移动而导致坐空，推轮椅的动作要缓慢，老年人的脚要放好，双手要放在大腿上，不要离开扶手的范围。

2. 态度诚恳

沟通的态度要真诚友善，要有礼貌并以老年人习惯或喜欢的方式进行，使老年人能感到真诚、关注和尊重。

3. 耐心细致

向老年人询问时，要把问题说得简单清楚，一次只向老年人提一个问题，以便老年人回答。同时也要为老年人提供充足的时间来理解自己的语言，以便作出反应。

与老年人交谈时，养老顾问要不断地核实自己是否理解了老年人表达的意思，如果没有听清楚老年人的话，可以请老年人再说一遍或者重复一下自己的理解，并让老年人确认。

在沟通交流中，遇到老年人一时回想不起来的语句，养老顾问可适当向老年人提示。

4. 以人为本

与老年人的谈话，要以对待成年人的平等方式，不可使用像对待孩子一样的语言与老年人沟通，否则会使老年人的自尊心受到伤害。

不要在老年人看到的地方与其他亲友或工作人员窃窃私语，以免使老年人产生误解而发生矛盾。老年人表达的意见不正确时，不可立即反驳、纠正或与老年人争论，以免使老年人产生困窘和不满。

【案例3-2】

在服务中遇到老年人有如下请求，请思考应如何与老年人沟通：

（1）老年人伸手向养老顾问要钱。

答复口径：相关部门没有提供这种经费，而我们的钱可能刚够自已用。

(2) 老年人向养老顾问诉说邻里纠纷和家庭纠纷，请求调处解决。

答复口径：通过点头和说“嗯”来满足老年人倾诉的欲望，认真倾听，但不表态，不要流露出支持某一方的立场，听完后可以这样说：“我们会向××（部门/领导/管理人员）反映的。”

纠纷情况要记下来，并告知其他成员。

不调处、只倾听的理由：养老顾问不要当处理家庭与邻里纠纷的法官，清官难断家务事；毕竟这只是一位老年人的一面之词，而养老顾问可能还没有更多的时间来了解真相。

(3) 老年人向养老顾问诉说伤心事。

答复口径：做一个忠实的听众，但要把事情记下来，遵循保密原则，可以向专业的心理咨询师反映。若伤心事中涉及纠纷，参照第2点。

【案例3-3】

请思考遇到以下状况时，应该如何与老年人沟通：

(1) 老年人不肯吃药。

要先找出老年人不吃药的原因：是因为苦还是因为难以下咽呢？是因为缺少了吃完药要吃的零食吗？因为长期吃药吃厌烦了还是别的原因呢？找到原因后，再慢慢耐心哄老年人吃药。

(2) 老年人说头晕。

要先了解老年人的病史，如有没有神经性头痛或偏头疼等病史。如果是休息不好或是感冒引起的头晕，可以用风油精和清凉油替老年人涂抹“太阳穴”“人中穴”，并用拇指按压老年人手腕内侧的“内关穴”；如果是低血糖引致的头晕，就马上冲杯葡萄糖水给老年人喝，再让老年人慢慢进食易消化的食物；如果是房子或天气闷热所致的，就要先通风再涂药油。

(3) 老年人跌倒。

千万不能马上把老年人扶起！要问一下老年人摔到哪里，检查过确实没有骨折后再小心地把老年人扶起，一般的表皮外伤用淡盐水或酒精消毒后抹适量万花油或龙胆紫药水（不要抹红汞）；有骨折情况时不要搬动老年人，如果对固定骨折部位的手法不娴熟，应尽快打电话求救。

(4) 老年人哭了。

要先找原因，知道老年人为何事伤心，然后再慢慢耐心开导。

(5) 老年人不吃饭。

要找原因，是因为胃口不好、饭菜不合口味呢？还是因为有什么心事呢？然后再让老年人慢慢吃，不要强求老年人吃完一顿饭，能吃几口是几口。

三、深度沟通的心理学技巧

人格心理特征一旦形成，便有相对的稳定性。在没有明显外部原因的情况下，若一个人的个性相对稳定性出现问题，就可以怀疑这个人的心理活动出现了异常。由于老年阶段处于人生发展阶段的末期，所以老年人群的心理习惯之一是回忆往事、对未来的积极性很低。目前我国老年人主动前往专业咨询室或医疗机构接受心理咨询或心理治疗的很少。不可忽视的是老年人的心理需要多数比较现实，例如被子女关注、被他人关注等。因此，关注老年人的心理问题、情绪状态，适时做好情绪疏导、心理关怀工作，也是养老顾问需要掌握的知识要点和技能之一。

（一）老年人常见的情绪问题及沟通

1. 孤独情绪

【案例3-4】

李奶奶今年82岁了，老伴去年去世。李奶奶共生有两子一女，均已成家立业。大儿子15年前留学美国，一家人现在美国定居；二儿子1969年到江西插队落户，早在1978年就上调县城工厂，娶妻生子，现在夫妻俩都被选拔在县政府当干部；小女儿从戏剧学院毕业当了演员，结婚后住在婆家，经常外出拍戏。现在老房子里就李奶奶一人“留守”。前几年李奶奶身体还算硬朗，这两年每况愈下，特别是老伴撒手人寰后，李奶奶总感觉到“下一个该轮到我了”。

（1）基本概念。老年人的孤独情绪是指人在步入老年后，面对种种资源的丧失，无法逃避的一种个体情绪体验。这些丧失包括子女成家、亲友去世、人际关系范围逐渐缩小等，可能导致老年人的社会人际交往技能、认知能力或交流能力等都发生广泛性迟缓。

（2）主要表现。容易感到孤独的老年人群有离退休老人、空巢老人、丧偶老人、独居老人，他们往往有以下表现：情绪上消极低落，往往表现为固执、抑郁，以寂寞为主，伴有明显的失落感，以及对社会家庭均“无用”的心理倾向。语言上寡言少语，表情呆板，几乎是低头走路，回避与他人的目光交流，喜欢一个人躲在屋子里。行为上社会交往减少，表现为极少出门，很少跟人说话，兴趣降低，娱乐活动减少等；对周围事物兴趣索然，很少参与社会活动，严重者连户外活动也不愿进行；不主动与人交往，每天只是机械地重复，简单地说就是既不关心他人，也不关心周围发生的事情。饮食上食量逐渐下降，食品准备单一。日常生活中常有便秘及睡眠不好，以致体重日益减轻。有些老年人甚至用抽烟、酗酒等不良的生活方式来伤害自己，反映出其内心的苦闷感和孤独感。

（3）心理照护。一方面，帮助老年人在主观上健全独处的能力，让老年人明白独处不等于孤独，并不表示没人关心。建议老年人利用独处做一些对身心有利的事情，培养老年人平静的心态。另一方面，帮助老年人建立并加深与子女的关系，老年人要有主动建立关系的意识。养老顾问可帮助老年人学会向子女适度求助，但是不要事事指望子女，可以教会老年人与子女沟通的一些技巧；鼓励老年人发展兴趣爱好，加强人际交往，如鼓励老年人参加老年大学，让老年人通过发展兴趣爱好与广大同伴一起学习交流来消除孤独。

2. 抑郁情绪

【案例3－5】

徐大妈59岁，退休以后不久被诊断出有肝功能障碍。从此，徐大妈变得情绪低落，忧郁沮丧，不愿安心养病，也不愿与朋友来往，常常和老伴吵架，或者独坐一隅，暗自伤心落泪。慢慢地，徐大妈经常感到睡眠不好，思维也变得迟钝，记忆力也开始下降。

（1）基本概念。老年人的抑郁情绪是老年人在生活中的不良体验，可表现为沮丧、失望、缺乏愉快感和自信心、对人和事物的兴趣下降等。需要注意的是，抑郁情绪不等同于抑郁症。老年抑郁症是情绪长期低落的结果，其具体表现如下：对日常生活丧失兴趣，无愉快感；精力明显减退，无原因的持续疲乏感；动作明显缓慢，焦虑不安，易发脾气；自我评价过低，自责或有内疚感，严重时感到自己犯下了不可饶恕的罪行；思维迟缓或自觉思维能力明显下降；反复出现自杀观念或行为；失眠或睡眠过多；食欲缺乏或体重减轻；性欲明显减退。

抑郁情绪和抑郁症可以按照以下表现进行区分：

当不如意的事情发生后，会出现情绪抑郁，这是正常的，每个人都会发生。但如果扭曲想法，在消极思想中钻牛角尖，则可能是抑郁症。

抑郁情绪的低落持续一段时间后会消失；抑郁症则认为低落心境将永远伴随。

抑郁情绪可以通过分散注意力得到缓解；抑郁症则终日沉浸在失落沮丧感中，持续时间很长。

抑郁情绪不会显著影响人际关系或其他行为；抑郁症对人际关系等行为产生很大负面影响。

抑郁症会反复产生自杀、自罪和自责的念头或行为；抑郁情绪不会。

（2）主要表现。情绪上，表现为情绪低落，忧愁、伤感，心情压抑苦闷；语言上，少言寡语，主动与他人交谈的次数很少；行为上，对以往爱好的兴趣减退，逃避各种活动；认识上，评价过低，缺少信心及主动性；躯体上，常有疲惫感，食欲减退，体重下降，记忆力差，失眠多梦等。

（3）心理照护。如果持续时间较长，建议老年人去专科医院就诊，获得药物治疗；不批评埋怨老年人，不强迫老年人做自己不愿做的事情；建议老年人积极表达内心情感；鼓励老年人对于缺乏兴趣的活动或超出能力范围的事，勇敢地说“不”；建议老年人有规律地进行体育锻炼，将有助于缓解压力、改善睡眠，从而减轻抑郁的程度；帮助老年人了解自己，明确生活目标，有计划地向着目标前进；鼓励并帮助老年人积极利用社会支持资源和注意开发新的社会支持网络；加强心理健康教育。

3. 焦虑情绪

【案例3-6】

养老顾问小王发现自己的服务对象65岁的张大伯，最近这一两个月来心思沉重，坐卧不安，脾气也见长，总是耐不下性子来做一件事。在小王耐心的询问引导下，张大伯告诉小王这样一件事：几个月前在自己65岁寿诞宴席上，亲戚朋友来了几十位，大家在席间都称呼他是“老寿星”。张大伯觉得自己才65岁，怎么就“老”了呢？人老了离“死”不就很近了吗？他害怕极了，每天心烦意乱，看到电视里有关死亡的镜头就十分恐惧；同时他还花费数千元买回西南某地生产的“圣药”，事发后发现是假药；一个月前，他又掏了近万元，购买了一个疗程的某新型生物制剂，结果发现就是普通的保健品。

（1）基本概念。焦虑是一种由于忧虑或恐惧引起情绪高度紧张的心理状态。它类似害怕，是因为主体感觉受到威胁；但它又不同于害怕，因为主体觉察到的威胁来源通常是模糊的或不可言状的。与抑郁情绪的区别是，焦虑情绪的来源通常是指向将来的。

（2）主要表现。

主观感受。老年人内心体验到害怕，如提心吊胆、紧张恐惧等，心理注意力不能集中，有失去支持和帮助的感受。

行为表现。老年人常表现为坐立不安、不知所措，对外界缺乏兴趣，有时激动失态，经常无缘无故地发怒、与人争吵，对什么事情都看不惯。

躯体症状。表现为心跳加快、胸闷、口干、腹痛、尿频、大汗淋漓、全身疲乏，部分老年人还伴有失眠、早醒、手抖、手指震颤或麻木感、食欲减退、头晕眼花等症状。

死亡焦虑。指老年人害怕死亡，甚至不愿意谈起死亡。可表现为对死人和坟墓的恐惧，对死后发生事件的恐惧，对绝症的恐惧以及恐惧临终状态等。具体表现包括：非常害怕死；一想到不得不做手术，就很害怕；看到时间过得这样快，感到非常沮丧；真的非常害怕得心脏病；害怕痛苦地死去；死后生命的问题令其非常困扰；常常会想生命真的太短暂了；听到人们谈论世界大战时就会发抖；看到、听到或想到和死亡相关的词（如尸体等）就会感到恐怖。如果老年人出现了上述症状的4项及以上，可以认为患有死亡焦虑。

（3）心理照护。针对无特殊来源的焦虑情绪，养老顾问可采取渐进式肌肉放松训练或音乐放松训练，帮助老年人缓解恐惧；针对死亡焦虑，可邀请专业的心理咨询师对老年人进行团体心理辅导，形式可采取与死亡有关的演讲或开展针对死亡的健康教育，树立健康的生死观；为老年人设定具体的生活目标，通过目标管理可以减轻死亡焦虑；养老顾问要加强对老年人的关爱，也有助于减轻其死亡焦虑。

（二）老年人的社会适应问题及沟通

1. 退休生活综合征

【案例3－7】

刘老身体健康，耳聪目明，精神矍铄，领导着一个近千人的大厂子，上上下下没有一个人不服他、不敬他。两年前厂领导换届，刘老的厂长职务被年轻人取代，但厂方考虑到他的年龄和工作经验，聘其为厂里的技术顾问。可刘老当领导当惯了，总是爱管事、爱操心，看什么不顺眼就想多说几句，别人考虑到面子问题，当面不说什么，但照样该怎么做还怎么做，刘老只能干着急生气，回到家也总闷闷不乐。更使他不能接受的是，很多人看见自己连招呼都不打，还在背后说长道短。刘老实在不能忍受，赌气之下提前一年退休了。一年多的光景，刘老就完全变了个人，变得连他老伴都有点不可思议：目光呆滞，脸色灰暗，腰也不直了，背也驼了，过去的精神头一点也没有了，天天待在家里足不出户。最近，刘老的举止越来越奇怪，情绪低落到了极点，动不动就大发脾气，后来干脆一个人跑到阁楼上住了。一天夜里，老伴半夜醒来发现阁楼上的灯还亮着，好像还听见老头子在和谁说话，老伴觉得很奇怪，于是上去一看，发现老头子把孙女的几个布娃娃一会儿摆弄成这样，一会儿又摆弄成那样，嘴里还在念念有词，好像在指挥工人们生产一样。

（1）基本概念。退休生活综合征是一种老年期典型的心理社会适应不良的心理疾病，是指退休的老年人在退休后对环境适应不良而引起的多种心理障碍和身心功能失调的综合病症。

（2）主要表现。

情绪表现。情绪不稳定，或者焦虑易怒，容易冲动，经常感到心烦意乱、坐立不安，动不动就因为一点小事火气冲天、暴跳如雷而难以自抑；或者情绪悲观，评价人或事物多有偏见。在此基础上产生失落、怀旧、无价值感。

行为表现。行为偏激，退缩，厌恶社交，自卑孤独。过多注意到社会生活及家庭生活的交际方面，并将其放大，对生活缺乏信心。

生理表现。生理上老化现象加快，自感脑力和体力不支，可能会表现出一系列躯体症状，如头痛、胸闷、腹胀、心悸、浑身无力、失眠多梦及阵发性全身燥热等，并常因小病而否定生命，个别老年人可触发多种心身疾病。

退休后抑郁伤感是导致退休综合征的主要原因，如果老年人产生了以上这些表现，自己及家人就要注意是否患了退休综合征，严重时要去医院就诊。

（3）心理照护。判断老年人的情绪状态，分析诱发情绪的原因，制订照护计划，并实施心理辅导。

第一，启发老年人换一个角度看待退休，欣然接受退休。心理学中的脱离理论认为，退休后，老年人将会逐渐从社会交流和社会活动中脱离出来，这是一个不可避免的趋势。老年人要认识到，无论这一过程是因老年人自愿，还是由社会规范，对社会和个人都有着积极的影响。老年人主动脱离社会，能使社会权利井然有序地实现交接，也能够让老年人更好地享受生活。

第二，帮助老年人尽早规划退休后的生活，一般提前一两年就要着手进行准备。有条件的老年人可以尽量继续发挥余热，参加一些适合自己体力和专业的社会活动，做到“退而不休”，感到自己仍能作出社会贡献。也可以回归家庭，将注意力分配给子女，为儿孙分忧解愁。

第三，鼓励老年人发现自己找到快乐，鼓励老年人克服心理的老化感，发现或培养生活的乐趣，例如夫妻情感之乐、儿孙天伦之乐、业余爱好之乐等。

2. 高楼住宅综合征

【案例3-8】

严女士的家住在上海徐家汇附近一栋高层住宅楼里。在母亲去世后，她把70多岁的父亲接到自己家里来。父亲往日脾气很温和，可是最近却越来越暴躁。

家里人和他说话，他有时不理不睬，有时暴跳如雷。而且父亲还患有高血压病，身体越来越消瘦，这让严女士非常担心。严女士便带着父亲到医院就诊，医生告诉她，由于长期住在高楼里，很少外出活动，也不与街坊邻居交流联系，老父亲患上了典型的“高楼综合征”。

（1）基本概念。高楼住宅综合征是指一种因长期居住于城市的高层闭合式住宅里，与外界很少接触，也很少到户外活动，从而引起一系列生理和心理上的异常反应，这种现象在不少久住高楼而深居简出的老年人身上有明显表现。

（2）主要表现。

情绪表现。孤独感，性情孤僻，急躁。

行为表现。不爱活动，不合群，难以与人相处等，特别是容易与子女产生紧张关系。

生理表现。体质虚弱，四肢无力，不易适应气候变化。

（3）心理照护。

建议子女增加对老年人的精神关爱。

加强户外活动。居住在高楼上的老年人每天应下楼到户外活动一两次，并保持活动的经常性，以增强身体健康。

建议居住在高楼上的老年人积极寻求社会交往的途径。一般老年人都是因为爱好相近或趣味相投才走到一起，而成为朋友后，则可以经常探讨彼此都喜欢的话题，甚至还能开展相关的活动。多交朋友可以在很大程度上改善老年人和家人缺乏交流的处境，减少孤独感。

居住在高楼上的老年人可以从改善居室环境做起，例如可以在阳台栽种绿叶植物和花卉，美化空间，调节心情。

（三）特殊群体常见心理问题及沟通

1. 失独老人

【案例3－9】

服务对象李大妈，67岁，初中文化水平，由于孩子和老伴的去世，李大妈受到了极大的伤害，心理上的创伤久久不能愈合。李大妈独自居住，身边无人陪伴，缺少倾诉对象，缺乏安全感。在人际关系方面，逢年过节她会和兄弟姐妹一起团聚，平时晚上喜欢出去跳“广场舞”。

（1）基本概念。失独老人是指失去独生子女的老年人，这里的老年人可以是一对夫妇，也可以是独身老人。失独家庭是指独生子女死亡，父母不再生育、不能再生育和不愿意收养子女的家庭。失独家庭子女的死亡原因有车祸、疾病以及其他意外。

（2）主要表现。

安全感缺乏。大多数失独老人已过退休年龄，没有劳动能力，经济匮乏，养老成了难题，对社会无归属感。

创伤心理。长时间沉浸在回忆里，情感淡漠，自我需求下降。

社会交往闭塞。感觉别人用异样的眼光看自己，从而产生排斥心理，不愿与人交往。

（3）心理照护。采取团体辅导的方法，让失独者成为小组领导者，积极带领组员思考解决问题的方法；指导老年人及家庭正确看待自己，失独家庭不是问题，家庭也并非社会及他人的负担；在每个失独老人身上发掘闪光点，帮助其建立带着“希望”活下去的内在动力；实施心理健康教育，引导其正视死亡问题；帮助建立社会支持网络。

2. 空巢老人

【案例3－10】

瞿老先生74岁，家住在上海浦东新区，老伴于10年前因病去世。有一个40岁的儿子，一直在国外工作生活，每年回家一次。瞿老先生身体状况不是特别好，尤其是到了阴雨天气的时候经常腰酸背痛，但很多家务事都要自己打理，生活十分艰难。再加上儿子一直在外工作，很少回家，电话也只是一周才联系一次，因此心里十分孤独。每日独守着电视机，很少迈出家门，平日里也不与邻居们来往，性情有些孤僻。前段时间瞿老先生的老部下来看望他，闲谈中觉得瞿老有些郁郁寡欢，而且一个人生活有许多不方便，身体状况也大不如从前，其儿子已在国外定居，不大可能回国，而瞿老先生自己又不愿出国度过余生，这位部下也不知道该怎么办，于是找到养老顾问咨询。

（1）基本概念。父母因子女离开而难以适应，同时因缺乏关爱、与子女沟通障碍等产生一系列身心症状。

（2）主要表现。

躯体症状。失眠早醒，睡眠质量差，头晕头疼，食欲缺乏，心慌气短，消化不良，心律失常，患有高血压、冠心病、消化性溃疡等。

情绪表现。情绪低沉，缺乏激情。

行为表现。自我封闭，不愿意与他人交往，生活态度悲观低沉，怀疑生存的价值和意义。

性格变化。孤僻自闭，内分泌紊乱，免疫力下降，严重时可引发老年痴呆。

（3）心理照护。帮助老年人认识到自己产生“空巢”情绪的原因；建议老年人相互协助，将家庭关系的重心由亲子关系向夫妻关系转移，并降低对子女的回报期望水平；鼓励老年人为自己找点事做，帮助老年人确立属于自己的生活目标；鼓励老年人与子女分而不离，分开住，但不隔离。

3. 孤寡老人

【案例3－11】

卫大妈现年64岁，未婚，三十几年前与男朋友生育一个女儿，但是后来被男朋友带离，至今没有音信。多年来卫大妈一直独居，不与任何亲人接触和联系，虽然享受国家最低生活保障，但日子过得较为清苦。她时常感到生活无望，孤独无助，性格也很孤僻。

（1）基本概念。孤寡老人是指无配偶、无子女、无人照顾，年纪超过60周岁，丧失劳动能力的人。

（2）主要表现。

孤独寂寞。情感上比较寂寞。

自我封闭。把自己与外界隔绝开来，很少或根本没有社交活动，甚至害怕社交活动。

消极的自我暗示。由于经历不顺，容易觉得自己是不吉利的、不幸福的，注重他人评价，甚至是别人的目光。

（3）心理照护。帮助老年人建立社会支持网络，增强信任感和亲密关系；采取团体辅导的方式，帮助老年人正确看待自己。

表3－6　老年人心理健康教育活动记录表

活动时间		活动地点		组织部门	
活动主题（第　次）				活动形式	
接受心理健康教育人员类别				参加人数	
教育资料种类及数量					
活动内容					
参与老年人对本次活动的评价：					
工作人员对本次活动的小结： 年　月　日					
存档材料附后： □书面材料；□图片材料；□印刷材料；□影音材料；□签到表；□其他材料					

表3－7　老年个体心理健康教育记录表

姓名		性别		年龄	
职业		住址		活动方式	心理健康教育
时间		地点		辅导教师	
咨询问题					
教育内容					

表3－8　老年人心理健康教育感受记录表

参与后感受：
活动后最大的变化：
辅导师意见： （并签名） 养老顾问： 年　　月　　日

【案例讨论】

王老太太今年72岁，往日精神还不错的她，近半年变得不爱运动，动作缓慢僵硬，很少的家务劳动需很长时间才能完成，也不爱主动讲话，每次都以简短低弱的言语答复家人。面部表情变化少，有时双眼凝视，对外界动向常常无动于衷，只有在提及她故去的老伴时才眼含泪花；总说许多事情自己都做不了，也想不起怎么做，头脑往往一片空白。

1. 请分析此案例中王老太太的情绪类型是什么？为什么？
2. 作为养老顾问，可以对王老太太进行哪些心理照护？

【问题思考】

1. 在对老年人进行服务的过程中，针对不同情形、不同的具体工作，养老顾问应该采用的站姿有哪些？
2. 坐姿有哪几种？养老顾问为老服务时应注意避免的不良坐姿有哪些？
3. 蹲姿的注意事项有哪些？与行动不便的老年人交谈时，是否应该采用蹲姿？
4. 养老顾问在和老年人的沟通中，如何通过得体的语言表达对老年人的用心？
5. 工作中如何使用情态语言来增进与老年人的沟通？
6. 老年人常见的负面情绪有哪些？养老顾问应如何协助做好老年人的心理照护工作？
7. 如何判断一个老年人的心理是否健康？

第四章　养老需求评估与养老服务方案

基本要求

通过本章的学习，您应能够：

1. 理解养老需求的调研理论；
2. 熟悉养老需求的评估方法；
3. 掌握养老服务方案的制订；
4. 掌握养老服务方案的评价。

核心概念

养老需求；调研评估；方案制订；方案评价

导入案例

“案例3－4”中的李奶奶现在面临哪些问题？她需要得到养老顾问的哪些帮助？如何运用辅导技巧，帮助李奶奶解决心理问题呢？

第一节　养老需求调研理论与实务

“健康老龄化”是中国应对人口老龄化的必由之路，其中养老问题迫在眉睫。养老问题不只是简单的衣食住行问题，而是涵盖老年人出现的营养、健康照护、康复等各方面问题以及如何保障老年人的生活质量。养老需求调查旨在通过调查了解百姓的养老意愿、养老诉求以及目前的养老痛点，为探索普惠养老模式、养老服务提供一定的参考，以便协调养老供需关系。

一、养老需求调研的内涵

调研是指在一定的社会环境下，运用科学的方法，有目的、有计划、系统地收集、整理、分析有关供求、资源的各种信息资料的过程。养老顾问要想为老年人提出科学合理的养老方案建议，协助老年人作出正确的养老选择，就必须通过调研，准确、及时地掌握信息，使养老方案建立在坚实可靠的基础之上。只有通过科学的养老市场调研（特别是养老需求调研），才能使养老安排更有依据，降低养老选择的风险程度。养老方案实施过程中，可以通过调研检查养老的实施情况，及时发现方案的不足和外界条件的变化，通过信息反馈，为进一步调整和优化养老方案提供新的依据。养老需求调研重点是要调查和研究老年人需要什么，同时也要对养老市场进行调研，以便使养老服务供应与需求的信息对称。同时，作为市场预测和经营决策过程中必不可少的组成部分，养老需求调研可以指导养老供应方提高产品或服务的销售决策质量，解决存在于产品或服务销售中的问题或寻找机会等。

（一）养老需求调研的原则

调研是一项重要而又复杂的工作。调研的质量关系到最终获得信息的可靠性，进而影响整个活动的开展和效果，因此调研应坚持以下原则。

1. 科学性原则

由于调研工作的复杂性，需要有一整套科学的调查方法作为成功的保证，可供选择的具体调研方法很多，必须遵循科学的原则来运用这些具体方法。首先，策划者必须贯彻实事求是的科学精神，保证调研结果的客观性，不能用主观臆测来代替对客观事实的观察。其次，调研者必须能够透过纷繁复杂的市场现象，探求事物的原因和本质，因此，需要在调研工作中进行认真细致的观察，对观察结果作出合理的假设与推断，并对推断的结论进行可靠的检测和验证。

2. 复合性原则

在调研中，调查者切忌过分依赖自己熟悉或偏爱的调查方法。对同一个问题采用不同的方法进行调查研究，可以将通过不同方法获得的调研结果互相验证和补充，提高项目调研的可靠性。另外，应从多种渠道获取信息，这样有利于提高调研结果的可信度。

3. 价值性原则

调研获得的信息可以为企业（或老年人等需求方）带来一定的价值，但是进行调研也必须投入一定的成本。调研成果的价值大小依赖于它本身的可靠性。因此，在进行调研时，必须注意所获得信息的投入产出比例关系，调查策划者应明确哪些调研项目、采取哪些调研方法、应投入多少成本、获得多大的效用等。

4. 创造性原则

调研是一种创造性的工作，需要调研者具有强烈的创新精神。调研时，调研者应当发挥创造性的思维，不断发现新问题、研究新问题。

（二）养老需求调研的内容

调研的基础是调查，调查是针对客观环境的数据收集和信息汇总，而调研是在调查的基础上对客观环境收集数据和汇总信息的分析、判断，调研为目标服务。调研是调查与研究的统称，是个人或组织根据特定的决策问题而系统地设计、搜集、记录、整理、分析及研究相关信息资料、报告调研结果的工作过程。调研的意义在于能通过调研数据和现状的分析来明确发展方向或确定选择事项。调研的信息收集的大部分属于一种表象的信息采集行为，而明确发展方向或确定选择事项却需要在信息资料分析的基础上通过“决策”来实现。调研的重要环节主要在信息收集和调研分析两个方面：信息收集是为调研分析提供数据；调研分析是对信息数据的剖析并写出调研报告（或有针对性地提出建议）。养老方案的制订就是根据调研报告来进行的。

1. 信息收集

信息收集是对市场环境的信息资料采集。采集资料的真实性和有效性对调研分析的科学性产生着直接的影响，而采集资料的真实性和有效性直接取决于信息采集的调研方法。

一个组织受人力、物力的局限，不可能依据系统的方式去获取资料，最有效的信息收集方式是深入市场进行调研法。深入调研法是根据调研目的，通过深入市场来采集信息资料的一种实效性调研方法，该调研方法具有针对性、经济性、实效性等特点。深入调研法同常规调研法的不同之处在于，强调信息收集过程中调研人的调研技巧和行业领悟能力。调研技巧包含调研人的处世风格和对调研渠道的把握，要求根据调研课题选择出具有代表性的专业渠道和辅助渠道，并根据调研效果设定合理的渠道比例来进行信息采集，行业卖场、经销商、行业展会等渠道为专业性渠道，构成信息采集的重点；报纸、书店、网络、电话簿、电视等渠道为辅助性渠道，构成专业性的补充渠道，通过辅助性渠道的选择，有利于促进对专业性渠道采集信息的充实和论证。行业的领悟性要求调研者在信息收集过程中要善于采用观、记、问、领会等调研手法，在收集信息的同时分析市场，透过表面的市场现象捕捉真实的市场资料。在信息收集过程中，为提高调研效果，要灵活采用一些科学的调研方法作为补充，如电话咨询、问卷调研、行业拜访等，深入调研法的中心任务是通过深入市场，确保采集信息的实效价值。

2. 调研分析

调研分析是对调研信息的资料汇总和解析，并需根据分析结论写出调研报告。调研报告是通过调研资料对调研实效价值的具体体现，是针对调研课题在分析基础上拟订的总结性汇报书，可以根据调研分析提出一些看法和观点。调研是科学管理的基本要求，科学管理对调研的要求在于能否确保管理者根据调研报告对管理行为作出正确的选择。如果说信息收集是调研质量的安全线，那么调研分析就是调研质量的生命线，因为分析提炼了调研的价值成分，它更深地反映为对市场的一种审视和剖析。很多组织信息采集的资料都很标准，但由于缺乏审视和剖析能力，调研的价值就无从估计，甚至会误导组织、牵制管理。

在定性分析和定量分析的基础上，现实性管理需要增加理性分析法，即运用管理思想和专业的眼光，在对远景市场展望的基础上来对调研信息资料进行剖析和思考，从而撰写出对组织有实效价值的调研分析报告。

（三）养老需求调研的程序

调研是一种有计划、有组织的策划活动，应遵照一定的工作程序，主要包括确定调研专题、确定调研目标、收集相关信息、制订调研计划、实施调研计划、统计分析结果、提出调研报告7个阶段。

1. 确定调研专题

项目调研的问题很多，不可能通过一次调研就解决所有的问题，因此，在组织每次项目调研时应找出关键性的问题，确定调研的专题。选题太宽，将使调研人员无所适从，不能发现真正需要的信息；选题太窄，不能通过调研充分反映市场的状况，难以使调研起到应有的作用。

2. 确定调研目标

调研的目的在于帮助组织（或个人）准确地作出决策。在调研之前，须先针对组织（或个人）的现状和亟待解决的问题，确定调研的目标和范围。在确定调研目标时，应当努力使问题定量化，提出明确具体的数量目标。根据调研目标的不同，调研可分为探索性调研、描述性调研和因果关系调研3种类型。探索性调研一般是在调研专题的内容与性质不太明确时，为了了解问题的性质、确定调研的方向与范围而进行的搜集初步资料的调查，通过这种调研，可以了解情况、发现问题，从而得到关于调研的某些假定或新设想，以供进一步调查研究。描述性调研是一种常见的调研，是指对所面临的不同因素、不同方面现状的调查研究，其资料数据的采集和记录着重于客观事实的静态描述。因果关系调研是指为了查明不同要素之间的关系，以及查明导致产生一定现象的原因所进行的调研。通过这种形式调研，可以清楚外界因素的变化对事物进展的影响程度，以及决策变动与反应的灵敏性，具有一定程度的动态性。

3. 收集相关信息

信息收集就是对市场环境的信息资料进行采集。采集资料的真实性和有效性对调研分析的科学性有着直接的影响，而采集资料的真实性和有效性直接取决于信息采集的调研方法。为有效地利用组织内外现有资料和信息，首先应该利用室内调研方法，集中搜集与既定目标有关的信息，包括对组织内部经营资料、各级政府统计数据、行业调查报告和学术研究成果的搜集和整理。组织进行市场调研必须根据已确定目标和范围收集与之密切相关的资料，而没有必要面面俱到。收集资料的方法多样，组织必须根据所需资料的性质选择合适的方法，如实验法、观察法、调查法等。如通过查阅有关材料和文献，初步了解目前的养老需求。

4. 制订调研计划

调研计划的内容主要包括资料来源、调研方法、费用预算等。

（1）确定资料来源。调研资料按其来源不同，可分为第一手资料和第二手资料。第一手资料指为了一定的目的采集所得的原始资料（费用比较高，但价值相当大），常常来自现场的调查。第二手资料是指为了其他目的而采集的现成资料。调研人员可以从内部资料中获取，也可以利用外部资料间接获取。内部资料常来自企业的财务报表、资金平衡表、销售统计以及其他报表档案，外部资料常来自政府的文件、书籍、报纸、期刊，以及其他各种出版物。

（2）确定调研方法。项目调查资料的采集往往采用观察法、询问法和实验法3种调查方法。观察法是一种单向调研法，主要是由调查人员通过直接观察，进行实地记录，以获取所需的资料。这种方法可以采取跟踪观察的形式在不同的地点连续进行，以获取动态的数据记录，供调研人员使用，也可以从不同角度对调查对象进行观察，从而对调查对象作整体评价。询问法是一种双向沟通的行为，一般分为口头询问法和书面询问法。口头询问法简单、快速、灵活，但要求询问者的思维敏捷，能及时捕捉有价值的信息资料。书面询问法是指调研人员事先制定出调查表，以当面填写或邮寄填写的形式收集信息。这种询问法速度比较慢，但是成本比较低、资料比较丰富。实验法是指将调查对象随机地分成若干组，通过有意识地控制实验条件中的若干变量，以此来观察条件变化后的各种反应，从中找出各种反应的差别。这种方法可以控制实验条件，排除其中非可控因素的影响，从中找出因果联系，所以运用比较广泛。在尽可能充分地占有现成资料和信息的基础上，再根据既定目标的要求，采用实地调研方法，以获取有针对性的信息。调研大多采用抽样调查，其核心是抽样对象的选取和问卷的设计。抽样须视调查目的和准确性要求而定。问卷的设计需要有的放矢，完全依据要了解的内容拟订问句。

（3）确定费用预算。调查需要一定的费用支出，因而要合理地制定费用预算，确保调研费用支出小于调研后产生的收益。应将与调查相关的费用统计汇总起来，以关联部门和分类基准来设定框架，详细内容记入估价单。

养老需求调研可以重点考虑以下几个关键点：一是提出一定的假设。假设是建立在对研究对象的局部的感性认识之上的某种判断。在提出某种研究假设时应遵循“不能与已有的资料相矛盾；力求简短、明显、准确；不应包括未被解释的概念；没有逻辑上的矛盾”等原则。二是拟订调查提纲。把调查内容条理化、具体化，指出为了说明概念、进而检验假设要收集哪些方面的资料，较细的调查提纲可为制定调查表奠定基础。三是设计详细的调查表。调查表由许多具体问题组成，这些问题在设计时内容应当与调研题目一致，顺序尽量按照逻辑和便于实际调查排列，语句准确、简洁、通俗，最前面的说明要亲切、平和，才能得到真实的资料。四是确立调研的目的和对象。根据明确的调研目的和对象，决定采用何种调研方式和方法。五是落实调查的组织实施计划。如对调研人员配备、经费到位、时间分配等进行统筹安排。在调研的需要范围内进行宣传，以得到领导和被调查老年人的支持。有时还需要进行预调查、试验性调查，可在小范围进行，设计调查表、座谈提纲等，以便发现问题，及时修订计划。

5. 实施调研计划

实地调查需要调研人员直接参与，调研人员的素质影响着调查结果的正确性，因而必须对调研人员进行适当的技术和理论训练，还应该加强对调查活动的规划和监控，针对调研中出现的问题及时调整和补救。调研实施阶段包括数据资料的收集、加工处理和分析3个步骤。收集的数据资料要经过一个去伪存真、去粗取精和科学加工处理过程，从而保证分析工作的客观性，更好指导整个项目活动的顺利进展。数据资料经过搜集、加工、处理之后，要对其进行分析，从中得出具有普遍意义的规律。分析方法主要有定量分析与定性分析两种。随着网络技术以及计算机技术的发展，数据处理软件为项目调研工作带来了便利，从而缩短了分析时间，提高了工作效率。在调查结果不足以揭示既定目标要求及信息广度和深度时，还要采用实地观察和试验方法，组织有经验的市场调研人员对调查对象进行公开和秘密的跟踪观察，或是进行对比试验，以获得更具有针对性的信息。

调研实施过程中要注意收集资料。按调研提纲和调查表的问题全面地收集资料；注意谈话技术及访问技巧，不引导回答，不流露自己的看法，也不对答案作评价；灵活使用录音设备；对答案不清楚者，应重复答案让对方确认。要注意认真仔细，不带偏见和个人目的；不伤害老年人的身心健康，不侵犯其隐私权，也不欺骗老年人。要注意保护老年人的权利，对于少数民族或有宗教信仰的老年人要考虑到其风俗习惯等特殊性要求。

6. 统计分析结果

调研实施过程中要注意整理资料。通过审查补充，看资料是否完整、明确，并辨别资料的可靠程度；通过摘要把其精华之处提取出来；按调查提纲或依专题等将资料归纳分类；编整加注，即对各类材料统一编排修整，作出初步总结。整理资料是“去粗取精，去伪存真”的过程，其基本要求是真实、具体、简明、扼要。现代化调查研究得到的是大量数字资料，在整理数字资料时要做好校订和编码工作，看是否有遗漏，有无错填，检查度量衡单位是否划一，答案之间是否有明显的逻辑错误，判断资料的真实性和可信性。

对获得的信息和资料进行进一步统计分析，提出相应的建议和对策是市场调研的根本目的。市场调研人员需以客观的态度和科学的方法进行细致的统计计算，以获得高度概括性的市场动向指标，并对这些指标进行横向和纵向的比较、分析和预测，以揭示市场发展的现状和趋势。在分析方法中，有许多具体的手法，如因因果关系交叉而显现出来的交叉分析、总结集体调查结果的方法、多变量解析的手法等。应用统计手段对资料进行数量分析，简化、显示和推论总体的各种数量特征及趋向；运用比较法、归纳法及推理等手段，发掘数量特征及资料反映的意义，寻找现象间的内在联系，发现问题的解决途径和办法，并提出新的问题和观点。

7. 提出调研报告

调研的最后阶段是根据比较、分析和预测结果写出书面调研报告，一般分为专题报告和全面报告，阐明针对既定目标所获结果，以及建立在这种结果基础上的经营思路、可供选择的行动方案和今后进一步探索的重点。调研报告是将调研数据分析结果书面化的形式，也是对整个调研工作的总结。调研报告还可以分为技术性报告和结论性报告。技术性报告着重报告市场调研的过程，内容包括调研目的、调研方法、数据资料处理技术、主要调研资料摘录、调研结论等。结论性报告着重报告调研的成果，提出调研人员的结论与建议，供有关组织机构（或老年人）参考。

特别要注意的是，对调研结果进行统计、分析和预测后所获得的信息，要达到如下要求：一是准确性。对于市场的调查必须坚持科学的态度、求实的精神，客观地反映事实。要认真鉴别信息的真实性和可信度，要求做到信息的根据充分、推理严谨、准确可靠。二是及时性。任何市场信息、重要的情报，都有极为严格的时间规定性。所以调研必须适时提出，迅速实施，按时完成，其所得信息要及时利用。三是针对性。调研要明确目的。根据目的的要求，有的放矢，以免劳民伤财、事倍功半。四是系统性。市场信息在时间上应有连贯性，在空间上应有关联性，随着时空的推移和改变，市场将发生日新月异的变化，信息也将不断扩充。因而要系统地组织对市场调研的资料加以统计、分类和整理，并提炼为符合事物内在本质联系的情报。五是规划性。市场信息面广量大，包罗万象，因此，要做好信息管理工作，就要加强计划性。既要广辟信息来源，又要分清主次、突出重点；既要持之以恒，又要注意经济效益；既要充分利用各方面的力量，又要有专业化的组织和统一管理。六是预见性。市场信息的搜集和整理，既要满足当前经营决策的需要，又要分析变化的未来趋势，预见发展。

养老需求调研报告的撰写，要注意调查报告的基本格式。调研报告由标题（调查报告内容的浓缩，要求概括、简洁、贴切、新颖）、前言（包括调查的原因、目的、对象、范围、时间、地点等，应短小、精彩、朴实、引人入胜）、正文（运用大量篇幅、大量事实，数据完整地反映调查结果，提供调查的真实情况，说明调查课题的新发现、新经验以及通过调查分析探得的客观规律）、结尾（即对全文的概括总结，要点题且干脆利索）和附录（注解和文献目录）五个部分组成。

二、养老需求调研的技巧

（一）养老需求调研方法

1. 文献调研法

文献调研法是通过查阅相关文献来获得调研信息的调研方法。这种调研方法主要是为了获取调研事物的一般性发展规律或其演变过程而采取的一种调研方法。可以通过档案馆、图书馆、互联网等信息平台，查阅地方志、年鉴以及有关报刊、论坛等多种渠道，搜集有关养老服务的理论与经验，广泛收集养老服务的政策文件与做法，借鉴和比对先进国家（地区）的养老实践，梳理分析、综合运用已有研究成果。其优点是调研不受时间和空间的限制，缺点是作为一种理论探讨，其结果没有现实依据。

2. 观察调研法

观察调研法是指调研人员有目的、有计划、系统地通过感官和辅助工具，在自然状态或人工控制状态下，对客观事物、研究人群活动及互动情况进行仔细观察、分析，以获得第一手事实资料的调研方法。观察法是调查者在现场从侧面对被调查者的情况进行观察、记录，以收集市场情况的一种方法。观察法不一定让被调查人感觉出来，只能通过调查者对被调查者的行为、态度和表现的观察来进行推测、判断问题的结果。常用的观察法有自由观察法、组织观察法、直接观察调查、实际痕迹测量法等方法。自由观察法是指不硬性规定观察的方法和手段，仅根据调查担当者的意思自由地进行观察的方法。组织观察法是在事先确定了调查方法，并有组织地进行的方法。直接观察法是派人到现场对调查对象进行观察。例如可派人到养老机构观察老年人的行为和要求，调查老年人对养老服务的信赖程度。实际痕迹测量法是调查人员不亲自观察被调查者的行为，而是观察行为发生后的痕迹。例如，要比较在不同报纸杂志上刊登广告的效果哪个较好，调查人员采用观察法，主要是为了获得那些被观察者不愿或不能提供的信息。有些消费者不愿透露他们某些方面的行为，通过观察法便可以较容易地了解到。但观察事物的表面现象，不能得到另外一些信息，如人们的感情、态度、行为动机等，因此调查人员通常将观察法与其他方法组合起来使用。

观察法的优点：能够获得更真实、深入的资料；适合于任何个体行为活动的研究，对于一些不能使用问卷、访谈的研究对象，如失智老人、意识障碍人员、精神病患者等的行为和病情，采用观察法可获得其行为资料。

观察法的缺点：观察法需要长时间进行，因此时间、经济成本都很高。质量控制要求较高，观察者需经过严格的培训，掌握整个观察过程。伦理问题比较突出，如何处理观察内容和尊重观察对象的隐私问题是调研者需持续考虑的内容。由于观察者存在于被观察者的活动场所，从而影响被观察者的行为；观察者记录观察结果时会受到主观因素的影响。

3. 实地调研法

实地调研法就是调研者通过身临其境地去现场了解，掌握第一手资料的调研方法。实地调研是相对于案头调研而言的，是对在实地进行调研活动的统称。简单而言，实地调研就是指对第一手资料的调查活动。实地调研的具体方法有访问法、观察法、实验法等。

实地调研法的优点是调研内容生动、直观。缺点是要耗费较多调研时间，且调研真实性跟调研人的主观性联系较大。

4. 访谈调研法

访谈调研法是调查人员通过各种方式向被调查者发问或征求意见来搜集市场信息的一种方法，是通过走访不同的人群、不同的调研对象来获取调研信息的一种调研方法。可分为深度访谈、座谈会、问卷调查等方法，其中问卷调查又可分为电话访问、邮寄调查、留置问卷调查、入户访问、街头拦访等调查形式。

根据对访问内容是否进行统一设计，可分为标准化访问和非标准化访问。标准化访问也称结构式访问，是指按照事先设计好的有一定结构的访问问卷进行访问，整个访问过程是在高度控制下进行的。非标准化访问也称无结构式访问，是指事先不制定统一的访问问卷，只根据访问目的列出粗线条的访问提纲，由访问者和被访问者根据提纲自由交谈。

根据访问者与被访问者的交流方式的不同，可分为直接访问和间接访问。直接访问是指访问者与被访问者面对面地交谈。间接访问是指通过电话对被访问者进行访问。

根据访问对象的特点不同，可分为一般性访问和特殊性访问。一般性访问是指对普通工人、农民、干部、知识分子、居民的访问。特殊性访问是指对一些知名人士、突发事件当事人、未成年人等特殊人物的访问。

根据访问调查一次访问人数的多少，可分为个别访问和集体访问。个别访问是指每次只访问一个被调查者的访问。集体访问也称为座谈会或调查会，是指每次访问多个（5~10 个）被调查者的访问。集体面谈调查法一般也称为集体调查法，是将调查对象集中在调查会场，让他们对调查主题发表意见，从中收集资料的方法。其目的是为了在调查的探索性阶段，有重点地实施假说的设定、提问表的组成、解析问题的轮廓把握、拓宽思路（开发思维）、对具体事例的预测判断等诸项工作。深入面谈调查法也称深入访问调查法，适用于产品的购买动机调查法中的个人当面调查，具体包括深入提问调查问卷法、构成性深入面谈法、非构成性深入面谈法等各种方法，其中具有代表性的是非构成性深入面谈法。非构成性深入面谈法，一般事前仅决定调查的主题、主要的提问项目，而以后的提问内容和提问顺序，则根据当时的情况变化，由提问者自行决定。由于是通过详细的提问和民意测验来解决顾客本人在不注意时表露的深层心理，在一定程度上提问前也利用了临床心理学中使用的临床诊断的手法，所以要求提问者必须经验丰富，在心理学领域具有丰富的知识。这种调查需要让提问者和接受调查者有可以沉下心来对话的空间，尤为重要的是要有一种使接受调查者心情放松、无拘无束发言的氛围。在调查对象未能表现出自己的感情的场合，提问者的帮助是需要的，但必须避免提问者的反论和诱导询问。

需求调研最常见的入手方式是访谈，用得最多的也是访谈。访谈可以非常正式，提前约好访谈对象、访谈时间、访谈地点，准备好访谈话题、访谈提纲等；也可以非常随意，电梯里、餐桌上、车上，都可以进行一次偶遇访谈。访谈未必都需要面对面，通过电话、QQ、邮件、视频聊天等方式进行的沟通咨询都可以归入访谈的范畴。访谈的优点是调研所获得的信息准确性高，有助于问题的深入了解。缺点是工作量大，耗时长，成本高，不易大规模开展。

（二）养老需求调研技术

1. 抽样技术

项目调研往往采用抽样调查的方法，一般可分为非随机抽样调查和随机抽样调查两类。非随机抽样调查有配额抽样法、任意抽样法与判断抽样法等。非随机抽样的样本是由调研者凭经验主观选定的，因而代表性依赖于调研者的经验，具有主观性，所以调研结果误差较大，不能正确地反映总体和实际情况。随机抽样是指随机地从总体中选出一部分作为调查样本，从而推断总体特征。根据抽样技术的差别，常用的随机抽样可分为简单随机抽样、分层随机抽样和分群随机抽样等方式。简单随机抽样是指在调查对象总体中不作任何主观的选择，纯粹用随机方法抽取样本，使每一个个体被抽作样本的机会均等。具体做法是，将调查总体逐个编号，然后决定样本的大小，根据随机数表抽取样本。分层随机抽样是指借助于辅助资料，把总体按一定标准进行分层，然后在每一层中用简单随机抽样方式抽取样本进行调查。这种方法可以增加样本的代表性，避免样本集中于总体的某个层面。分群随机抽样是指把调研对象总体划分为若干群体，以简单随机抽样法选取一定数量的群体作为样本，然后对抽取的样本群体进普调，以此推断总体特征。

作为一项了解消费者期望和购买行为的调查，抽样调查的规模越大，结果也就越令人信服。但是由于人力、物力的限制，还有调查技术条件的限制，调研规模不可能无限制地增大。因此，在实际工作中采取抽样调查需注意以下几方面问题：

一是确定调查样本数量。一般而言，一个调查的样本越大越好，因为依据统计学上的大数定理，大样本可以降低误差。但是，大样本不可避免地要大量增加调查成本，而且在调查实务中，大样本也引进了额外的误差因素，诸如调查员的疲乏、统计上的错误、回收率难以控制等。

二是样本涵盖面的广度。样本涵盖面与样本数是相依的，抽样涵盖面越广，所需样本数越大，若样本数不是随着增大，则属于完全随机抽样，虽然在整体上样本具有代表性，但对于各抽样样本来说，仍然不具有代表性。

三是问题涵盖面的广度。如果调查内容太少，挂一漏万，就会失去调查的本意；反之，如果尽量增加调查的内容，问卷太长，会使得被调查者失去耐心，降低整个调查的可信度。此外，也可能由于一部分被调查者拒绝合作，造成严重的抽样偏差。

这些都使得调查结果量变引发质变，使调查失去意义。

四是调查实施的深度。一般而言，深度与广度是难以兼得的。越是深层的调查，所要求调查员的专业技术越高，所需时间越长，经费就越高。

2. 询问技术

口头询问技术要求调查人员必须具备敏捷的思维，事先准备好提纲或调查问询表。对调查课题心中有数；态度友善亲切，容易接近；善于启发和引导调查对象回答问题。书面询问技术是指在问卷调查表设计时，要注意问题的提出，如何在问卷中不重复出现同一个问题，等等。

3. 设计技术

指调查表的设计技术。一般来说，调查表由被访问者状况、调研的内容、调查表填表说明（目的、意义、要求等）、调查者项目（姓名、单位、时间等）、编号五个部分组成。项目调查表设计的一般程序是：依据项目调查目的需要，列出调查内容；归纳出相关的问题；确定调研的方式；确定询问方式；确定询问次序；斟酌提问方式；进行小规模效果测试；根据测试结果，调整调查表。

科学设计调查表、有效地运用个人询问技巧是访问法成功的关键。调查表要反映组织决策的思想，是企业营销部门最关心、最想得到的重要信息来源之一。因此，设计调查表时要注意：一是根据整个研究计划的目的，明确列出调查表所需收集的信息是什么。例如对养老服务机构来说，需要得到所投资地区消费者的收入和消费承受能力以及消费者对养老的标准要求等。二是按照所需收集信息，写出一连串问题，并确定每个问题的类型。养老服务机构要想占领市场，既要了解目前该城市的人口分布、年龄构成、家庭结构等情况，又要了解居民的收入水平（基本工资、奖金收入，以及消费者购买生活必需品和一些耐用消费品以后可随意支配的货币有多少），还要了解消费者目前是否有存款，并要了解消费者对养老的最低要求和当地政府对养老服务的有关政策等。三是按照问题的类型、难易程度，设计题型（单选填充，多选填充，是非判断，多项选择题）并安排好询问问题的次序。四是选择一些被调查者做调查表的初步测试，请他们做题，然后召开座谈会或个别谈话征求意见。五是按照测试结果，再对调查表作必要修改，最后得出正式调查表。

问题设计时要把握以下要点：一是提问的内容尽可能简短。提问部分如果太长，就无法传达提问者的意图，特别是在使用面谈法的场合，提问部分长了后会使被问者忘记开头的内容。二是要避免使用专业用语、行业用语和某些特殊的用语，而使用平常的、容易被人理解的语言。水平掌握在高中文化层次的人能理解的程度，可以使用一些漫画、插图等使被问者回答时感兴趣的方式。三是不要诱导人们回答。不要采用让人们按照提问者一开始就定下的思路（方向）回答的方法。四是在一项提问中只包含一项内容。如果在一项提问（题）中包含了两项以上的内容，那么回答的人就很难回答，在此场合，务必将此问题一拆为二，分开让人回答为好。五是以过滤性的提问方法来展开问题。不要一开始就把问题搞得很细，而是层层细分、展开进行提问，这样较好。例如，在有两个以上答案时，提问者总是向选择第一个问题的人一步步追问，层层细分。过滤性提问可以限定地向有兴趣的人提问，同时也可以排除对此不关心的人，并可以分析各项提问之间的相关联系。六是避免提容易引起人们反感或很偏的问题。只有回答者能够给予冷静的判断和回答的问题，才能得到有效的调查结果。

调查问卷的制作一般可分为事前准备、调查问卷设计、事后检查等步骤（见表4－1）。

表4－1　调查问卷的制作

项目	功能	内容
事前准备	调查目的的确认与明确化	调查目的的确认，原有资料、信息的分析，设定假说汇总，分析方法的确定
调查问卷设计	决定调查项目和提问项目	决定调查项目，决定提问项目
	设定问题项目的制作	提问形式、回答形式的推敲，设定问题方案内容的推敲，措辞用字的检查，确定回答项目
	提问顺序的推敲	确定提问顺序
	进行预备测试（模拟试验）	明确测试或试验的程序与内容
事后检查	完成调查问卷	根据预备测试进行修正，完成调查问卷

三、养老需求调研的分析

分析调研数据是调研工作中一个非常重要的环节，从研究对象那里得到的信息可能是已知或未知的趋势，或为计划提供无可辩驳的事实依据。通过对数据的深入分析，可以更加深入地了解到调研对象的需求，从而帮助决策者作出正确决定。分析与调研时，网络的或传统的方式，都是把相关的数据汇总、排列，并转化成信息。如果调研目标只是简单地为数据库收集数据，就不用对数据进行分析。如果目标是为了了解研究对象的特性，就必须把原始数据进行转化以便清楚了解调研对象的信息。

（一）准备工作

如果需要对调研资料进行汇总，分析就应该以回顾整个资料开始，然后再进行编辑、分析和报告。在回顾结论与编辑数据之前不能急于分析数据，一定要确保收集数据的正确性。

1. 快速回顾

把全部数据看一遍，作一次快速回顾，可以帮助调研人员进一步了解调研目标，包括问卷设计的瑕疵及回答人数。在快速回顾时，应该把每个问题看一遍，看看结论是否“有意义”。这种“直觉”检查可以揭示调研的一些问题。大多数调研者对调研的数据都已经有所期望，快速回顾可以较快了解到参加调研的人是否合理。例如，对一定区域的所有老年人做调研，如果有10%来自养老机构，20%来自社区，45%来自家中，5%来自医院，基本符合“9073”养老格局规律，就有理由推断出这个调研的结果是较为合理且能反映现实的。如果快速回顾一下，发现有80%的被调研者来自社区，应该知道调研没有覆盖整个老年人群体。快速回顾还可以发现调研方法上存在的问题。如是否全部被调研者回答了所有的问题？如果不是，问卷设计可能存在瑕疵，致使问卷不能被全部完成。另外，快速回顾还可以显示哪部分细节应被重视。调研者已经知道对调研结论的期望，快速回顾就是发现不期望看见的瑕疵。

2. 数据整理

对数据进行整理（编辑与清除数据）是调研的一个重要过程。编辑调研数据应特别注意，以避免产生作废问卷或有偏差的结论。最好不要在收到结果时就对数据进行编辑和清除，以免引起数据的丢失与重建。为安全起见，要把所有数据都收齐后再作编辑与清除。

先找出并清除那些未完成的问卷和假问卷。那些没有完成回答或回答无意义的问卷应该被废除。例如，如果调研是想用人口统计学来试探未来购买意图，但关于人口统计学的问题没有被回答，这样的问卷就应该作废。反之，如果所有人口统计学的问题都作答，但却没有调研对象的名字和电邮地址，这样的问卷是有效的。假问卷是电子问卷独有的问题。有许多工具，例如 Web Surveyor 就提供减少假问卷的方法。像流行“信息娱乐化”的投票方式在许多网站上都有，却对假问卷无任何对策。为了发现假结论，所有的开放式问题的答案都应该检查。为了确认假答案的存在，必须把所有问题的答案进行对比，删除那个假答案。如果两个开放式问题有相同的答案，这里肯定存在假答案。

网络调研的数据清除必须把开放式问题、多选问题进行分类，包括“如果其他，请写出”的答案。因为问题自身的原因，开放式问题会提供详细的、重要的数据，但如果没有计算汇总的格式就不能被处理。现存的一种汇总方法是建议一个问题列表，选出所有阅读并回答过这些问题的答案。Web Surveyor 提供增加问卷的工具帮助进行上述处理。Web Surveyor 技巧贴示里一篇“清除你的数据”中有更多关于数据清除的方法。当数据准备完成，就该开始分析数据并使之转变成可行性信息。

调研编辑和数据清除过程中，如果有调研对象选了“其他，请详细写出”，并在该选项下写出了答案，若不清除这些选项，那么“其他”选项的答案就有可能被夸大或成为结论。例如，人口统计方法调研问卷会问调研对象在工作环境中的角色，如“教员、老师或学生”，调研对象选择“其他”并填写“教授”，就应该把这个选择清除并放入“教员、老师或学生”类中。

（二）详细分析

分析是调研工作中最重要的部分。如果需要把收集到的数据汇总成一套可行性信息，分析过程可能引出很多可变的方案。错误的分析可能导致错误的决定，所以这个过程必须小心谨慎。数据分析中的行为最终决定着调研的成败。

想要得到一定的信息，就要了解什么样的分析有意义。用 Web Surveyor 可以简单地自动做出数据图，或深入地把问题与趋势的关系作出对比。对大多数调研者来说，基本分析所用的图表、表格和过滤已经足够。但一些用户也希望使用更复杂的数据处理分析工具，例如 SPSS、Excel 或其他数据工具。

1. 图表式分析

图表式分析就是把数据用可视的方式摆放出来以利于找到不同。有许多不同的图表可以选择使用，最常用的有柱图、饼图。柱图就是在 X 轴和 Y 轴上用两个实心柱表示出一个具体的数值，可以是垂直的，也可以是水平的。这类图表普遍适用于多选、排序、单选、矩阵和数字类问题的显示。每个选项都作为一个独立的柱显示在图表中，柱的长度代表该选项被选中的频率。饼图可以用不同的“色块”表示数据。这类图表是用来表示数值与“全部”的对比关系的，所有的百分比相加应该是100%。饼图对单选问题是最有用的，因为它可以表示每个问题占总体的百分比，从饼图中最大比例的一块很容易看出哪个答案最多。当用饼图对比两组数字时，一定要确保每组选项所选颜色始终保持一致，这样每张表中同一选项进行对比就会非常容易看出来。饼图不适合多选问题，因为所做的选项不止一项，所有比例的加和会超过100%。还有其他的图表方式，例如线图、点状图和星图，这些图可以用来表示一段时间内的同一数据变化。不过，这些格式不太易于向普通使用者解释，只适用于一部分人。

2. 表格式分析

频率表格是进行基本分析的又一格式。这类表格可以表达出可能的反馈，每部分反馈的总人数和每一选项的百分比。频率表格对大量选项数据或每个选项所占百分比差别很小的数据处理非常有用。一般来说，饼图和柱图比频率表格容易做。

表 4－2　频率表格

回答	计次	百分比
市场分析	76	13.7%
定量分析	150	27.0%
策略性计划	56	10.1%

续表

回答	计次	百分比
产品计划	33	5.9%
促销沟通	243	43.8%
建议销售	152	27.4%
销售提供渠道支持	157	28.3%

交叉表格适用于对比两个分支类的信息。交叉表格可以把两个问题进行对比从而得出它们之间的关系；也可以把一个问题的答案用行展现，把另一个问题的答案用列展现。

表 4－3　交叉表格

基本问题	女性	男性
产品经理	57.2%	53.4%
总监	12.6%	14.2%
产品市场经理	24.7%	23.1%
项目经理	2.8%	1.5%
技术支持经理	2.8%	7.7%
总计	100%（215 人）	100%（337 人）

交叉表格常用于许多按人口统计的问题。这些行与列的交叉点被称为单元格，表示选择这个选项的人数的比例。对于分析的目的，交叉表格是非常好的比较方法。在 Web Surveyor 的技术贴中有用筛选和交叉表格分析数据的具体方法。

3. 数据的筛选

筛选是最常用的二级分析工具，通过筛选可以选出一类数据。和交叉表格做问题的对比不同，筛选是把某一组的所有问题进行分析，通过对所有负面回答的分析，看看他们对其他问题如何作答，从而得出一个趋势来明确被调研对象为何要这样作答，也可以筛出多选的答案和标准来作更细致的分析。例如，如果想了解 40 岁以上、收入约 5 万元的男性的购买意图，就要作一个筛选把不合格的对象剔除从而得到你的目标群。通过筛选数据，可以看出答案的阶段性变化。例如，持续对客户满意度进行调研，可以在一段时间内持续得到客户的态度。也可以使用筛选得到销售奖励的影响或通过对比得到新产品的前后变化产生的影响。

筛选并不会总是把不合标准的回答剔除，只是按当时的标准作筛选，把分析工作变得简化。对同一问题作不同的筛选，就可以看到调研对象的不同之处。筛选本身是有效的，但在对整体问卷进行分析时不要忘记把筛选取消，否则分析可能会不正确，结论就可能出现偏差。

（三）反向分析

确定引出某一结论的事实的分析叫反向分析。反向是指从后向前分析找出调研对象作出某一选择的原因。这也可以通过他们对其他问题的回答来判断。例如，想要了解上网的人是不是因为网页浏览有问题而不再回来，如果有30%的人说浏览网页有问题，有40%的人说不愿回来，那就应该筛选出那些不再回来的答案并分析是否因为网页浏览有问题造成他们不再回来，即把不再回来的人筛选出来后，请他们清楚地说明什么原因让他们不愿意回来。为了得到确切的答案，需要问直接的问题。

（四）撰写报告

报告要最大限度地满足“观众”的需求。可视报告（如HTML文件或PPT简报）是最合适的选择，这类图表类报告轻文字、重图表，对结论的描述一目了然，但细节的描述很少被要求解释。对于更复杂的问题，就需要用Word或Adobe文件来创建一个更细致的报告。用Word创建的文档通常有非常详细的信息，并具有很深入细致的分析。

无论使用什么类型的报告，强化信息的表达比任何文字和表格解释都有力。当用视觉展示时，可以进行趋势分析。如果把一组或多组问题对比，最好使用图表一组一组地显示。这种一组一组的对比可以使“观众”很快看出报告所强调的不同之处，并被报告引导着得出想要的结论。

报告的开始要回顾一下调研目标和采样方法，使观众了解调研的目的，从而避免与调研目标无关的各类问题。报告应该描述一下采样方法，包括请了谁为调研对象，在什么样的时间做的信息收集，以及其他与调研对象有关的问题。接下来，应该把分析和结论详尽地讲述给观众，包括那些图表、表格，以便清晰地解释。分析结束后，还应该导出与调研目的相符的推荐方法。不管怎样，推荐都应该是在调研的目标内并被调研的数字所支持的。最后，要提供一份调研问卷和所有的数据附在调研报告的后面。

一个好的分析应该开始于好的问卷，有正确的参与对象、认真的数据分析，从而得到一份可执行的结论。技术方法（如图表、筛选、交叉图表和反向分析）可以帮助调研者在数据中找到趋势，得出与目标相符的结论。

第二节　老年人的特征与需求特点

随着医学进步、经济发展和人类寿命延长，老年人的机体组织自然老化，器官功能逐渐衰退，新陈代谢过程变慢，身体活动能力下降，人体各种器官的生理功能不同程度地减退，主要表现在活动能力的降低、听力和视力的减弱、记忆力和意志的减退、机体免疫功能衰退、抵抗力下降、营养吸收力降低、内环境平衡能力减弱、适应能力差等方面。

一、老年人的特征

人类从中年步入老年，自然衰老的过程是显而易见的，具有普遍性且是不可抗拒的。老年人的各种组织器官都相继出现不同程度的变化，生理功能也呈现出与年轻时期不同的变化特点。生理变化是产生心理活动变化的物质基础，老年期的生理变化将直接影响个体的感知觉，以及记忆和情绪等各种心理功能。

老年期在生理上最显著的变化就是衰老的出现。“衰老”是随着年龄的增长，人在生理上出现的功能的减退和衰弱的自然现象。衰老不是一种简单的、孤立的生理现象，而是与许多心理和社会等因素紧密相关的。老年期的到来绝不意味着人生末日的来临，与衰老相伴的还有人生丰富的阅历、理解的深刻、心胸的豁达以及新的生活方式和生活世界，这些都会给老年期的生活带来新的变化、新的发展机会。

（一）外观变化

随着年龄的增长，体态和外形逐渐出现变化，主要表现在以下几个方面。

1. 皮肤毛发

在老年期，皮肤开始变得粗糙，出现皱纹，皮肤的水分逐渐减少，弹性降低，光泽、红润度也在减少，出现老年性色素斑及角膜上的老人斑等。老年期的皮肤变化除了生理原因之外，个人的生活环境、工作场所、饮食状况等因素都会产生明显的影响。

老年期的皮肤变化还可能引起相应的疾病。老年人皮肤中汗腺减少，容易使老年人排汗发生困难而产生中暑。老年人皮肤中毛细血管的脆化使老年人皮肤供血减少，易生褥疮。老年期皮肤的更替较慢，因此老年人比年轻人更容易碰伤皮肤，且跌倒和碰撞可能会造成更严重的创伤。老年人因皮下脂肪减少而易患感冒。

由于皮肤的相关变化，老年人的毛发也会逐渐变白、脱落。少数人在30岁前头发已经发白，随着年岁日增，白发的人数不断增多。在60岁以后，近100%的人的头发会不同程度地变白，很多老年人还会出现脱发甚至秃顶等情况。

2. 身高体重

人到老年时，身高逐渐变矮。据日本统计资料，从30岁到90岁，男性身高平均降低2.25%，女性平均降低2.5%。伴随这一变化，老年人会出现弯腰驼背等体征。

老年人体重的变化因人而异，有些人随年龄增大而逐渐减轻，变得消瘦，这是因为老年人的细胞内的液体含量比年轻人减少30%～40%；但也有老年人体重逐渐增加，这是因为脂肪代谢功能减退导致脂肪沉积增加，尤其是在更年期内分泌功能发生退化以后更为显著。

3. 其他变化

牙齿松动脱落、语言缓慢、耳聋眼花、手指哆嗦、运动障碍等也是常见的老年人的外貌特征。

（二）组织变化

老年人的肌肉逐渐变得松弛无力，无论是肌肉的弹力、耐力，还是强度和灵敏度，都出现了明显的下降，进而导致老年人全身的活力下降。老年人的肌肉衰退速度可通过适当的体育锻炼来延缓。但老年人的骨质密度开始下降，容易出现骨质疏松症，这使老年人易出现骨折，因此，老年人应防止突然跌倒，在日常体育锻炼中尤应量力而行。另外，肌肉和骨骼的变化还会导致老年人体形上的变化，使老年人身高降低、体重减轻等。

老年人骨骼肌肉系统衰老过程的典型症状之一就是丢失，包括骨量丢失、骨骼肌质量和强度的丢失、激素的丢失。所有这些改变的相互作用均增加老年人脆性骨折的风险。

（三）内部变化

1. 心血管系统

心血管系统对于维持机体循环、维护生命健康起着至关重要的作用。心血管系统老化会使老年人出现冠心病、高血压、心律失常、脑出血、脑血栓等严重疾病。因此，老年人在适当增加体育锻炼之外还应保持精神的愉悦，拥有平和的心境。

2. 呼吸系统

呼吸系统是老年期衰老的另一个高危地带。老年人的肺泡相对减少，肺组织的弹性逐渐下降，呼吸肌的肌力也逐渐衰弱，肺活量逐渐降低，因此老年人易患呼吸系统疾病，如慢性支气管炎、肺气肿、肺炎、慢性肺源性心脏病等疾病。老年人的呼吸系统疾病的康复，一方面需要老年人减少抽烟，另一方面老年人要注意自我保健。

3. 消化系统

老年人的唾液分泌减少，口腔黏膜开始萎缩，胃液分泌也在减少，胃壁伸缩性减弱，肠道方面肌层萎缩、蠕动减少，使老年人易患反流性胃炎、慢性胃炎、消化道溃疡、便秘等疾病。老年人消化吸收体现出以下特征：

（1）咀嚼及消化特点。老年人因牙周病、龋齿、牙齿的萎缩性变化，出现牙齿脱落或明显的磨损，影响对食物的咀嚼和消化。

（2）味觉特点。舌乳头上的味蕾数目减少，使味觉和嗅觉降低，影响食欲。每个舌乳头都含味蕾，75 岁以上老年人减少至 30 ~ 40 个，因此出现味觉、嗅觉异常。

（3）黏膜萎缩、运动功能减退。50% 的 60 岁以上老年人出现胃黏膜萎缩性变化，胃黏膜变薄，肌纤维萎缩，胃排空时间延长，消化道运动能力降低，尤其是肠蠕动减弱，易致消化不良及便秘。

（4）消化腺体萎缩，消化液分泌量减少，消化能力下降。老年人的胃液量和胃酸度下降，胃蛋白酶不足，不仅影响食物消化，也容易导致老年人缺铁性贫血。另外，老年人的胰蛋白酶、脂肪酶、淀粉酶分泌减少、活性下降，食物消化能力明显减退。

（5）胰岛素分泌减少，对葡萄糖的耐量减退。老年人的肝细胞数目减少、纤维组织增多，解毒能力和合成蛋白能力下降，致使血浆白蛋白减少，而球蛋白相对增加，进而影响血浆胶体渗透，导致组织液的生成及回流障碍，从而使老年人易出现浮肿。

4. 泌尿系统与内分泌系统

泌尿系统包括肾脏、输尿管和膀胱。由肾脏到达膀胱的输尿管和膀胱都有可能丧失肌肉弹性，这有可能导致膀胱不能完全排空。当膀胱中的尿液排不干净时，老年人就容易出现尿路感染。由于膀胱的储存能力降低，老年人可能需要频繁地排尿。这种情况最有可能出现在夜间，并可能会扰乱睡眠。由于排尿频繁，而老年人的神经系统效能降低，较长时间才感觉要排尿，因此导致大小便失禁，这一问题在妇女中更为常见。对于男性，更可能出现前列腺疾病。

在内分泌系统方面，老年人的甲状腺重量开始减少，甲状腺功能开始出现退化，肾上腺的重量也出现减轻，睾丸、卵巢出现萎缩，分泌功能同时下降。老年期在内分泌系统和泌尿系统上容易患的疾病有糖尿病、前列腺增生、性功能障碍、子宫肌瘤、卵巢肿瘤等。

5. 神经系统

大脑左半球和右半球由其中间的一条称为胼胝体的神经纤维联系起来。大脑的最外层称为大脑皮质。从心理学的角度看，皮质是大脑中最为重要的部分，随着个体的老化，皮质变得更容易受损伤。而且随着大脑的衰老，其可塑性变差，未受损的皮质部分不大可能接管已受损的皮质区域的功能。大脑包含着一系列变化多样的神经元，又称神经细胞，它是大脑和神经系统的基本单元。随着年龄的增长，神经细胞开始凋亡，脑的重量也在逐渐减轻。老年人的脑细胞数量明显减少，脑体积萎缩，脑重量下降，脑动脉硬化，脑功能衰退。神经系统方面的衰退使老年人容易患上脑血管病、帕金森症、老年痴呆症等多种疾病。

中风和帕金森症是老年人容易罹患的比例偏高的两种疾病。中风是由脑血栓或脑出血损伤血管而导致的脑供血不足造成的。有些中风是致命的，有些中风会使老年人的身体、认知或沟通能力严重降低。大多数中风在发作前都有一系列的短暂缺血性发作（TIAs），实际上是小中风。小中风的时候，个体会经历短时间的失语、半边身体虚弱、视觉改变、丧失记忆等情况。这种损伤持续时间短，一般马上就会恢复。然而，小中风是即将出现中风的预警信号。对小中风的治疗可以避免中风及其导致的更严重的损伤。帕金森症在老年人中也比较常见。帕金森症是一种运动障碍，其特点是手指、脚、嘴唇颤抖，同时面部和躯干肌肉僵硬。患有这种疾病的老年人由于控制肢体的能力减弱，可能出现吞咽困难或者行走时脚拖着地面，发现这种情况请及时检查治疗。

人到老年不但生理方面发生改变，精神上也产生相应的变化，表现出特有的心理特征：一是脑功能下降。表现为“精神易兴奋”“记忆力下降”“注意力不集中”，时常情绪不良（如烦恼、紧张、压抑），休息后不容易缓解，经常感到“心有余而力不足”，但是对综合分析能力和判断影响较小。二是性格改变。老年人常常会悲观自卑，变得沉默寡言、情绪低落、郁郁寡欢，性格也变得孤僻，缺乏生活热情，固执己见，不容易接受新鲜事物。老年人常常沉湎于回忆往事，悔恨无法挽回的美好情景。

（四）感知变化

1. 视觉的老化

多数人在老年阶段视力会逐渐下降，出现散光和老视现象。年老过程中眼睛的水晶体曲率变平，折光率降低。视力减退还可能是由于老年人瞳孔的缩小，进入眼内的光线减弱，因此，要改善老年人的视觉条件，良好的照明度是十分重要的。此外，随着年龄的增长，有效视觉区域的面积也变得越来越小。研究发现，老年人的视网膜所接收的光大约是 20 岁人所接受的 1/3，这意味着离视野较远的事物很难被察觉到。

老年人视觉的变化，除了老视和视力减退外，还表现在对弱光和强光敏感性的降低方面。其中强光照射会引起人们眼花，年轻人眼花两秒钟后视觉就能恢复，而 65 岁以上的老年人眼花 9 秒钟以后才能恢复。例如老年人从室外进入漆黑的电影院，或从电影院走到室外的光适应时间比年轻人要长很多。由此推测，在夜里行驶或行走时，老年人需要较长时间才能适应迎面而来的车灯，这就很容易发生交通事故，因此从安全角度考虑，老年人尽量不要开夜车。此外，老年人对颜色的感知觉也会发生变化，晶体 40 岁后开始变黄，老年人就像是戴着一副黄色的太阳镜看这个世界，其中受影响最大的就是蓝色和绿色，在老年人的世界里，蓝绿色变得很不明显，一切事物看起来都是褐黄色的。

老年人对物体大小、空间关系和运动速度判断上的差错，偶尔会导致生活上的过失。例如想把手中的杯子放到桌上，因深度视觉的差错，常误以为已经放在了桌子上，以致脱手将东西落在地上。上下台阶时，由于对空间关系判断不准确，而容易踏空跌倒。

2. 听觉的老化

老年人的听觉变化就是常说的耳聋或耳鸣。老年性耳聋是对高音调声音的听力下降，是最为普遍的老年性听力问题。耳鸣是另一种晚年生活中经常出现的特殊听力障碍，类似高频的铃声或口哨声是困扰一些老年人的主要问题，因为它持续不断，让人分心，而且几乎不可能“关掉”。

随着年龄的增长，听说话的声音变得越来越困难，很多老年人会依据个人的经验和熟悉性来判断对方在说什么，然而当老年人在噪声环境听别人讲话时，听力困难就会变得更加明显了。此外，在大厅等容易出现回音或杂音的地方，老年人的听觉能力也会显著下降，这种回音或杂音会干扰老年人的听觉系统，所以讲话人要附和着老年人听的节奏，尽量大声、清晰地慢讲。

3. 味觉和嗅觉的老化

老年性衰退同样也发生在味觉和嗅觉上，只是这些感觉的退化不像视觉和听觉影响那样明显。人类的舌头有专门的感受器（即味蕾），到了老年期，因为味蕾的数量大量减少而使味觉变得迟钝。老年人味觉衰退，首先表现在感觉甜、咸味蕾的萎缩。相比之下，那些感觉苦、酸味蕾的衰退要缓慢很多。所以老年人常抱怨菜做得淡了，肉没有过去香了。对此，可以烹饪色彩鲜艳的饭菜，通过色彩来增加胃口。

嗅觉是最后衰老退化的感觉之一，一些老年性变量（如健康）也会对这种感觉产生影响。人们辨别各种气味的能力是随年龄增长而衰退的。嗅觉方面的缺失会对老年人产生很大的影响，65 岁以上老年人中有 30% 的人闻不到低浓度的煤气味，因此需要提醒使用煤炉取暖的老年人预防煤气中毒。

4. 皮肤感觉的老化

皮肤感觉分为触觉、痛觉和温度觉。触觉是老年人辨别外界刺激接触皮肤时的感觉。触觉的缺失对老年人并不造成很大的影响，但是当其他感觉严重失调时，与之结合在一起时就成为问题了。痛觉是有机体遭到损伤或破坏时出现的一种不愉快的情感体验，痛觉缺失使得老年人对疼痛不敏感。虽然对疼痛敏感性的降低有助于老年人克服疾病或创伤，但是如果掩盖了需要治疗的疾病或创伤，就会变成对老年人的伤害。老年人对温度变化的感觉不如年轻人敏感，所以老年人经常会因为没有很好察觉天气温度的变化而导致感冒、中暑等。

养老顾问需要了解伴随年老而来的正常生理变化有哪些，识别那些非正常的生理变化和需要治疗的情况。但要注意，生理学方面的知识不能代替医生的医学检查和诊断，养老顾问不应充当医学专家的角色。再有，老年带来的变化都受到遗传物质和环境因素的双重影响，如吸烟、饮酒、生活方式等，以及可以得到的卫生保健服务。老年人自我感觉的身体健康，是他们安排生活活动范围的主要核心，身体的感觉决定了他们可以做些什么、不可以做些什么。养老顾问工作实务的评估阶段，要把老年人的身体因素充分考虑进去。

拓展阅读↘4－1

体育锻炼与脑健康

日常的身体锻炼对老年人的智力有保护作用，建议老年人每天坚持适宜的体育锻炼。此外，手部活动对于保持认知功能、缓解消极情绪有着神奇的功效。因此，鼓励老年人多掂乒乓球，活动相对来说不算剧烈，还可以训练老年人的手眼协调能力。

老年人在茶余饭后也可以多活动手指，做一做手指操。例如“点兵点将”，具体做法如下：用大拇指轻轻叩击食指一下，然后叩击中指两下，接着是小指三下和无名指四下，做完一组之后，从头开始循环进行，每天最好能坚持做十组。做手指操不仅是在简单地叩击手指，同时也在叩击大脑中的相应部位，就像按摩一样，可以缓解脑部的疲劳。

二、老年人的需求

（一）老年人的需求特点

老年人的服务需要和其他年龄段的人群相比，既有相同点，又有特质性。养老服务是针对老年人的特质性需要而给予的满足，也就是养老服务是各类供给主体根据老年人的特点提供的提高老年人生活和生命质量的有偿或无偿的活动。围绕这一过程形成的复合系统即为社会养老服务体系。

1. 内容丰富，工具性需要渗透全方位

丰富性是指老年人需要的内容涉及生活的方方面面，可概括为物质需要、精神需要和工具性需要，尤以工具性需要最为突出，即需要更多地借助各种工具和辅助设施。由于身体机能的下降，老年人难以通过自身努力做好原来由自己的手、脚、眼等完成的基本生活需求，必须全部或部分交由他人来做，或借助其他设施设备来完成。一少部分人还由于智力的衰退造成失智，完全需要他人服务来满足其基本生活需要。因此，在老年人的服务需要中，作为社会化内容的工具性植入十分重要，它渗透在老年人需要的方方面面及其需要满足的全过程。没有社会力量的帮助，老年人的工具性需要难以得到有效满足，并直接影响到他们的生活质量。

2. 层次多重，缺乏型需要表现更突出

著名心理学家马斯洛将人的需求划分为生理需要、安全需要、归属和爱的需要、尊重的需要、自我实现需要5个层次，其中前4种需要为缺乏型需要，只有在满足了这些需要后，个体才能感到基本舒适。而自我实现需要为成长型需要，旨在促进个体的成长与发展。这些需要由低到高，具有逐级满足的递进性。但老年人的需要并不完全按马斯洛的需要层级理论发展递进，因为按照撤退理论，老年人从成年期参与的社会活动、担任的主要角色退出了，因而其自我实现需要减弱，甚至消失；反而缺乏型需要，特别是低层次需要中生理需要、安全需要、归属和爱的需要走向了前台，重新起主导地位。对一部分失能老人来说，有时候生理需要更为急迫，因为他们无法通过自己而必须借助他人实现这些最基本的需要。

3. 线性变化，专业化方面具有递进性

从本质上看，老年人的基本需要基于他们的身体条件。老年人生理机能的衰退及疾病的发展都是一个程度不断深化及反复的过程，而建立在这一基础上的需要及满足也不断变化。这种变化是有规律可循的：最初，一些老年人由他人提供一般生活照料服务；继而寻求专业机构服务，并逐步趋于更多的照护服务。总体来看，老年人需要的实现在借助社会力量方面随着身体机能衰退而专业性不断提高。

4. 方式多样，选择上偏重社区人文性

从居住形态的角度看，老年人的服务需要可以在家庭内完成，也可以走出去，在社区完成，或直接到机构中完成。但由于长期形成的安全性感受，其中最主要的是社区的人文文化氛围，也有部分出于成本较低的因素，老年人更容易接受居家式需要的满足。换言之，老年人居家接受服务时，因处于熟悉的社区中，更具有心理安全和低成本的优势，更能接受这样的实现方式。

总之，养老服务的本质是照护，即照料和护理。对于所有老年人来说，生活照料满足其基本的工具性需要、缺乏型需要；对其中的失能老人来说，在生活照料的基础上，护理更为突出，而这种护理具有专业性。就老年人服务的方式来看，需要在熟悉的社区获得综合性、连贯性的服务。

（二）老年人的主要需求

1. 老年人的身体需求

从生理需求来看，老年人也有对食品、衣服、水、性的需求，以满足其生理需要。在生理需求中，良好的睡眠和休息对于缓解疲劳和保持精力是很重要的也是必不可少的。在饮食方面，老年人由于机体功能的老化，会有牙齿缺失或松动、肠胃不好等情况，因此老年人一定要注意饮食的科学、合理和卫生，讲究食物的营养搭配和饮食禁忌。同时，老年人的身体状况直接影响老年人的心理健康。在服饰方面，老年人追求与自己年龄相符，要求轻便、保暖、透气和适用。

另外，不管身心健康如何，老年人心理社会幸福感的一个十分重要的组成部分是对性的兴趣和性情感的表达。在整个生命周期中，能够体会温暖、关爱、身体上的亲密无间和与重要他人结合在一起，对一个成年人的自尊来说有积极作用。

2. 老年人的营养需求

由于所处环境、生活习惯、从事职业以及身体素质等因素间存在差异，老年人对营养的需求也有所差异。对于老年人的营养需求，应重点注意以下几方面：

（1）热量。因为老年人的行动能力减弱，运动量降低，热量消耗较少，所以其能量摄入量也应当降低。大部分老年人的能量日需求通常在1600～2300千卡，如果超过这一数值，将有可能导致老年人发胖，进而引发高血压、支气管类疾病等，甚至会加大病亡隐患。

（2）蛋白质和脂肪。相较于青年人或中年人而言，老年人更多地进行分解代谢，因此需要摄入一定量的蛋白质，以补充氨基酸。如牛奶、蛋类、豆制品、鱼类等，都能为老年人提供必需的蛋白质营养。老年人每日所需补充的蛋白质量，与其体重应成正比，保持在合理范围内。而脂肪则有助于促进老年人吸收维生素，因此老年人应当通过豆油、植物油等摄入一定量脂肪。但如果老年人的蛋白质和脂肪过量，将会危害其消化系统，使胆固醇及血脂含量升高，危害健康。

（3）碳水化合物。碳水化合物的主要作用是促进消化，同时还能为老年人提供一定热量。富含碳水化合物的食物主要有水果、蔬菜、多糖类食物等，但要减少双糖类食物的食用量，否则将会造成血脂上升，进而引发高血脂等疾病。通常情况下，碳水化合物的热量比应为50左右，老年人的碳水化合物日摄入量应控制在300克左右。另外，为促进碳水化合物的吸收，老年人还应食用一些纤维素，不但能防止老年人便秘，还有助于优化肠道功能，提高老年人的食物吸收能力。

（4）维生素。维生素所提供的营养对保障老年人的身体健康具有非常重要的促进作用。维生素B具有水溶效果，维生素C能够提高老年人的身体抵抗力，维生素D能够溶脂，维生素E能够抗氧化。维生素通常可以由老年人从水果、粗粮、豆制品中获得。无机盐和水分对于老年人而言，同样是不可缺少的重要物质。无机盐中的钠、钾有助于老年人对钙的吸收，预防老年人骨质疏松问题。但需要注意的是，盐过量可能会造成老年人高血压等疾病。另外，老年人每天还应当通过汤类食品或饮用白开水，补充2000毫升左右的水量，从而能够优化肾脏的排毒功能，提高睡眠质量。

3. 老年人的心理需求

重视和理解老年人的心理特点，解决老年人的正常心理需求，对稳定老年人的情绪、促进老年人健康长寿有很重要的意义。依据马斯洛的需求层次理论，除了明确的生理需求外，老年人的心理需求可以概括为以下几个方面。

（1）安全需要。“老有所养”是老年人晚年幸福的基础。老年人的安全感最主要的是来自子女和社会的关心和照顾，以及家庭是否和睦、社会是否稳定。老年人的安全需求集中在医、住、行三个方面。对健康的渴望是老年人普遍存在的一种心理需求。人到老年常有恐老、怕病、惧死的心理，最害怕生病，因为一生病，除了肉体上的痛苦之外，还怕没钱医治或者得不到及时治疗，还有就是生病没人照看，因此老年人需要医疗保障。住的方面，老年人的居住条件要求面积稍微宽敞一点，以利于活动；还要干燥、通风、透光，以防生病；内部装修要利于老年人行动和使用，如卫生间要有坐便器和扶手，楼道要有扶手，以防老年人摔倒。从行的方面来看，老年人出行需要有人陪伴，以防途中摔倒或突发疾病；某些公共场所也需要设老年专座或老年通道，以防老年人出现安全事故。另外，老年人的身体是否健康，财产是否会保值增值，退休金的发放是否准时、稳定等，都是关乎老年人内心是否安全的关键因素。如果老年人的内心缺乏或者没有安全感，那么即使物质上再充裕也不会幸福。

（2）情感需要。从归属与爱的需求来看，老年人首先需求的是能享受家庭的温暖，能与子女共享天伦之乐。其次，老年人需要参与社会活动的机会，渴望与别人接触和交流，以排解生活中的寂寞。老年人希望多接触不同年龄层次的人，特别是年轻人，从他们那里汲取青春活力，使自己的心理保持年轻。另外，老年人丧偶后生活寂寞，子女照顾代替不了配偶的关怀及心灵的感应。对于一些丧偶老年人，他们还有对爱情的需求，希望能有一个伴侣与自己相濡以沫、共度余生，这需要社会和家庭成员的充分理解和积极支持。

（3）适应需求。对于个体来说，首先要面对的就是身体的变化，再者有人际关系和生活环境的变化。而对于老年人来说，由于适应能力开始下降，而又不得不面对这些变化，因此，适应的需要就显得至关重要。老年人要想有健康的身体和良好的心态，就不得不积极地调整自己，以适应变化了的和正在变化的环境。

（4）独立需要。人到老年，精力、体力、脑力都有所下降，有的老年人生活都不能完全自理，希望得到家庭成员越来越多的关心、爱护，子女的孝顺会使他们感到“老有所依”。从自尊的需求来看，老年人进入老年期之后特别爱面子，也就是说特别需要得到别人对他的尊重。而这种自尊的需要往往延伸为老年人对自身形体、服饰的关注，以及对自己知识和修养的提高等方面。一般人认为人到老年依赖感会增强，而事实是很多的当代老年人并不愿意依靠子女，相反，他们更愿意独立生活。一项关于老年人是否愿意与子女同住的调查显示，只要经济独立，大多数老年人不愿意与子女同住。独立要求和独立意识越强的老年人，其心理越健康，晚年生活更幸福。

（5）自我实现的需要。老年人离开工作岗位可能会情绪低落，如果得不到尊重，就会产生悲观情绪。长期下去则会引起抑郁和消沉，从而影响身体健康。离开了自己从事多年的工作岗位，离开了自己为之奋斗和挥洒过青春热血的事业，老年人不免感到无所事事，若有所失，陷入无聊和寂寞之中，但并不是说老年人就没有了实现自我人生价值的需要。许多老年人在退休后，积极地去创造自己的第二职业，或者奉献公益事业，或者专注于自己因工作没有时间而搁置的业余爱好，充分调动自己的潜能，发挥自己的特长和优势，充分享受退休后的快乐。有些老年人之所以感到空虚和寂寞也正是其自身价值不能实现的体现，更加说明老年人有着较强的实现自身价值的需要。

总之，老年人的需求是多种多样的，并且这些需求随着社会的不断进步和人们生活水平的不断提高而变得越来越具体、越来越多。怎样满足老年人的这些需求，将是老龄产业发展的一个强大驱动力。

4. 老年人的文化需求

老年人的文化需求分为4种类型：一是消磨型。这种类型主要属于时间充足的老年人，参加文体活动主要是为了打发时间，心态是“参加也好，看看也行”。二是娱乐型。这部分人娱乐愿望强，需求目的强，爱开玩笑是其主要特征。这部分人喜欢参与，积极性高，趋附性强，便于引导组织。三是健康型。这部分人多是为了健康而参加娱乐活动，健身意向明确，趋附性强，便于引导组织。四是功利型。这部分人为数不多，追求相对高雅，例如养花的要养出个样子来，器乐要奏出水平来，搞创作的要写出作品，还有绘画、书法、雕刻……有的甚至争取发表、参展、上电视。对老年群体的文化娱乐心态需求特点把握以后，群众文化工作者应开展有针对性的工作。

5. 老年人的社交需求

社会交往和支持非常重要，长期以来一直被视为老年人生活满意度和良好情绪的最重要的预测指标。社会支持在帮助老年人抵御他们所面临的各种丧失带来的有害影响方面起着重要的作用。对一位老年人来说，失去一个重要的朋友会受到很沉重的打击，而如果有朋友或其他人能提供情感上的支持，痛苦就会减轻。老年人若是知道手术后会有家人和朋友的陪伴，就不会那么害怕。

社会隔离是一个破坏性的因素，它不仅会导致认知和智力的下降，还会造成身体疾病。有家人或朋友关心老年人的身体健康，鼓励他们定期去看大夫，并协助老年人外出检查看病，老年人知道他人关心自己的健康并关注这件事，可能会在实际上鼓励老年人按医嘱服药或配合治疗方案。社会隔离可能给老年人造成致命的危害。老年人要想拥有良好的心态和社会适应能力，就需要保持与他人或事物的联系。这对一些老年人来说，是指维系与家人和朋友的关系；而对另一些老年人来说，自己的宠物、电话联系的朋友、种植花草也能满足保持联系的需要。总之，老年人需要通过社交来保持智力功能和社会功能。

老年人的心理与社会功能在很大程度上取决于身体健康状况。如果老年人正遭受病痛或是感觉不好，此时养老顾问工作的重心若放在增强他们的社会接触或是刺激他们的智力上，可能就徒劳无功。然而也要注意老年人常会把情绪问题躯体化，要辨别出什么是真正的情绪问题、什么是身体不适。所以，养老顾问在处理心理与社会问题时，重要的是让老年人能接受到健康照顾，并得到医生的细心监护。

老年作为生命历程的一个阶段给老年人提供了无限的改变机会，他们可以去尝试新的东西。而老年人愿意尝试的新的活动范围，取决于养老服务工作者的创意和鼓励。

【案例讨论】

通过本节学习，对本章导入案例解析总结如下：

1. 李奶奶现在面临的问题有：

（1）生理上，身体状况不好，已经是82岁的老年人，体力方面有点力不从心。

（2）情感上，很孤独，缺少家庭温暖，儿子、女儿都不在身边，没有家庭温暖。

（3）精神上，老伴去世以后，精神上没有寄托，有恐惧感，老是想到死亡。

2. 李奶奶需要得到的帮助有：

（1）需要参加社区活动与接受健康治疗。

（2）需要家庭子女亲情。

（3）需要心理辅导。

3. 李奶奶由于老伴去世比较孤独想到死亡，精神压力很大，要帮助李奶奶解决心理上的问题。例如：

（1）定期上门和李奶奶聊天，缓解她的精神压力。

（2）与李奶奶的子女联系，请他们经常来看她，或接李奶奶到家中与他们团聚，经常打电话给李奶奶，让她缓解心理压力。

（3）建立人际关系网络，让李奶奶参加社区活动，如参加居委会组织的扭秧歌活动，以放松身心，使身体健康。

【问题思考】

1. 结合本节的学习的知识，你知道李奶奶有哪些生理和心理需求未被满足吗？

2. 你能帮忙制订一份适合她的营养、运动、社会活动计划吗？

第三节　养老需求评估及其方法

对老年人的养老需求进行评估，是养老顾问有针对性地为老年人服务的重要环节。评估的方法是否科学，结果是否准确，决定了养老顾问为老服务的质量。

一、养老需求评估的认知

（一）养老需求评估的意义

养老需求评估是对老年人进行分类，从而划分养老照护需求强度的标准和方法，是解决养老问题的基础和关键。但目前养老需求评估指标不统一，经济、家庭、文化等主观因素对我国养老照护分级影响较大，鉴于现有研究和实践现状，我国养老服务主要基于老年人生活能力和社会能力进行评估，尚未纳入疾病及健康状况、营养状态、心理状态等指标，且评估结果应指向照护服务，应建立评估结果与相应的养老照护服务项目统一、养老照护分级之间的连接关系，否则无法合理提供养老服务资源。此外，因缺少养老需求评估分级标准，我国医养结合模式、老年长期照护保险、智慧养老等制度政策无法深入实施和推广。如何合理划分老年人养老等级、准确提供照护服务、解决我国保障性养老资源的公平性问题，必须建立一套科学合理的养老需求评估指标体系。

1. 现实需求

我国老龄化问题严重，衍生出多样化的养老模式，其中社会养老服务体系以居家养老、社区养老和机构养老为代表，能够为老年人提供可靠、良好的养老照护服务。目前普遍根据老年人身体状况帮助其选择养老模式和养老服务，但如何衡量和评估身体状况成为难题。如养老供给方常采用本机构内部制定的评估标准；照护评估人员少有相关的资格证书，凭经验进行评估；部分供给方采用医疗机构的临床评估报告；初次照护评估分级基本分偏高，不符合实际情况。身体功能程度与状况决定照护需求，照护需求决定照护服务的时间、频率和内容，以及照护对象的资格享受，这些是判断养老模式和照护分级的根本标准。失能失智程度越高，健康疾病状况、营养状况和心理状况等越差，对照护服务的需求越大、依赖性越强，所以重度失能失智者和身体状况差的老年人照护服务项目多、强度大、时间长、收费高；反之亦然。因此，建立一套科学全面的评估标准，帮助选择照护服务项目和养老模式、进行照护分级，具有重大意义。

2. 行业需求

照护服务分级的缺失制约了我国长期照护保险、养老行业标准的深入推广和完善。目前，我国养老行业内部制定的评估标准多种多样，照护分级混乱，各级内容不相统一，针对老年人身体的客观指标较少。国家为满足老年人养老服务需求，制定行业标准《老年人能力评估》（MZ/T 039—2013），为政府制定政策和提供适宜养老服务作出依据。但该标准涵盖内容简单，仅包括22个能力指标，不包含健康状况指标，没有对老年人的养老需求进行全面综合的评估。各地方基于国家标准出台的地方标准，同样涵盖内容有限，且地方标准内容差异较大。大部分养老机构自行制定照护评估标准和分级标准，仅适用于本院，不能规范统一并推广应用。受制于科学评估工具的缺失，制定照护保险给付等级、统一收费标准等工作难以展开，这给我国养老事业科学化发展带来困扰。从长远来看，必须构建统一科学的养老照护评估体系，才能推动养老行业和事业的发展。

3. 社会需求

目前老龄化加剧，养老照护服务需求急剧上升，但养老资源有限，根据老年人身体情况评估养老照护需求、确定养老照护服务内容是保障养老公平性的基础。近年来社会养老刮起一股“高端风”，根据经济条件的优劣提供服务质量或好或差的养老照护服务，老年人的经济条件越好，越有权利享受更优质、更丰富的养老照护服务，这种现象加剧了养老资源分配的不公平。养老服务的公益性、福利性决定了这一事业需要国家和社会的投入支持，但国家养老保险、养老支持资金短缺，国家和社会养老负担越来越重。因此，合理确定养老需求评估标准，不仅能够使老年人得到应有的照护服务，保证照护服务的质量，也可以促进社会养老资源合理利用和配置。进行养老需求评估分级，优先将有限的资源分配给身体能力状态较差的老年人而不是经济状况良好的老年人，既能保证养老需求更大的老年人的健康生活和相关权益，也能促进社会养老的基本公平。评估起到了过滤器作用，将需要不同照护服务的老年人分流到合适的养老模式和服务中，促进了社会资源的合理利用。

（二）养老需求评估的内容

养老需求评估主要涵盖以下内容，通过以下内容选择合适的照护等级，具体内容参照表4-4。

1. 日常生活活动能力评估

日常生活活动能力评估事项主要包括：进食（即使用餐具将饭菜送入口、咀嚼、吞咽等步骤），个人卫生（修饰、洗澡等），穿衣，如厕排泄（大小便），移动（站立、转移、行走、上下楼梯等）。

日常生活活动能力程度等级分为正常、轻度受损、中度受损、重度受损4个级别。根据不同等级得分依次为0分、20分、40分、60分。总分在0分为正常，1~20分为轻度受损，21~40分为中度受损，41~60分为重度受损。

2. 精神状态与社会参与能力评估

老年人精神状态和社会参与能力包括定向能力（现实导向能力，对人物、时间、空间等的识别和判断能力)、记忆能力、攻击行为、抑郁症状、强迫行为、财务管理能力等。程度等级分为正常、轻度受损、中度受损、重度受损4个级别。根据不同等级得分依次为：总分0分为精神状态与社会参与能力正常，1~8分为精神状态与社会参与能力轻度受损，9~24分为精神状态与社会参与能力中度受损，25~40分为精神状态与社会参与能力重度受损。

3. 感知觉与沟通能力评估

感知觉与沟通能力评估事项包括意识水平、视力、听力、沟通能力4个方面。程度等级分为正常、轻度受损、中度受损、重度受损4个级别。根据不同等级得分依次为：总分0分为感知觉与沟通能力正常，1~4分为感知觉与沟通能力轻度受损，5~8分为感知觉与沟通能力中度受损，9~12分为感知觉与沟通能力重度受损。

表4-4 老年人能力评估标准表（试行）

日常生活活动能力	精神状态与社会参与能力				感知觉与沟通能力			
	0分	1~8分	9~24分	25~40分	0分	1~4分	5~8分	9~12分
0分	完好	完好	轻度受损	轻度受损	完好	完好	轻度受损	轻度受损
1~20分	轻度受损	轻度受损	中度受损	中度受损	轻度受损	轻度受损	中度受损	中度受损
21~40分	中度受损	中度受损	中度受损	重度受损	中度受损	中度受损	中度受损	重度受损
41~60分	重度受损	重度受损	重度受损	重度受损	重度受损	重度受损	重度受损	重度受损

说明：

1. 本表根据《WHO国际功能、残疾和健康分类（ICF）》《日常生活活动能力评分量表（ADLs）》《工具性日常生活活动能力量表（IADLs）》《简易智能精神状态检查表（MMSE）》《临床失智评估量表（CDR）》《Bathel指数评定量表》《护理分级》《老年人能力评估》等，结合我国老年人护理特点和部分省市地方实践经验制定。

2. 根据对老年人日常生活活动能力、精神状态与社会参与能力、感知觉与沟通能力3个维度评估的评分情况，将老年人能力评定为4个等级，即完好、轻度受损、中度受损、重度受损。

3. 老年人日常生活活动能力、精神状态与社会参与能力、感知觉与沟通能力评分表分别见附表1、2、3。

4. 先根据日常生活活动能力得分情况确定区间，再分别结合精神状态与社会参与能力以及感知觉与沟通能力得分情况确定老年人能力等级，以最严重的老年人能力等级为准。

附表1 老年人日常生活活动能力评分表

评估项目	具体评价指标及分值	分值
1. 卧位状态左右翻身	0分 不需要帮助	
	1分 在他人的语言指导下或照看下能够完成	
	2分 需要他人动手帮助，但以自身完成为主	
	3分 主要靠帮助，自身只是配合	
	4分 完全需要帮助，或更严重的情况	

续表

评估项目	具体评价指标及分值	分值
2. 床椅转移	0 分 个体可以独立地完成床椅转移	
	1 分 个体在床椅转移时需要他人监控或指导	
	2 分 个体在床椅转移时需要他人小量接触式帮助	
	3 分 个体在床椅转移时需要他人大量接触式帮助	
	4 分 个体在床椅转移时完全依赖他人	
3. 平地步行	0 分 个体能独立平地步行 50m 左右，且无摔倒风险	
	1 分 个体能独立平地步行 50m 左右，但存在摔倒风险，需要他人监控，或使用拐杖、助行器等辅助工具	
	2 分 个体在步行时需要他人小量扶持帮助	
	3 分 个体在步行时需要他人大量扶持帮助	
	4 分 无法步行，完全依赖他人	
4. 非步行移动	0 分 个体能够独立地使用轮椅（或电动车）从 A 地移动到 B 地	
	1 分 个体使用轮椅（或电动车）从 A 地移动到 B 地时需要监护或指导	
	2 分 个体使用轮椅（或电动车）从 A 地移动到 B 地时需要小量接触式帮助	
	3 分 个体使用轮椅（或电动车）从 A 地移动到 B 地时需要大量接触式帮助	
	4 分 个体使用轮椅（或电动车）时完全依赖他人	
5. 活动耐力	0 分 正常完成日常活动，无疲劳	
	1 分 正常完成日常活动轻度费力，有疲劳感	
	2 分 完成日常活动比较费力，经常疲劳	
	3 分 完成日常活动十分费力，绝大多数时候都很疲劳	
	4 分 不能完成日常活动，极易疲劳	
6. 上下楼梯	0 分 不需要帮助	
	1 分 在他人的语言指导下或照看下能够完成	
	2 分 需要他人动手帮助，但以自身完成为主	
	3 分 主要靠帮助，自身只是配合	
	4 分 完全需要帮助，或更严重的情况	

续表

评估项目	具体评价指标及分值	分值
7. 食物摄取	0分 不需要帮助	
	1分 在他人的语言指导下或照看下能够完成	
	2分 使用餐具有些困难，但以自身完成为主	
	3分 需要喂食，喂食量超过一半	
	4分 完全需要帮助，或更严重的情况	
8. 修饰，包括刷牙、漱口、洗脸、洗手、梳头	0分 不需要帮助	
	1分 在他人的语言指导下或照看下能够完成	
	2分 需要他人动手帮助，但以自身完成为主	
	3分 主要靠帮助，自身只是配合	
	4分 完全需要帮助，或更严重的情况	
9. 穿/脱上衣	0分 不需要帮助	
	1分 在他人的语言指导下或照看下能够完成	
	2分 需要他人动手帮助，但以自身完成为主	
	3分 主要靠帮助，自身只是配合	
	4分 完全需要帮助，或更严重的情况	
10. 穿/脱裤子	0分 不需要帮助	
	1分 在他人的语言指导下或照看下能够完成	
	2分 需要他人动手帮助，但以自身完成为主	
	3分 主要靠帮助，自身只是配合	
	4分 完全需要帮助，或更严重的情况	
11. 身体清洁	0分 不需要帮助	
	1分 在他人的语言指导下或照看下能够完成	
	2分 需要他人动手帮助，但以自身完成为主	
	3分 主要靠帮助，自身只是配合	
	4分 完全需要帮助，或更严重的情况	
12. 使用厕所	0分 不需要帮助	
	1分 在他人的语言指导下或照看下能够完成	
	2分 需要他人动手帮助，但以自身完成为主	
	3分 主要靠帮助，自身只是配合	
	4分 完全需要帮助，或更严重的情况	

续表

评估项目	具体评价指标及分值	分值
13. 小便控制	0 分 每次都能不失控	
	1 分 每月失控 1～3 次	
	2 分 每周失控 1 次左右	
	3 分 每天失控 1 次左右	
	4 分 每次都失控	
14. 大便控制	0 分 每次都能不失控	
	1 分 每月失控 1～3 次	
	2 分 每周失控 1 次左右	
	3 分 每天失控 1 次左右	
	4 分 每次都失控	
15. 服用药物	0 分 能自己负责在正确的时间服用正确的药物	
	1 分 在他人的语言指导下或照看下能够完成	
	2 分 如果事先准备好服用的药物分量，可自行服药	
	3 分 主要依靠帮助服药	
	4 分 完全不能自行服用药物	
上述评估项目总分为 60 分，本次评估得分为　　　分		

附表 2　精神状态与社会参与能力评分表

评估项目	具体评价指标及分值	分值
1. 时间定向	0 分 时间观念（年、月、日、时）清楚	
	1 分 时间观念有些下降，年、月、日清楚，但有时相差几天	
	2 分 时间观念较差，年、月、日不清楚，可知上半年或下半年	
	3 分 时间观念很差，年、月、日不清楚，可知上午或下午	
	5 分 无时间观念	
2. 空间定向	0 分 可单独出远门，能很快掌握新环境的方位	
	1 分 可单独来往于近街，知道现住地的名称和方位，但不知回家路线	
	2 分 只能单独在家附近行动，对现住地只知名称，不知道方位	
	3 分 只能在左邻右舍间串门，对现住地不知名称和方位	
	5 分 不能单独外出	

续表

评估项目	具体评价指标及分值	分值
3. 人物定向	0 分 知道周围人们的关系，知道祖孙、叔伯、姑姨、侄子侄女等称谓的意义；可分辨陌生人的大致年龄和身份，可用适当称呼	
	1 分 只知家中亲密近亲关系，不会分辨陌生人的大致年龄，不能称呼陌生人	
	2 分 只能称呼家人，或只能照样称呼，不知其关系，不辨辈分	
	3 分 只认识常同住的亲人，可称呼子女或孙子女，可辨熟人和生人	
	5 分 只认识保护人，不辨熟人和生人	
4. 记忆	0 分 总是能够保持与社会、年龄所适应的长、短时记忆，能够完整地回忆	
	1 分 出现轻度的记忆紊乱或回忆不能（不能回忆即时信息，3 个词语经过 5 分钟后仅能回忆 0 ~ 1 个）	
	2 分 出现中度的记忆紊乱或回忆不能（不能回忆近期记忆，不记得上一顿饭吃了什么）	
	3 分 出现重度的记忆紊乱或回忆不能（不能回忆远期记忆，不记得自己的老朋友）	
	5 分 记忆完全紊乱或完全不能对既往事物进行正确的回忆	
5. 攻击行为	0 分 没出现	
	1 分 每月出现一两次	
	2 分 每周出现一两次	
	3 分 过去 3 天里出现过一两次	
	5 分 过去 3 天里天天出现	
6. 抑郁症状	0 分 没出现	
	1 分 每月出现一两次	
	2 分 每周出现一两次	
	3 分 过去 3 天里出现过一两次	
	5 分 过去 3 天里天天出现	
7. 强迫行为	0 分 无强迫症状（如反复洗手、关门、上厕所等）	
	1 分 每月有一两次强迫行为	
	2 分 每周有一两次强迫行为	

续表

评估项目	具体评价指标及分值	分值
	3 分 过去 3 天里出现过一两次	
	5 分 过去 3 天里天天出现	
8. 财务管理	0 分 金钱的管理、支配、使用，能独立完成	
	1 分 因担心算错，每月管理约 1000 元	
	2 分 因担心算错，每月管理约 300 元	
	3 分 接触金钱机会少，主要由家属代管	
	5 分 完全不接触金钱等	
上述评估项目总分为 40 分，本次评估得分为　　　　分		

附表 3　感知觉与沟通能力评分表

评估项目	具体评价指标及分值	分值
1. 意识水平	0 分 神志清醒，对周围环境警觉	
	1 分 嗜睡，表现为睡眠状态过度延长。当呼唤或推动其肢体时可唤醒，并能进行正确的交谈或执行指令，停止刺激后又继续入睡	
	2 分 昏睡，一般的外界刺激不能使其觉醒，给予较强烈的刺激时可有短时的意识清醒，醒后可简短回答提问，当刺激减弱后又很快进入睡眠状态	
	3 分 昏迷，处于浅昏迷时对疼痛刺激有回避和痛苦表情；处于深昏迷时对刺激无反应（若评定为昏迷，直接评定为重度失能，可不进行以下项目的评估）	
2. 视力（若平日戴老花镜或近视镜，应在佩戴眼镜的情况下评估）	0 分 视力完好，能看清书报上的标准字体	
	1 分 视力有限，看不清报纸标准字体，但能辨认物体	
	2 分 辨认物体有困难，但眼睛能跟随物体移动，只能看到光、颜色和形状	
	3 分 没有视力，眼睛不能跟随物体移动	
3. 听力（若平时佩戴助听器，应在佩戴助听器的情况下评估）	0 分 可正常交谈，能听到电视、电话、门铃的声音	
	1 分 在轻声说话或说话距离超过 2 米时听不清	
	2 分 正常交流有些困难，需在安静的环境、大声说话或语速很慢，才能听到	
	3 分 完全听不见	

续表

评估项目	具体评价指标及分值	分值
4. 沟通交流（包括非语言沟通）	0分 无困难，能与他人正常沟通和交流	
	1分 能够表达自己的需要或理解别人的话，但需要增加时间或给予帮助	
	2分 勉强可与人交往，谈吐内容不清楚，表情不恰当	
	3分 不能表达需要或理解他人的话	
上述评估项目总分为12分，本次评估得分为　　　　分		

二、养老需求评估的方法

目前我国60岁及以上人口数近2.5亿人，失能老年人超过4000万人。为指导各地提供老年护理服务的医疗机构规范开展老年护理需求评估和服务工作，精准对接老年人特别是失能老年人护理服务需求，提高老年人群健康水平和生活质量，国家卫生健康委员会发布《关于开展老年护理需求评估和规范服务工作的通知》（国卫医发〔2019〕48号），主要聚焦4000万失能老年人迫切的医疗护理需求，明确了涵盖老年人能力情况和常见疾病罹患情况的护理需求评估标准，指导各地相关医疗机构按照评估标准有效开展老年护理需求评估工作，并据此按需分类提供老年护理服务。

（一）主要评估标准

相关机构可参照《老年人能力评估标准表（试行）》（见表4-4，包括老年人日常生活活动能力、精神状态与社会参与能力、感知觉与沟通能力评分情况）和《老年综合征罹患情况（试行）》（见表4-5），开展老年护理需求评估工作。

表4-5　老年综合征罹患情况（试行）

请判断老年人是否存在以下老年综合征：

1. 跌倒（30天内）	□无　□有
2. 谵妄（30天内）	□无　□有
3. 慢性疼痛	□无　□有
4. 老年帕金森综合征	□无　□有
5. 抑郁症	□无　□有
6. 晕厥（30天内）	□无　□有
7. 多重用药	□无　□有
8. 痴呆	□无　□有
9. 失眠症	□无　□有
10. 尿失禁	□无　□有
11. 压力性损伤	□无　□有
12. 其他（请补充）：	

（二）评估注意事项

1. 评估适用范围

提供老年护理服务的医院、护理院（站）、护理中心、康复医疗中心、社区卫生服务中心、乡镇卫生院、医养结合机构中的医疗机构，以及通过家庭病床、巡诊等方式为居家老年人提供上门医疗护理服务的相关医疗机构等。

2. 主要评估对象

需要护理服务的60周岁及以上老年人。

3. 评估机构人员

原则上，各地提供老年护理服务的医疗机构均可参照评估标准开展相关工作。不具备评估能力的机构，可以按照“就近便利、保证质量”的原则，委托具备合法资质、有评估能力的相关医院、护理院等医疗机构或其他专业机构承担相关评估工作。评估人员应当由上述机构内经过省级护理服务需求评估专业培训，并考核合格的人员（包括医师、护士等医务人员）担任。每次至少由2名评估人员（至少有1名医师）共同完成评估。

4. 评估需求等级

根据老年人能力和老年综合征罹患情况的评估结果，对照《护理需求等级评定表（试行）》（见表4-6），将老年患者护理需求分为5个等级，护理0级（能力完好）、护理1级（轻度失能）、护理2级（中度失能）、护理3级（重度失能）、护理4级（极重度失能）。

5. 评估基本要求

各地相关医院、护理院、护理中心、康复医疗中心、社区卫生服务中心、乡镇卫生院等医疗机构对拟提供护理服务的60周岁及以上老年人，可参照《老年人能力评估标准表（试行）》开展护理需求评估。根据评估情况确定评估结果，并填写《护理服务需求评定表（试行）》（见表4-7）。原则上，评估结果有效期为6个月。在评估结果有效期内，如老年人的身体、能力、疾病状况发生变化，或者有效期满，医疗机构应当及时进行重新评估。

表4-6　护理需求等级评定表（试行）

护理需求等级	维度	
	老年人能力分级	老年综合征罹患项数
0级（能力完好）	完好	1~2
1级（轻度失能）	完好	3~5
	轻度受损	1~2
2级（中度失能）	轻度受损	3~5
	中度受损	1~2

续表

护理需求等级	维度	
	老年人能力分级	老年综合征罹患项数
3级（重度失能）	中度受损	3~5
	重度受损	1~2
4级（极重度失能）	重度受损	3~5
	/	5项及以上

说明：根据老年人能力分级和老年综合征罹患项数两个维度评估情况，将护理需求等级分为5个等级，即0级（能力完好）、1级（轻度失能）、2级（中度失能）、3级（重度失能）、4级（极重度失能）。

表4-7　护理服务需求评定表（试行）

一、申请人基本信息						
申请人姓名		性别		出生日期		年龄　　岁
身份证号码			手　机			
户籍所在地	区（县）　街（镇）　村（居）					
居住地址	区（县）　街（镇）　村（居）　路　号　房					
婚姻状况	□未婚　□已婚　□丧偶　□离婚					
居住情况	□与子女同住　□与亲友同住　□孤寡　□独居　□与配偶同住					
代理人姓名			与申请人关系			
代理人地址	区（县）　街（镇）　村（居）　路　号　房					
代理人电话						
二、评估情况						
评估类型	□首次评估□重复评估		本次评估时间	年　月　日		
老年人能力等级	□完好　□轻度受损　□中度受损　□重度受损					
老年综合征罹患项数						
三、评估结果						
护理需求等级	□0级（能力完好）　□1级（轻度失能） □2级（中度失能）　□3级（重度失能） □4级（极重度失能） 签名（盖章）：　年　月　日					
评估人员签字：　年　月　日						
评估机构意见：　□同意　□不同意 签名（盖章）：　年　月　日						

三、养老需求评估的范例

对老年人进行养老需求评估，要遵循以下原则：

一是尊严。每一位老年人都应该得到尊重，不论其经济和身体状况、个人经历和价值、性别和年龄、家庭状况和社会地位有什么不同，都应当作为社会中有价值的人来对待。为老服务特别是协助策划设计养老方案时，要特别保护老年人的尊严并有利于增强他们的自信，鼓励他们利用自身的技术和经验对社会不断地作出贡献，想方设法针对他们的局限、病症或残疾进行最大限度的调整和调适，在服务过程中尊重他们的意愿和隐私，以充分显示出对权利和尊严的保护。

二是自立。要尽量鼓励老年人对于自己的照料、居住、择偶、责任以及生活中的细小事务，在保证安全的情况下由他们自己作出选择，以增强他们的自信心和成就感。在制订养老服务方案时，要注意使用鼓励、协助、帮助的概念，这对于保证为老年人提供最大限度的自立具有积极的作用。

三是安全。安全是老年人保持自立的根本。安全包括经济安全和身体安全等。经济收入可以保证日常生活的支出，是老年人生存的基础。在身体安全方面，居住环境的自我保护意识、与家人和朋友的联络渠道以及社交圈等都属于安全的范围之内。

四是参与。让老年人不断参与社会、经济和政治活动，参与社区的建设和管理，使得他们在社会中不间断地扮演着应有的角色，并通过大力开展义务服务项目和活动，使他们的余热尽可能大地发挥，使得那些被照料的老年人得到照顾，也使得提供照料的老年人得到自信和成就感。

五是公平。作为养老顾问，要在最大可能的情况下减少对经济、地位、年龄、性别、城乡、民族和背景差异的歧视，让全体老年人共享社会、经济、政治和文化的资源，使他们得到同等的接受照料和精神生活的权利。

【案例4－1】

陈某，男，63岁，曾任行政领导多年，工作上勤勤恳恳，具有极好的口碑。三年前退休。现与老伴住一起，儿女都在外地工作（大儿子在青岛，二儿子在广东，女儿在北京），由于工作繁忙，一年难得回来几次。退休后陈某每天就是帮着老伴买菜做家务，时间长了，渐渐感到时间过得很慢。早上起床后感到没什么大事可做，十分无聊。心里有一种说不出的失落感，常坐在那里叹气，闷闷不乐。老伴发现他不像以前那么开朗了，问他有什么烦心事他也不说，劝他去公园走走，他也不感兴趣。他说不知道怎么安排生活，觉得自己是一块朽木了，老了，最近饭量也小了，身体也没以前好了。陈某既往有高血压病史，长期口服降压药，血压控制良好，无其他基础疾病。

养老评估及方案推荐

一、评估

（一）收集资料

与案主谈话，了解他的情况和想法，尽量了解案主个性，与案主建立良好的关系。

与案主的老伴及儿女交谈，了解案主的家庭情况、家庭生活状况。

与案主的邻居和朋友谈话，收集案主个人性格、生活、人际关系等方面的资料。

附注（需了解的情况）：案主以前的生活习惯和现在的生活习惯；案主平时的活动和交际；案主对儿女离家的看法，对自身情况的想法。

（二）评估结果

1. 个人认知方面问题

（1）日常生活活动能力评分：总分0分，属于完好状态。

（2）感知觉与沟通能力评分：总分0分，为完好状态。

（3）精神状态与社会参与能力评估：4分，为轻度受损。

2. 家庭支持方面问题

案主与老伴住在一起，儿女在外地工作，很少回家，和儿女的情感交流少了，隔阂加深，由于缺少儿女的照顾和关怀，案主感到被儿女冷落，两位老人经常会产生寂寞感。尤其是案主觉得自己退休后没了权力，在家的地位也发生了变化，以前孩子还经常打电话回来，遇到什么事情了会向他征询意见，可是现在不会这么做了。

3. 社会适应方面问题

（1）社会环境对案主造成一定影响。社会的快速发展让老年人在社会化的过程中落后于他人，而且社会没有充分提供老年人社会化的机会和服务，社会政策通常注重为老年人提供基本的身体物质保障，并没有满足其心理需求和社会需求。社会更注重青年一代的发展和存在的问题，对于老年人的关注往往不够。

（2）传统的中国文化重视天伦之乐，儿孙绕膝、含饴弄孙仍然是许多具有传统思想的老年人的追求。可是随着中国的社会变迁，大家庭解体，社会结构变成以核心家庭为基础，人们的家庭观念淡薄，还有工作调动、人口流动、住房紧张、年轻人追求自己的自由与生活方式等原因，都造成年轻人不能或不愿与父母住在一起。老年人晚年盼望的理想落空，孤独、空虚、寂寞、伤感、精神萎靡、顾影自怜，再加上体弱多病，更加加重了老年人生理、心理上的状况恶化。

（3）就目前中国社区的情况而言，一般社区没有充分利用社区资源与服务，没有关注到空巢老人，没能很好地为空巢老人提供多彩的老年生活，因而案主不能很好地融入社会的活动，这在一定程度上造成案主心理上的孤单、寂寞。

二、推荐养老方案

（一）旅居养老

1. 优势

（1）增进子女感情。案主儿女在外地工作，很少回家，和儿女的情感交流少了，为了增进和子女的感情，两位老年人可以选择冬天去广东小儿子家住，夏天去青岛大儿子家住，其他时间可以去旅游或到女儿家小住。

（2）气候利于身体健康。由于老年人的身体普遍较弱，对太热或太冷的气候环境的适应力、承受力及抵抗力均较低，所以有些经济条件较好的老年人喜欢选择候鸟式养老。候鸟式养老模式满足了老年人寓养于游、寓养于乐的心理需求，而且医保“一卡通”正逐渐实现，也为该养老模式奠定了现实条件。

（3）开阔眼界，弥补遗憾。旅居养老可以让老年人去更多的地方，看更多的风景，体会世界的多元化。再往深一层次说，老年人希望借助脚步的延伸，将年轻时未能实现的梦想与情怀得到某种安放，在一定程度上弥补遗憾。

2. 缺陷

旅居生活虽然不完全等同于旅游，但毕竟也有着旅行的特质，参与者必然要体验舟车劳顿的辛苦，对新环境也需要经历一个从生理到心理的适应过程。

（二）居家结合智能养老

1. 优势

（1）不用适应新环境，不离开家，比较安全舒适。

（2）借助信息技术及科技的发展，保障老年人的安全，使其获得更舒适和便捷的社会服务。

（3）能充分整合社会和家庭资源，降低养老成本。

2. 缺陷

（1）该养老方案可能比较沉闷。

（2）受当地养老综合信息平台技术及政策等外在条件的制约。

（三）抱团式养老方案

几个文化水平相仿、性格相投、志同道合的老年人在一起共同租住、生活、娱乐，相互帮助、照顾、交流、学习，每个人承担一定的家务。

1. 优势

（1）该方式凸显了老年人对集体互助养老方式的期望和对精神慰藉的需求，在一定程度上能解决空巢老人的心理问题。

（2）结交新的朋友，体验不同的生活方式，学习新的知识和文化。

2. 缺陷

（1）对老年人的健康状态和自理能力要求较高。

（2）大家住在一起，难免会面临日常家务负担、金钱支出的分担、彼此人际关系等问题。

【案例4－2】

李大爷，73岁，北京人，5年前开始出现不明原因的记忆力减退，以近记忆力减退为主，做事丢三落四，时常忘记刚说过的话、刚做过的事，常重复话语。既往会做饭，但患病后渐渐不能烹饪。远记忆力尚保存，生活基本能自理，但近一年来，会出现衣服穿颠倒、如厕后不冲水的表现。

5年前到北京老年医院就诊，被诊断为AD（Alzheimer disease，阿尔茨海默病，英文简称AD），予以安理申（一种脑代谢改善和促智药、处方药，适应证为轻度或中度阿尔茨海默病的治疗）促智治疗至今，认知功能呈逐渐减退的趋势。近一年来定向力下降相对明显，有徘徊行为，两次与老伴在外买菜时走丢迷路，一次在老伴入睡时夜间私自开门外出后迷路，均被当地派出所协助找回。目前在家里主要由老伴负责照顾（老伴高中文化），儿子每周探望一次，帮助采买一周的食物；女儿在美国工作，每周打一次电话。近半年来，照顾者很少带患者下楼，怕再次走失，也怕社区里他的老同事们看到笑话。在家里，照顾者主要带患者看电视，常限制患者在室内转来转去，怕发生跌倒。近4个月来，患者开始经常出现睡眠颠倒，即白天嗜睡，夜晚难以入睡，总吵闹要外出，老伴打断其下午睡眠或者不允许其半夜外出时，还会出现呵斥、辱骂老伴的行为。老伴为此很苦恼，自诉自己事事都照顾到了，为老伴做了很多，还被老伴骂，很委屈，感到身心疲惫、精神紧张。

养老评估及方案推荐

一、评估

（一）收集资料

与案主的老伴及儿女交谈，了解案主的家庭情况、家庭生活状况。失智老人很多情况是由家属描述。

主要通过观察了解患者家庭在照护过程中的行为，是否关注到照护者的心理感受？要关注家属描述与患者行为表现的差异。

这位长者大便情况怎么样？有没有便秘，还有每天摄水量的评估。健康状况里面需要评估摄水量、每日外出活动时间、活动方式、大小便情况；重点找到发生问题的契机；营养摄入的评估。

家具摆放，家里具体的防跌倒措施。

事先了解老年人是否接受陌生者的询问。

应特别关注一下行为问题的特征，是否可以进行交流以及照护家属的感受。

了解发生异常行为的时间点或者刺激点。

了解老年人过去的职业、生活习惯、兴趣爱好及社交方面的一些信息。

要了解失智患者的既往病史、目前服用的药物、药物的作用和副作用等；要了解照护者既往的照护方法。

（二）评估结果

1. 个人认知方面问题

(1) 日常生活活动能力评分：总分13分，属于轻度受损状态。

(2) 感知觉与沟通能力评分：总分2分，为轻度受损。

(3) 精神状态与社会参与能力评估：12分，为中度受损。

2. 家庭支持方面问题

案主与老伴住在一起，老伴缺乏照护失智老人的护理知识和技能，儿子每周才回家一次，女儿在国外，老年人缺少儿女的照顾和关怀。

3. 社会适应方面问题

为了避免患者走失和邻居笑话，照顾者不让案主出门，这样就使其失去与别人交往的机会，社会适应能力得不到锻炼。

二、推荐养老方案

（一）社区养老

1. 优势

这种养老方式可以为老年人提供流动健康服务车、紧急救援、家政服务指派、体检康复、送餐到家、上门家政等功能服务。能够充分整合利用家庭、社区资源，使养老成本大大降低。此外还可以减轻照顾者的压力。

2. 缺陷

在医护的及时性上可能会存在延时，例如老年人在家摔倒请求救护的这种情况就会有延时性。

（二）医养结合机构养老

1. 优势

医疗及养老结合的机构可以充分为失智症患者提供专业帮助，科学地延缓该案主的病情进展。另外，如果出现跌倒、烫伤等意外事件可以及时就医，医护有保障。

2. 缺陷

养老成本偏高，和家人分开。

（三）居家养老

1. 优势

(1) 在家中环境熟悉，和家人在一起，心情更愉悦，更能勾起案主对美好往事的回忆，有利于延缓案主的失智症的病情发展。

(2) 居家养老可以减少养老成本，家人更安心。

2. 缺陷

（1）加重家人的负担。

（2）医疗条件可能不足。

（3）易产生家庭纠纷。

【案例4－3】

陈老伯为退休干部，今年78岁，生活尚能自理。与老伴结婚60年来，夫妻俩一直居住在一起，两人感情十分深厚，5个子女长大后都已单独居住。老伴在5个月前由于做胃癌手术失败，在短短十几天的时间内没有留下一句话就撒手人寰，子女便请了一个保姆来照顾他，但陈老伯觉得保姆对自己态度不好，所以没做多久就辞退了保姆。从此，陈老伯一改以前开朗的性格，经常一人独坐在一处，很少与其他老年人交谈。

养老评估及方案推荐

一、评估

（一）收集资料

与案主谈话，了解他的情况和想法，尽量了解案主个性，与案主建立良好的关系。

与案主的儿女交谈，了解案主的家庭情况、家庭生活状况。

与案主的邻居和朋友谈话，收集案主的个人性格、生活、人际关系等方面的资料。

附注（需了解的情况）：案主以前的生活习惯和现在的生活习惯；案主平时的爱好和交际；案主对妻子的感情，对自身情况的想法。

（二）评估结果

1. 个人认知方面问题

（1）日常生活活动能力评分：总分0分，属于完好状态。

（2）感知觉与沟通能力评分：总分2分，为轻度受损。

（3）精神状态与社会参与能力评分：总分5分，为轻度受损。

2. 家庭支持方面问题

案主目前丧偶独居，由于与老伴感情十分深厚，老伴的突然去世对他形成极大的精神创伤。老年人往往比较容易掩饰自己，平时生活中他的情绪可以说是比较平静的，但工作人员在与他的深入接触与谈话过程中，每次谈及他妻子的时候，都会使他悲痛难忍、流泪不止，其实案主是非常悲伤的，只是把它积压在心中，长此以往很容易造成抑郁症倾向。而儿女因工作缘故没办法天天照顾他，老年人缺少儿女的照顾和关怀。

3. 社会适应方面问题

案主由于未从丧偶的阴影中走出来，不太愿意和别人交流，社交范围狭窄了，朋友变少了，孤独感油然而生。另外，要适应新的生活模式使他感到不安、无助和无所适从。

二、推荐养老方案

（一）医养结合机构养老方案

1. 主要治疗方案

（1）帮助案主走出丧妻的阴影。悲伤是丧亲后一个很自然的反应，要处理的是不必要的内疚及过度的悲伤，让案主把悲伤的感情宣泄出来。尽管宣泄对于维护身心健康有益，但是从心理学角度来看，无休止的悲哀必然造成人为的精神消耗，一定要适当。

家庭社会学中夫妻关系学是最重要的依恋关系，一旦丧偶，这种关系被无情地摧毁了，这时需要养老服务人员主动去建立、填补一种新的更加和谐的依恋关系，方能有效地减轻哀思。还有一点值得注意的是，悲伤心理容易削弱免疫功能，常诱发其他躯体疾病以致过早衰老，在案主没能完全从悲伤中走出来之前需要医生及时地关注案主的身体状况。

（2）消除案主的孤独感。宣泄的阶段过去后，要设法转移案主的注意力，帮助其走出去，多接触外面的世界，帮助案主建立新的人际网络，多与其他老年人接触。只要生活的视野开阔了，精神上的痛苦也就会随之淡化和消失。

2. 这种养老方案的利弊

这种养老方案的优势在于，可以给案主提供专业的心理疏导，让其早日从丧偶的过度悲伤阴影中走出来。但缺点是，这种养老方案暂时在试运营，有些方面不够成熟。

（二）居家与机构结合养老方案

1. 优势

可采用日托式养老方式，符合大部分老年人“养老不离家”的思想。白天在养老机构和其他老年人交流沟通，一起参加各种活动，忘记悲伤，晚上和家人在一起，在自己熟悉的环境中休息，不用适应新环境。

2. 缺陷

家庭和社区要做到无缝链接，要求案主身体健康状况稳定。

【案例4-4】

孙老，男，78岁，中学教师退休，5年前确诊为“帕金森”，和老伴住在一起，平时由老伴照顾日常生活。老伴既往有高血压病史，但无症状和并发症。两个儿子都已经成家，经济状况良好，和老年人分开居住。有一次，老伴突然晕倒，孙老准备打急救电话，可是没办法握住电话，只能在家喊救命，后来邻居听到才帮助打120电话，将患者送到医院急救，患者抢救成功，但留下轻度中风后遗症，生活基本能够自理，但行动不便，没有能力继续照顾孙老。孙老也产生抑郁情绪，觉得活着没什么意思，自己的亲人生病连120电话都打不了。

养老评估及方案推荐

一、评估

（一）收集资料

与案主谈话，了解他的情况和想法，尽量了解案主个性，与案主建立良好的关系。

与案主的儿子交谈，了解案主的家庭情况、家庭生活状况。

与案主的邻居和朋友谈话，收集案主的个人性格、生活、人际关系等方面的资料。

附注（需了解的情况）：案主以前的生活习惯和现在的生活习惯；案主的病情及生活自理情况、用药情况、药物副作用、主要事项等；案主儿子的经济、工作状况，是否有条件照顾其父母；案主妻子的生活活动能力。

（二）评估结果

1. 个人认知方面问题

（1）日常生活活动能力评分：总分28分，属于中度受损。

（2）感知觉与沟通能力评分：总分1分，为轻度受损。

（3）精神状态与社会参与能力评分：总分5分，为轻度受损。

2. 家庭支持方面问题

（1）案主老伴由于自身疾病原因，已无法照顾案主。

（2）儿女工作忙碌，没时间照顾案主，但可以花钱请保姆或护工照顾。

3. 社会适应方面的问题

由于疾病原因，案主行动不便，很少出门和别人交流，加之抑郁情绪，导致其社会适应能力急剧下降。

二、推荐养老方案

（一）医养结合机构养老方案

1. 优势

案主和老伴属于半失能老人，且患有慢性疾病，需要专业医护人员的帮助，因此比较适合医疗与养老结合的方式。

2. 缺陷

该种养老方式仍处于起步阶段，医疗与养老衔接得不是特别紧密，需要不断改进相关程序和环节。

（二）居家与智能养老相结合

1. 优势

使老年人既能不离开家，不必适应新的环境，又安全，借助于信息智能工具，能够快速、便捷地得到必要的帮助。

2. 缺陷

对经济要求高，对信息工具依赖大。

【案例 4 -5】

王阿伯今年 80 岁，妻子已经过世，本人身体尚好，能够自理。王阿伯有 3 个儿子，都已经结婚成家，并和王阿伯分开居住。由于工作的原因，他们都很少有时间来看望王阿伯，所以 3 个儿子一起为王阿伯雇了一位钟点工，每天来为王阿伯做饭、打扫卫生。王阿伯最近被诊断出患有脑萎缩，现在处于病情发展的初期，医生说只要按时服药、坚持锻炼，能够控制病情的进一步发展。但是，王阿伯在知道自己患病之后表现得很抑郁，多次表示自己活得没有意思，与其以后变成痴呆症，还不如现在死了算了。

养老评估及方案推荐

一、评估

（一）收集资料

与案主谈话，了解他的情况和想法，尽量了解案主个性，与案主建立良好的关系。

与案主的儿子交谈，了解案主的家庭生活状况。

与案主的邻居和朋友谈话，收集案主的个人性格、生活、人际关系等方面的资料。

附注（需了解的情况）：案主以前的生活习惯和现在的生活习惯；案主平时的活动和交际；案主的病情、自理能力及相关心理问题，服用的药物及注意事项。

（二）评估结果

1. 个人认知方面问题

（1）日常生活活动能力评分：总分 7 分，属于轻度受损。

（2）感知觉与沟通能力评分：总分 3 分，为轻度受损。

（3）精神状态与社会参与能力评分：总分 5 分，为轻度受损。

2. 家庭支持方面问题

案主独居，3个儿子都已结婚成家，与案主分开居住，很少回家看望案主，和儿女的情感交流少了，隔阂加深，由于缺少儿女的照顾和关怀，案主感到被儿女冷落，经常会产生寂寞感。尤其是案主患小脑萎缩后，行动不便导致精神抑郁。

3. 社会适应方面问题

由于案主对“小脑萎缩”疾病存在误解，导致其精神抑郁、自卑，不愿和外人打交道，社交范围狭窄了，朋友变少了，孤独感油然而生。

二、推荐养老方案

（一）医养结合机构养老方案

1. 优势

为了修正案主对疾病的认识，使其正确面对疾病的挑战、安度晚年，首先需要对案主提供直接的服务，如为案主进行专业的心理辅导，帮助案主明确脑萎缩并不等同于老年痴呆症，只要老年人有信心，同时按照医生的要求进行治疗，就一定能够克服疾病的挑战。同时也可通过布置家庭作业、行为修正等方法，将案主的注意力适当从疾病上转移，以一个正常的心态来面对目前所患的疾病。其次，该案主患有小脑萎缩，要延缓病情发展，需要医学专业化的护理和治疗。因此，该案主需要医疗与养老相结合的方式。

2. 缺陷

这种养老方式仍处于起步阶段，医疗与养老衔接得不是特别紧密，需要不断改进相关程序和环节。

（二）居家与智能养老相结合

1. 优势

使老年人既能不离开家，不必适应新的环境，又安全，借助于信息智能工具，能够快速、便捷地得到必要的帮助。

2. 缺陷

对经济要求高，对信息工具依赖大。

【案例4－6】

盛某，女，66岁。近几年一直因类风湿关节炎而卧床不起，手脚等都因病严重变形，生活无法自理，需要靠老伴的帮忙。盛某的儿女因在外工作，不能常常来看她，老伴也会常常出去散步或是有事出门，她一个人在家时间久了，有些闷闷不乐、无所事事。盛某以前是一个很勤劳、很懂持家也很好胜的人，而现在连生活都不能自理，更别说做其他家务了，心里难免有些不能接受。老伴觉得她没有以前开朗了，身体的疼痛也使她常常说些类似“病永远好不了”这些消极的话。儿子买了轮椅，老伴劝她说推她下楼散步，她觉得面子上过不去不肯下楼，而常常一个人闷在家里。

养老评估及方案推荐

一、评估

（一）收集资料

与案主谈话，了解她的情况和想法，尽量了解案主个性，与案主建立良好的关系。

与案主的儿女交谈，了解案主的家庭生活状况。

与案主的邻居和朋友谈话，收集案主的个人性格、生活、人际关系等方面的资料。

附注（需了解的情况）：案主以前的生活习惯和现在的生活习惯；案主平时的活动和交际；案主的病情、自理能力及相关心理问题，服用的药物及注意事项。

（二）评估结果

1. 个人认知方面问题

（1）日常生活活动能力评分：总分30分，属于中度受损。

（2）感知觉与沟通能力评分：总分0分，为完好状态。

（3）精神状态与社会参与能力评分：总分5分，为轻度受损。

2. 家庭支持方面问题

案主和老伴住在一起，儿女在外工作，不能经常回家，和儿女的交流少了，感觉有隔阂。因为缺少儿女的关心，老年人感觉备受冷落，觉得十分孤独。

3. 社会适应方面问题

社会环境对案主造成一定影响。社会快速发展让老年人在社会化过程中落后于他人，而社会没有充分提供老年人社会化的机会和服务，社会政策通常注重为老年人提供身体物质保障，并没有满足其心理需求和社会需求。社会更注重青年一代的发展和存在的问题，对于老年人的关注往往不够。传统的中国文化重视天伦之乐，儿孙绕膝仍然是许多具有传统思想的老年人的追求。可是随着中国的社会变迁，大家庭解体，社会结构变成以核心家庭为基础，人们的家庭观念薄弱，还有工作调动、人口流动、年轻人追求自己的自由与生活方式等原因，都造成年轻人不能或不愿与父母住一起。老年人晚年盼望的理想落空，感到孤独、空虚。加上体弱多病，加重了老年人生理、心理上的状况恶化。

二、推荐养老方案

（一）医养结合机构养老方案

1. 优势

医疗与养老结合机构可以为老年人提供有关类风湿关节炎治疗和护理的帮助，也可以针对其目前存在的心理问题给予专业的心理辅导，树立其战胜疾病的信心，使其安度晚年。

2. 缺陷

这种养老方式仍处于起步阶段，医疗与养老衔接得不是特别紧密，需要不断改进相关程序和环节。

（二）居家与社区服务相结合养老方案

1. 优势

依托老年社区服务机构对老年人个人或家庭提供物质与感情支持与服务，旨在改善老年人的生活环境与条件，增强其社会功能，提高老年人适应社会和应对困难的能力的活动过程。老年人不仅需要经济上的保障，对他们的感情关怀才是最重要的，老年人渴望被接纳、被理解。因此，案主也可以采用日托式的养老，白天和养老机构的老年人一起交流、活动，分散病痛，晚上让家属接回家，不用适应新环境，和家人在一起。

2. 缺陷

对社区服务要求较高，适用于社区老年服务较完善的发达地区。

第四节　养老服务方案的拟订方法

养老顾问的工作目标是为老年人的养老提供帮助，特别是养老方案的建议，这也是充分体现养老顾问在养老服务领域中的桥梁纽带作用的关键环节。

一、养老资源的开发和利用

能满足老年人养老生活所需的一切资金、物品和劳务统称为养老资源，养老工作的目标应该是努力使每一位老年人获得足够的养老资源。

（一）养老资源的内涵和构成

1. 养老资源的内涵

“养”是一种行为，“老”是行为指向的对象，“养老”也就是供养老年人。“养老”包含如何度过老年生活（指养老内容及运用何种方式安度晚年）和如何获得养老的支持（指养老的资源及其分配方式）两种含义，其实质是代际、社会与个人之间资源的置换。从代际交换的角度来理解，履行赡养老人的义务，不仅是为了回报父代的养育之恩，同时也是为未来能得到下一代的照料奠定道德基础。

穆光宗认为，“养老资源”指的是养老所需要的一组可获得的条件或者说是能够支持老年生活的健康条件、人口条件、伦理条件、经济条件和时间条件的总和[①]。

---

① 穆光宗．家庭养老制度的传统与变革：基于东亚和东南亚地区的一项比较研究［M］．北京：华龄出版社，2002.

柴效武认为，养老资源不仅指传统概念上的资金，还包括国家、社会、家庭、个人等养老主体所拥有的，能够对养老事业开展带来实际效用并有助于养老事业开办的一切资源，包括货币资源、房产资源、环境资源等多项内容①。王思斌侧重功能的角度，认为养老资源是指可以用来进行养老保障并能产生保障效果的东西，既可以是资金、物品，也可以是服务、机会、关照和支持气氛，或者是有利于老年贫困者走出困境的政策及其他有养老保障价值量的东西②。

养老资源从不同角度可以包括多种内容，但最终都是转化为直接作用于老年人身上、满足老年人基本需求的商品、服务及情感。因为存在养老需求，才有养老行为，而资源作为养老的载体，也正是由老年生活的实际需要所决定的，养老资源实际上是相对于养老需求来说的。不满足养老需求的，对于养老来说毫无意义，不能称为养老资源。同时，这些资源又是可以获得的，无法获得的资源不能对养老产生实际的效用。所以，养老资源可定义为：在养老需求基础上产生的，能够对养老带来实际效用，并直接作用于老年人身上的可获得的条件的总合。老年人是资源需求的主体。经济供养、生活照料、精神慰藉是老年人的基本需求。因此，养老资源主要包括经济资源、服务资源和精神资源。在这三者中，经济资源表面上间接作用于老年人身上，但事实上，老年人所必需的物品是须通过经济资源购买的。而这些物品是纷繁复杂的。经济资源包括由国家提供的制度化的养老金，老年人的自我积累，家庭亲属提供的经济上的资助，以及可以获得的其他经济上的来源。但从总的发展趋势来看，随着养老保险体系的建立与完善，养老金将作为主要的经济资源来支持老年人的生活。而服务及情感资源则统称为非经济资源。养老资源的供给与需求其实是一个问题的两面，两者所指向的客体是一致的，都是养老资源。从养老资源供给角度而言，按供给主体划分，可以分为由国家提供的资源、由社会提供的资源、由家庭提供的资源以及个人的自我供给。按供给的客体来分，则是与需求的客体相一致的，包括经济、服务等情感资源。

从养老资源供给的主体来看，包括个人、家庭、社会、国家等。个人积累和家庭提供的资源属于私人性质，社会提供的则具有公共性质。每种资源都是由多个主体共同提供的。从主要提供者来说，在现代社会，随着养老保险体系的建立与完善，养老金作为养老的主要经济资源，是由国家以再分配的方式提供的，而社会（主要是社区）则越来越多地承担了提供服务资源的职能。家庭的功能虽然弱化，但它在提供情感资源方面的功能却是一直存在的。

2. 养老资源的构成

养老资源的供给水平应与中国社会现阶段的发展要求相适应。养老资源的构成

① 柴效武．养老资源探析［J］．人口学刊，2005（2）．

② 王思斌．中国社会保障体系的建构［M］．太原：山西人民出版社，1999.

是在人们的生产和生活实践中发展起来的，由不同的因素相互作用而成。养老资源由制度资源、文化资源、经济资源、社会资源和个体资源构成，作为养老的载体，养老资源供给水平在很大程度上决定养老水平。在我国现阶段，作为社会养老保障制度体现的养老资源的构成主要包括以传统文化为依托的文化资源、以养老保障制度为规范的制度资源、以经济价值为表现的经济资源、以公共组织为主体的社会资源、以自我积累为基础的个体资源等①。

（1）制度资源。

养老保障制度是社会保障制度的重要组成部分，从制度的建立方式来看，养老保障制度可以分为人们正式建立的制度和由长期的生活经验积累而成的制度。正式建立的制度是通过行政或组织程序制定出来的，并表现为复杂的文本结构。而后者如家庭成员之间的相互支持、邻里互助等民间处理的办法，并非为正式文本所规定，而是蕴含于人们共同生活的经验和文化之中。在现实的社会保障实践中，正式制定的制度和自我生成的制度常常互相补充，共同作用于社会养老保障体系。

非正式的养老保障制度资源是指自然支持和民间的社会支持提供的资源和帮助，这些资源不是靠政府（国家）的法律、法规和正式制度来获得，而是自然地发挥着养老保障作用的那些资源。如以儿女提供的“养老费”作为经济支撑，以亲属之间的照顾作为服务支撑，以邻里互助作为心理慰藉等，这些民间的、非正式规定的资源都是非正式的养老保障制度资源②。由于非正式制度资源具有传统的延续性，并且已经内化为人们生活中不可缺少的部分，因此，在养老保障资源构成中，绝不能忽视此一类资源的作用，不论正式制度建立与否，它都已经成为人们养老生活中不可缺少的重要支撑，在为老年人提供经济支持生活服务和心理慰藉等方面都发挥着巨大的作用。而制度性养老资源则是指由国家设立正式制度所提供的养老安排，这类养老资源是正式制度安排的结果，因而体现出某种常规性、稳定性和正式性③。在我国，由国家通过法规颁布实施的正式制度如社会养老保险制度、最低生活保障制度、五保工作条例等都是制度性的养老资源。但是，由于这些制度性资源出现时间短，大多尚处于实践摸索阶段，因而表现出某种不确定性，强制性也相对较弱。

非正式的制度性资源和制度性资源的划分不是绝对的，非正式的制度性资源有时是通过制度规定或立法发挥作用的，例如，我国宪法和民法典都规定了子女有赡养老人的义务，在子女不履行赡养责任时，制度性的规定就起到了强制、约束的作用，从而体现出其规范性意义。像其他资源一样，制度性资源在被开发和利用的过

① 王广超．养老资源及其作用机制探析［D］．西北大学，2008.

② 杨刚．农村养老资源组合的制度化分析［D］．中国人民大学，1999.

③ 同上。

程中，规范了人们生活的基本环境秩序，维持了社会的有序运行，成为人们生存的重要组成部分。经济的增长、社会的发展，与制度性资源的开掘和充分利用有极其密切的关系，而这些都是养老保障有序运行的重要背景条件。因此，建立并开掘制度性养老资源对养老安排的作用，实现各种不同养老资源的整合，使其他养老资源的作用得以最大化地发挥，对于老年群体生活质量的提升，社会养老保障体系的完善都是大有裨益的。

（2）文化资源。

在社会保障的发展进程中，各国和地区有自己特色的传统文化对这一制度起着显著的影响作用。在养老保障领域，对养老产生积极作用的文化因素是源远流长的，并且随着社会的发展，这些文化因素也凸显出时代的特征。伦理道德、慈善观念和孝文化等构成了社会养老保障体系的文化基础。

伦理道德是调整家庭关系及一般社会关系的基础性手段，它不是国家的制度性安排却可以直接影响国家的制度安排，有的内容还能够上升到法律规范的层次，从而对一个国家或一个民族的社会发展产生不可低估、不可替代的影响。在社会保障领域，伦理道德的影响主要表现在非正式制度的家庭保障及其与正式制度的社会保障之间的关系上。在我国，人们往往将社会成员首先视为家庭的一员，然后才是社会的一员，家庭内部上一代人与下一代人之间的保障是双向互惠的，家庭被视为社会成员最值得信赖、最为可靠的安全港。即使进入了工业社会，我国的家庭保障仍然事实上充当着社会保障制度的基础，并在社会成员的生活保障方面起着非常重要的作用。在华人社会，子女赡养父母早已上升到法律规范的层次，中国封建法律中把不孝作为一种独立的罪名并有严厉的处罚规定，现代法律中对此也有明确规范。社会保障制度的建立与发展，应当充分考虑伦理道德因素及家庭保障的有益作用，而不能轻言家庭保障功能崩溃或用制度化的社会保障去取代家庭保障。

慈善属于道德范畴，慈善事业则属于非制度型的社会化公益事业。在中国，慈善观念源远流长，在各种典籍中可以说是俯拾皆是。《左传》既有“慈谓爱之深也”，善则代表着互助友爱，“仁爱”思想一脉相承数千年，如“恻隐之心，人皆有之”“老吾老以及人之老，幼吾幼以及人之幼”“有力者疾以助人，有财者勉以分人”等古训。无论是中国传统道德中的“推己及人”还是西方耶稣的“爱人如己”，揭示的都是“慈善是一种美德、善行和爱心，是人类最需要、最应当具备的基础性道德，是人类善爱之心的表现与标志”的意思。慈善事业最直接的目的就是帮助现实社会中的脆弱社会群体，贫民、受灾群众、孤老残幼等都是慈善事业的工作对象。慈善性社会保障服务主要覆盖老年人特别是高龄老人和残疾人两类人群。年老体弱的人无力照顾自己，需要社会提供服务，在“未富先老”的人口老龄化趋势背景下，动员社会资源解决老年人的迫切需求，弥补社会保障的缺口，慈善事业有很大的作用空间。慈善是人类美德的源泉，慈善事业是慈善观念的直接反映和实践载体，它是社会保障制度的重要补充，并且是公益事业民营化的典型代表。它的作用不仅体现在对社会保障的影响上，并且还对社会道德观念有极大的影响。

孝文化是中国传统文化的重要组成部分，是中国古代产生最早、影响最深远的家庭道德观念和伦理文化之一。以孝为核心的人伦道德观念，经过历代贤哲与统治者的大力提倡，已经深深植根于中国传统文化的土壤之中，成为中华民族深层的文化心理积淀。它不仅影响着中国历朝历代人的思想，同时也成为支配人们行为的准则和评判人之德行的标准，是养老保障建立的思想基础。

（3）经济资源。

经济资源是指政府、社会、家庭和个人等养老主体，为养老事业的开办所提供的各类资源的经济价值或资源运用需承担的代价。经济资源可分为住宅资源、实物资源（用品用具）和金融资源（现金、存款、养老保险）。社会养老保障体系中，文化资源是依托，制度资源是基础，而经济资源是社会养老保障体系运行中最直接的决定因素，关系着老年人生活的幸福指数。

宏观层面的经济资源是社会养老保障体系运行的基础，包括国家、集体等组织为养老事业的开办而投入的资金、建立的设施等。宏观的养老经济资源的具体形式很多，其中最重要的就是由国家和企业缴纳的养老保险金部分以及养老保险基金的增值部分。国家在社会养老保障中扮演着最后责任人的角色，是社会养老保障的最终责任主体。目前，我国对养老保险费的负担主要是通过成本列支、税收优惠以及预算拨款等形式进行的。此外，由国家所开办的养老机构、建立的养老设施等，也是养老事业的组成部分。社会保险基金特别是养老保险基金的积累部分的保值增值，成为应对未来日益增长的支付需求的客观要求。

微观层面的经济资源包括家庭为养老所做的财务上的投入，以及老年者个人所做的养老储备等。目前，家庭仍然是老年人生活的主要依靠，依靠家庭、儿女赡养仍然是老年人生活的主要方式，儿女为老年人生活提供的生活来源、实物资源、医疗保健等的支出是家庭为养老所支付的经济资源的主要形式。老年人个体为了养老所进行的储蓄、亲友的馈赠、劳动所得、购买的商业养老保险等，则构成了老年人个体所拥有的主要经济资源。

此外，针对养老事业的社会捐赠也是一条重要的养老保障基金的来源渠道。宏观和微观的养老经济资源的情况决定着养老经济资源的丰裕程度，由于经济资源是制约社会养老保障体系运行的关键因素，所以应拓展经济来源渠道，确保养老保险基金保值增值，以保障养老保障体系的有效运行和老年人生活状况的不断改善。

（4）社会资源。

社会资源是指从事养老事业，对养老事业作出贡献的非营利组织或者非政府组织。随着我国经济社会的快速发展，非营利组织等公共部门日益增多，对于弥补市场和政府职能缺陷，发展公益性事业，尤其是老年群体的保障事业，发挥了重要的作用。非营利组织是不以获取利润为目的，为社会公益服务的独立机构，包括各种慈善机构、援助组织、行业组织等。非营利组织作为与政府、企业相对应的一种社会组织类型而存在，彼此是合作、平等与相互制衡的关系。非营利组织的基本职能是弥补政府、企业在满足社会需要方面的不足。在我国，当前的非营利组织主要是指不以营利为目的的基金会和公共事业部门等非营利机构，包括一些公益性组织、社会团体、社会服务机构（民办非企业单位）等公益性社会组织。非营利组织的导入可以扩展养老保障的方式，缓解现阶段低水平的养老保障对经济发展的压力，支持我国社会保障体系的可持续发展。非营利组织可以在精神上进行项目规划，为退休老年人提供广阔的活动空间，通过开展活动为赋闲在家的老年人提供参与的机会，让他们充分享受生活的愉悦。在生活上，非营利组织可以提供价格低廉的服务，并且力争提供的服务项目能够切合老年人的需要，服务由受过专业训练的人员提供，保证服务的质量。对于年迈或身患疾病的老年人，非营利组织可以提供护理服务。现在老年人的低标准养老保险收入决定了他们的护理不能由营利性服务机构提供，营利性服务机构也不愿意为低收入老年人群体提供高质量的服务。把老年人留在家中，接受来自家庭和居住地社区的非营利组织的多种照顾，是适合老年人身心需要和减少庞大社会开支需要的方式。同时，由非营利组织来承担老年人的日常护理，既可以使老年人得到照顾，又可以使年轻劳动力解放出来从事正常的工作。

目前，我国政府积极为非营利组织介入社会保障创造条件，包括创设良好的制度环境、加大资金支持力度、拓展多元化的资金来源渠道，以及积极引导社会力量广泛参与，以发挥非营利组织在社会养老保障中的作用并使其得以持久性地发挥作用。

（5）个体资源。

个体资源是相对于国家或其他组织、机构和团体来说的，主要包括老年人个体所拥有家庭保障资源、自己积累的健康资源和情感资源等。

家庭对于大多数老年人来说，不仅是日常生活的场所，而且是精神慰藉和护理照料的主要源泉。家庭保障是指由家庭提供的对老年家庭成员的生活保障，它同样包括经济保障、服务保障和精神慰藉等内容。家庭保障是一种非制度性的、非正式的而又是天然的国民生活保障系统，它在保障社会成员的生活方面通常与制度性的、正式的即由国家和社会负责的社会保障并驾齐驱；家庭保障与社会保障之间的关系，是由某一社会环境中对两者的需求或提供的不同程度来确定的；在家庭保障与社会保障这两个系统之间存在的“灰色地带”通常由亲友、邻居和社区等组织提供；只要家庭还存在，家庭保障就必然存在并继续发挥其不同程度的保障功能。随着工业化和城市化的不断推进，家庭的规模不断缩小，其所承担的保障功能不同程度地弱化，也导致了家庭养老保障能力的下降。家庭本身在老年人生活中的特有作用，以及我国的文化传统，都决定了家庭在我国养老保障中的作用，因此，我国积极采取有效的措施，使家庭的养老保障功能得到最大限度发挥，使老年人有一个幸福的晚年。

群体的健康长寿是以个人的健康长寿为基础的，首先这个群体要有健康的个体老龄化，即随着个体年龄增加，人的岁数已进入老年期或高龄期，但个人身心健康状况还良好，躯体各种器官功能还相对健康，能独立生活，能参与社会工作。老年人的健康是一个人终生健康的最终和最客观的检验尺度，它直接关系到老年人的生活质量。

（二）养老资源的供需和整合

养老资源是满足老年人生活需要、维系养老保障体系运行的各种相关要素的概括和总结。对养老资源供需关系的正确认知、评价，以及对养老资源的整合，有利于养老服务体系的进一步完善。

1. *养老资源的供需*

评价养老资源的运行状况需要从社会提供的养老资源的丰裕程度和老年人生活需求的满足程度两个方面着手。国家对老年人提供的为满足老年人生活需求而制定的政策、投入的资金、改善的环境等构成养老资源的供给；老年人为维持自己合理生活需要而对经济、生存环境、保障制度等的要求，构成了养老资源的需求。供需双方决定了养老资源的状况，两者的结合与均衡制约着老年人口的生活质量所能达到的水平和社会养老保障实施的效果。

养老资源的供给与需求是相互作用、相互影响的。养老资源供给的目的是满足当前或预期的养老需求。养老保障的基本目标是满足老年人基本的生活需要，但在现实生活中往往“需求无限，而资源稀缺”。所以，养老资源供给量在更大程度上决定了养老保障水平，资源供给量越大，老年人的需求越容易得到满足。因此，从这个意义上说，是供给的水平决定需求，而不是需求决定供给①。当供给小于需求时，老年人处于低保障水平的状态。如果这种状态持续很长时间，老年人可能连生存都无法维持。当供给等于需求时，老年人能保持正常的生活状态。当供给大于需求时，老年人能够充分享受社会发展成果，有很大的自主性去实现个人的追求，这也是养老保障制度所追求的目标。现实生活中，不同的老年人在同一需求上的满足有相当大的弹性，而同一老年人在不同的养老内容上的需求也不同。从总体上来看，养老资源供给量的增加将提高老年人的保障水平，使老年人的养老需求在更大程度上得到满足。例如在情感资源方面，随着经济的发展，越来越多的老年人已经不再仅仅满足于吃饱、穿暖，而对感情沟通、精神抚慰等非物质需求提出了更高的要求，因而在赡养父母上关于精神慰藉方面的争议不断增多。社会发展的基本目标是让每

---

① 王虎峰．养老金生产论［M］．北京：中国劳动社会保障出版社，2004.

一个国民都充分享受社会经济发展的成果，而现阶段由于养老资源供给的相对不足使老年人的养老水平处于较低状态。因此，增加养老资源的供给，可以提高养老水平①。

2. 养老资源的整合

养老资源不仅指传统概念上的资金，还包括国家、社会、家庭、个人等养老主体所拥有的，能够对养老事业开展带来实际效用并有助于养老事业发展的一切资源，包括货币资源、房产资源、环境资源等多项内容。应对养老资源（包括环境资源和房产资源）在不同地域间给予重新组合融化，优化配置现有养老资源，发挥养老环境资源的区位优势，使之更好地发挥养老的作用②。要树立大资源的观念，以充分发挥各种养老资源的作用，促进资源之间的整合，全方位推动社会养老事业的发展。要以文化资源为依托，不断充实经济资源，引导社会资源，调动个体资源，关键是要完善制度资源，发挥制度的建构性作用，以促进资源的整合和衔接。

一是基于制度的资源整合。养老资源是以不同的组合体系来相互影响、相互作用的。制度所具有的建构性作用体现在促进各资源的整合，使各资源能够充分衔接并有效运行。要整合和利用各种养老资源，以保障基本的养老需求；强调以社区保障为载体的资源整合和功能整合；强调和发挥非营利组织的地位和作用；强调资金保障和服务保障的统一；强调城乡社会养老保障的统一等。制度的整合体现了养老资源构成的平衡性和多样性。

二是政府主导的资源整合。社会保障的实质是通过政府干预实现国民收入的再分配。政府作为社会养老保障的一个重要推动力量，在履行为所有公民提供生存、稳定以及经济和社会福利功能的过程中，通过政府与社区、公民之间的互动来逐步实现养老资源结构的不断调整以及它们之间的整合。养老资源建构的基本目标是满足基本的民生需求。以政府为资源建构主导，还涉及资源组合的稳定性问题，由于资源组合类型是社会保障制度的体现，具有一定的稳定性，使得人们有所依据进行选择，从而获得较为稳定的保障预期。同时，由确定性而建立起来的信任也将成为添加新的资源的基础条件，从而有利于实现资源良性组合，使各种资源发挥最大效能。

（三）养老资源的开发和利用

养老事业能否繁荣发展与养老资源的充分运用有着密不可分的联系，随着工业化、城市化以及老龄化的进程，老年人面临着不同程度的资源供给不足问题。因此，养老资源的开发和利用具有极其重要的意义。

---

① 王广超．养老资源及其作用机制探析［D］．西北大学，2008.

② 柴效武．养老资源探析［J］．人口学刊，2005（2）.

1. 引导多元协调，促进共通共荣

不同养老资源对于老年人需求的满足各有其优势与短板，因此，针对养老资源配置不均衡的问题，要重视“空间－制度”互动作用的区域差异，因地制宜，促进养老资源配置的区域协调可持续发展。养老政策的颁布和养老服务业的发展要基于老年人多元化需求的现实基础，着眼于未来的养老发展趋势，促进不同养老方式间优势资源互补。

2. 推动平衡发展，扩大规模优势

我国现有养老资源类型多样，在一定程度上满足了我国现阶段老年人的养老需求。然而，由于各类型养老资源出现的时间与发展的程度等原因，导致资源间利用程度、发展水平不尽相同，甚至存在很大的差距。因而，政府部门要推动不同类型养老资源的平衡发展，缩小不同养老资源类型间存在的发展落差，在促进各类型养老资源协同平衡发展的基础上，更好地优势互补、相互融合，从而形成规模优势，助推养老事业的发展。

3. 维护地区平衡，缩小区域差异

除了不同养老资源之间存在的发展不平衡，地区间养老资源分配的不平衡更加显著。受地区经济发展水平、教育文化水平等多重因素的影响，不同地区养老资源的服务水平存在很大的差异，尤其是东西部地区之间、城市与农村之间表现得尤为明显。要统筹考虑地区之间养老资源发展水平的差异性和局限性，让更多资金和社会支持力量注入发展相对落后的地区，以东部带西部，缩小区域间的差异，使不同地区老年群体可以享受相对公平的养老服务。

4. 加大资金支持，促进养老繁荣

当前养老产业正处于发展的“黄金时期”，更多造福老年群体的政策在不断制定和实施中，“互联网＋”热潮更是推动了优质的养老资源互融互通，新媒体技术有利于引导全社会转变养老观念，突破传统养老观念对机构养老产业发展的制约。然而，面对各类型养老资源发展水平参差不齐、分配不均的现实问题，要加大对养老事业的资金投入，优化资源的分配方案，扩大资金来源渠道，动员社会力量，激发社会第三方的潜力，在推进各类型养老资源协调发展的同时，繁荣养老事业，更好地促进社会物质文明和精神文明的共同进步。

二、养老服务方案拟订要点

养老服务方案是指养老顾问根据对老年人的评估，结合养老服务资源，为老年人提供养老事宜的具体方案。

（一）养老服务方案拟订的原则

（1）引导不误导。根据服务对象的情况进行正确的引导，但不能误导，这就要求前期的评估一定要准确。

（2）指导不代替。可根据服务对象目前存在的问题指导其采用适合的解决方案，但不能代替其作决定。

（3）建议不决断。根据评估结果提出适合的建议，可以有几种，供服务对象选择。

（4）适宜不从众。可对服务对象周围环境进行适度改造，使其更安全舒适，没有千篇一律的标准，但一定要适合（关于老年人居住环境改造详见本书第五章）。

（二）养老服务方案拟订的流程

养老服务方案拟订的流程主要包括以下几个步骤：

（1）收集资料。包括服务对象自身认知、健康、自理能力、心理状况、家庭支持系统、环境、社会适应能力等。

（2）需求评估（参照本章第三节）。

（3）协调沟通。根据评估结果及相关建议与服务对象、家属进行沟通。

（4）拟订方案。根据评估及沟通结果拟订养老草案；试运行初步养老方案，以便于发现问题；完善、更新并确定养老方案。

三、养老服务方案类型分析

在老龄化日趋严重的情况下，其所带来的就业、退休年龄、医疗、社保、养老等问题也急剧上升。目前国家正在大力发展养老行业，目的在于满足老年人口的需求。养老顾问可根据老年人的需求，结合养老资源，提出包括但不限于以下类型的养老方案。

（一）居家养老

1. 优点

（1）居家养老促进代际交流，给予老年人精神归属感。家庭与老年人的关系是非常密切的，对于中国老年人尤其如此。家庭是老年人毕生精力和努力的结晶，保留了老年人整个生命历程的印记，使老年人感到安全和对亲情需求的满足，满足老年人“叶落归根”的心理。

（2）居家养老可降低社会成本。与社会养老相比，家庭养老是把社会的养老负担转化为子女的负担，一旦政府的社会保障职能不能兑现，可以规避社会养老在基金管理方面的风险，同时也不存在服务和交易费用支出问题。

2. 缺点

（1）加重家庭子女负担。随着家庭小型化发展，特别是独生子女家庭，一对夫妇需要承担起两家老年人的赡养负担。

（2）医疗条件可能不足。相对于集中养老来讲，家庭养老的条件肯定相对落后，特别是生活在偏僻农村的老年人，基本的医疗条件也许都得不到满足，这对于年老体弱的人来说是一个弊端。

（二）机构养老

养老机构可为老年人提供饮食起居、清洁卫生、生活护理、健康管理和文娱活动等综合性服务。

1. 优点

老年人可以集中居住，便于管理和服务。同时，在机构养老可以享受较为先进的设备器材、专业的护理条件、自由的活动范围、配套齐全的生活设施。

2. 缺点

受经济条件及传统观念的制约及影响。

3. 养老机构的发展

国家支持养老机构按规定开办康复医院、护理院、临终关怀机构和医务室、护理站等。鼓励执业医师到养老机构设置的医疗机构多点执业，支持有相关专业特长的医师及专业人员在养老机构开展疾病预防、营养、中医养生等非诊疗性健康服务。对养老机构设置的医疗机构，符合条件的按规定纳入基本医疗保险定点范围。同时，若运营方有医疗背景或能整合医疗资源，可以在一定范围内为长期卧床老年患者、残疾人、临终患者、绝症晚期和其他需要医疗护理的老年患者提供基础护理、专科护理，根据医嘱进行支持治疗、姑息治疗、安宁护理，提供消毒隔离技术指导、老年保健、营养指导、心理咨询、卫生宣教和其他老年医疗护理服务，从而使老年人的医护有保障。

（三）社区养老

社区养老是养老资源整合的概念，需要居家、机构、社会的协同。

（1）居家养老和社区服务相结合。很多老年人养老并不想离开家，所以社区养老通常是指在社区建立一个支持家庭养老的社会化服务体系，由社区服务人员提供居家养老服务，而不是由家庭成员提供。社区养老提供“三助”“两托”“两咨询”服务：助餐、助理、助医；日托及全托服务；法律咨询和心理咨询等。社区养老符合政府养老产业政策，最主要是符合大部分老年人“养老不离家”的思想。

（2）居家养老与社会服务相结合。通过政府购买服务，企业负责运营，社区养老是一种居家养老服务的提升模式。老年人住在家中，由社会来提供养老服务。通过信息平台整合社会资源，根据老年人居住、需求等情况，打造综合服务型、护理康复型、嵌入照护型等各类功能型照料中心，为老年人提供流动健康服务车、紧急救援、家政服务指派、体检康复、送餐到家、上门家政等功能服务，能够充分整合利用家庭、社区资源，使养老成本大大降低。

（3）依托社区或社会资源的抱团式养老。文化水平相仿、性格相投、志同道合的老年人在一起共同租住、生活、娱乐，相互帮助、照顾、交流、学习，每个人承担一定的家务。该方式凸显了老年人对集体互助养老方式的期望和对精神慰藉的需求，在一定程度上能解决空巢老人的心理问题。但是健康老人参加“抱团养老”还行，困难的是那些患病和生活不能自理的老年人。另外，大家住在一起，难免面临日常家务负担、金钱支出的分担、彼此人际关系等问题，而且国家没有相关规范和要求。

（四）旅居养老

旅居养老是“候鸟式养老”和“度假式养老”的融合体，老年人在不同季节辗转多个地方，这种养老方式是有利于老年人身心健康的一种积极养老的方式。以气候条件和身体状况为前提，在外地短期租住旅游，一边旅游一边养老，可以享受到优美的环境、独特的气候条件，愉悦身心，达到怡情养性、延年益寿的目的。旅居养老适合自理老人，身体条件不好者不可行。旅居养老的特点是：注重居住环境，强调舒适感；注重健康服务，提高安全性；注重文化体验，强调慢生活。

根据旅居养老的目的和旅居场所的不同，我国旅居养老产业分为以下五种模式：一是候鸟式旅居养老模式。候鸟式旅居养老只需支付交通费和房租费，成本较为低廉，是我国旅居养老的主要模式，主要分为暖冬旅居养老、夏季避暑旅居养老、景区旅居养老三类。二是疗养式旅居养老模式。随着年龄的增加，老年群体的身体机能开始下降，对医疗护理需求越来越高。疗养式旅居养老模式主要分为中医养生旅居养老、西医护理旅居养老、美食养生旅居养老三类。三是文艺鉴赏式旅居养老模式。主要有古城古镇旅居养老、民俗民风旅居养老、宗教禅修旅居养老等类型。四是田园式旅居养老模式。是以农家乐、乡村绿色田园景观、农事娱乐体验、特色乡村风情为依托，以满足老年人休闲度假为目标的旅居养老产业模式。田园式旅居养老不仅可以观光、采摘，体验农家乐，让老年人体验农村生产方式，还可以了解农村生活，享受乡土情趣，并通过产业链的发展，不断开发渔村、牧村、林园、酒庄等特色田园式旅居养老产业项目。五是社区式旅居养老模式。社区式旅居养老是养老产业和地产相结合的养老模式，通过构建包括老年住宅区、老年大学、购物中心、酒店和医院等多种业态，将“养老住宅销售 + 养老地产持有经营 + 综合商业租赁”相结合，形成一个功能齐全的产业链，为老年群体提供多样性的养老服务。

（五）智慧养老

智慧养老是面向居家老人、社区及养老机构的传感系统与信息平台，提供实时、快捷、高效、低成本的，物联化、互联化、智能化的养老服务。随着科技进步，新型养老方式日趋流行，社会上也涌现出一系列高科技产品，如只为父母设计的电视盒等，可以提升老年人的晚年生活质量，最大限度地解决空巢老人寂寞的问题。通过物联、互联以及智能等信息技术集成，融入“互联网 +”理念，老年人的居家生活能力得到延展，居家生活质量也得到改善，例如，网上购物可以让老年人轻松快捷地进行商品消费，远程医疗可以让老年人方便及时地获取诊治服务，社交平台则可以让老年人充分有效地进行联络通信。同时，智慧养老还能够推出多元化的服务模式，提供个性化的服务定制，满足不同层次老年人的需求，特别是精神生活上的需求。老年人口知识技能的提升，必然为智慧养老提供更加坚实的实施基础。

拓展阅读↘4－2

护理服务项目建议清单（试行）

一、生活护理类

1. 头面部清洁、梳理（包括洗脸、剃须、梳头等）

2. 头发清洁

3. 口腔清洁（包括刷牙、漱口、清洁义齿等）

4. 手部、足部清洁

5. 指/趾甲护理

6. 会阴清洁

7. 温水擦浴

8. 沐浴

9. 协助进食（水）及指导

10. 协助更衣及指导

11. 协助大小便及指导

12. 失禁照护及指导

13. 整理床单位

14. 协助有效咳嗽

15. 协助床上体位移动

16. 协助使用辅助器具移动

17. 协助使用热水袋等物品保暖

18. 安全防护及指导（包括跌倒、坠床、烫伤、噎食、误吸、窒息等防护及指导）

19. 压力性损伤预防及指导

二、护理与康复类

1. 生命体征监测

2. 冷疗和热疗

3. 吸氧

4. 无创辅助通气

5. 雾化吸入
6. 吸痰
7. 机械辅助排痰
8. 气管切开护理
9. 鼻饲
10. 留置胃管护理
11. 口服给药
12. 用药指导
13. 标本采集
14. 导尿
15. 留置尿管护理
16. 灌肠
17. 肛管排气
18. 失禁护理
19. 造口护理
20. 血糖监测
21. 胰岛素皮下注射
22. 静脉留置针护理
23. CVC 维护
24. PICC 维护
25. 输液港护理
26. 局部给药
27. 直肠给药
28. 压力性损伤/伤口护理
29. 留置引流管护理
30. 保护具使用
31. 身体健康评估及评估后教育
32. 健康教育
33. 协助选择、使用辅助器具指导
34. 坐起训练
35. 站立训练
36. 行走训练
37. 平衡训练
38. 肢体训练
39. 呼吸功能训练

40. 失禁功能训练
41. 认知训练
42. 语言训练

三、心理护理类

1. 心理评估
2. 心理支持
3. 心理沟通和疏导

四、中医护理类

1. 刮痧
2. 拔罐（包括留罐、闪罐、走罐、药罐）
3. 艾灸
4. 中药泡洗
5. 穴位贴敷
6. 中药外敷
7. 中药给药护理
8. 中医情志护理
9. 中医饮食护理

第五节　方案跟踪评估和优化

养老顾问通过与老年人交流，在明确其养老需求的基础上，提出养老方案的建议，并推荐相关养老资源，同时要在方案实施过程中进行全程跟踪服务，通过对方案的评估与优化等环节，确保老年人权益的落实。

一、方案跟踪

养老顾问需定期通过电话回访、上门访问等方式与老年人客户、辅具租赁方、适老化工程改造方、智能设备方沟通，对老年服务对象的服务需求进行跟踪，了解老年服务对象需求状态，评估配置是否合理，监督方案实施进展情况等。

全过程跟踪服务是一种动态服务模式，它将事前、事中、事后各个环节有机结合起来，应用于养老顾问工作中，更加体现了养老顾问的服务宗旨。养老方案跟踪服务是过程管理（PDCA 循环）理论在养老顾问工作中的具体应用。过程管理是指使用一组实践方法、技术和工具来策划、控制和改进过程的效果、效率和适应性，包括过程策划、过程实施、过程监测（检查）和过程改进（处置）四个部分，即 PDCA（plan - do - check - action）循环四阶段。PDCA 循环又称为戴明循环，是质量管理大师戴明在休哈特统计过程控制思想基础上提出的，与全面质量控制管理的计划（Plan）、实施（Do）、检查（Check）和处理（Action）四个阶段相一致，即首先制订工作计划，然后实施，并进行检查，对检查出的质量问题提出改进措施。在养老顾问服务全面质量管理中，这四个阶段有先后、有联系、头尾相接，每执行一次为一个循环，每个PDCA循环相对上一循环都有一个提高。

（一）过程策划

从过程类别出发，识别组织的价值创造过程和支持过程，从中确定主要价值创造过程和关键支持过程，并明确过程输出的对象，即过程的顾客和其他相关方。确定过程顾客和其他相关方要求建立可测量的过程绩效目标（即过程质量要求），基于过程要求，融合新技术和所获得的信息，进行过程设计或重新设计。

（二）过程实施

熟悉过程设计，并严格遵循设计要求实施。根据内外部环境、因素的变化以及来自顾客和供方的信息，在过程设计的柔性范围内对过程进行及时调整。根据过程监测所得到的信息，对过程进行控制，例如，应用SPC（统计过程控制）控制过程输出（产品）的关键特性，使过程稳定受控并具有足够的过程能力。根据过程改进的成果，实施改进后的过程。

（三）过程监测

过程监测包括过程实施中和实施后的监测，旨在检查过程实施是否遵循过程设计、达成过程绩效目标。过程监测可包括：产品设计过程中的评审、验证和确认，生产过程中的过程检验和试验，过程质量审核，为实施SPC和质量改进而进行的过程因素、过程输出抽样测量，等等。

（四）过程改进

过程改进分为两大类：一是“突破性改进”，是对现有过程的重大变更或用全新的过程来取代现有过程（即创新）；二是“渐进性改进”，是对现有过程进行的持续性改进，是集腋成裘式的改进。

二、方案评估

在方案的实施后期重点了解老年服务对象对方案的满意度、用户的感受、对供应商的反馈情况及对方案实施的建议和意见，同时了解供应商对服务内容的评估和他们对此方案的总结。

（一）方案评估的概念

评估的含义是评议估价、评价[①]，也就是评价估量，对方案进行评估和论证，

---

① 中国社会科学院语言研究所词典编撰室．现代汉语词典（修订本）［M］．北京：商务印书馆，1996.

以决定是否采纳。而由语言学家黎锦熙倡导编写、记录民国语言的《国语辞典》[1]对评估解释为，“根据预定的准则，去衡量方案已有或将有的效果，以决定其可行性，供选择或改进的参考”。按照《美国传统词典》的界定，评估是确定对象的价值和评价、考察。可见，中美两国文字中关于评估的内涵基本一致，都是指对评估对象作出评判结论，尤其是对其价值作出估算。评估是人类生活中十分普遍的现象，每个人都自觉不自觉地对周围的人和事作出自己的评价。例如，在日常生活中，对人作出评价，就是对此人某一方面的表现或能力加以评价；对物加以评价，就是对该物的价值或者属性作出判断。

专业的评估是以经验为基础的现代科学研究方法，需要专业的评估知识和技能。专业的评估不同于人们日常生活中凭感觉对人和物、现象作出评判结论，专业的评估结论是以经验数据的全面测量、收集和分析为基础的。项目评估是运用科学研究方法，对具有明确目的、具有时限和临时的某一次产品或服务任务所作的系统和全面研究[2]。受项目特点的影响，项目评估的最大特点就是评估的对象目标明确，具有相对具体的时间跨度。现代项目的组织与实施往往超越单一的组织，甚至涉及政府、非政府和企业等不同性质的机构，因而它的评估必然与机构的评估不同，显示出明显的任务导向。养老顾问对项目的评估坚持以人为中心、多层次分析的原则，根据项目的具体特点选用不同的评估方法，贯穿项目周期的各个阶段。

与一般的项目评估研究相比，养老服务项目评估受到项目内容和性质、特点的影响，养老顾问所进行的项目评估在内容和方法上都有其特点。首先，从评估的内容来说，养老服务项目评估更为重视相关服务或干预的社会效应。尽管养老服务项目也要考虑项目的经济效率，但是它更为关注市场经济条件下社会公众特别是困难群体的基本养老需求，对社会公正的重视要超越对效率的重视。其次，养老服务项目的评估相当程度上受到政治和意识形态的影响。不同的人受其政治和意识形态的影响，对项目的社会价值有不同的取舍，最终仍然会影响到对项目的评价结论。最后，养老服务项目影响因素具有多样性。养老服务项目的影响评估较一般项目更为困难，很难像实验室环境中那样区分出哪些是项目执行或干预的结果、哪些是环境因素影响的结果。尤其是对项目长远影响的评估，难度更大。另外，从项目评估的功能角度来看，大部分养老服务项目评估关注的是当前或中期的影响。从方法上来看，养老服务项目评估对象既有事实的内容，也有人的主观价值取向和行为意图，因此，在评估方法上除了一般项目评估的科学方法，即实证主义方法以外，还常常涉及人文主义的方法，注重对行为意义的解读。项目评估应坚持以下基本原则：客观、科学、公正的原则，综合评价、比较择优的原则，项目之间的可比性原则，定

① 中国大辞典编纂处．国语辞典［M］．北京：商务印书馆国际有限公司，2011.

② ［美］罗希，李普希．评估：方法与技术［M］．重庆：重庆大学出版社，2007.

量分析与定性分析相结合的原则，技术分析和经济分析相结合的原则，微观效益分析与宏观效益分析相结合的原则。

（二）方案评估的方法

1. 定量评估

定量评估方法是运用定量研究方法进行评估研究，就是通过将观察到的现象转化为数字，并以图形、频数分布及其他统计加以描述的评估研究，也就是利用一切可获取的信息或统计资料，通过客观和准确的计算或度量，对结果得出一定判断。定量方法是最传统、最常见的评估方法。

定量评估主要分为描述性和解释性两种类型。描述性的评估主要包括效率评估、需要评估、满意度评估和过程评估等，它们一般不需要提出研究假设，但概念的操作化则是定量方式不可回避的环节。解释性的评估主要表现在“提出关于现象的假设性解释；借助演绎思维将假设性解释转化为可以观察的结论即操作化；根据观察检验演绎获得的结论的真实性；根据检验对假设性判断作出接受与否的结论”4个环节。

不论是解释性评估中以命题形式反映的研究假设，还是描述性评估中涉及的诸如需要、满意度等概念，通常都是具有一定抽象性的概括。要想表现为数量形式，都需要转化为可以观察的经验陈述。不同的概念与其所表达的社会现象之间的抽象程度不同，因而其操作化的步骤也不同。对于某些简单的概念，也许用一个指标就可以建立与经验事实的联系。例如，对于服务对象的老少程度，只要用出生时间或者年龄这一指标即可表示。但是，对于某些复杂的社会现象，就要分层次、分步骤才能予以较为准确的表达。这些不同层次或不同方面的指标综合在一起，构成所要研究概念的指标体系。

在定量分析过程中，哪些数字是需要加权的、加多少权，这就涉及定性，是一个价值取向的问题。信度和效度是提高定量研究质量的重要保障。效度是确保测量的对象是所要研究的问题，最简单的办法就是采用已经获得公认的量表。信度首先要保证研究选取的评估样本有代表性，要尽量取得研究对象的信任和配合，并消除可能会影响调查结果准确性的因素，并在数据处理过程中保证其应有的准确性。

2. 定性评估

定性评估方法是根据确定各种因素内在特征来得出基本判断的一种方法。定性评估方法涉及的变量及其特征的描述都是非量化的。定性方法的价值，一方面在于社会现象（包括养老服务）的量化程度本来就不高，在定量方法中运用最为普遍的频数统计其实仅仅反映了变量的一个种类的关系而非真正的数量属性，它不能进行数量的四则运算。另一方面，人类社会的许多现象及其评估，如对人的行为的意义的深入而详尽的分析，仍然是数量方法无能为力的。同时，人类思维对于社会现象的洞察和逻辑分析把握能力，也并非体现为简单的数量形式。特别是定性分析重在“直接抓住事物特征的主要方面”，虽然它的结论也来自社会现象，但是认识方法上则重在思辨。

在实施环节上，定性方法与定量方法最大的差别在于资料的收集与研究过程的统一以及上述两个环节的循环往复性。定量方法在形成问题的描述框架或关于项目理论的假设基础上才实施研究，定性方法是带着问题深入实地收集资料，然后在分析资料的过程中深化对研究问题的认识，并循环往复，直至对研究或评估的现象达成深入而详尽的认识。运用定性方法评估一个项目，研究人员将深入现场直接观察项目实施情况，与项目利益相关各方（通常包括投资者、项目发起者、项目实施者和服务对象）反复交谈，阅读项目各种文件档案记录，在上述过程中不断推敲形成评估结论。

3. 综合评估

综合评估方法，指的是在一项评估研究过程中，根据研究目的同时运用定性和定量两种方法的做法。摩根（David R. Morgan）注重定量和定性方法在具体研究中的地位和先后次序关系，区分了定量和定性研究 4 种不同的结合方式，即定量研究为主，先定性后定量的方法；定量研究为主，先定量后定性的方法；定性研究为主，先定量后定性的方法；定性研究为主，先定性后定量的方法。此外还包括不分定量与定性主次，先定量后定性或先定性后定量，即定量和定性互相补充的类型。综合评估在运用定量和定性方法的形式上，主要表现为独立型和整合型两种类型。独立型就是在评估研究中分别运用定量和定性方法考察项目不同方面、领域或层面的内容，定量和定性方法处理的资料是独立的。整合型则是对同一层面或问题分别运用定性和定量方法进行评估，它们处理的资料是同一现象的不同表现形式。

（三）方案评估的实施

养老方案实施评估是指在老年人根据养老顾问提出的养老方案而实施一段时间后，对养老方案的目的、执行过程、效果、作用和影响进行系统、客观的分析和总结的一种技术经济活动。养老方案实施评估的意义在于确定养老方案预期目标是否达到，主要效果指标是否实现；查找养老方案成败的原因，总结经验教训，及时有效反馈信息，为实施中出现的问题提出改进意见和建议，提高未来养老方案的总体水平，达到提高方案效果的目的。养老方案实施评估具有透明性和公开性，能客观、公正地评价养老方案成绩和失误的主客观原因，比较公正、客观地确定养老方案决策者、实施者和建议者的工作业绩和存在的问题，从而进一步提高他们的责任心和工作水平。

1. 方案评估的特点

根据评价时间不同，养老方案实施评估可以分为跟踪评价、实施效果评价和影响评价。跟踪评价是指方案实施以后到方案更新或结束之前任何一个时点所进行的评价，又称为中间评价；实施效果评价是指项目完成一段时间之后所进行的评价，就是通常所称的养老方案实施评估；影响评价是指养老方案实施评估报告完成一定时间之后所进行的评价，又称为方案效果评价。

养老方案实施评估和方案可行性论证是既相联系又相区别的两种活动。它们的相同之处在于，两者都是对方案全过程所进行的技术经济论证，评估的原则和方法没有太大的区别，都采用定量与定性相结合的方法。但由于两者的评价时点不同，目的也不完全相同，因此也存在一些区别：可行性论证在方案开始之前运用预测技术来分析评价项目未来的效果，其目的是确定方案是否值得并可行；而养老方案实施评估在方案实施之后，总结方案的准备、实施情况，并通过预测对方案的未来进行新的分析评价，其目的是为了总结经验教训，为改进方案决策和提高方案效果服务，即同时进行方案的回顾总结和前景预测。由养老方案实施评估的定义及养老方案实施评估所涉及的内容可以看到，与前期评价、中期评价相比，养老方案实施评估具有如下特点：

（1）现实性。养老方案实施评估是以实施的实际情况为基础，对实施中存在的现实情况、产生的实际数据进行评价，这一点和方案前期评价不同，前期评价中的项目可行性研究是预测性的评价，它所使用的数据为预测数据。

（2）公正性。公正性表示在养老方案实施评估时，应持有实事求是的态度，在发现问题、分析原因和作出结论中始终保持客观、负责的态度。公正性标志着后评价及评价者的信誉，应贯穿于整个后评价的全过程，即从评价项目的选定、计划的编制、任务的委托、评价者的组成、具体评价过程直到形成报告，养老方案实施评估必须保证公正性。

（3）全面性。养老方案实施评估是对方案实践的全面评价，它不仅对方案确定决策、项目实施、项目运营等全过程进行系统评价，还对方案实施效果、社会影响、环境影响及方案实施等全方位进行系统评价。这种评价涉及方案实施的各阶段和方方面面，是比较系统、比较全面的技术经济活动。

（4）反馈性。养老方案实施评估的结果需要反馈到相关部门和人员，作为更新方案和评估的基础以及调整方案计划的依据，这是方案评估的最终目标。因此，方案评估结论的扩散和反馈机制、手段和方法是方案评估成败的关键环节之一。

2. 方案评估的内容

养老方案实施评估以方案前期所确定的目标和各方面指标与方案实际实施的结果之间的对比为基础。养老方案实施评估的内容范围包括经济、环境、社会和机构发展等几个方面。

（1）方案目标评估。目标评估的目的是评定确定方案时的目的和目标的实现程度。评价要对照原定目标的主要指标，检查实际完成指标的情况和变化，分析实际指标发生改变的原因，以判断目标的实现程度。另一项任务是对原定决策目标的正确性、合理性和实践性进行分析评价，对实施过程中可能会发生的重大变化（如政策性变化或市场变化以及老年人自身状况变化等）重新进行分析和评估。

（2）实施过程评估。方案的实施过程评估应对照比较和分析确定方案评估或可行性研究时所预计的情况与实际执行的过程，找出差别，分析原因。实施过程评估一般要分析几个方面：方案的确定、准备和评估，方案内容和支出规模，方案进度和实施情况，方案配套设施和服务条件，方案关系人范围及其反应，方案的管理和运行机制以及方案财务执行情况。

（3）方案总体评价。方案总体评价以方案实施结束后实际取得的效果为基础，重新测算方案的各项经济、健康等数据，并与方案前期评估时预测的相关指标进行对比，以评价和分析偏差及其产生的原因。同时要评价方案的持续性，即在方案资金投入完成之后，方案的既定目标是否还能继续，是否可以持续地发展下去，接受方案的老年人或家庭成员是否愿意并可能依靠自己的力量继续去实现既定目标，方案是否具有可重复性，即是否可在未来以同样的方式实施同类方案。

与其他评估内容相比，满意度评估是最普遍的，特别是在以市场为取向的消费社会，客户对产品或服务的满意度更是生产商和服务提供者十分关注的问题。客户满意度是一个相对的概念，是客户期望值与最终获得值之间的匹配程度，客户有一个砝码在心里，而服务提供方也有一个标准在心里，两者之间的差异形成满意度值，差异越小满意度越高，差异越大则满意度越低。客户的期望值与其付出的成本相关，付出的成本越高，期望值越高。随着社会主义市场经济体制的确立，客户满意度日益获得社会各界特别是经济领域人士的重视。

在养老方案实施过程中，老年人满意度与老年人对服务的期望值是紧密相连的。养老顾问需要站在客户的角度不断地通过服务质量的关键要素来衡量所提供的服务，只有提供的服务超出客户的期望值时，服务机构才能获得持久的竞争优势。

满意度的测量主要有两种形式：一种是针对具体的项目服务情况自行编制问卷，另一种则是借用已有的有关量表。自行编制满意度问卷的最大好处是可以针对具体的服务项目设计问题，从而对服务对象关于项目各个方面的评价获得深入的认识。自行编制问卷不但针对性强，研究更为具体深入，而且也是某些具有创新性的福利项目满意度评估研究唯一的选择。但是，自行编制问卷或满意度量表不但工作量大、不利于不同项目的相互比较，而且其研究效度往往得不到保证。

国外服务对象满意度大都采取服务对象满意度问卷 CSQ－8 及其简化版 CSQ－4。其中 CSQ－8 共包括 8 个问题，答案从肯定到否定分为 4 个等级，具体问题如下：

你如何评价你所接受的服务质量？

你是否得到了你希望得到的服务？

我们的项目在何种程度上满足了你的需要？

如果你的朋友需要同样的帮助，你会推荐我们的项目吗？

对你接受的大部分帮助你满意吗？

你所接受的服务是否有效地解决了你的问题？

总体来说，你对服务满意吗？

如果你再次需要帮助，你会来吗？

3. 方案评估的程序

养老方案效果评价往往关注老年人个体、服务项目和养老机构等，涉及的环境较少，评价的程序比较简化，内容简单，形式多样。

（1）自我评价。自我评价由老年人自己或家人、机构提供方组织内部进行，通常以总结会的形式开展，通过对方案的整体总结、归纳、统计、分析，找出方案实施过程、结果等方面与计划的偏差，并进行分析。自我评价是对方案作出初步判断或总结。自我评价注重方案和效果本身，侧重找出方案在实施过程中的变化，以及变化对项目各方面的影响，分析变化原因，以总结方案实施中的经验教训。

（2）收集信息。养老方案实施评估是养老顾问协同老年人家人，查阅有关方案各时段的文档资料，访问方案关系人，尤其是向客户或用户了解方案产品或服务的质量、问题和影响，对这些信息进行综合分析。

（3）实施评价。对养老方案更新或完善服务的评价内容会比较具体，如涉及方案进度评价、成本管理评价、人力资源管理评价、客户管理评价、质量管理评价、责任人业绩评价、项目效果和前景评价等。每一方面的评价可以细分为一些问题和条件，制作成几种便于操作的评分表，以便进行量化评价。

4. 评估方法的选择

养老方案实施评估的方法主要有统计预测法、对比分析法、逻辑框架法、综合评价法等。

（1）统计预测法。养老方案实施评估包括对项目已经发生事实的总结和对方案未来发展的预测，这种总结和预测是以统计学原理和预测学原理为基础的。统计是一种从数量方面认识事物的科学方法，包括统计资料的搜集、整理、分析三个阶段。统计资料搜集（又称统计调查）是根据研究目的和要求，采用科学的调查方法，有策划、有组织地搜集被研究对象的原始资料的工作过程，它是统计工作的基础。统计资料整理是根据研究的任务，对统计调查阶段获得的大量原始资料进行加工汇总，使其系统化、条理化、科学化，以得出反映事物总体综合特征资料的工作过程。统计资料分析是根据研究的目的和要求，采用各种分析方法，对研究对象进行解剖、对比、分析和综合研究，以揭示事物的内在联系、发展变化的规律和矛盾，找出原因，提出解决问题的办法的过程。养老方案实施评估需要的大量基础资料是以统计数据为依据的。而预测是对尚未发生或目前还不明确的事物进行预先的估计和推测，是对事物将要发生的结果进行探讨和研究。预测时一般借助惯性原则、类推原则、相关原则、概率推断原则，从现在和已经发生的情况出发，利用一定的方法和技术去探索和模拟不可知的、未出现的或复杂的中间过程，以推断出未来的结果。养老方案实施评估中有两种主要的预测：一种是有无对比预测，另一种是对方案今后效果的预测。

（2）对比分析法。项目的对比分析法包括前后对比法和有无对比法。前后对比法是将方案前期的可行性研究和评估的预测结论与项目的实际运行结果相比较，以发现变化和分析原因，用于揭示方案在计划、确定和实施过程中存在的问题。有无对比法是指将方案实际发生的情况与若无项目可能发生的情况进行对比，以度量项目的真实效益、影响和作用，该方法是通过方案实施所付出的资源代价与项目实施后产生的效果进行对比，以评价项目好坏的项目后评价的一种重要方法。养老方案实施评估对比分析法的关键是要求支出的代价与产出的效果口径一致，即所度量的效果要真正归因于方案。养老方案实施评估要剔除那些非项目因素，对归因于方案的效果加以正确的定义和度量。

（3）逻辑框架法。逻辑框架法是将一个复杂项目的多个具有因果关系的动态因素组合起来，用一张简单的框图分析其内涵和关系，以确定方案范围和任务，分清方案目标和达到目标所需手段的逻辑关系，以评价项目活动及其成果的方法。在养老方案实施评估中，通过应用逻辑框架法确立方案目标层次间的逻辑关系，分析方案原定的预期目标、各种目标的层次、目标实现的程度和项目成败的原因，进而分析方案的效率、效果、影响和持续性。项目的效率评价主要反映方案投入与产出的关系，既反映项目把投入转换为产出的程度，也反映方案管理的水平。方案的效果评价主要反映方案的产出对方案目的和目标的贡献程度。方案的影响分析主要反映方案目的与最终目标间的关系，评价方案对老年人的影响和非方案因素对老年人的影响。持续性分析主要通过方案产出、效果、影响的关联性，找出影响方案持续发展的主要因素，并区别内在因素和外部条件，提出相应的措施和建议。

（4）综合评价法。养老方案实施评估的综合评价方法很多，通常采用成功度评价的方法。成功度评价是以逻辑框架法分析的方案目标的实现程度和经济效益分析的评价结论为基础，以方案的目标和效益为核心所进行的全面系统的评价。养老方案综合评价要作出方案的逻辑框架图，评定方案的合理性、方案目标实现程度及其外部条件，列出方案的主要效果指标，评定方案的投入产出结果、汇总报告的所有内容，采取分析打分的办法（即方案成功度评价法），为方案的实施和成果作出定性结论。成功度评价是依靠评价专家或专家组的经验，综合后评价各项指标的评价结果，对方案的成功程度作出定性的结论。

三、方案优化

反馈机制是评价体系中的一个决定性环节，是一个表达和扩散评价成果信息的动态过程，同时该机制应保证这些成果在新建或已有方案中得到采纳和应用。一是评价信息的报告和扩散，其中包含了评价者的工作责任。后评价的成果和问题应该反馈到决策、规划、立项管理、评估、监督和项目实施等机构和部门。二是应用后评价成果及经验教训，以改进和调整政策的分析和制定，这是反馈最主要的管理功能。在反馈程序里，必须在评价者及其评价成果与应用者之间建立明确的机制，以保持紧密的联系。

在评估结束后，应针对评价后的改进措施进行方案优化，形成闭环。方案优化是在为每个服务对象服务结束后，对每个案例进行复盘，总结服务过程中的不足，积累的经验做法，同时建立一人一档服务档案并填写服务跟踪记录表（如表4－8）。

表4－8　服务跟踪记录表

<table>
<tr><td>老年人姓名</td><td></td><td>性　别</td><td></td></tr>
<tr><td>身份证号码</td><td></td><td>联系方式</td><td></td></tr>
<tr><td>联系地址</td><td colspan="3"></td></tr>
<tr><td>身份特征</td><td colspan="3">☐低保家庭　☐低保边缘家庭　☐重点优抚对象　☐正常家庭
☐其他家庭</td></tr>
<tr><td>服务日期</td><td></td><td>跟踪日期</td><td></td></tr>
<tr><td>服务项目</td><td colspan="3"></td></tr>
<tr><td>服务前情况</td><td></td><td>服务后情况</td><td></td></tr>
<tr><td>图片对比</td><td colspan="3"></td></tr>
<tr><td colspan="4">服务优化措施：</td></tr>
<tr><td colspan="4">服务满意度评价：</td></tr>
<tr><td colspan="4">服务经验总结：</td></tr>
</table>

第五章　养老服务支持与重点服务项目

基本要求

通过本章的学习，您应能够：

1. 理解康复辅助器具的概念和使用；
2. 熟悉社区居家适老化改造的内容；
3. 理解新时代智慧养老服务的做法。

核心概念

康复辅助器具；适老化改造；智慧养老

导入案例

上海启动康复辅具社区租赁试点 老年人等可享受政策补贴①

“康复辅具社区租赁试点”项目26日在上海启动，全市16个区的70个街镇被列为首期试点单位。上海市民政局有关负责人表示，上海将在2021年底实现康复辅具社区租赁服务网络全覆盖，率先建成供应主体多元、经营服务规范、消费群体满意的城市康复辅助器具社区租赁服务体系。康复辅助器具是改善、补偿、替代人体功能和实施辅助性治疗以及预防残疾的产品，广泛用于老年人、残障人士、伤病人士等功能障碍者改善生活质量和促进康复。截至2018年底，上海户籍老年人口达503.3万，占户籍总人口的34.4%，同时上海有持证残疾人54.92万，其中60岁及以上34.9万，康复服务需求日益增加。

2018年底，民政部等四部门联合下发《关于开展康复辅助器具社区租赁服务试点的通知》。经申报，上海成为首批试点地区之一，也是国内首个在全市范围进行试点的直辖市。据了解，上海首期70个康复辅具社区租赁点多数设在试点街镇的社区综合为老服务中心，另有部分设在养老机构或服务残障人士的辅具适配中心，老年人、残障人士、伤病人士可就近前往现场体验或办理租赁。试点期间，上海户籍

① http://www.xinhuanet.com/local/2019-11/26/c_1125276668.htm.

60周岁至74周岁低保、低收入老年人，75周岁（含）以上老年人，租赁《上海市2019年社区康复辅具租赁产品目录》中的产品可申请租赁服务补贴，补贴金额为辅具租赁服务价格的50%，每人每年补贴上限为3000元。

目前列入上海首期康复辅具社区租赁试点的产品有45种，包括矫形器、家具及其配件、个人移动辅助器具、个人生活自理和防护辅助器具、个人医疗辅助器具等。上海市民政局表示，随着试点工作深入，产品目录会适时调整，同时也将进一步研究康复辅具租赁补贴纳入长期护理保险和商业保险的可行性。（记者吴振东）

第一节　康复辅助器具的适配

老龄化、高龄化的发展趋势使老年人、残障人士对康复服务的需求日益增加。2016年10月，国务院印发了《关于加快发展康复辅助器具产业的若干意见》（国发〔2016〕60号），成为指导今后一个时期康复辅具产业发展的纲领性文件。2017年9月4日，上海市人民政府印发《关于加快发展康复辅助器具产业的实施意见》（沪府发〔2017〕64号），确定了“增强服务能力，重点推动康复辅助器具租赁市场的发展”等目标。2018年底，民政部、国家发展改革委、财政部、中国残联等四部门下发《关于开展康复辅助器具社区租赁服务试点的通知》（民发〔2018〕152号），上海成为首批康复辅助器具社区租赁服务试点地区之一，也是国内首个在全市范围进行试点的直辖市。

一、康复辅助器具的内涵

（一）康复辅助器具的基本概念

《康复辅助器具 分类和术语》（GB/T 16432—2016）给康复辅助器具这一术语的定义是：功能障碍者使用的、特殊制作或一般可得到的用于如下目的的任何产品（包括器械、仪器、设备和软件）：

——有助于参与性；

——对身体功能（结构）和活动起保护、支撑、训练、测量或替代作用；

——防止损伤、活动受限或参与限制。

康复辅助器具又称“康复辅具”，是指能够有效预防残疾，改善、补偿、替代人体功能和辅助性治疗的产品，包括器具、设备、仪器、技术和软件等。康复辅具是现代科学技术与人体康复需求相结合的产物，它利用辅助技术将辅助器具产品因人而异地配置于功能障碍者，起到补偿或替代身体障碍的功能，并以工程的手段辅以矫治、固定的功能，最大限度地实现生活自理，参与各种社会活动。可以说，凡是改善、补偿、替代人体功能和实施辅助性治疗以及预防的产品，都是康复辅助器具，既包括外骨骼机器人等高科技产品，也包括拐杖等简单实用的产品。

（二）康复辅助器具的使用人群

每一个健全人都可能由于生病或者受伤成为伤病人而处于活动受限状态，在一定程度或时间上需要使用康复辅助器具。如果由于受伤或者生病导致身体结构缺失或身体机能不足，如中风后的偏瘫和交通事故后的截瘫、截肢等永久性的损伤，致使该伤病人进入残障人群体，那么就需要长期使用康复辅助器具。此外，老年人在听力、语言、视力、活动等许多方面都存在一定程度的功能减退，虽尚未构成残疾，但因器官逐渐老化而需要使用康复辅助器具。根据 2001 年世界卫生组织发布的《*International Classification of Functioning*，*Disability and Health*》（《国际功能、残疾和健康分类》）提出的以活动和参与为主线来进行功能、残疾和健康分类，除健全人外的伤病人、残疾人、老年人三个群体，都在不同程度上存在着损伤、活动受限和参与限制，都需要康复辅助器具来克服障碍，都是康复辅助器具的适用人群，即功能障碍者。

康复护理是功能康复的重要组成部分。康复服务的手段分为医疗康复（包括药物、手术等）和辅具康复两大类。医疗康复主要指采用药物、手术的治疗手段进行康复。老年人因为衰老或疾病会产生肢体、视力、听力等功能障碍，单靠传统的康复护理不能充分解决因这些功能障碍所带来的护理问题。辅具康复则是利用康复辅具为老年人、残疾人、伤病人等功能障碍者提供补偿、替代、治疗的手段和方法。辅助技术指为改善功能障碍者状况而设计和利用的装置、服务、策略和训练。科学的辅助技术和合适的辅助器具能够使个人生活照料服务、老年护理服务更加人性化、科学化。辅具康复主要包括辅助技术装置和辅助技术服务两部分的内容。辅助技术装置属于辅助器具的范畴，而辅助技术服务是指在帮助功能障碍者选择、获得或应用辅助技术装置方面所提供的服务。康复辅具是在医疗器械完成其独有的治病、挽救生命的使命之后，根据个人意愿额外提供的辅助性工具和手段，在整个治疗过程和后续康复进程中起到重要的补充作用，能够加快服务群体的康复进度，以改善功能障碍，提高生活质量。

（三）康复辅助器具的主要类型

康复辅具广泛用于老年人、残障人、伤病人等功能障碍者改善生活质量和促进康复，涉及起居、洗漱、饮食、移动、如厕、家务、交流等生活的各个方面，涵盖医疗康复、教育康复、职业康复和社会康复等各个领域。从应用上看，康复辅具是帮助身体功能障碍者，特别是身体功能性衰退者回归社会的最基本和最有效的手段。对于某些身体功能障碍者来说，配置康复辅具甚至是唯一的康复手段。目前，我国是世界上康复辅具需求人数最多、市场潜力最大的国家。发展康复辅具业，制造、配置符合中国国情的康复辅具产品，满足数量庞大的功能障碍者的需求，提高其生活质量，已经成为政府和社会共同的责任。

2014年6月4日，民政部正式颁布了《中国康复辅助器具目录》（以下简称《目录》），这是我国首次颁布统一的康复辅助器具目录，共有12个主类、93个次类和538个支类。《目录》的发布对规范康复辅助器具市场、保障功能障碍者权益、推动行业发展具有十分重要的意义，为今后国家制定相关政策法律，改进康复辅具产品服务，营造统一开放、竞争有序的市场环境提供了技术依据。一是有助于解决康复辅具产品名称混乱、功能和需求不一致等问题；二是直接为建立康复辅具产品的注册、认证、检测等监管体系和统计指标体系提供了技术支撑；三是为建立、健全康复辅具方面的社会保险、司法鉴定、社会福利及其支付制度等，对相应产品的界定奠定基础；四是有助于促进产品市场开发、配置服务机构及其专业技术人员快速成长。《目录》坚持实用性和系统性原则，在遴选我国目前生产、供应和使用的所有康复辅具产品品种的基础上，针对康复辅具品种繁多且极具个性化的特点，按不同功能障碍者的实际需求进行了归纳、分类，包括了肢体残疾、视力残疾、听力残疾、言语残疾、智力残疾、精神残疾和多重残疾等各类残障人士，步行活动困难、部分或完全不能生活自理的老年人，康复期的伤病人等功能障碍者所需要的康复辅具。

表5-1　中国康复辅助器具目录结构表

编号	主类名称	产品举例
01	矫形器和假肢	矫形器、假肢、矫形鞋
02	个人移动辅助器具	助行器、轮椅车、移位机
03	个人生活自理和防护辅助器具	坐便椅、沐浴椅、尿便收集器
04	家庭和其他场所使用的家具及其适配件	护理床、扶手、坡道
05	沟通和信息辅助器具	助听器、盲文书写装置
06	个人医疗辅助器具	制氧机、静脉曲张袜、防褥疮喷气床垫、上下肢训练器械
07	技能训练辅助器具	语言障碍治疗仪、大小便失禁报警器
08	操作物体和器具的辅助器具	开瓶器、旋转开关、声光延时开关
09	用于环境改善和评估的辅助器具	噪音吸收器
10	家务辅助器具	肢残者用的刀具、电动喂食机
11	就业和职业训练辅助器具	手持式磁铁、防滑地板
12	休闲娱乐辅助器具	益智组合类玩具、轮椅篮球

1. 肢体辅具

肢体辅具主要包括假肢和矫形器等。假肢是用工程技术的手段和方法，为截肢者或肢体不全者弥补肢体残损和代偿其功能而设计、制造和装配的人工假体，又称“义肢”。假肢的主要作用是代替失去肢体的部分功能，使截肢者恢复一定的生活自理和工作能力。矫形器是用于改变神经、肌肉和骨骼系统的功能特性或结构的体外装置。矫形器曾被称为支具、支架、辅助器等，一般分为上肢矫形器、下肢矫形器和脊柱矫形器三大类。

2. 行动辅具

用于肢体功能障碍患者步行和位置移动的康复器具，包括助行器、上（下）汽车装置、轮椅、导向器具等。

3. 视觉辅具

用于改善或提高低视力患者视觉能力的康复器具和装置，如老花镜、助视器和放大镜等。

4. 听觉辅具

用于将声音放大，以补偿患者听力损失，帮助患者听取声音的助听器和重建听力系统的人工耳蜗等。

5. 居家生活辅具

用于身体功能障碍的患者工作、休息、居住、办公和环境使用的家具和辅助装置，包括桌、椅、床、各种自助用具、防压疮垫和各类扶手等。

6. 康复训练辅具

又称康复训练器具，用于帮助患者进行体能训练和功能恢复的器具，可以增加关节活动度、改善肌力和运动协调能力、增强体力、改善损伤部位状况，不仅用于损伤的康复，也可用于健身运动。为恢复或改善患者的功能障碍进行运动而使用的训练器械称为运动训练器具，而作业训练器是预防残疾而进行作业训练的康复器具，能够促进患者必需的日常生活能力，并发展、恢复和维持其功能。

7. 信息交流辅具

用于身体功能障碍和低视力患者进行阅读、书写、计算、会话、交流、提示等信息交流的辅助器具。如用于盲人等特殊人群使用的电脑、电脑软件、打印机和电子装置及器具；辅助功能障碍者的阅读、书写和数字计算的辅助器具；用于通话和会话的辅助器具，包括视力、听力和言语障碍者使用的电话、会话用具等；通过振动、语音、闪光等方式，实现提示、警示作用的康复辅助器具。

二、康复辅助器具的意义

康复辅助器具遵循人类生存和发展的基本规律，运用工效学理论并把握人体工程学的基本规律，符合人体的生理功能需要。康复辅助器具的主要目的是克服障碍、改善功能、提高效率，通过提高使用者的生活质量，增强他们融入社会的能力。康复辅助器具不仅可以为残障人所使用，也可以广泛运用于老年人、伤病人等功能障碍者，以促进其康复，改善其生活质量。

（一）康复辅助器具的功能

高龄老年人是老年康复护理的重点和难点，运用康复辅具这一科技手段，为老年人提供最佳照料护理、健康管理和社会参与途径，有利于提高老年人的生命和生活质量。借助于康复辅助器具和辅助技术，老年人可以实现最大限度的生活自理，减轻社会与家人的负担。因此，康复辅具是科技养老的重要组成部分。

1. 补偿减弱的功能

由于身体机能减弱导致某些活动困难，但还有潜能可开发利用，通过辅助器具的补偿，可以增强原有已减弱的身体机能来克服活动困难，即补充原有的机能。如佩戴助听器能够使具有残余听力的耳聋患者重新听到外界的声音；偏瘫和脑瘫患者行走困难，通过下肢矫形器的补偿能基本恢复原有的行走功能。

2. 代偿失去的功能

当原有的机能基本丧失（无潜能），又无法通过补偿方式来增强原有机能时，就只能通过辅助器具发挥其他机能的潜能来代偿失去的机能以克服活动困难。如盲人可以使用发挥触觉和听觉潜能的辅助器具（如盲杖、盲文读物等）来代偿失去的视觉机能；下肢功能障碍者可以使用轮椅代偿失去的行走功能；截肢者装配假肢后，可以像健全人一样行走、骑车和负重劳动。

3. 恢复改善的功能

当原有的机能由于伤病等原因减弱，通过康复辅助器具的康复训练可以使原有机能逐渐改善和恢复。如足下垂者配置足托矫形器能够有效改善步态，偏瘫患者能够通过平行杠、助行器等康复训练器具的训练恢复其行走功能。

（二）康复辅助器具的特性

康复辅具为科技养老提供了技术支撑。康复辅具通过智能化产品和体系化的老年辅助技术，对老年人健康生活进行辅助，注重以人为本和实用性，在帮助老年人克服行动、听力、视力、智力、吞咽五大障碍，以及提高进食、排泄、洗浴三大功能方面具有不可替代的重要作用，能大大减轻护理人员的劳动强度，提高工作效率。对于重度失能老年人来说，主要的护理服务工作包括“进（吃饭和喝水）、出（如厕）、洗（洗漱和洗浴）”。康复辅具在科技养老中的应用迎合了老年人的特殊需求，符合老年人的个性特点。

1. 个异性——因人而异

如同样是小腿截肢，其形状、尺寸、结构和类型等都不可能一样。不仅因为残疾状况不可能相同，而且由于生活、工作、环境、经济条件等不同，对假肢的要求也不可能相同。因此，个性化是康复辅助器具的最主要特色。

2. 广泛性——人人需要

除了健全人外，伤病人、残障人和老年人都需要康复辅助器具来克服障碍。人人都可能得病或受伤成为伤病人，人人都会进入老年，因此，人人迟早都可能要用到康复辅助器具。

3. 多样性——品种繁多

辅助器具的个性化和适用广，导致品种繁多。国际标准《残疾人专用辅助器具分类和术语》（ISO 9999）从1992年的第一版到2016年的第六版，其中的辅助器具的种类从622种增加到794种。

4. 及时性——越早越好

越早发现、介入、使用，效果就越好。功能障碍者在医疗康复期就应介入康复辅助器具，早使用可缓解症状，防止症状加重，起到防范二次伤害的作用，并促进心理和生理康复。

5. 适配性——量身定做

康复辅助器具并不是越高端越好、越贵重越好，只有适合功能障碍者的身体症状，符合其生活环境、经济条件，才是最适合使用者的康复辅助器具。

三、康复辅助器具的租赁

近年来，随着生活水平提高，人们对于康复辅助器具产品的需求不断扩展，同时对产品配置服务模式和内容的要求也日益提高。但是，我国康复辅助器具产业一定程度存在普适产品低端化的现象，在需求快速发展的同时，一些功能多样化、服务人性化、技术高端化的康复辅助器具产品价格超出普通消费者的承受能力。党中央、国务院高度重视康复辅助器具产业发展，2016年10月，国务院印发了《关于加快发展康复辅助器具产业的若干意见》（国发〔2016〕60号），首次从国家层面对康复辅助器具产业进行专门部署和系统安排，提出了增强服务能力，包括“开展康复辅助器具社区租赁和回收再利用服务试点”，通过租赁、产品回收清洁消毒再利用等方式，为功能障碍人士提供安全可靠、便捷适用的康复辅助器具产品。2018年12月，民政部等4部门联合印发了《关于开展康复辅助器具社区租赁服务试点的通知》（民发〔2018〕152号），决定在全国范围内组织开展康复辅助器具社区租赁服务试点，探索创新康复辅助器具配置服务模式，

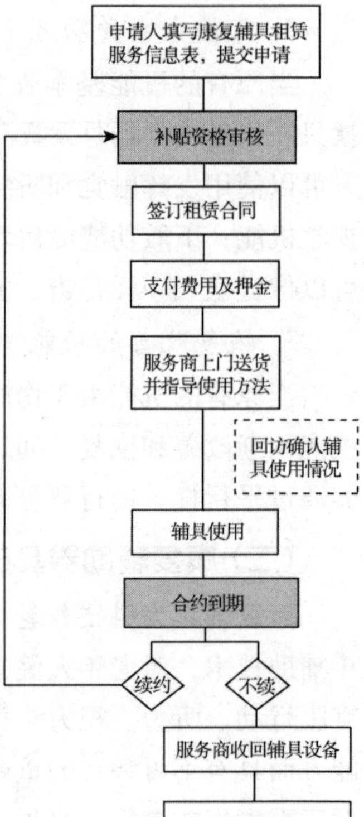

5－1 康复辅助器具租赁流程

推进康复辅助器具产品进家庭、进社区、进机构，提高群众通过租赁方式配置康复辅助器具比例，并通过租赁服务使配置康复辅助器具的人数逐步增多、康复辅具配置率不断提高，创造一批各具特色的典型经验和先进做法，形成一批可持续、可复制的政策措施和服务模式，为全国康复辅助器具社区租赁服务发展积累经验、提供示范。

（一）康复辅具社区租赁试点工作

上海市作为全国首批 13 个康复辅助器具社区租赁服务试点地区之一，由上海市民政局于 2019 年 6 月 12 日发布《关于申报 2019 年康复辅助器具社区租赁服务试点的通知》（沪民残福发〔2019〕10 号），旨在充分利用社区养老综合体（社区综合为老服务中心或分中心）等社区服务资源，推动社区康复辅助器具租赁服务点建设，确定了第一期共 70 个街镇的康复辅助器具社区租赁服务点。2020 年 5 月 11 日发布《关于申报 2020 年康复辅助器具社区租赁服务试点的通知》（沪民残福发〔2020〕3 号），计划新增 80 个康复辅助器具社区租赁服务点，覆盖全市约 40% 的街镇乡，形成 150 个服务点，力争到 2021 年底率先建成供应主体多元、经营服务规范、消费群体满意的康复辅助器具社区租赁服务体系，实现服务网络在全市街镇乡全覆盖（214 个服务点），为全市康复辅助器具社区租赁服务发展积累经验、提供示范。

试点期间，上海市民政局通过社会化、项目化运作康复辅助器具社区租赁服务项目，采取在全市公开招标的方式，选择提供康复辅助器具社区租赁服务的企业。各区积极对接中标企业开展试点工作，为服务商入驻租赁服务点提供便利，及时协调解决遇到的问题，确保康复辅助器具社区租赁服务工作有序推进。结合网络微信、宣传手册等多种渠道，广泛开展康复辅助器具社区租赁服务宣传咨询；配合开展康复辅具进社区的公益活动，让老百姓有更多体验的机会，引导消费者通过社区租赁满足康复辅助器具配置需求。

（二）康复辅具社区租赁补贴办法

试点期间，上海市户籍 60 周岁至 74 周岁低保、低收入老年人，75 周岁（含）以上老年人，租赁《上海市 2019 年社区康复辅具租赁产品目录》中的产品，可以申请租赁服务补贴，补贴金额为辅具租赁服务价格的 50%；每人每年补贴上限为 3000 元。

（三）康复辅具社区租赁产品目录

康复辅具社区租赁试点的产品目录是由生产企业自行申报，上海市康复器具协会组织专家现场对产品进行评审打分，评审内容包括供应商的服务能力、产品功能及性能、产品洗消方案等，综合得分达到要求的可入围产品目录。上海市首期康复辅具社区租赁试点产品目录有 5 个一级类别、13 个二级类别、19 个三级类别的众多产品（见表 5 - 2）。

表 5－2　上海市康复辅具社区租赁服务清单

产品类别			功能及用途
一级类别	二级类别	三级类别	
01 假肢矫形器	0112 下肢矫形器	011209 膝矫形器	通过减小关节载荷达到治疗或者减缓膝关节骨关节炎疼痛的功效
02 个人移动辅助器具	0206 助行器	020603 框式助行架	下肢有支撑能力和迈步能力但肌力弱、平衡和协调能力较差者作为步行时的支撑
	0222 手动轮椅车	022203 手动轮椅车	行走或移动有困难，但上肢功能还可以的人群，可通过轮椅扩大生活范围，参与社会活动
		022218 护理者操作轮椅车	行走或移动有困难，且无法自己操控轮椅，只有在护理者的帮助下通过轮椅增加移动范围
	0223 动力轮椅车	022303 电动轮椅车	用于行动不便的人群长距离行驶去工作、购物或者旅行
	0236 升降人的辅助器具	023603 轮式移位机	用于重病人的位置移动，以减少病人在转移过程中受到伤害
		023622 智能移位机器人	
03 个人生活自理和防护辅助器具	0312 如厕辅具	031203 多功能坐厕椅	用于帮助老年人及膝关节不便人群如厕时下蹲与起身，解决如厕需要护理人员在旁协助的尴尬场景与人力成本
		0312 如厕辅具	
	0327 大小便护理器	032718 大小便护理器	适用于卧床失禁人群大小便的护理，减轻陪护人员的照护强度，节省护理用品费用开支，改善卧床生活环境质量
	0333 沐浴辅具	033303 沐浴椅	为行动不便的特殊人群提供洗浴便利
		033312 沐浴床	
	0339 洗头机	033903 洗头机	同时喷水、排水及吸去污水，能够有效帮助护理人员更好地为长期卧床的失能人士轻松洗头
	0355 智能看护辅具	035501 看护机器人	适用于家庭陪护，可以代替或者部分代替导诊人员和护理人员，为病人、残障人和老年人提供智能服务

续表

产品类别			功能及用途
一级类别	二级类别	三级类别	
04 家具及其配件	0412 护理床	041207 手动护理床	能实现背部、腿部床架手动三档位调节，供居家护理残疾、瘫痪或年长体弱者使用
		041210 电动护理床	多功能电动护理床整体可以升降、倾斜，卧床者也可自己操控，减轻护理人员的负担
		041218 防压疮床垫及智能床垫	预防长期卧床者褥疮的生成，智能床垫全程监测使用者在睡眠时的呼吸频率、心率、体动和离床感应。应用强大的互联网“云”数据库能够有效推送生理变化预知风险提示，提供更安全的夜间照护服务
05 个人医疗辅助器具	0603 呼吸辅助器具	060318 家用制氧机	通过吸氧可以改善身体的供氧状况，达到补养保健的目的。适用于老年人、体质较差者、孕期妇女等存在不同程度生理性缺氧的人群，亦可在脑力或重体力消耗后消除疲劳、恢复身体机能。通过给心脑血管、呼吸系统、慢性阻塞性肺炎等疾病患者供氧及缺氧症状的康复等，可配合治疗
	0648 康复训练设备	064815 上下肢康复训练器	适用于中风患者、慢性脑部疾病者、老年认知障碍者、急性术后患者等需要康复进行上下肢肌力和关节活动度训练

（四）康复辅具社区租赁服务规范

《康复辅助器具租赁服务规程》（T/SRDA 004—2019）和《康复辅助器具租赁服务清洗和消毒要求》（T/SRDA 005—2019）团体标准由上海市康复器具协会批准发布并于2019年11月1日起在团体内实施。《康复辅助器具租赁服务规程》规定了康复辅助器具租赁服务的基本要求、服务程序、追溯方法、投诉管理与持续改进的要求，特别在服务程序的条款中，对康复辅助器具的适配和清洗消毒提出了规定，适用于提供康复辅助器具租赁服务机构的规范与管理。《康复辅助器具租赁服务清洗和消毒要求》规定了康复辅助器具租赁企业服务过程中对收回辅具清洗和消毒的基本要求、流程要求及追溯方法。2019年12月18日上海市市场监督管理局发布了《康复辅助器具租赁服务规范》（DB31/T 1202—2019）地方标准，规定了康复辅助器具租赁服务的基本要求，确立了康复辅助器具租赁服务程序及各阶段操作要求和转换条件，描述了标识、过程记录等追溯方法，对投诉管理与持续改进提出了要求。

康复辅助器具租赁服务在我国还刚刚起步，规范服务行为，明确服务申请、配置评估、服务提供、清洁消毒、投诉维权等各个服务环节的工作要求，对康复辅助器具租赁服务市场健康有序发展具有重要意义。相关标准的实施，为政府管理部门对康复辅助器具租赁服务领域监管提供依据，确保康复辅助器具租赁服务市场的规范运营，使康复辅助器具的使用者能用上适合自己功能状况和使用环境的产品，能得到功能可靠、清洁安全的产品。

四、康复辅助器具的适配

康复辅助器具适配是考虑功能障碍的类型、部位、程度，及个人愿望、居家环境、回归社会等因素，运用辅助技术相关知识、理论和技能，在综合考虑安全性、功能需求、康复需求和其他（如生活环境、经济条件等）因素的情况下，为功能障碍者提供最合适、最有效、最经济的辅具的服务过程。

（一）老年人身体状况评估

《上海市老年照护统一需求评估及服务管理办法》提出了评估内容和评估依据，包括听力、视力、活动能力、移动能力、生活自理能力、接收信息和与他人沟通的能力，以及目前康复辅具的使用情况，各地可以借鉴。

表5-3　生活自理能力评估表

姓　　名		年龄	
联系电话		身份证号码	
家庭地址			
健康情况	1. 现患有疾病 □心脏病　□高血压　□低血压　□糖尿病 □痛风　□胆固醇　□白内障　□帕金森症　□骨质疏松 □支气管哮喘　□老年痴呆　□风湿性关节炎　□中风		
	2. 半年内发生重大疾病情况（　　　　　　　　）		
	3. 服药情况（　　　　　　　　）		
失能情况评估	分数	0完全自理　1基本自理 2轻度依赖　3完全依赖	
进食		□完全自理　□基本自理 □轻度依赖　□完全依赖	
穿衣（含扣纽扣、拉拉链及穿鞋）		□完全自理　□基本自理 □轻度依赖　□完全依赖	
仪表（洗脸、梳头、剃须）		□完全自理　□基本自理 □轻度依赖　□完全依赖	

续表

洗浴		□完全自理 □基本自理 □轻度依赖 □完全依赖
如厕		□完全自理 □基本自理 □轻度依赖 □完全依赖
走动 （可用助行器）		□完全自理 □基本自理 □轻度依赖 □完全依赖
上楼梯		□完全自理 □基本自理 □轻度依赖 □完全依赖
视力（戴眼镜情况下）		□完全自理 □轻度障碍 □中度障碍 □重度障碍
失能情况评估合计 8 个项目，总分值为 24 分，总分值超过 17 分或进食、视力单项评估达最高分则评定为失能；总分不超过 8 分且单项分值均达不到 2 分为自理，否则为部分失能		
评估结论：□瘫痪 □失能 □部分失能 □自理		
评估人：	评估日期：	

（二）老年人居住环境评估

居住环境评估包括：居住状况是独居、与家人同居或与护理者同居；居住楼层及是否有电梯、入户门是否有台阶或坡道；入户门、厨房门、卫生间门宽度；室内台阶等。根据居住环境评估，给出不同老年人康复辅助器具适配的建议。

表 5－4 康复辅助器具适配表

老年人能力状况		合适的康复辅助器具	备注
日常活动能力	进食障碍	饮食辅助器具	借助于辅助器具能独立饮食
	洗浴需他人帮助	抓握杆（扶手）、淋浴椅、壁式沐浴椅、活动洗浴坐台（浴缸坐板）、防滑垫	在护理人员帮助下能在浴室洗澡
	修饰活动障碍	修剪指甲辅助器具、护发辅助器具	借助于辅助器具能独立进行
	穿衣活动障碍	穿衣辅助器具	借助于辅助器具能独立进行
	大小便控制障碍	便盆、便壶、纸尿裤、纸尿片、尿吸收辅助器具、大小便护理器、座便椅	
	如厕活动障碍	增高坐便器座、坐便扶手、内置升降装置坐便器座、坐便器冲洗器	借助辅具能自行在卫生间大小便或在他人帮助下能在卫生间大小便

续表

老年人能力状况		合适的康复辅助器具	备注
	床椅转移障碍	护理床、防压力性溃疡（压疮）床垫、护理床用桌子、辅助起床架、移位板、移位机、移位滑布	
	平地行走障碍	手杖、助行架、手动轮椅车、电动椅车	
	上下楼梯障碍	手杖、爬楼梯机	
沟通交流能力	听力障碍	助听器	须由专业人员验配
	视力障碍	助视器、放大镜	
	认知障碍	定位手环	
辅助医疗	呼吸障碍	制氧机	借助于辅助器具帮助呼吸及辅助治疗

（三）康复辅助器具的配置

2020 年 2 月 25 日，人力资源和社会保障部与市场监管总局、国家统计局联合向社会发布了 16 个新职业，其中包括康复辅助技术咨询师。这一专业人员的主要职业功能就是对功能障碍者的具体情况进行评估，为其提供康复辅助器具的适配方案，康复辅具适配师也成为新的职业。下面仅列举轮椅和沐浴椅的配置。

1. 轮椅配置

（1）对老年人的身体状况、功能障碍情况、年龄、日常生活能力、居住环境、个人需求有客观的认识和了解，适配师有针对性地帮助选购轮椅，轮椅大小、座位深浅、坐垫软硬不合适会造成坐姿不正，躯干侧弯，长期不适会衍生出腰椎、颈椎问题，甚至发生压疮或其他并发症，老年人也会长期处于煎熬中。

（2）了解轮椅功能与老年人的需求匹配度。常见的轮椅使用人群包括但不限于脑外伤或脑中风导致的偏瘫、骨折患者、多发性硬化或帕金森综合征、运动功能下降明显及年老体弱者。

（3）了解轮椅类型，以便做到适配。

按照推动方式，可分为手动轮椅和电动轮椅。手动轮椅需要人力推动，可由护理者或老年人自己推动。电动轮椅涵盖了所有电机驱动的轮椅，这类轮椅配有控制轮椅移动方向和速度的操纵杆/远程控制器，不需要其他人推动。

按照轮胎类型，分为充气轮胎和实心轮胎。充气型轮胎适合经常在室外推行，因为推行轻便，不同的地面适应性强；缺点是需要充气或维护维修。实心轮胎适合在室内或路面非常平整的环境中使用，轮胎长期不需维护；缺点是如果推行到户外，颠簸程度增加，推行也费力，复杂路面就更加不合适。

按照靠背高度，分为高、标准、低三种，按照这个次序，坐在轮椅上的人的稳定性依次降低，活动性依次增加。例如，高位脊髓损伤的人，使用者需要支撑整个背部，不需要也没有能力做上肢的充分活动。而腰髓损伤的老年人，上肢或背部稳定性足够，需要充分的活动，就适合选择低靠背轮椅来满足这种需要。

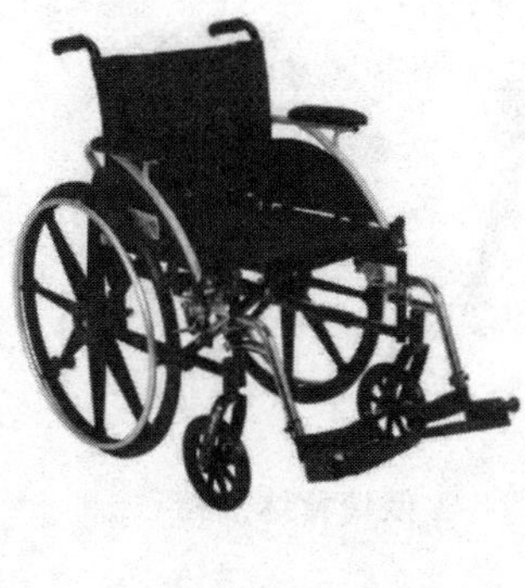

手动轮椅

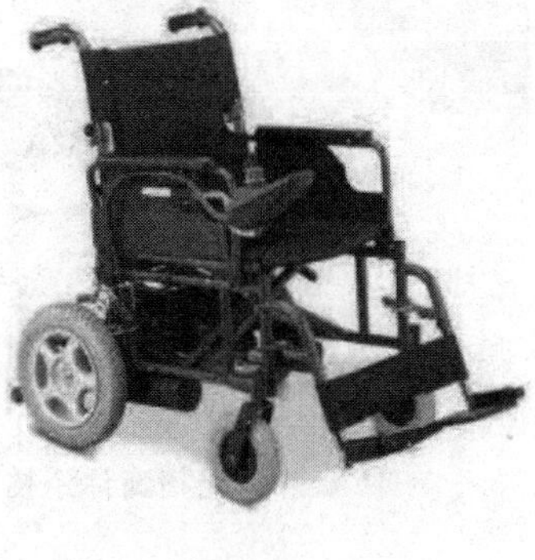

电动轮椅

根据后轮轴心位置分前置、标准、后置轴心。前置意味着后轮与前轮之间距离最小，轮椅转弯和回转就很灵活，但稳定性也会变差。后置轴心则相反，回转半径需要更大空间，但稳定性很好。一般常见的是标准轴心和后置轴心。

根据后轮直径分为驱动型轮椅和介护型轮椅。如果使用者需要自己驱动轮椅，那么后轮的直径就要标准，并附有驱动手圈。如果完全不建议患者驱动，只要护理人员推行就可以的话，那么后轮可以选择小轮，使用者无法驱动。还可以考虑轮椅的很多方面，例如坐垫、扶手、踏板、刹车、轮辐、载重、便器、坐宽坐深等。

（4）场景选择。经常使用普通餐桌就餐的，应选择阶梯性质的扶手，这样扶手不会碰到桌子边缘，使用者腿部可以充分地进到桌子下，身体更靠近餐桌，进餐更舒适；如果需要在轮椅上就餐，应选择标准的扶手搭配餐桌板，这样使进餐更加方便；经常需要进行下肢活动的老年人，应选择可翻折的搁脚板，甚至是可拆卸的，这样方便下肢的活动，等等。在选择任何轮椅之前，要进行的是身体尺寸的测量，包括髋关节角度、腘间角度、臀宽、臀至膝窝长、膝窝高、肩胛下角高、肩高、头高、胸宽、肩宽、上臂长等，从而参考选择合适的轮椅尺寸。

2. 沐浴椅配置

为老年人配置沐浴椅时，要先了解老年人的身体状况、居住环境、个人需求等。身体比较虚弱、衰老、体力下降、站立不稳的老年人，宜选择有扶手的；家庭浴室空间比较狭小的，可以选择可折叠式沐浴椅；卧床或者偏瘫老年人更适合带轮式的沐浴椅。总之，不同类型的沐浴椅适合不同的老年人，各种类型的沐浴椅特点如下：

无靠背式和靠背式。无靠背式适用于空间狭小的浴室；有靠背式根据靠背高度又分低靠背和高靠背，对于背部佝偻患者，高靠背座椅无法全部坐满椅面，在浴室湿滑的情况下椅子易翻倒，因此适合使用低靠背沐浴椅。

可折叠式和不可折叠式。折叠式又可以分为单手可折叠和全方位折叠式。单手折叠款可避免在折叠椅子时重心不稳而跌倒。全方位折叠式不使用时节省空间。

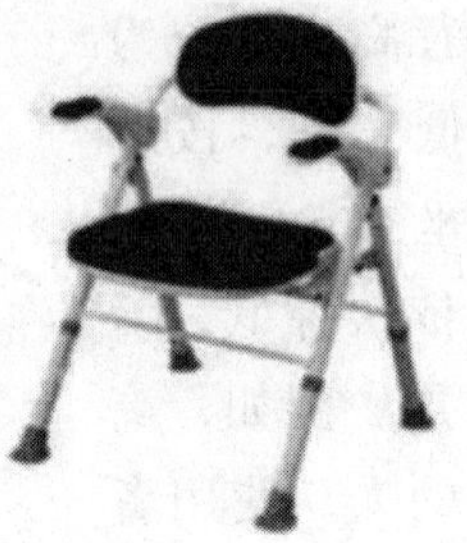

无椅背沐浴椅　　低椅背沐浴椅　　高椅背沐浴椅

可旋转式和不可旋转式。360°可旋转的椅面便于清洗。

有扶手和无扶手。无扶手式沐浴椅占用空间小，可从椅子任意角度落座。有扶手式沐浴椅可增加老年人落座及起身时的安全性，扶手大部分可翻转，也不影响落座的便利。

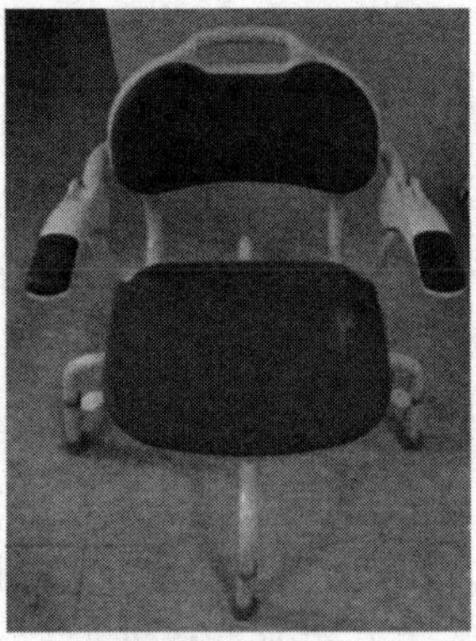

无扶手沐浴椅　　有扶手沐浴椅

带轮式和不带轮式。带轮式的沐浴椅方便推入推出，可以减轻照护人员转移途中的照护强度。

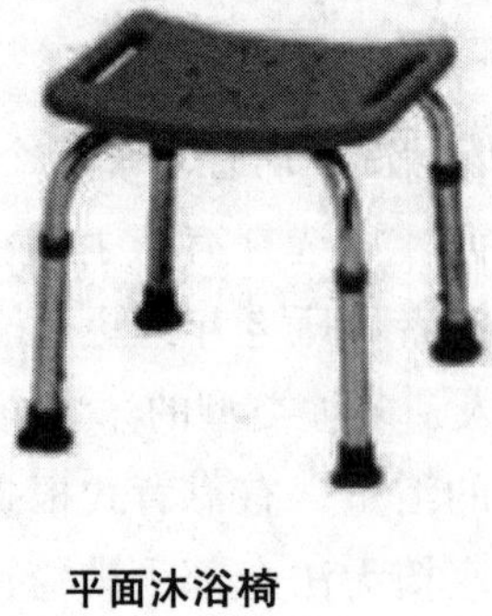

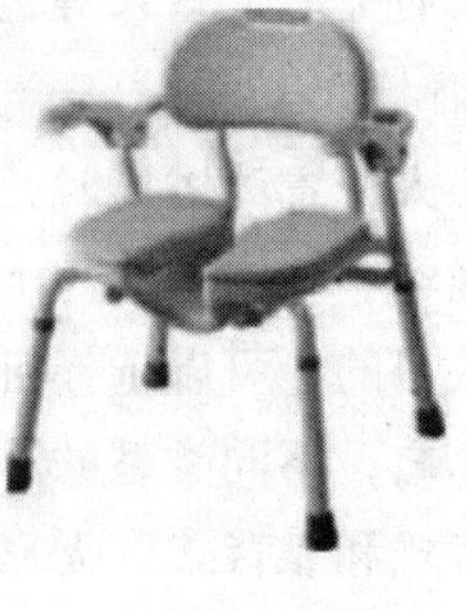

平面沐浴椅　　曲面沐浴椅　　U 面沐浴椅

椅面幅度，可分为平面、曲面和 U 面。曲面座椅落座后和身体贴合度更高，U 面座椅便于清洗私处和清理大小便。

此外，还需要考虑沐浴椅的材质、椅子高度、宽度、深度、椅脚宽度等其他要素。

拓展阅读↘5－1

1. 中华人民共和国民政部．中国康复辅助器具目录，2014.

2. http：//www. gov. cn/xinwen/2019－06/28/content_ 5404284. htm

3. http：//www. shanghai. gov. cn/nw2/nw2314/nw2319/nw12344/u26aw59275. html

4. 上海市康复器具协会．居家养老康复辅助器具适配指南（T/SRDA 002—2019）

【案例讨论】

1. 国家推广康复辅助器具租赁的主要目的是什么？

2. 康复辅助器具如何全面推广？

【问题思考】

1. 康复辅助器具如何消毒？

2. 如何帮助老年人选择合适的辅助器具？

第二节　社区居家适老化改造

上海市在深入调研的基础上率先提出“9073”养老布局，即居住在家里养老或者依托社区进行养老是老年人主要的养老方式，社区和居家环境是97%的老年人进行养老生活的主要载体。特别是养老模式已从机构养老和居家养老两种传统模式逐渐发展衍生出社区养老模式，在养老居住模式上属于居家养老，在养老服务模式上属于社会机构养老，也就是在老年人居住的社区内设置专业服务机构，为老年人提供医疗、家政、餐饮、卫生、娱乐等方面的服务，使老年人既能住在自己熟悉的家庭环境里生活，又能享受到机构养老的全面服务和休闲娱乐活动。国家提出新时代“构建居家为基础、社区为依托、机构为补充、医养相结合的养老服务体系”，旨在以更加精准的服务更好地满足老年人养老服务需求。

老年人对住区所形成的恋地情结以及稳定的邻里关系是新建小区所无法比拟的，老年人更倾向于在居住过的老旧住区内进行养老。在我国许多大中城市，20世纪80年代及以前建造的住房，普遍缺乏针对老年人的考虑，住区的空间布局缺少老年服务设施、绿色空间及活动场地缺失、卫生环境差、缺乏无障碍设计和健身设施种类单一等问题，严重影响了老年人的生活质量，特别是住宅模式单一、建造时间相对较早、建造质量相对较差，在建筑能耗方面也存在着很大问题。伴随着家庭趋于小型化，城市老年人的生活起居趋向于自己负责，传统家庭“养儿防老”的养老功能正在日渐削弱，既有老旧社区环境和住宅已经不符合老年人的养老需求，“适老化”程度远远不够。随着老龄化社会的到来，老年人活动能力下降、自理能力减弱，日常生活中经常有老年人在社区环境中或家中卫生间、卧室因行动不便而跌倒受伤。因此，对社区基础设施和居住环境进行适老化改造，为老年人起居出行创造更便捷的条件成为重点工作。2019 年 3 月 29 日，国务院办公厅发布《关于推进养老服务发展的意见》（国办发〔2019〕5 号），把实施老年人居家适老化改造工程作为重要任务之一。2019 年 6 月 19 日，国务院总理李克强主持召开国务院常务会议，部署推进城镇老旧小区改造等，顺应群众期盼改善居住条件，充分回应了加快推进城镇老旧小区“适老化改造”的呼声。2019 年 12 月 31 日，上海市民政局发布《关于本市开展老年人居家环境适老化改造试点的通知》（沪民养老发〔2019〕31 号），在上海部分街道试点开展面向老年人家庭的居室环境适老化改造。实施老年人居家适老化改造工程是巩固家庭养老基础地位、促进养老服务消费提升、推动居家养老服务提质扩容的重要抓手，对构建居家社区机构相协调、医养康养相结合的养老服务体系具有重要意义。2020 年 7 月 15 日，民政部、国家发展改革委、财政部、住房和城乡建设部、国家卫生健康委、银保监会、国务院扶贫办、中国残联、全国老龄办等九部门联合印发《关于加快实施老年人居家适老化改造工程的指导意见》（民发〔2020〕86 号），提出了“2020 年底前，采取政府补贴等方式，对纳入分散供养特困人员和建档立卡贫困人口范围的高龄、失能、残疾老年人家庭实施居家适老化改造，为决战决胜脱贫攻坚提供兜底保障”的基本目标，并明确了“十四五”期间，继续实施特殊困难老年人家庭适老化改造，有条件的地方可将改造对象范围扩大到城乡低保对象中的高龄、失能、残疾老年人家庭等，同时，提出了具体要求、改造项目内容、改造工作程序、支持发展措施和组织保障（详见本章拓展阅读5－2）。

一、社区居家适老化改造的内涵

“积极老龄化”作为实现老年人健康生活的重要观念，其内涵有生理健康、心理健康和社会交往健康三重含义。在我国目前以居家养老为主流的背景下，社区公共空间成为老年人日常社会活动的主要载体，是实现“积极老龄化”的重要场所，对老年人保持体能活力，改善孤寂、焦虑、抑郁等心理问题均能起到积极调适作用。

（一）社区居家适老化改造的定义

“适老化”意思是适应中老年人，一般指对规划设计、公共设施（商城、医院、学校等）建设、起居环境装修等进行的适老化。在老龄社会，新建设施、公共建筑理应优先考虑老年人的身体机能及行动特点并作出相应的设计。由于很多老建筑、老设施在建造时并没有过多地考虑中老年人，现在只能通过施工改造、设施配备、辅具适配等方式，对基础设施和居家、社区等居住条件和功能进行改造，以改善老年人的生活环境，对老年人缺失的生活能力进行补偿或代偿，缓解老年人因生理机能变化而导致的生活不适应，从而提升社区居家生活品质。社区居家适老化改造主要是根据老年人群的生理特点及生活习惯对住宅及周边的社区环境进行适当改造，并针对这一群体需求提供一系列服务，让老年人能够在自己熟悉的环境中安全、舒适地度过晚年。

（二）社区居家适老化改造的目的

社区居家适老化改造对老年人、家庭和国家都有重要意义。随着年龄的增长，人的身体机能不断下降，老年人身体的灵活性逐渐降低，四肢力量变弱，步态不稳，出现视力、听力障碍，对外界反应迟钝，应急能力差，遇到紧急情况无法保持身体平衡或姿势不协调，容易摔倒造成意外事故。伴随身体机能的改变，身边环境已经逐渐不适合老年人的身体条件和行为习惯，这也是导致老年人发生跌倒等伤害的重要原因。社区居家养老要考虑老年人生活环境的安全性、便利性和舒适性，而既有的传统小区和住房已经满足不了老年人口日益增长的养老需求，如无障碍设施缺失、电梯缺失、卫浴空间安全性辅助设施欠缺、报警求助及标识系统不完善等，老年人居住空间缺乏对生活习惯和宜居需求的考虑，存在摔、滑、绊、掉等安全隐患。在我国，跌倒已成为65岁及以上老年人意外伤害死亡的头号原因。原卫生部2011年9月6日公布的《老年人跌倒干预技术指南》显示，我国每年有4000多万老年人至少发生一次跌倒，其中有一半发生在家中。因此，通过对老年人生活环境进行适老化改造，特别是通过居家环境的改善，既能增强老年人生活的安全性和便利性，解决老年人在日常生活中遇到的不方便，又能降低老年人不慎跌倒与骨折的发生概率，降低居家养老风险，提高生活质量，促进心理健康。

1. 提高生活质量

老年人的身体机能下降，如果居室设施不适老，老年人在生活中存在容易因地面湿滑而摔倒、被家具棱角撞伤等风险。适老化改造主要是根据老年人群的生理特点及生活习惯，对住宅及周边的社区环境进行适当改造，并针对这一群体需求提供一系列服务，让老年人能够在自己熟悉的环境中安全、舒适地度过晚年。如根据老年人家庭需要对其通道、居室、厨房、卫生间等生活场所，以及家具配置、细节保护等进行调整或改造，以利于老年人通行、洗澡、如厕等日常生活，缓解老年人因生理机能变化导致的生活不适应，当然也可以让老年人避免受到人身伤害。通过适老化改造，老年人对于日常生活中的用餐、排泄及洗澡等生活基本行为能够自己主动实施，同时提高精神方面的自立性及积极性，对于老年人的人格尊严保持及精神自立性的建立有重要作用。而由于活动范围扩大，也能够提高老年人生活整体的积极性。

安全环境是提供服务最基本的条件与保障。居家环境适老化改造可降低居家养老服务风险，最明显的作用是减少居家老年人跌倒的发生。跌倒是居家养老服务中最主要，也是最易发生的风险。由社区养老护理员、康复师等养老服务专业人员，结合老年人能力对居家环境进行评估和改造，消除环境中的危险因素，使环境与老年人能力相匹配，可有效减少跌倒的发生。

作为居家养老服务中的关键一环，居家环境适老化改造可以提升居家养老服务品质，取得更好的服务效果。首先，居家环境适老化改造有助于提高老年人的生存质量，居家环境适老化程度越高，老年人的生存质量越高；其次，居家环境适老化改造可提高老年人的生活满意度，居家环境中存在与老年人能力不匹配的障碍越多，老年人的生活满意度越低；最后，居家环境适老化与老年人心理健康有着紧密联系，居家环境适老化程度低，会阻碍重要人生目标的实现（例如尽可能时间长地留在家中养老），从而使老年人更容易产生抑郁倾向，而营造与老年人能力相匹配的良好居家环境将在很大程度上提升居家养老服务品质，真正达到提供优质养老服务的目的。

2. 节约养老成本

居家养老在个人和社会层面上均可节省成本、减少养老资源消耗，老年人也更愿意在熟悉的居家环境中养老。居家养老的前提条件是适宜老年人居住的生活环境，居家环境适老化程度对老年人的自我管理水平、居家养老服务资源整合、成本控制及居家养老服务方案制订与实施等均有重要影响。

居家养老服务成本绝大部分是人力成本。居家环境适老化改造可提高老年人的自理能力，延缓功能衰退。老年人自理能力的提高，意味着护理需求等级的下降，所需护理工时随之减少，从而节约了人力成本。在发达国家及地区，长期护理保险支付均以老年人能力等级为依据，为老年人进行居家环境适老化改造，以最大限度提高和维持老年人的自理能力，从而降低保险支付金额，对于整个国家的医疗卫生费用和养老保险总额控制有着重要意义。居家环境适老化、老年人能力及其所需护理工时之间并非单向线性关系，而是存在更为复杂的结构化或分层的相互关系，需要细化在不同的老年人能力状况下，居家环境适老化改造对养老服务成本的控制作用，为科学、经济的居家养老服务方案制订提供了理论基础。

3. 促进社会和谐

老年人往往呈现出孤独和依赖倾向的心理特点。老年人的生活具有长期性与规律性的特点，其活动计划、生活方式在长久的时间里保持相对固定，具有较强的规律性，而生活环境的较大改变会打破这种稳定。同时，经过长久的居住，老年人主要的交往对象往往以同一社区的老年人为主，形成了亲密的邻里关系，并对老年人的心理健康有着非常重要的作用。因此，老年人更加希望继续生活在自己熟悉的环境中，维持原有的社会关系。对原有住宅的改造与搬迁相比，无须很长的适应过程，更加符合老年人的心理特点，有益于老年人的身心健康。

社区居家适老化改造，有助于提高老年人的生活质量，让老年人在家中更好地生活、实现健康老龄化，同时也能减少因老年人跌倒等安全事故所带来的家庭医疗和护理投入，节约相关社会福利与公共卫生开支。通过对社区和居住环境的改造，护理工作量有所减少，护理人员身心负担及疲劳也有所减轻，而老年人由于被照顾而产生的愧疚感及压力也逐渐减轻。对于承担护理工作的家人来说，护理工作量的减轻与家庭关系的圆满甚至社会和谐有着必要的联系。

（三）老旧社区养老环境问题分析

老旧居住区多位于城市中心，周边交通便捷且配套较完善，但居住区环境设施落后，空地空间大但利用率不高，部分区域杂草丛生、个别住户私搭乱建现象严重。旧居住区对老年人来讲有着强烈的“归属感”，旧居住区一般呈现出老龄化更为集中的现象。城市老旧住宅社区不适应老年人的生活需求①，由于建设时受到当时社会经济、技术水平的限制，住宅的结构设计、空间设计比较落后，并且随着时间的推移，住宅发生自然老化，出现诸多不适宜老年人居住和使用的问题。老旧社区的社会环境、家庭条件及居民意识等，都不能完全跟得上老年人的需求，甚至差距很大，老年人的家庭居住环境还存在很多问题②。

1. 社区环境友好性差

老旧居住区的社区公共空间设施品质低、适老性差，居室外环境没有体现适老化。根据老年人身体、心理和行为活动特征的分析，老年人对于户外环境的需求很大，而多数旧居住区没有较为宽阔的广场，缺少休憩空间，甚至连门前空地和道路也都被作为“停车场”使用，严重影响了老年人出行和社区活动的参与，导致老年人的交往需求得不到有效满足。

（1）住宅配套不人性。在老旧社区中，从社区入口到楼栋入口再到住宅室内等一系列主要通行区域大多缺乏无障碍通行设计，给老年人生活带来了诸多不便，使其安全难以得到保证。城市老旧社区的住宅多为 6 层以下的多层住宅，且因为建设时期标准（规范）均不完善，绝大部分住宅均未配置电梯。当住宅使用者的年龄日益增长，运动系统出现退化（如肢体灵活度降低、肌肉力量下降、骨骼弹性和韧性降低等），甚至因为疾病出现行动不便的状况，未设置电梯的问题就日益凸显出来。老年人上下楼梯费力，没有电梯的住宅会大大限制老年人的活动；老年人对身体的掌控能力降低、平衡感减弱、反应迟钝，上下楼梯容易出现绊倒、踩空等意外，从而降低了住宅带给老年人的安全感。

（2）交通设施不规范。老旧社区周边的交通环境存在安全隐患且路面平整度

---

① 陈雨蒙．浅析城市老旧住宅适老化改造策略［J］．艺术与设计，2017（8）．

② 孙甲．居家养老模式下老年家庭适老化改造的必要性研究［J］．太原城市职业技术学院学报，2018（5）．

差，周边道路交通纵横穿越；老年人普遍反映社区内路口较多、车速快、过马路存在安全隐患；社区内的道路部分路缘石比较高，对老年人的行走安全构成一定威胁；景观步道铺装年久老化，部分道路存在凹凸不平现象，对老年人外出行走构成潜在危险。

（3）环境景观不协调。一是老旧社区绿地率低，植物配置单一且缺乏层次性和多样性，环境氛围相对冷清。遮阳条件是老年人选择活动空间的重要因素，而老旧社区内活动空间周围高大的遮阳树木数量少，一定程度上影响了老年人的夏季活动，导致仅有的活动空间利用率低。同时，活动空间内缺乏休息座椅和活动设施。部分社区借用花池作为临时休息座椅，但舒适度差，不利于老年人户外休憩，不符合老年人活动时长短、体力差的特点，难以满足老年人休息、交流的需求。二是环境色彩单一，标识系统不完善，缺少艺术小品。老旧社区环境较为单一朴素，不能满足老年人对色彩环境的需求。而且标识系统存在缺失、破损、字体较小等问题，难以对老年人起到良好的引导作用，易产生迷失感。社区提示牌较少，通知公告张贴过高、字号偏小，颜色不够醒目。

（4）服务设施不配套。随着老年人年龄的增长，身体各部分机能会出现不同程度的退行性变化（包括感觉机能、神经系统、运动系统和免疫机能等方面的退化）。老旧社区和住宅内缺乏养老服务设备和设施，无法帮助老年人适应自身退行性变化所带来的环境障碍，给老年人的起居生活带来一定影响，甚至会造成危险。老旧社区内部在设计时没有为养老服务设施预留充足的用地，导致老年人在面对使用需求时进行临时的、违规的搭建或改造，使用体验较差，影响社区整体面貌，甚至会对社区带来一定的安全隐患。有的老旧社区中虽然设有老年人活动的公共场所（如棋牌室、保健室、图书馆等），但道路狭窄，没有设置慢步道，老年人时常需要避让年轻人。有的老旧社区照明系统不完善，夜间照明设施配备不足。部分社区公共空间仅有少量道路照明，社区灯光局部昏暗，缺少景观照明及警示照明，且光照不足，舒适度较差，部分活动场地及道路尽头存在明显照明死角，影响老年人户外活动的安全感，极大地限制了老年人群体外出活动的积极性。此外，托老所周围的活动空间适用人群多数为老年人，因此对适宜老年人活动的设施有很大的需求，但实际情况是适合老年人的设施只有简单的健身器材，且时间较长、无人维修导致设施陈旧破损，利用率低，很难满足老年人的使用需求。

2. 住宅设施陈旧落后

老年人比较念旧，不愿意离开自己熟悉的社区、熟悉的伙伴。因此，许多老年人都住在老式住宅中，住房外观老旧、结构落后，家庭设施陈旧，很多物品已经失去原有的功能甚至存在安全隐患但仍然在使用。老年人多居住在老旧小区，一些家庭设施老化、损坏给老年人生活带来很大的安全隐患。如家里地板起鼓不平、瓷砖局部脱落都会影响老年人的行动，抽屉、门闩不灵活也会给老年人带来麻烦。

老年人的家庭设施不仅陈旧，过时的传统装修风格越来越不适应老年人的需求，如失能老人需要家庭照料，但传统床铺限制了起居，不便照料者照顾老年人；传统的马桶离卧室较远，而且高度固定，没有护具，每次老年人如厕都很费力，存在摔伤、扭伤、碰擦的风险。

每个老年家庭情况不同，对家庭设施要求不同，往往一些不称手的生活用品会对老年人造成伤害，对于中高龄老年人看似轻微的伤害都会严重危及身体健康，甚至是生命。因此，家庭设施的陈旧、不适合等问题成为居家养老中普遍面临的问题。

3. 住宅内部功能缺失

随着社会经济和文化水平的提高，老年人对住宅内部功能的需求也在逐渐提高。而老旧居住区住宅功能缺少适老化设计，住宅户型设计往往较为单一，空间设计尺度也并非针对老年人所设计，使老年人在住宅内的活动空间受限，尤其是需要借助轮椅行动的老年人更为困难。因此，为了方便老年人的生活起居，住宅内部也需要进行适老化的改造。

4. 家庭康复辅具不足

老年人随着年龄的增长，会适当地需要使用相关辅具。使用辅具并不是服老的表现，而是一种自我保护，也是对家人的负责。正常的老年人即使没有辅具也能生活，但如果有辅具的借助，在起居、如厕、行走、洗浴、用餐等方面都能更加便捷舒适，极大地提高老年人的生活质量。

以上这些问题的存在，给老年人生活带来不便和风险。因此，从细微处着手，为老年人创造良好的社区环境，也是为老年人提供更好服务的保障。

（四）社区居家适老化改造的内容

通过适老化改造对公共区域进行无障碍设施的配置等措施，可以为老年人提供健康舒适的居住环境和实用便捷的养老服务，如配置养老服务用房、增加安防设施、增补适老化活动场地、无障碍化改造、环境整洁等，还可以通过配置适老的家居家装、配备康复辅助器具以及智能化助老服务设施设备来提升整个社区（或城市）的现代化水平。老旧社区适老化改造项目主要集中在两方面：一方面是小区公共场所的适老化改造，包括阶梯坡化、安装扶手、设置休息椅、建造凉亭、清除小区内步行道路的障碍物等，让老年人在小区内无障碍出行；另一方面是老年人的住宅适老化改造，从解决老年人最不宜居、最不方便的问题出发，由专业人员实地查看设计，对老年人住宅进行门槛改造，增设淋浴座椅、室内扶手、卧室坐便椅、小夜灯、居家宝等适老装置，消除住宅内部安全隐患，打造安全、便利、舒适的居住环境。根据老年人的活动特征、对住区环境的需求特点及现有老旧住区环境存在的问题，可以从环境绿化、道路系统、休闲活动空间、服务设施、照明与标识设施5个方面提出住区环境的适老化改造策略①。

1. 基础设施的适老化改造

（1）适老化配套设施设备改造。

老旧小区多为6层及以下的住宅，几乎都以楼梯作为垂直交通的通道。因此，应在对建筑本身建筑结构等现有条件了解后，根据需要在原有楼梯间配置外挂电梯，减少老年人垂直交通的频率，增加老年人下楼活动的频率。外部加挂电梯应注意在轿箱进深、门洞宽度、按钮高度等方面采用适老化设计。电梯门采用缓慢关闭程序设定或加装感应装置，同时电梯内设置无障碍按键，方便老年人乘坐轮椅，提升老年人生活质量，真正实现社区居家养老②。另外，电梯厅及轿箱尺寸应确保轮椅和急救担架进出方便。对于不具备安装电梯的住宅，则应考虑在建筑外侧设置座椅式电梯，老年人只需坐在电动小座椅上，扣上安全带，按下按钮，就可轻松上下楼。

针对老年人的心理特点，在公共区域增设老年人锻炼器材、运动场地、交流场所，充分满足老年人休息、活动、邻里交往的需求。同时，充分发挥社区的作用，针对小区公共设施不足的情况，从保健、娱乐、学习等方面，完善相应的卫生保健服务，组织老年人适当参加一些社会活动，促进老年人的身心健康。

由于视力的下降，老年人对住区环境内的照明设施要求较高，主要反映在照明亮度和环境色彩上。研究表明，老年人对于红黄橙3种颜色的辨识度较高，因此在住区主要出入口、地势变化较大的区域以及车流量大的路口处应提高照明的亮度，并采用颜色鲜艳的标识提醒。

考虑老年人的记忆力下降，应强化小区内的识别性，可以设置明显的设备设施，根据老年人的生理心理特点，强化小区的路径、出入口、区域的可识别性，通过标志物、建筑小品、颜色、声音、灯光等，方便老年人的识别。标识主要分为公告栏和信息标识。标识字体的大小和色彩应简洁明了，以帮助老年人更好地辨识。

要注意设施距离的便捷化。由于身体机能老化，老年人的活动范围缩小，对空间的便捷性要求较高，过远的距离会使老年人失去兴趣，因此要侧重考虑活动能力较弱的老年人可达距离范围，控制好活动范围半径，设置功能复合的设施以及不同功能活动空间之间便捷的联通性③。

---

① 谢雨纤，林娜，黄启堂．居家养老模式下的老旧住区景观适老化改造研究［J］．沈阳建筑大学学报（社会科学版），2019，21（2）．

② 周园，王旭博，李方鹏，于晓婷．旧居住区适老化改造策略研究——以长春市南湖新村为例［J］．太原城市职业技术学院学报，2018（4）．

③ 汪丽君，卢杉，舒平．社区公共空间适老化健康环境与优化策略研究［J］．理论与现代化，2019（6）．

（2）住宅内部适老化设施改造。

对老旧居住区住宅内部的改造，主要包括建筑硬件改造、家具家装改造、辅具配备以及智能化用具配备等方面。居家适老化改造聚焦老年人安全、健康等功能性需求，选择适配性产品，组成不同场景居家环境的产品服务包，包括地面、墙体、居室、厨房、卫生间等施工改造服务，围绕“如厕洗澡安全，室内行走便利，居家环境改善，智能监测跟进，辅助器具适配”5个方面功能，提升老年人生活自理能力和居家生活品质。

如厕洗澡安全：卫生间、浴室地面防滑处理，卫生间地面材质要选择耐污、防滑的材质，避免老年人不小心滑倒，也可以借助智能家居进行有效控制以及突发情况的处理。还可配备坐便器、洗澡椅，安装扶手等，降低意外风险。

室内行走便利：改造应建立在对原有空间充分研究的基础上，丰富住宅内部功能，对于客厅、卧室需要较为便捷的通行空间。对于行动不便的老年人，还需要考虑客厅的轮椅转换空间，出入通道无障碍改造、室内墙体安装扶手（抓杆）、加装夜间照明装置等，便于老年人行走。

居家环境改善：对锈蚀水管、老化裸露用电线路改造等，以改善居住环境。

智能监测跟进：安装物联网门磁监测系统、紧急呼叫系统、燃气监测报警器等，以及防走失手环、紧急呼叫设施、远程断电装置，做好老年人安全监护。

辅助器具适配：适配康复辅助器具等，补偿缺失的生理功能，以适应居家生活。

（3）社区信息化的适老化改造。

基于小区的智能系统，以信息化为支撑，把老旧小区改造成适合老年人生活的智慧小区，是小区适老化改造的一个重要途径。适老小区智慧化改造包括三方面内容：一是基于智慧医疗、健康大数据采集，在小区公共区域增设自助式健康采样终端，让老年人在小区内能随时监控自己的心率、血压，在小区医疗服务中心定期监控各项健康指标，并形成老年人的健康数据档案。二是基于互联网、移动通信及GPS系统，提供老年人定位服务，并和小区物管的应急中心联动，提供位置服务，预防老年人发生不测。三是基于养老智慧信息平台，开展居家养老信息化服务。小区智慧化适老改造项目主要包括小区公共区域（道路、走廊、休息区等地）增设视频监控、呼叫对讲系统、紧急呼救按钮，并与小区医疗服务中心、物业管理中心等联动，使老年人在发生意外时第一时间得到救护。

2. 室外环境的适老化改造

（1）户外活动空间改造。老年人的户外活动可分为运动、休憩和特定活动三方面，这也是户外活动空间适老化改造的重点。

一是优化公共空间环境。科学合理配置社区人均公共绿地面积和人均养老服务设施用地面积，挖掘社区附属空地的利用潜力，不断提升人均公共空间面积。公共空间应考虑多样化需求，集中空间、过渡空间、节点空间、半私密空间都应有所配置，满足老年人及其他人群的不同使用需求。对宅间以及空地进行改造，形成单独的小型活动空间，将多块零散的空地进行充分利用，有效满足老年人的活动需求，让居住区的老年人更有归属感。

二是增设休闲活动空间。老旧住区由于缺乏合理的规划，活动空间一般是居民自发活动而形成的，且经常被车辆占用，造成活动空间混乱无序。在改造时应尊重现有的活动类型，并配置相应的设施，形成动静不同的多样化的活动区域。对场地内的铺装、高差等进行处理，与步道合理衔接，提高场地的可达性。老年人处于生理机能转换期，更需要依靠环境的适老性来延长老年人自理期的时间，并且帮助老年人适应生理上的转变。因此，住区内设置康复健身活动空间，可促进老年人的参与，增进老年人的健康。康复健身空间的设置应符合老年人的行为规律，在空间的分割以及健身设施的形状上要避免尖角，在康体区域外围应设置软质休息设施，并且和具有疗养因子的植物结合起来，选择有利于肺部的植物。

三是注重营造文化空间。社区公共空间归属感、人们之间的互动以及在此基础上形成的社区"认同感和归属感"是形成社区的最重要的条件。社区公共空间的归属感营造对老年人的身心健康也发挥着至关重要的作用。要建立居民归属感的因素主要包括场所认同、易识别、邻里关系、公众参与等，涉及空间领域可控性、步行可达性、五感舒适度、集体记忆等相关内容。社区公共活动空间具有疗愈性，自然景观具有减轻压力、缓解情绪、预防隐疾或恢复健康的作用。在社区公共空间中共同培育植物还可以帮助老年人提升认知能力、集中注意力，从而追求心灵的宁静。此外，增加社区中社会交往空间，促进老年人积极参加社会活动可减少老年人罹患抑郁症的风险并促进老年人心理健康。

（2）交通设施空间改造。机动交通系统对社区生活产生较大干扰。老年人随着年龄的增长，身体机能下降，视力、反应能力降低，行动迟缓，对于来往于社区的机动车辆避让不及时，容易发生交通事故。老旧小区当年在场地设计时普遍未考虑人车分流，车位配置的比例偏低。因而要对机动交通系统进行合理规划，实现步行优先、人车分离，保障老年人安全出行，并保证步行系统的连续性和活力。

一是人车分行。改造小区车行道路系统，既要考虑老年人的行走习惯，安装人车隔离栏，又要考虑小区内救护、消防的需要。可以通过绿化带、景观小品等设施实现人车分离，同时增加社区绿地率；并对人行道实行防滑处理等，形成完整、连续的慢行交通体系，保障老年人的出行安全。在园区公共空间充分发挥人车分流的安全性作用，加强园区道路的可达性，减少绕远路程，增加或改建老年人使用停车位。目前多数老旧小区里老年人居住比重偏高，日常时段机动车使用量较少，但每逢节日，社区里来探望的亲属众多，需要车位较多，适老化改造时要考虑这些车位的闲时利用问题，同时满足社区病人救护、消防的需要。

二是步行优先。居住区道路空间很难做到真正意义上的人车分流，因此，社区交通系统改造时可以考虑人车共行、行人优先的原则，将道路设施和景观进行整合设计，如在原有道路设计基础上，通过增设景观和无障碍设施，同时对社区内车辆提出限速、限量及礼让的要求，使空间受限的老人社区的交通情况得以改善。还可以通过增加人行步道、道路单行、控制车辆流量和速度等方式，改善老旧居住区混乱的交通局面。

三是空间融合。强化社区内不同功能空间联系，建立以道路景观为基础的空间网络，将养老设施、休闲空间及康养空间有机联系起来。道路系统应简洁明了，避免错综杂乱，并将各个活动空间高效串联，有利于空间流线组织和良好景观的打造。道路形式采用弯曲富有变化的漫步小道，可增加情趣感。功能区之间用直线道路进行连接，能够确保老年人快速、便捷地到达各功能区。老年人对环境的记忆及辨识度都变差，围绕养老设施设置完整的循环路线，有助于引导老年人回到出发点。对现有停车空间进行整合，划分老年人专用停车位或轮椅停放位，空间充足情况下可对老年人的助力车、轮椅进行集中摆放，以方便老年人使用。宅前绿地是人们最喜欢集聚的场所，控制宅前车行通过，尽可能减少车辆在宅前空间停留，可使老年人更愿意在宅前空间停留，不会担心来往车辆造成的安全威胁。可以通过绿化手段对车辆进行阻挡，如整体停车空间不足时，可将宅前空间进行时间管理（日间不允许车辆停留，夜间可做停车空间），并配置可移动的休息座椅，这样既缓解了住区的停车压力，也为代际交流提供了场所。社区适老化改造要满足代际融合需求，在沿路空间设置打破原有家庭界限，促进代际交往的多代交流空间，包括生活体验、朋友欢聚、儿童成长、才艺展示和知识扩展等活动区，这样有利于发挥老年人潜力，增加老年人与其他人群接触的机会，同时还可以培养人们尊老爱幼的传统美德，建立美好的代际交流关系。

（3）园林景观空间改造。景观绿化空间是老年人利用率最高的地方，也是最有活力的空间，因此改造中应充分考虑绿化景观空间的设置。一般情况下，宅间绿地是最为便捷的空间。改造时应充分考虑光照、风向的影响，使之成为老年人观赏、休息以及晒太阳的绝佳空间。

一是拓展园林景观功能。绿色是整个环境的基调，对人的视觉疲劳和心理疲劳有缓解保健作用。但老旧住区的景观绿地往往强调观赏性，而忽略了绿地的可进入性。在改造的过程中，首先，确保绿化的安全性。对现有绿化植物进行分析，清除现有绿化中有毒性的植物，并对易引起过敏的植物进行无毒脱敏化处理。其次，提高环境的可亲性。破除绿篱对人与绿地之间的隔离，提高绿地的可进入性，同时可以设置采摘园等来促进老年人与植物之间的互动，有条件的居住区还可以设置园艺操作区，提高老年人参与的积极性。公共空间绿化应适当考虑老年人的使用需求，树种、色彩搭配等应避免沉闷、肃穆，符合老年人的心理需求。再次，增加植物的地方性。乡土植物体现了地方区域特征，往往具有地方认同性，运用乡土植物可以有效提高老年人对住区的场所认同感，从而加强老年人的场所归属感。最后，增强环境的可识别性。可以利用不同种类和颜色的植物进行搭配，以提高住区景观的可识别性，降低老年人由于生理衰退而造成方向迷失的概率。

二是丰富环境景观效果。将植物观赏性与康养性相结合，可更好地达到康养性效果，满足老年人的身心需求。社区公共空间可选择花叶较大的安全植物，并配合不同季节的变化而种植，以建立空间的可识别性，增加老年人对空间的认知。植物配置在统一基调的基础上，树种力求丰富且有变化，乔灌木结合，常绿与落叶、速生与慢长相结合，乔灌木与地被、草皮植物相结合。同时，可以配置安全、带有气味的植物，吸引老年人参与到户外环境中，与植物景观进行交互行为。另外，可以为老年人提供一定的自种植区，这样既可以锻炼身体，又可以陶冶情操，丰富老年人日常生活，促进社会交往，提升老年人的社区认同感和归属感。

三是景观设施交互融合。要注重老年人的情感需求，激发其情感共鸣，打造以自然美为主、科技手段为辅的情感交互设施，缓解其孤独的情绪。在环境中增加对老年人感官刺激的景观设施，促进其与环境产生良好的感知交互。例如环境冷、暖色调的调节，增加视觉传达信息内容，为植物、小品等增加灯光烘托氛围，运用风、光影等变化使静态景观具有律动感。行为交互应注重设施的创意性与趣味性，通过对设施形态、色彩、材料等方面的趣味创作，增强其吸引力，提高老年居民参与使用。

（4）无障碍设施的增设。

安全、和谐、有活力的旧居住区户外环境对改善老年人的身体机能具有积极作用，因此改造过程中要充分考虑到老年人实际的生理和心理需求。老年人体力衰弱，应增加休息设施，减少垂直交通频率，从硬件设施和软件配套综合考虑，达到易识别、易到达、易交往、无障碍、安全等，符合老年人生理及心理需求。

考虑老年人较多使用轮椅、助行器等，应保证小区内的无障碍通行，老年人活动的主要区域均应进行无障碍处理，如室内外高差的处理，有高差的场地要设置坡道，并重点处理平台和坡道的交界处，满足轮椅的转弯半径。此外，有台阶的部位应设置扶手，保证老年人行走安全。

小区内所有道路及公共部位均应考虑无障碍化，特别是人行通道、公共建筑的走道、住宅楼的室内外高差等部位，避免老年人因高差变化产生磕碰受伤。道路无障碍化的改造过程中，可以设置安全缓冲区，在不影响标识牌、配电箱等基础设施正常使用的情况下，将其移至路旁绿地内，拓宽社区人行步道，从而为老年人提供安全舒适的出行空间，做到“让路于人”。在社区养老服务中心周围等老年人活动密集区，要在机动车道和活动场所之间嵌入设置安全缓冲区来保护老年人的安全。为避免人车混行，可将绿化设施与无障碍扶手相结合，作为分隔机动车等的屏障，并将缘石坡道出口作特殊铺装，以起到提示作用。

还应从人性化的角度对服务设施进行改造。例如，社区中的休息座椅、棋牌桌等服务设施应注重座椅的舒适性，尽量选择有靠背和扶手的休息设施。由于老年人的呼吸系统疾病较为常见，应结合垃圾箱设置相应的痰盂，以保证环境卫生。

在社区内设置植物种植池，分为轮椅患者使用的可调节高度的种植池和非轮椅患者使用的固定种植池，方便老年人在达到健身效果的同时保持心情愉悦。植物的选择以低矮植物为主，生长快、周期短，可以让老年人切实体会到植物的变化。

要注意人性化高差处理，强调台阶的可见性，每级台阶转弯处应设置明显标识，并在7～8个台阶处增设休息平台，台阶与坡道两侧应设栏杆扶手，其高度不超过900mm。为保证行人安全，车行道路通常比人行道路低0.1～0.2m，以达到人在上车在下的功能划分，这种情况下就要求进行缘石坡道设计。缘石坡道不宜过窄或过宽，缘石坡道过宽会为机动车占用人行空间提供可能性，过窄则会阻碍轮椅的通过，因此，缘石坡道宽0.7～1m即可。同时，要注重路面平整度，在道路铺装材质的选择上，应选择防滑、无眩光的材质，还应考虑材料的渗水性，防止降水后积水，并注意铺装材料的耐久性及后期维护。在铺装接缝处要着重处理，因为地面上留有接缝或其他的地面突起物，会影响老年人的行走安全。

3. 养老中心的适老化改造

社区养老中心是社区养老的重要载体，也是居家养老的示范。由于老旧社区的养老中心大多利用老旧建筑物改造而成，现有条件的特殊性要求在改造设计的过程中首要保证的是老年人的安全与健康，以实地情况和区位优劣为基础，采用具有针对性的改造设计方法。

（1）合理安排内部空间布局。

老旧社区养老中心的用地面积一般狭小，空间布局紧凑甚至局促，功能要求复杂，存在诸多功能缺失的问题，给养老生活带来不便。对此，可以从以下两方面入手：

其一，通过集约整合功能需求，提高空间利用率。老旧社区的养老中心大多功能不够完善，功能需求与有限的建筑面积形成很大矛盾。因此，在改造设计中可对空间功能进行优化整合，空间分时利用，并调整面积分配。例如将咨询服务、访客登记、来宾接待等部分功能与门厅服务台合并，形成公共服务大厅，提高空间利用率。

其二，通过最大化地利用优势，提高空间品质。老旧社区历史较早，很多建筑具有浓郁的历史感，但也在一定程度上限制了空间改造。社区养老中心适老化改造需要最大化地挖掘内部空间潜力，在设计上要充分利用原有建筑面积，以满足丰富多样的功能需求。如开敞的门厅使得外部气候对内部影响很大，夏季增大空调的使用负荷，冬季影响室内保温，可以通过改造门厅减少外界对建筑内部的干扰，并赋予其一定的功能性。为进一步增大绿化休闲面积，可以合理利用屋顶平台，并将交通核连接到顶部，方便老年人到达，既高效利用建筑面积，又为老年人的养老生活提供更多的活动空间。

（2）改善既有社区建筑条件。

社区养老中心与相邻的建筑间距一般较小，对既有建筑的疏散具有一定程度的影响。可以从以下两个方面作出改善：

其一，改善区位条件，增强安全疏散。社区养老中心建筑多位于社区内部，门厅前方多设置有小型景观庭院和门厅入口，要增大疏散宽度，增设消防通道，进一步减少安全疏散的不利因素。老旧建筑的交通疏散楼梯采光较差，改造设计时楼梯在增加一定量自然采光的同时，加强人工采光的强度，解决楼梯采光导致的疏散难题，有效保证老年人的安全疏散。

其二，注重低碳环保，完善设施设备。改造后的建筑封闭性得到很大程度的改善，能够节省一部分能源的损耗，并且增大了建筑的绿化面积，使既有建筑的生态环境得到优化。有的社区养老中心主入口是通过主干道延伸的胡同小道，在改造设计的过程中应充分考虑多方位设置消防设施，在有限空间内设置消防喷淋、消火栓等。

（3）营造现代适老生活环境。

营造现代适老生活环境的难点是综合考虑老年人的生理特征以及行为需求，使老年人的各类需求得到满足与尊重，让老年人安享舒适的生活。对此，可以采取以下措施：

其一，组织无障碍交通流线。在改造设计过程中采用多种方式完善无障碍交通流线，其中包括设置电梯，方便垂直交通；各公共空间之间增加开放性，增强老年人之间的交流，避免人流拥挤，方便安全疏散；设计多条交通流线，使得交通通达性增强；在一些关键交通上设置轮椅回转半径；尽量避免通道高差，减缓主要出入口的高差，在门厅入口设置步行台阶的同时兼顾无障碍坡道以便乘坐轮椅的老年人通行。

其二，注重适老精细化设计。局部细节设计是营造适老生活环境的关键，设计过程中在材料、施工工艺、设备的选择等诸多方面都要融入适老化理念，如采取防滑木地板、连续扶手、软质圆角家具等设计，同时在色彩、声音、造型和材质等方面进行适老化设计，增强对信息的传递强度，使老年人及时收到信息。解决空间功能较多、老年人难以分辨的困难，在不同的功能区域采用差异感较强的颜色，同时扩大卫生间、就餐、电梯按钮等标识的尺寸，帮助老年人辨认与确定方位。为了减少因层高带来的压迫感，尽量不采用高厚度吊顶，并且采用浅色涂料，增加漫反射的强度。通过灯光照明的优化，使整个空间的品质得到提升，让老年人有更好的舒适体验感。

其三，营造温馨的居家环境。由于社区养老中心小而全的优势，改造时要把握氛围的营造，弱化机构感，创造家的感觉，结合地域特色，探寻社区养老设施独有的空间魅力。在公共空间的设计上尽量采用开放形式，增加文体娱乐休闲的空间面积，方便老年人之间以及老年人与工作人员之间的交流，为老年人的晚年生活提供愉悦的氛围。餐厅等主要活动空间采用开放形式，在家具摆放上采用多元化灵活组织的形式，营造家的感觉。在陈列装饰上，将地方文化特色元素融入空间设计之中，营造亲切熟悉的氛围。根据实际情况因地制宜，对既有建筑的改造难点和劣势，优化整合功能，打造开放空间，高效利用有效面积，营造居家氛围[①]。

4. 适老化改造的发展趋势

随着住宅建设的发展与社会老龄化程度的进一步提高，老旧住宅改造将成为建筑行业的重要工作内容。我国正在构建居家为基础、社区为依托、机构为补充、医养相结合的养老服务体系，住宅适老化的改造和设计也相应地会呈现出以下新的趋势[②]。

（1）医疗服务需求增加。随着人口老龄化程度的不断加深，失能、半失能老年人的数量随之增加。未来老旧住宅的改造，需要着重考虑老年人对医疗服务的需求。在社区更新改造规划中需要建立医疗服务配套设施，挖掘社区中有潜力发展成为养老服务设施的用地和用房。在住宅内部空间改造中也要加入服务空间设计，为医疗和护理人员提供居住空间，并在无障碍设计中考虑轮椅、担架的通行。

（2）智能自动化的设计。智能居家养老模式利用信息技术与人工智能，优化老年人的住宅与家用电器，为老年人的生活提供更多便利[③]。未来的老年建筑中加入智能家居已成趋势，智能家居的合理利用可有效提高老年人居住的舒适性和安全性。如室内突发的安全状况和老年人身体的突发状况可以通过智能家居控制系统及时有效地反馈至管理人员或家人，以保障老年人的生命安全；传感器系统能够实时监测室内温度、湿度等各项指标，并进行精确的调节，保证老年人居住的舒适度；家电控制系统能够自动调节和运行，适应老年人记忆力减退等状况。

一是基于老年人健康的适老化改造设计。可对老年人的床进行数字模块化设计，在床下安装感应器，实时监测老年人状态。在老年人夜间起夜时，感应器将老年人起立的信号传输到照明系统，开启墙壁的夜灯，释放柔和光线，为老年人提供明亮的视线，避免老年人出现磕碰现象。同时，可对老年人家中的电源、煤气等设备进行数字模块化设计，安装感应器与远程控制系统，老年人独自在家时，年轻人可掌握家中电器电源与煤气的使用情况，当老年人忘记关闭电源或煤气时，

---

① 贺承林．既有社区养老设施的适老化改造设计探究［J］．城乡规划研究，2019（2）．
② 陈雨蒙．浅析城市老旧住宅适老化改造策略［J］．艺术与设计，2017（8）．
③ 王瑞喆．当代智能居家养老数字模块化空间设计分析［J］．现代营销（经营版），2019（12）．

可远程关闭，以保障老年人的人身安全，营造舒适安全的生活环境。可设计健康手环，实时监测老年人的健康状况，在老年人出现心跳过快、晕倒等现象时，手环可向与其连接的年轻人手机发送警告并发布定位，为年轻人通知120并及时赶往现场提供指导。

二是基于老年人娱乐的适老化改造设计。由于老年人对新鲜事物的感知能力较弱，基于老年人的电视娱乐需求，可在电视中开展数字模块化设计，安装语音播报系统，通过老年人的语言操作，调节电视按钮，调换到老年人期望的电视频道，丰富老年人的娱乐生活。同时，可利用数字模块化设计理念，为老年人提供智能机器人。智能机器人具备诊疗、家庭KTV、多频互动、生活服务等功能，并支持语音输入，从而拓展老年人的交流空间，缓解老年人的孤单感，使老年人在没有子女陪伴的情况下享受多彩生活。

三是基于老年人需求的适老化改造设计。老年人的记忆力较差，经常出现出门忘带钥匙等现象。对此，可通过数字模块化设计，设计远程开锁或指纹开锁功能，确保老年人可在不使用钥匙的情况下顺利进门。同时，大部分老年人有午睡的习惯，为营造舒适的午睡环境，可通过数字模块化设计，实现门窗、窗帘与照明系统的自动控制，在床边安装控制按钮与语音系统，老年人可通过手动按钮或语音控制，调整门窗、窗帘与照明系统，营造舒适的生活环境。

（3）适老化的人文关怀。社区居家养老模式下，服务的关键体现在适老关怀方面，包括精神关怀和信息获取两方面①。

精神关怀主要包括对老年人提供日常照料等系统的生活服务，使其拥有丰富的老年生活以及富有情趣的休闲劳作等，具体包括：小区设有专业的工作人员，负责社区老年人的就餐、外出、家政、购物、寻医等日常关怀服务；社区老年人可参与健身、旅游、文娱等活动，让老年人有更多接触外界社会的机会，消除老年人因为与外界隔离而产生的孤独感、挫败感；尽可能为老年人提供种植、采摘和垂钓等休闲劳作活动，丰富老年人的日常生活，让老年人享受劳作的乐趣。

信息获取也是老年人健康生活必不可少的一部分。可通过社区服务来增加老年人获取信息的途径，帮助老年人获得社会信息，如定期为社区老年人举办座谈会、主题畅谈会等信息交流活动，为老年人家中安装无线光纤网络，教老年人学会通过网络途径获取信息等。

（4）康体设施的复合化。在社区户外公共活动空间改造中，根据老年人身体状况，设置不同难度系数的设施，以及具有抗老化针对性训练的康养设施，增强康体设施的适老性与复合性，为不同身体水平的老年人提供多种锻炼方式。康体设施位

① 苏清．社区养老模式下旧住宅小区适老化改造设计研究——以徐州市为例［D］．徐州：中国矿业大学，2015.

置应在养老设施周围，既方便老年人使用，又便于看护人员照看。

社区环境的适老化改造，不仅限于保障老年人安全出行的无障碍化，更要注重满足老年人居住生活中对健康安全、社会交往和自我实现的多层次需求，为老年人创造更多、更好的休闲和社交空间，帮助他们走出身体机能下降、社会地位丧失和社会家庭联系减少等“多重失去”的困境，从而营造积极向上的社区氛围。在满足老年人基本生活需求的同时，关注对老年人权利的尊重，通过增加社区文化特色功能、文化创意功能等新的功能来满足老年人的社交、尊重、自我实现等高级别的需求。把打造社区文化、延续社区记忆与建设低碳社区有机地结合，实现老年人对文化的诉求和人与人之间的交往需求，从而塑造具有社区文化特色的社区生活形态，让老年人老有所养、老有所乐。

二、社区居家适老化改造的实施

国外对住区环境适老化改造研究已经形成了成熟的理论，《全球老年友好城市建设指南》一书以“健康、参与和安全”为主题，在世界 33 个城市根据老年人在城市生活中的户外空间、公共建筑、住房、社会参与、卫生和社区服务等方面的需求建立了相应的指标，用于指导各国和地区的老年友好型社会建设，并在指导下进行了大量的环境适老化改造实践，主要体现在 3 个方面：一是倡导居家养老，完善社区照顾。英国于 1950 年就开始推行“社区照顾”的理念，社区为老年人创造自主活动的空间并提供支持和照料，延长老年人在社区居住的时间。日本 1963 年颁布了《老年保健法》，主要关注老年人的居家养老和看护，针对不同类型的老年人住宅改造提供预防补助和住宅设备改造补助。可见，住区环境的适老化改造及提供相应的社区照顾服务已经成为国际上对居家养老的共识。二是注重包容设计，鼓励活动参与。社区在进行适老化改造时，要将社区内的所有群体都考虑在内，设计共享的设施和环境，鼓励不同年龄、不同文化背景的人共同参与活动。三是营造景观环境，提供适老设施。自然环境对人体健康的作用早已得到了相关验证，在户外环境中活动时间越长的老年人往往健康状况越好。研究表明，细致的景观环境改善及适老设施的增加可以让老年人提高 3 倍的户外活动时间。基于此，很多国家和地区将景观环境营造、社区照顾和护理服务有效整合成有机整体进行适老化住区户外环境改造①。

老年人相比成年人对生活环境的要求不同，从生理上来看包括声环境、光环境、热环境、无障碍环境以及人体工效环境等方面。从心理上来看，老年人对安全感、归属感、舒适感、邻里感四个方面存在着更多需求。在老年人的行为中，

---

① 谢雨纤，林娜，黄启堂．居家养老模式下的老旧住区景观适老化改造研究［J］．沈阳建筑大学学报（社会科学版），2019，21（4）．

以个体形式自我活动时，需要具有私密性和防卫性符合尺度的安全领域空间；以成组形式集体活动时，距离相对缩小的成组活动领域空间可以弥补视力和听力的不足；而参与群体形式的复合式活动时，则需要如广场、绿地等开放型交往空间以满足多样性的老年人活动。在老年人生理、心理和环境行为特征的制约和要求下，外部环境空间需要维持老年人独立生活的能力和更大范围的社会活动，提供康复、文化娱乐以及社交活动的场所，以解决老年人生理衰退、精神失落孤寂等生活中的障碍。

（一）社区居家适老化改造的原则

1. 针对问题的预防式干预

老旧社区住宅适老化改造并非仅仅以居家空间环境状况为问题导向，还需对居家老年群体的特征进行综合分析，进而推导出老年人的行为模式，将行为模式与空间环境之间的矛盾冲突作为主要问题导向，以便准确、有效地找到与之相应的改造对策，针对居家环境中的弊端和隐患进行积极、主动的干预。这种干预是以考虑老年人现状及未来生活需求为主旨的，在解决当前问题的同时，要考虑至少未来 10 年内对适老化环境的保障。

2. 适应性阶段渐进式改造

居家环境适老化改造应遵循年龄和健康状况，坚持“因人制宜，逐步进行”的改造原则，不仅是基于技术和经验层面，更是基于人机工程学、老年心理学层面的总结。渐进式改造用时短、幅度小、易操控、见效快，是解决现实问题和潜在问题最为有效的改造方式。

3. 最低程度的补充式改造

鉴于改造时间、改造规模、改造难度、改造费用等诸多因素，适老化改造应尽量采取补充式改造，在保持、顺应环境现状的前提下，利用专业的改装材料、物品和辅具，进行程式化的配置和安装，以最低程度的改造投入，实现最大的改造成效。补充式改造是在不改变现有建筑结构、室内布局、装修装饰的前提下，遵循“不动不离，适度及时”的改造原则①，以考虑老年人现状及未来生活需求为主旨，提高居住环境的安全性、便捷性和舒适性，重点消除居家空间中的通行障碍、操作障碍、信息感知障碍等弊病，对老年人摔、滑、绊、磕、掉等潜在风险进行积极、主动的干预，从而延长老年人健康活力周期，提高老年人自立、自理生活能力，并减轻照顾者的负担与压力，让照顾者和被照顾者都有尊严，为居家养老提供充分保障。

① 李楠．住宅建筑套内空间适老化改造方法论析［J］．沈阳建筑大学学报（社会科学版），2019（2）．

4. 应对生活习惯性的改造

老年人的生活习惯建立在长期、固定的生活行为模式上，但伴随身体的老化，生理和心理的状况已不适应一直以来的行为模式，因而产生了不同程度的不适感。通过环境改造减少老年人住宅内的事故概率，减轻照顾者的负担，改善照顾者与老年人之间的关系，这些都要从顺应老年人的生活习惯开始，而非一味地在空间环境的构造上加以思考，一扇玻璃窗、一面镜子、一把座椅、一盏灯，或是一个部件、一件生活道具，都可以消除老年人在行为活动中的不安，化解安全隐患于无形。因此，对人的生活方式的改造大于对空间形态的改造，适应老年人行为习惯和身体功能的改造远远大于形式化、机械化的改造。

（二）社区居家适老化改造的评估

居家环境是居家养老服务的重要支撑手段，居家养老服务安全、高效开展的重要保证是提供适老宜居的居家环境。适老化的居家环境可帮助老年人最大限度发挥其自理能力，实现养老服务资源的充分整合及利用。因此，居家养老服务中关键的一环是居家环境适老化需求的评估。一般需要先对老年人原有居住环境和身体情况进行专业评估，制定设计方案并进行阶段性的干预和改善，保证老年人在居家养老中的安全性、便利性、舒适性。居家适老化改造评估主要是通过聊天、问卷调查、现场调访等方式，对老年人的生活自理能力、生活环境和服务需求进行综合评估。

1. 适老化改造的评估方法

在国外，居家环境适老化改造需求的传统评估是由专业人员通过入户观察、实地勘测、对老年人及照顾者进行访谈等方法进行评估。目前较为成熟的居家环境适老化评估工具大致可分为两类，一类是对环境各个方面进行综合评估，较有代表性的是美国的老年居家环境综合评估与改造方案（Comprehensive Assessment and Solution Process for Aging Residents，CASPAR）及住宅评估概况表（Home Assessment Profile，HAP）；另一类是对环境的某一方面进行评估，较有代表性的是评估居家环境可及性的老年人住宅改造促进评估（Housing Enabler），以及评估居家环境安全性的功能与康复环境安全评估（Safety Assessment of Function and the Environment for Rehabilitation Tool，SAFER）和居家跌倒与意外筛查工具（The Home Falls and Accidents Screening Tool，HFAST）。评估者可利用工具进行系统、全面的评估；老年人及其家人也可利用自评工具在线上或线下进行需求自评。

2. 适老化改造需求的要点

不同能力水平老年人的改造需求及其作用不同。通过分析比较适老化改造对不同能力水平老年人所发挥的作用，从而判断不同能力等级老年人的服务需求，再通过环境改造与护理服务合理搭配、互相促进，为制订科学、合理的养老服务方案打下坚实基础①。适老化改造主要考虑老年人以下几方面的需求。

（1）老年人的移动能力。老化带来肌肉、骨骼、关节及神经系统等方面的改变，导致骨骼支撑力、肌张力、肌力、关节活动度、协调功能及平衡功能下降，姿势、步态发生改变，活动敏捷性降低。这些因素共同作用导致老年人行走能力下降，进而导致居家环境所提供的辅助支持无法满足老年人行动、活动的需要，甚至导致居家环境中某些要素成为障碍或危险因素。此外，有些老年人移动能力低，在移动过程中需要使用轮椅、拐杖、助行器等辅助用具。辅助用具的使用对居家环境提出了更高的要求，当居家环境中存在拥堵、狭窄、有台阶、门槛或高度差等问题时，老年人使用辅助用具进出住宅及在室内移动非常困难，且较为危险。因此，老年人的移动能力对居家环境适老化改造需求的大小产生较大影响。

（2）日常生活活动能力。日常生活活动（Activities of Daily Living，ADLs）是人们为了维持生存及适应生存环境而必须反复进行的最基本的活动，包括基本日常生活活动（BADL），如如厕、洗澡、进食等；以及工具性日常生活活动（IADL），如备餐、洗衣、使用电话等。随着年龄增长，老年人的基本日常生活活动能力及工具性日常生活活动能力水平逐渐下降，某些日常生活活动在居家环境内难以实现，需要对居家环境进行适老化改造，以最大限度维持老年人的自理能力。日常生活活动部分受限时，受限程度越高，居家环境适老化改造需求越高；而日常生活活动完全受限时，即完全不能自理时，老年人的改造需求较低。完全不能自理老年人主要依赖照顾者照料，环境对其功能支持作用不大，因此对环境适老化改造要求较低，所以要注意环境改造与护理服务之间相互补充、促进的作用，以制订科学合理的居家养老方案。

（3）老年人的感官功能。随着年龄增高，角膜、瞳孔、晶状体、玻璃体、视网膜等眼组织结构均发生改变，带来视力下降、分辨蓝绿色困难、对光的反应和适应能力下降、对眩光敏感、视野变小及景深感觉减弱等问题，给老年人的安全及生活便利性带来负面影响。老化还会造成听觉、嗅觉、触觉等感官功能的下降，在不同程度上给老年人的生活带来不便或危险，例如听力的下降会造成老年人听不到烟雾报警声，嗅觉的下降会造成老年人对烟味、有毒气体的敏感度下降，触觉的下降会造成老年人洗澡时水温过高而烫伤。因此，老年人感官功能的改变会增加居家环境适老化改造需求。

目前陆续有政策开始支持适老化改造，政策范围（经济特困、农村五保等）内的居民由政府统一安排适老化改造。政策范围外的家庭可自行联系市面上的养老服务公司申请适老化改造服务，改造包含两种模式：一是居民自行提出改造要求，公

① 马晓雯，杜佳敏，谢红．基于居家养老服务的适老化改造研究进展［J］．中国护理管理，2016，16（12）．

司按照所提要求进行改造；二是公司派专业的评估员对居民住家进行全面评估，并提出改造方案，之后根据方案进行改造，这种模式有时需要交付一定的评估费用。

3. 功能障碍与适老化改造

极轻度和轻度功能障碍老年人适老化改造需求主要集中在休息、配套环境及室内活动空间的改造方面，这些社区老年人的日常生活活动能力通常被评定为轻度受损。在大多数情况下，极轻度和轻度功能障碍老年人可正常吃、穿、洗等，日常生活中可照顾自己，对他人的依赖较少。其对配套环境和室内活动空间的改造具有较高要求，希望拥有更广阔、安全的活动空间，以及能在床头控制照明灯、室内灯光光线适度、电话及门铃声响适中、地面安装防滑地板等。

中度和重度功能障碍老年人适老化改造需求主要集中在休息、洗澡和如厕空间的改造方面。中度和重度功能障碍老年人的日常生活活动明显低于轻度功能障碍老年人，在日常生活活动中的多个项目中可能有多项无法自理，大多数重度功能障碍的老年人失去了日常生活活动能力，完全依赖照护。中度功能障碍老年人对于休息空间的适老化改造最为迫切，如希望上下床时有支撑物、从休息时常坐的椅子或沙发起身时有支撑物等。同时，其对洗浴和卫生间的便利性要求较高，老年人希望可借助支持物自主坐到坐便器上和从坐便器上起身；在洗澡过程中，能自主开关和调节水阀；当身体平衡发生改变时，身边有支撑物可满足支撑需要等。

表5－5 适老化环境改造评估

咨询人姓名：	联系方式：
联系地址：	所属街道：
1. 您/您家老年人属于以下哪个年龄段？	
□60～70岁　　□70～80岁　　□80岁以上	
2. 您/您家老年人的居住方式为？	
□独居　□与老伴一同居住　□与子女或者其他亲属一同居住　□养老机构	
3. 您/您家老年人现在的身体状况是？	
□身体健康，非常有活力，生活完全能自理	
□有一些慢性疾病，需要时常服用药物，偶尔需要家人照顾	
□因为年长或者身体部分功能丧失，日常生活有一些困难，时常需要协助	
□身体机能已大部分退化，需要有人长期照顾	
4. 以下日常生活情境中，您/您家老年人出现过哪些？	
□起床时需要借助支撑　□洗澡时需坐在板凳上/洗澡时站立久了头晕或乏累	
□如厕时蹲下或起身稍有困难，需要借物扶起　□行走时需要搀扶	
□上下楼梯困难/不能独立上下楼梯　□上述情况，均未出现过	

续表

5. 您/您家老年人出现过以下哪些情况?
□眼睛辨物模糊不清，需戴老花镜，不戴时偶尔会碰撞到拐角处或看错事物
□与人交流时需要大声说话才能听清
□有时忘记回家的路/忘记带钥匙、拔钥匙等
□忘记关火/水/天然气/电，甚至导致发生过煤气泄漏、火灾等事故
□上述情况，均未出现过
6. 您/您家老年人曾经因为地面湿滑不小心摔倒过吗?
□从未有过　□摔倒过一次　□摔倒过多次
7. 您/您家老年人晚间起夜时，灯具的位置合适吗?
□合适，伸手就能打开　□需要下床走几步才能打开
8. 您/您家老年人家中的地面状况是?
□全屋地面平整通畅
□客厅与阳台处/卫生间门口或者其他居室交界处地面有3cm以内高低差
□客厅与阳台处/卫生间门口或者其他居室交界处地面有3cm以上高低差
9. 以下符合您/您家老年人家中状况的有?
□家具棱角明显，直角或者尖角　□旧物很多，到处堆放　□家具中有多处玻璃材质
□家具老旧，有松晃感；有些经常使用的功能稍高，使用起来需要垫脚或站凳够到
□以上都没有
10. 您/您家老年人为以下哪种性格?
□愉快积极乐观的心态，生活中可以自我寻找的乐趣很多
□非常关注自己的健康，有时可能没有生病，总觉得自己生病了
□情绪时常低落，对什么事情都失去兴致，不想参与
□脾气暴躁，易气易怒
11. 您/您家老年人属于以下哪种家庭类型?
□低保家庭（全家每人每月收入低于1160元的家庭）
□残疾家庭（家庭成员中有持残疾人证。我国伤残等级评定的等级共十级）
□低保边缘人群家庭/突发事故导致贫困家庭（全家年收入略高于低保家庭，或因病、因残、因学致贫需要帮助和支援的家庭）
□均不属于上述家庭类型
12. 其他特殊需求:

根据评估结果，对不同老年人及家庭情况给予适老化改造建议（见表5－6）。

表5-6　居家适老化改造建议表

改造服务	具体改造项目	备注
基础改造服务包（8条）		
如厕洗澡安全	1. 地面（地板）防滑（潮）处理	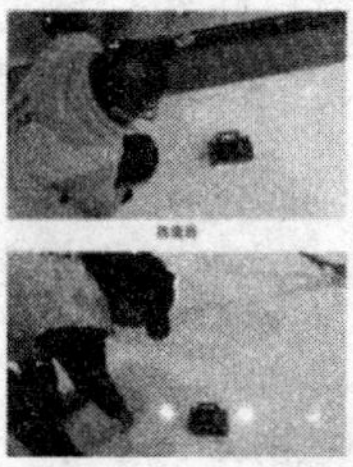 
	2. 蹲坑加装坐便器	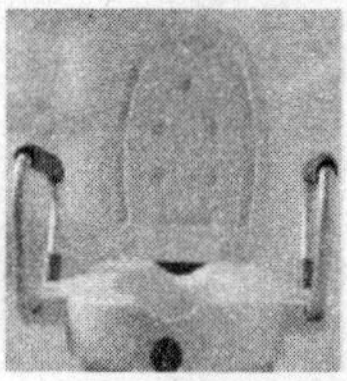
	3. 浴室使用洗澡椅	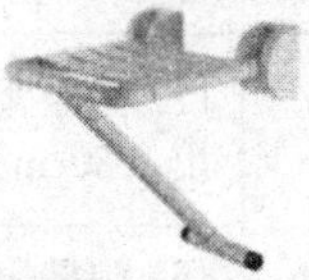
室内行走便利	4. 室内通道、楼梯安装扶手，卫生间、浴室安装扶手	 
	5. 地面、门槛消除高低差，无障碍改造	
居家环境改善	6. 室内老化裸露用电线路改造	
	7. 加装夜间照明装置，提供夜晚行动照明（如感应式或触控式小灯）	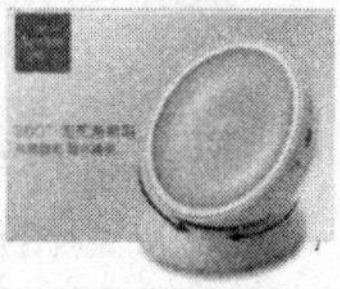
	8. 更换锈蚀的水管；更换适老化水龙头（加长或抽拉式龙头把手）	
拓展改造服务包（共11条）		

续表

改造服务	具体改造项目	备注
智能监测跟进	9. 安装物联网门磁监测系统、紧急呼叫系统、燃气监测报警系统	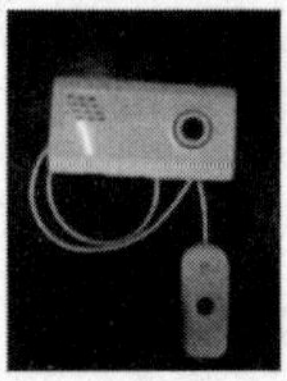 
	10. 佩戴防走失手环	
如厕洗澡安全	11. 老年人在床附近放置移动马桶或者便携式接尿器、插入式便器	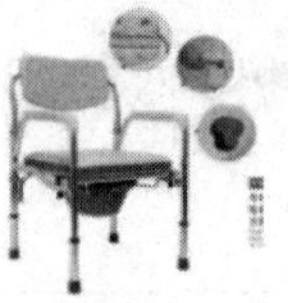 
室内行走便利	12. 门距宽度满足老年人轮椅进出（80cm）	
	13. 门把采用 T 形把手	
	14. 上下床的安全移动（安装床边起身扶手）	
	15. 将厨房操作台改造为升降橱柜，便于轮椅进出	
居家环境改善	16. 若室内墙面（吊顶）严重脱落、灰暗则需要粉刷	
	17. 双控电灯开关、插座位置安装合理，有明显的标识（如：开关外环有荧光贴条）	
	18. 适老化床头柜（放置手电等），方便老年人储藏衣物	
	19. 家具及墙壁做特殊防护设计（如：铺设软布、转角处装上保护装置）	

续表

改造服务	具体改造项目	备注
辅助器具适配	助行辅助	□助行器 □拐杖 □轮椅
	如厕辅助	□坐便器 □扶手
	洗浴辅助	□洗澡床 □扶手
	照护辅助	□护理床 □褥疮垫□床边桌 □移位枕
老年人对居家条件安全需求		1. 整体：□过道扶手 □防滑地垫 2. 浴室：□沐浴辅具 □夜间照明灯 3. 卧室：□床旁辅助 □夜间照明灯 □防撞垫 4. 厨房：□防滑垫
居家条件适老化安全改善建议：		
居家适老化改造持续跟踪及改善措施：		

（三）社区公共空间的适老化改造

当今社会老龄化趋势越来越明显，老旧小区面临着适老性低、老年人出行活动困难等问题，在配套设施较少的老旧小区开展改造工作正逐渐引起社会关注。大规模对小区进行拆旧建新是不现实的，比较可行的办法就是对老旧小区的公共设施进行局部改造，以适应小区里大部分老年人的需求。

1. 社区公共空间改造的原则

一是安全舒适性。安全舒适的室外环境可以避免身体上不必要的伤害，缓解老年人在不安全环境下产生的焦虑、不安情绪。道路设计需人车分流、组织车辆停放，重点标识道路高度、重点、转折点的改变。完善步行系统，着重突出步行道的位置和走向，避免步道上出现行人身高范围内的横向物。完善步道的夜间照明，利用空间的围合、分离变化以及地面铺装材料和色彩的不同来增强老年人的环境认同感。

二是方便可达性。老年人经常活动的场所，如住宅的出入口、楼梯、电梯等避免出现门槛和阶梯，并铺设防滑设备等。通过合理控制坡度来保证老年人可以适应的通行方向和速度变化。墙的转角以及楼梯起止处设立显著标识。活动设施的设置和安排应合理把握空间尺度以维护和锻炼老年人的独立生活能力。

三是清晰识别性。为应对老年人记忆力和辨别力的下降，需要显著区分环境中的不同要素，以期对老年人分辨方位有所助益。如注意处理道路形式、材料、选择颜色以增强背景和主体之间的区别，在建筑出入口、高坡度的危险地段等安置不同高度的照明灯，同时避免强光刺目，影响老年人的分辨力。

四是邻里交往性。熟悉的空间环境、社会活动的参与有益于老年人形成新的社交网络，提升邻里交往的主动性，可以帮助老年人排遣寂寞、消除孤单感。因此，外部空间布局的元素上可以考虑采用具有历史或传统意义的符号，以及可以唤醒老年人曾经回忆的富有年代感的情景设计。交往空间尽可能灵活多变，各种功能空间要充分满足老年人特长展现的需要。

2. 社区公共空间改造的要点

一是安全性的改造。在外部的空间环境中，要消除老年人的障碍感。步行系统的改造应基于老年人的步态特征，步道与路旁景观结合，设计蜿蜒变化的道路。为路线较长的道路设置观景、聊天的场所，形成“步行—休憩”的整体空间。设置空间过渡区域，如座椅、景观或路面形式、颜色的改变暗示区域的变化，提升老年人步行的积极性和趣味性。减少地面高差的变化，设置平缓的坡道，地面设置良好的排水系统避免雨天打滑。台阶与坡道改造要注重材料的防滑性，避免选择光滑、磨光的地面材料。地面高度的微小变化包括地面裂缝、凹凸不平等问题需要及时避免。坡道上设置扶手、栏杆，超过 10 米的部分增设休息平台或蛇形坡道，高差过大时需要设置升降机。

二是便利性的改造。高度相似的住宅内单元楼，每栋住宅楼的入口安全性和易识别性都非常重要。可以对雨棚的标识作用加以利用，结合夜间照明并扩大出入口面积。对外部空间环境的识别性进行改造，创造多个空间层次，树立标识物等，在建筑细部对空间的材料质感、色彩和种类及道路形式进行处理。为方便老年人确认，标志物应选用暖色调，且上面的文字应较大且与底面颜色对比强烈。标识引导系统的改造，要考虑老年人视力下降的因素，在道路分叉、转折以及终点处，应该设置导向性的标志，并增加老年人在道路交叉口的辨识能力。

三是舒适性的改造。绿化空间设计应丰富多样化，既不乏观赏性，又具有亲近感。对绿化空间进行高低错落、疏密有致的安排。根据活动的动静区分，对空间进行半开敞围合。还可以在有足够日照的空地，为老年人提供属于自己的小园地。户外地面要满足老年人跳舞、练功等动态活动需求，注意铺装平整性和防滑性。可利用地面色彩变化与功能图示来提高老年人的感知程度。

四是交往性的改造。老年人在户外多数选择静态的活动，要注重营造细部处理精良、交往环境宜人的外部环境。如结合中心广场、组团绿地等公共活动空间设置，为老年人带来流畅生动的视觉感受，增强休息空间的趣味性及场所感。户外照明改造时要注意，更好亮度的照明可以增强老年人对户外空间深度以及高差的辨别和感知能力；避免向上和发散的照明设施引发的眩光；设置不同高度的照明配置，有利于提高老年人的辨别能力。

总之，适老化改造首先要适用，才能确保老年人出行无忧。特别是老旧小区中细节的设计和改造上，应该考虑得更加全面。改造中要注重安全、强调老年人归属感和参与感的适老设计原则，如无障碍坡道的设计，要从坡道的形式、坡度、材质、扶手配置、夜间照明、标识系统等多方面进行周全考虑。另外，很多老年人行走不便，活动时需要利用座椅休息。要多建一些公共座椅，使老年人在小区里方便休息。一些老年人上下楼梯不便，就需要在规划设计建设时注意设置休息椅、台阶高度降低等较为人性化的设计。

（四）住宅内部空间的适老化改造

住宅适老化改造的目的是解决老年人在日常生活中遇到的不方便，增强老年人生活的安全性和便利性。我国老旧小区的住宅多建于福利分房时期，其设计与设施的配置很少考虑老年人的居住要求，在人口老龄化的趋势下，越来越无法满足老年人的生活及养老需求。因此，要对老旧住宅进行适老化改造，方便老年人的日常生活，满足老年人的居住需求，帮助老年人在小区内安享晚年。对老旧住宅的适老化改造，应适应老年人身体各项机能退化的状况，从无障碍设计入手，强调细节设计，体现以人为本的特点，以方便老年人生活。

1. 住宅空间适老化改造的问题导向原则

住宅空间适老化改造效果的评价是以老年人的满意程度为标准的，因而要以问题为导向。一方面以老年人的行为模式为导向。通过实地走访、问卷调查，了解居家老年人的居住状况，依据老年人的身体状况、生活习惯、兴趣爱好、家庭结构、居住环境等内外因素作用下所形成的行为模式和行为特质，分析老年人对所居环境中现实和潜在的使用需求，了解居家老年人对环境改造的意愿和需求，针对现实问题展开分析、整合，并对影响改造的因素进行识别、评价和筛选。在明确改造要因和目标的前提下，初步确定改造等级、改造范围、改造内容和相关标准的系统。另一方面以居家空间环境状况为导向。对门厅、起居室、餐厅、卧室、厨房、卫生间、阳台、多功能间、走道、过厅等住宅套内空间的状况进行调查，对整体空间布局和细部进行分析和评定，进而列举出各空间中实际和潜在的适老问题点，参照老年人日常行为模式，在明确改造要因和目标的前提下，初步确定重点改造部分、常规改造部分、特殊改造部分的系统。

2. 住宅空间适老化改造的三大基本系统

住宅空间适老化改造是从居家室内空间系统、无障碍系统和设备系统入手，以亟待解决的住宅空间适老化问题为导向，进行改造技术体系构建。

一是居家室内空间系统。居家室内空间系统是针对老年人对住宅各功能空间的使用需求而建立的。通过系统化的组合，以持续构建和完善老年人起居用餐安全保障、料理操作安全保障、盥洗如厕与洗浴安全辅助、门厅与阳台安全保障的子系统为主旨，以完成居家适老

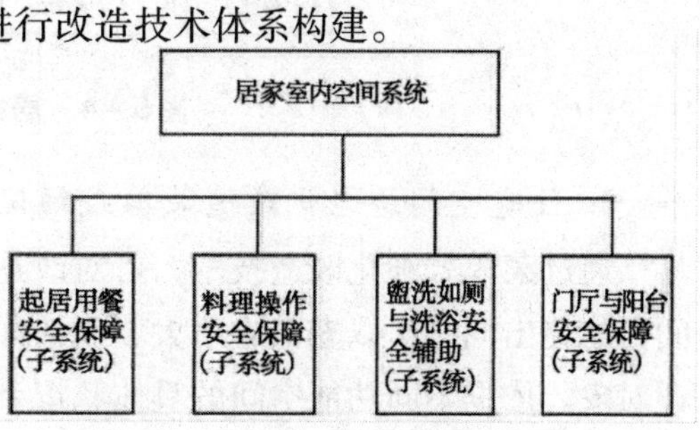

图5－2　居家室内空间系统

化改造方案的制订。

二是无障碍空间系统。无障碍空间系统是针对动作与移动辅助而建立的空间系统。该系统下的无障碍改造是依据空间格局和老年人生活习惯，划分、制定各空间内能够满足通行、观察、使用的无障碍改造子系统，最大限度地避免老年人居家生活中的障碍限制。无障碍系统下的子系统是从空间水平界面维度和垂直界面维度、通行行为和观察行为上进行划分的，主要包括水平界面无障碍和垂直界面无障碍两大子系统下的地面高差消除、地面防滑干预、行走扶手辅具、如厕扶手辅具、洗浴扶手辅具、门口出入障碍干预等。

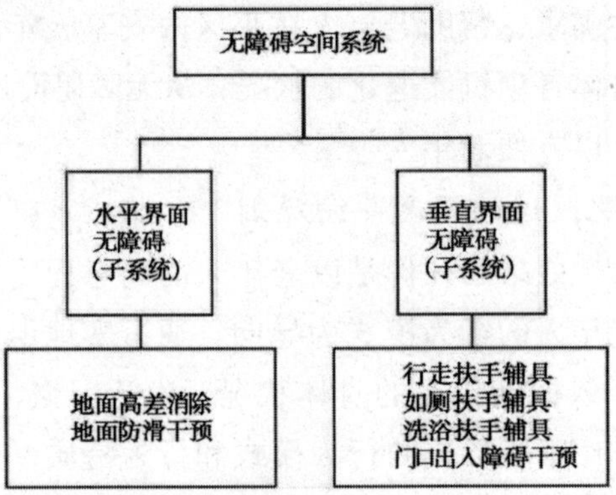

图5-3　居家无障碍空间系统

三是居家生活设备系统。依据不同类型老年人身体条件状况下的居家设备配置，结合当前居家老年人居住环境中亟待解决的采暖、制冷及通风设备，照明灯具及开关，安全防卫设备，插座及弱电接口，建立设备子系统。

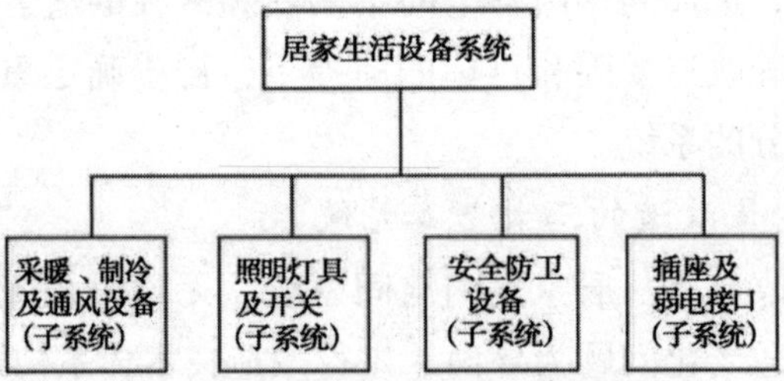

图5-4　居家生活设备系统

3. 住宅空间适老化改造菜单式细化方法

通过菜单式细化改造技术，可对改造问题点作出分析和整合，划分不同功能空间内的突出问题，以安全隐患大、改造需求急、改造难度大的适老问题作为重点测评对象。依据不同功能空间的具体状况和问题，进行信息采集和分析，从而形成一般性和特殊性的适老问题清单。在整合问题清单基础上，针对两大类性质问题制订改造方案，形成具体、合理、详细的改造方案的搭配和组合（即菜单式的改造方法），并精准到局部细化环节。在改造可控范围内，为需求侧提供相对固定、完整的改造内容和方法清单。菜单式细化改造可形成通用、标准化、满足基本需求的独立式改造和组合式改造，在精简的、精选的基础改造方案中尽可能达到正常标准之上的精质、精益的改造效果。

菜单式细化改造技术适合于仅需要简单的、基础改造的，消费能力有限、希望节省投入的，小户型、不需要过多适老化设计的，希望一次到位、尽快使用、省时省力的，不懂改造程序、便于预算的老年人。从菜单式细化改造的特性和适用人群分析，菜单式细化改造方便快捷、适宜选择，标准输出、质优环保，配置合理、功能齐全。其优势在于：可按老年人需要自由组合；菜单消费档次丰富；配置产品品牌、品质高，内容齐全；菜单之间及每项菜单内的改造内容和产品搭配更合理；适合大小户型变化，便于随时调整。此外，菜单的灵活性和可延伸性更易于应对不同环境条件下的改造设计，减少限制性条件与不合理配置。菜单式改造灵活、多样、易组合、易配置，但存在小、散、乱等弊端。菜单式改造需要在一个系统的编程下进行，使改造方案更加完善和深化。

4. 住宅空间适老化改造模块化统筹方法

模块化统筹方法是运用整体有机的理念对菜单式细化改造法的整合。在整合各个改造项目菜单的基础上，依据建筑类型、户型类别、面积尺度、健康状况、家庭构成、生活习惯等内外条件和因素，进一步将各项菜单（包括菜单下的各项子菜单）遴选分类，划分不同规格和标准的单元改造模块，形成重点改造、常规改造、特殊改造 3 个模块，使菜单式细化改造法在模块系统下统筹进行。

重点改造是依据居室物理环境因素影响，以各空间环境中的主要问题、现实问题为导向的改造，是模块化统筹中最为重要的组成部分。重点改造模块中所涉及的问题多属于需要重点分析测评的、亟待实施解决的、改造后须立见成效的重点问题。这是三大改造系统中最先进行咨询、分析和论证的模块项目，也是整个改造工作的核心部分。常规改造是依据居室物理环境因素影响，以一般、共性或潜在的问题为导向所展开的基础类改造。常规改造多针对受居所物理环境因素影响所导致的安全问题，改造方法多以程式化的组装、拼装、套装手法呈现，所用材料和构筑物多为专业的适老化物品和辅具。常规改造模块中所涉及的问题多属于需要普遍分析、测评、解决的。实施改造后的效果通常具有改善性、预防性和普适性。特殊改造是针对老年人生理、病理和心理等内在因素影响所形成的行为模式，以老年人或家属的行为需求为问题导向所展开的定制类改造。特殊改造方案因人而异，面临的改造需求和问题多属于居家环境中的个性问题，需要因地制宜、量体裁衣，有针对性地展开改造专案定制，改造方法多以家庭化、生活化、特色化、个性化的拆装手法呈现。模块化统筹改造法能够降低菜单改造内容和过程的复杂度，使方案制订、空间调试、功能确立等改造操作趋于科学化、有效化和简洁化。

“菜单式细化改造法”和“模块化统筹改造法”是贯通三大空间系统下的两大改造方法，是在安全性、便捷性、舒适性、管理性的要求下对居家空间的统筹改造与细化处理。菜单是模块的延伸与深化，模块是菜单的统筹与整合，两者关系的形成可以理解成从一个点到一个面再到一张网的过程，菜单即为点，模块即为面，彼此联系即为网，这种有机联系使改造方法体系的建立更加科学和完善。

（五）上海市适老化改造政策指引

上海市自2012年起连续8年实施低保困难老年人家庭居室适老化改造项目，有效改善了困难老年人家庭的居住条件和生活质量。为贯彻落实《国务院办公厅关于推进养老服务发展的意见》（国办发〔2019〕5号）《民政部关于进一步扩大养老服务供给 促进养老服务消费的实施意见》（民发〔2019〕88号）《上海市深化养老服务实施方案（2019—2022年）》（沪府规〔2019〕26号）等文件要求，2019年12月31日上海市民政局发布《关于本市开展老年人居家环境适老化改造试点的通知》（沪民养老发〔2019〕31号），决定在部分街道试点开展面向老年人居室环境的适老化改造。

1. 试点原则

一是政府引导，市场运作。采取市场化运作与政府补贴相结合的方式，探索“政府补贴一点、企业让利一点、家庭自付一点”的资金分担机制，引导和支持包括困难、无子女、失能、高龄等特殊群体在内的全体老年人家庭实施适老化改造。

二是制定标准，规范流程。根据老年人生活照料时家庭环境适老化的需求，提炼出不同场景的适老化改造标准，形成不同类型的产品服务包，供老年人自主选择。构建全市统一的适老化改造工作平台，优化服务流程，为老年人提供一站式改造服务。

三是试点先行，逐步推开。选取中心城区老龄化程度较高、住宅相对老旧的街道先行开展试点工作，探索符合超大型城市实际情况的适老化改造创新模式，总结成熟后向全市逐步推开。

2. 试点范围

首批试点街道为黄浦区南京东路街道，徐汇区凌云路街道，长宁区华阳路街道，杨浦区江浦路街道、控江路街道，闵行区江川路街道，以及开展家庭照护床位试点的街道。上述街道具有本市户籍的60周岁及以上老年人均可申请适老化改造项目。

3. 改造内容

根据适老性、普遍性和多样性的原则，聚焦老年人安全、健康等功能性需求，选择适配性产品，形成居家环境不同场景的产品服务包，包括卫生间、厨房、客厅、卧室、阳台等日常活动区域的施工改造服务。

老年人可根据实际需求选择基础产品服务包和个性化产品服务包。其中，基础产品服务包是为满足老年人一般家庭基本的适老化改造要求，主要根据肢体支撑需要，安装易于抓握、手感舒适的扶手和抓杆类产品；根据地面防滑处理需要，安装防滑贴、防滑垫等产品；安装易燃气体和火灾自动监测报警、防灾应急装置等老年安全防护产品。个性化产品服务包主要是为满足不同老年人、不同居住环境要求，可以选择智能家居类、健康监测类等产品及服务，也可选择开展局部或全屋适老化施工改造服务。

4. 办理流程

符合条件的老年人可在“上海市养老服务平台（www. shweilao. cn）——适老化改造专项模块”入口申请改造服务，也可委托子女、社区养老顾问、居（村）委会工作人员等代为申请。

适老化改造工作平台由上海市民政局建设并委托第三方运营，运营方按照市民政局的工作要求对适老化改造工作流程进行监督管理。

5. 具体补贴

适老化改造作为一项惠民实事，让老年人居家养老更安全、更舒适、更有品质，是解决“老、小、旧、远”民生问题的重要举措。

试点期间，对老年人选择基础产品服务包的费用由福利彩票公益金给予差别化补贴。其中，上海市养老服务补贴对象中的三类对象，即最低生活保障家庭的老年人、低收入家庭的老年人、年满 80 周岁且本人月收入低于上年度城镇企业月平均养老金的老年人，分别按照 100%、80%、50% 的标准进行补贴；经上海市老年照护统一需求评估具有二级以上照护等级的老年人，以及经街道审核认定的无子女的高龄独居或纯老家庭中的老年人，按 40% 的标准给予补贴。每户家庭最高补贴不超过 3000 元。已开展过“低保困难老年人家庭适老化改造项目”的不纳入此次补贴范围。

试点资金由上海市民政局统筹安排，各区和街道在试点资金额度内安排试点工作，可安排配套经费。补贴对象根据协议将改造费用的自负部分自行支付给服务商；享受的补贴费用待改造完成并经验收合格后，由街道支付给服务商。

三、社区居家适老化改造的范例

社区居家适老化改造的目标是符合相关养老标准，但受历史原因形成的老旧社区条件限制，适老化改造要本着因地制宜的原则，力争为老年人正常生活创造舒适的、安全的环境。

（一）客厅适老化改造

为方便老年人的生活起居，在对老旧小区进行适老化改造的过程中，应首先考虑增加老年人住宅内的活动空间，清除老年人行走过程中的不必要障碍，一方面可以使老年人更加大胆、平稳地行走；另一方面，当老年人遇到紧急情况时，也可使抢救他们的轮椅或担架等医疗设备通行顺畅，为老年人赢得更多的抢救时间。在老年人居住的客厅里，要特别注重为老年人提供出入便捷的通行空间。根据现代人的生活习惯，出门或进门前都要在客厅完成一系列的准备活动，例如换鞋、更衣等，对于行动不便的老年人，可能还需在客厅使用轮椅，因此，要从细节处着手，有条不紊地把客厅的布局安排妥当，例如在客厅为老年人提供较高的座椅、安装固定的扶手，便于老年人就座和扶靠，保证其起坐、进出时的安全顺畅、稳定有序。此外，在拆除住宅内人为制造出的台阶、消除室内高差的同时，要消除房间出入口的地面高差，实现室内室外的无障碍处理。

（二）厨房适老化改造

厨房需要适老化改造的问题有：地面水渍、油腻易摔倒，厨房吊柜较高，灶台较高，轮椅不方便进出等。因此，厨房适老化改造应注意：操作台宜采用 U 形或 L 形布局，操作台高度尽量根据老年人的身高确定，一般高度为 75 ~ 85cm；洗涤池一般长度为 60 ~ 90cm，洗涤池可选择边缘便于抓扶的或者设置扶手；操作台、洗涤池做翻边处理，以阻止水流至外面，防止使用时摔跤，中空处理以方便轮椅进出或坐着使用；厨房吊柜可改造成下拉式拉篮或者电动升降式，便于老年人或者轮椅使用者使用；地面改造，地面铺设防滑地砖、地板或者防滑地垫；厨房安装自动关闭和报警装置的炉灶或者安装燃气监测报警系统。

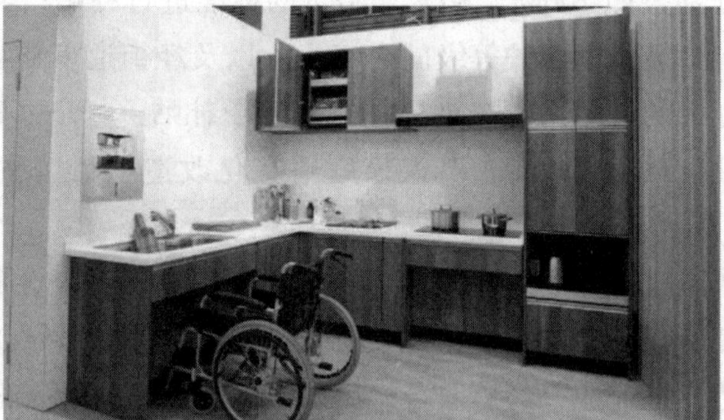

图 5 - 5　厨房的适老化改造

（三）卧室适老化改造

卧室使用频率最高的时候大多数在夜间，老年人使用起来遇到的问题主要集中在：上下床困难，夜间起夜时用灯不方便，床的舒适度等。老年人居住的卧室，要特别注重为老年人提供安全舒适的休息空间，尤其是对于长期卧床、行动不便的老年人，卧室的作用就更为重要，所以必须保证老年人卧室的安全性和舒适度。在老年人卧室的改造上，应着重考虑老年人身体虚弱、心理孤寂以及行动迟缓等方面的特点，只需摆放必要家具即可，以便为老年人腾出一块足够大的安静、集中的空闲区域，满足老年人读书、学习和与人交流的需求。此外，还应在老年人床头安装紧急呼叫按钮，并与社区服务中心的有关系统联网，以便老年人的子女、保姆或社区工作人员及时收到老年人的求助信号。

图 5－6　卧室的适老化改造

具体而言，老年人卧室适老化改造要考虑以下方面内容：根据老年人的需求选择手动/电动护理床，或使用分床垫设计或双床设计，以减轻照护者的护理压力，减少熟睡翻身带来的相互影响；床边安装扶手；起夜灯要使用方便，光感控制或者声控；电路改造，电路重排，灯光开关高度合适；视情况设置应急电源及紧急报警装置；去高低差、全屋无障碍；门的改造，改造平开式推拉门，预留轮椅 360°回转空间，门净宽约 90 厘米；地面铺设防滑地砖或者 PVC 防滑地板；衣橱改造，收纳功能要强，橱柜不宜过高，吊橱尽可能可升降或可下拉，便于拿取物品；视情况安装火灾报警器等设备；家具去锐角化，可购买家具保护套，选用适老化产品。

（四）卫生间适老化改造

卫生间经常遇到的问题有：空间狭小，而使护理人员无法协助、助行器无法回转，干湿空间无分隔；地板不防滑，不能坐下洗澡，照明不足，光线昏暗，开关插座位置不当；保温采暖措施不够；没有紧急呼叫报警设备，老年人遇险无法呼救，等等。

老旧小区住宅内的厕所多为蹲便式，老年人由于腿脚不便，使用起来十分不安全。因此，马桶的改造很重要，改蹲式马桶为移动马桶、智能马桶、坐式马桶，并在马桶两侧视情况增加无障碍扶手，便于老年人自己如厕。老年人洗澡容易发生危险，在浴室的改造方面，可以借鉴美国居家养老的经验，为老年人安装一个独特的浴缸，在浴缸外侧设计一个小门，通过打开的小门老年人抬脚就可走进浴缸；待老年人洗澡时，将小门关闭，就能恢复成原来浴缸的模样，还可在浴缸内安装固定式

图 5-7　卫生间的适老化改造效果

座椅，供老年人坐着洗澡使用，既可方便老年人洗澡，又可防止老年人滑倒。卫生间的地面总会有一定积水，所以要重视卫生间地板材质的选择，选用耐污、防滑的地板，同时，地板连接处要铺就整齐，消除高差，以免老年人不小心滑倒或绊倒。卫生间增加浴霸，可集照明、采暖、排风于一体；卫生间狭小时可增加高位挂钩，用于挂浴巾或者更换的衣服，充分利用空间；天花板可以根据情况调整、换新；视情况需要安置低位挂钩，用于挂抹布、毛巾等；视情况考虑安装防臭地漏；浴室、卫生间地板必须防滑，可安装防滑品牌地砖也可以安装 PVC 防滑地板或者增加防滑垫等；视情况安装组合镜柜，尽可能做到收纳功能强，便于老年人存放物品；安装可低、中、高三档调节的花洒；洗手盆的改造，台面可放置物品或辅助支撑，台盆下有空间，便于乘轮椅的老年人使用；浴室增加沐浴椅，根据需要选择可折叠式、旋转轴或者固定式；浴室、卫生间、洗手池安装"L"形扶手和紧急呼叫报警器；卫生间视需求安装夜灯，红外线感应夜灯、声控夜灯都可，便于夜间如厕；浴室门的改造，左右移动门增加内部使用空间，或者改造成双向推拉门；卫生间、浴室水管、管道及电线改造。

拓展阅读↘5-2

民政部 国家发展改革委 财政部 住房和城乡建设部
国家卫生健康委 银保监会 国务院扶贫办 中国残联 全国老龄办

关于加快实施老年人居家适老化改造工程的指导意见

各省、自治区、直辖市民政厅（局）、发展改革委、财政厅（局）、住房和城乡建设厅（局）、卫生健康委（老龄办）、银保监局、扶贫办（局）、残联，新疆生产建设兵团民政局、发展改革委、财政局、住房和城乡建设局、卫生健康委（老龄办）、银保监局、扶贫办、残联：

实施老年人居家适老化改造工程是《国务院办公厅关于推进养老服务发展的意见》（国办发〔2019〕5 号）部署的重要任务，是巩固家庭养老基础地位、促进养老服务消费提升、推动居家养老服务提质扩容的重要抓手，对构建居家社区机构相协调、医养康养相结合的养老服务体系具有重要意义。为指导各地加快实施老年人居家适老化改造工程，现提出以下意见。

一、目标任务和基本要求

2020年底前，采取政府补贴等方式，对纳入分散供养特困人员和建档立卡贫困人口范围的高龄、失能、残疾老年人（以下统称特殊困难老年人）家庭实施居家适老化改造，为决战决胜脱贫攻坚提供兜底保障。“十四五”期间，继续实施特殊困难老年人家庭适老化改造，有条件的地方可将改造对象范围扩大到城乡低保对象中的高龄、失能、残疾老年人家庭等。各地要创新工作机制，加强产业扶持，激发市场活力，加快培育公平竞争、服务便捷、充满活力的居家适老化改造市场，引导有需要的老年人家庭开展居家适老化改造，有效满足城乡老年人家庭的居家养老需求。

实施老年人居家适老化改造，应坚持需求导向，政府重点支持保障特殊困难老年人最迫切的居家适老化改造需求；同时，顺应广大老年人居家养老的意愿与趋势，以满足其居家生活照料、起居行走、康复护理等需求为核心，改善居家生活照护条件，增强居家生活设施设备安全性、便利性和舒适性，提升居家养老服务品质。坚持因地制宜，从城乡、区域发展不平衡的实际出发，因地制宜加快推进，不搞一刀切，不搞层层加码，杜绝脱离实际的“形象工程”；鼓励有条件的地方探索创新，先行引路。坚持市场驱动，强化政策保障，落实惠企利民政策，激发市场活力，提升供给品质，将老年人居家适老化改造需求与居家养老服务需求潜能引导释放出来，发展壮大养老服务、居家养老设施、老年用品等消费市场。坚持部门协同，加强协作配合，注重制度衔接，统筹改善老年人住房内外的生活环境，形成工作合力。

二、改造项目内容

民政部、住房和城乡建设部依据现行政策法规和相关标准规范，围绕施工改造、设施配备、老年用品配置等方面，制定老年人居家适老化改造项目和老年用品配置推荐清单（见附件）。

清单所列项目分为基础类和可选类：基础类项目是政府对特殊困难老年人家庭予以补助支持的改造项目和老年用品，是改造和配置的基本内容；可选类项目是根据老年人家庭意愿，供自主付费购买的适老化改造项目和老年用品。

各地要立足经济社会发展水平和城乡发展实际，按照自愿、安全、便利、经济的思路，进一步摸清政府支持保障的特殊困难老年人家庭改造需求，细化年度目标任务和时间安排，并研究丰富本地区特殊困难老年人居家适老化改造项目内容。

三、改造工作程序

对政府支持保障的特殊困难老年人家庭居家适老化改造，省级民政部门要会同相关部门细化工作程序，因地制宜确定改造对象申请条件，完善和规范申请、评估、改造、验收、监管等工作环节，严格落实管理责任。改造对象家庭应对拟改造住房拥有产权或者长期使用权，拟改造的住房应符合质量安全相关标准、具备基础改造条件，且没有纳入拆迁规划，已进行贫困重度残疾人家庭无障碍改造的不再重复纳入支持保障范围。县级民政等部门应委托专业机构科学评估改造对象家庭改造需求，依据评估结果确定改造方案，明确具体改造项目、改造标准和补助方式等内容，按照政府采购法律制度规定择优确定改造施工机构，经老年人或者其监护人签字确认后组织实施。改造完成后，应组织专业力量进行竣工验收，并做好相关费用结算和资金拨付。要细化明确过程监控和安全管理措施，确保改造方案落实落细。

四、支持发展措施

各地要将居家适老化改造纳入养老服务体系建设统筹推进，对特殊困难老年人最急需的居家适老化改造项目通过财政补贴、社会捐赠等方式予以必要支持。将特殊困难老年人家庭居家适老化改造中符合条件的服务事项列入政府购买养老服务指导性目录，科学确定购买服务内容和购买费用，实施全过程预算绩效管理。鼓励和引导公益慈善组织、爱心企业等社会力量捐赠支持特殊困难老年人家庭居家适老化改造。探索建立家庭养老床位，支持养老服务机构参与居家适老化改造，并上门提供照料服务，实现机构养老与居家社区养老融合发展。有条件的地方可将养老机构享受的建设补贴、运营补贴等优惠政策延伸至家庭养老床位。做好与城镇老旧小区改造的统筹衔接，根据实际情况，改善小区坡道、电梯等与老年人日常生活密切相关的公共设施，为老年人提供安全、便利和舒适的宜居环境。

支持装修装饰、家政服务、物业等相关领域企业主体拓展适老化改造业务，积极培育带动性强的龙头企业和大批富有创新活力的中小企业，推动市场规模不断扩大、服务质量持续提升。落实《财政部 税务总局 发展改革委 民政部 商务部 卫生健康委关于养老、托育、家政等社区家庭服务业税费优惠政策的公告》（财政部公告2019年第76号），符合条件的从事居家适老化改造工作的养老服务机构可享受相应税收优惠政策。稳步推进康复辅助器具社区租赁服务试点，为符合条件的改造对象提供家门口的康复辅助器具租赁服务。将居家适老化改造与信息化、智能化居家社区养老服务相结合，加大养老终端设备的适老化设计与开发应用，加大高质量的老年用品和服务供给。支持商业保险机构按照市场化原则创新保险产品设计，将老年人急需的康复辅助器具纳入保险支付范围。加强社会宣传引导，激发城乡老年人家庭的改造意愿和消费潜能，积极引导开展适合老年人生理特点及安全需要的设施改造和老年用品配置，满足老年人生活起居需求，方便家庭成员照料服务，更好发挥家庭养老的基础作用。

五、组织保障

民政部发挥养老服务部际联席会议牵头作用，将居家适老化改造作为养老服务工作的重要内容，加强统筹协调、督促落实和绩效评价，依托“金民工程”养老服务管理信息系统，做好老年人家庭居家适老化改造信息监测。民政部、财政部指导各地统筹中央集中彩票公益金支持社会福利事业专项资金中用于老年人福利方面的资金、地方留成使用的彩票公益金，对特殊困难老年人家庭居家适老化改造予以支持。住房和城乡建设部将养老服务设施建设纳入城镇老旧小区改造内容，指导有条件的地区结合城镇老旧小区改造同步开展居家适老化改造。国家卫生健康委（全国老龄办）指导各级卫生健康委（老龄办）将居家适老化改造作为实施健康中国行动、推进老年友好社区和老年友好城市建设的重要内容，协助做好改造对象认定和资质审核，并协调做好老年人合法权益保护工作。银保监会支持商业保险机构开展与居家适老化改造工程相关的产品和服务创新，并依法加强对相关业务的监管。扶贫办、残联协助做好改造对象认定和资格审核，确保高质量完成建档立卡、残疾老年人家庭的居家适老化改造。

居家养老是绝大多数老年人的现实选择，实施居家适老化改造对于提升居家养老质量，释放新兴消费、培育经济动能具有重要意义。各地要高度重视，已开展居家适老化改造工程的要根据本意见充实完善实施方案，加强工作指导与督促检查；尚未开展此项工作的地区要紧密结合实际，抓紧编制本地区居家适老化改造实施方案，明确目标任务、资金安排和政策措施。要加强政策解读和成果宣传，依法依规查处改造过程中出现的违约、违规问题，切实保障老年人合法权益。

附件：

老年人居家适老化改造项目和老年用品配置推荐清单

类别	项目名称	具体内容	项目类型
（一）地面改造	防滑处理	在卫生间、厨房、卧室等区域，铺设防滑砖或者防滑地胶，避免老年人滑倒，提高安全性。	基础
	高差处理	铺设水泥坡道或者加设橡胶等材质的可移动式坡道，保证路面平滑、无高差障碍，方便轮椅进出。	基础
	平整硬化	对地面进行平整硬化，方便轮椅通过，降低风险。	可选
	安装扶手	在高差变化处安装扶手，辅助老年人通过。	可选
（二）门改造	门槛移除	移除门槛，保证老年人进门无障碍，方便轮椅进出。	可选
	平开门改为推拉门	方便开启，增加通行宽度和辅助操作空间。	可选
	房门拓宽	对卫生间、厨房等空间较窄的门洞进行拓宽，改善通过性，方便轮椅进出。	可选
	下压式门把手改造	可用单手手掌或者手指轻松操作，增加摩擦力和稳定性，方便老年人开门。	可选
	安装闪光振动门铃	供听力视力障碍老年人使用。	可选

续表

类别	项目名称	具体内容	项目类型
（三）卧室改造	配置护理床	帮助失能老年人完成起身、侧翻、上下床、吃饭等动作，辅助喂食、处理排泄物等。	可选
	安装床边护栏（抓杆）	辅助老年人起身、上下床，防止翻身滚下床，保证老年人睡眠和活动安全。	基础
	配置防压疮垫	避免长期乘坐轮椅或卧床的老年人发生严重压疮，包括防压疮坐垫、靠垫或床垫等。	可选
（四）如厕洗浴设备改造	安装扶手	在如厕区或者洗浴区安装扶手，辅助老年人起身、站立、转身和坐下，包括一字形扶手、U形扶手、L形扶手、135°扶手、T形扶手或者助力扶手等。	基础
	蹲便器改坐便器	减轻蹲姿造成的腿部压力，避免老年人如厕时摔倒，方便乘轮椅老年人使用。	可选
	水龙头改造	采用拔杆式或感应水龙头，方便老年人开关水阀。	可选
	浴缸/淋浴房改造	拆除浴缸/淋浴房，更换浴帘、浴杆，增加淋浴空间，方便照护人员辅助老年人洗浴。	可选
	配置淋浴椅	辅助老年人洗澡用，避免老年人滑倒，提高安全性。	基础
（五）厨房设备改造	台面改造	降低操作台、灶台、洗菜池高度或者在其下方留出容膝空间，方便乘轮椅或者体型矮小老年人操作。	可选
	加设中部柜	在吊柜下方设置开敞式中部柜、中部架，方便老年人取放物品。	可选
（六）物理环境改造	安装自动感应灯具	安装感应便携灯，避免直射光源、强刺激性光源，人走灯灭，辅助老年人起夜使用。	可选
	电源插座及开关改造	视情进行高/低位改造，避免老年人下蹲或弯腰，方便老年人插拔电源和使用开关。	可选
	安装防撞护角/防撞条、提示标识	在家具尖角或墙角安装防撞护角或者防撞条，避免老年人磕碰划伤，必要时粘贴防滑条、警示条等符合相关标准和老年人认知特点的提示标识。	可选
	适老家具配置	例如换鞋凳、适老椅、电动升降晾衣架等。	可选

续表

类别	项目名称	具体内容	项目类型
（七）老年用品配置	手杖	辅助老年人平稳站立和行走，包含三脚或四脚手杖、凳拐等。	基础
	轮椅/助行器	辅助家人、照护人员推行/帮助老年人站立行走，扩大老年人活动空间。	可选
	放大装置	运用光学/电子原理进行影像放大，方便老年人近用。	可选
	助听器	帮助老年人听清声音来源，增加与周围的交流，包括盒式助听器、耳内助听器、耳背助听器、骨导助听器等。	可选
	自助进食器具	辅助老年人进食，包括防洒碗（盘）、助食筷、弯柄勺（叉）、饮水杯（壶）等。	可选
	防走失装置	用于监测失智老年人或其他精神障碍老年人定位，避免老年人走失，包括防走失手环、防走失胸卡等。	基础
	安全监控装置	佩戴于人体或安装在居家环境中，用于监测老年人动作或者居室环境，发生险情时及时报警。包括红外探测器、紧急呼叫器、烟雾/煤气泄露/溢水报警器等。	可选

拓展阅读↘5－3

居家养老住宅适老化改造①

与其他年龄段的人群不同，老龄群体大部分时间往往会在家中度过。但随着生理机能逐渐衰退，对于很多生活琐事已力不从心，对老年人而言，“居家”是否真正便于日常的生活，就显得至关重要。如果在选择住宅时，没有全面关注老龄期的特殊需要，尤其是建筑年代久远的老旧住宅，户型设计、设施配置、隐蔽工程难免存在很多问题，这都会给老年生活增添诸多烦恼。环境、居所、产品、设计、服务等适老化是适应老年生活的解决方案，不经过适老化改造的居家养老，已无法适应老年人的生活。

① 林曦，姚琪，章曲．家·养老——居家养老住宅适老化改造［M］．北京：中国建材工业出版社，2016.

老龄群体的生活特征

人步入老年后，生理功能退化，代谢减慢，各器官随年龄和体内自由基伤害的增加而衰退，免疫功能下降，对外界和体内环境改变的适应能力降低，体力下降，普遍呈现以下 4 个方面的生理特征。

第一，机体协调性差、步态不稳、脚力不足、反应迟钝。老年人随着机体老化，思维、反应相对迟钝，来不及反应就摔倒了。

第二，视力、听力下降。大部分老年人的视力远近调节能力降低、黑暗适应力低下、颜色识别能力降低、易感觉眩光，容易出现视物模糊，影响对周围环境的判断。很多老年人还会出现进行性听力减弱，导致听不到周围的危险信号，容易因躲避不及而受伤。

第三，退行性骨关节病发病率高。退行性变化多发于承重的关节和多活动的关节，如膝关节，使人行动不便，活动性差，再加上身体平衡能力差，摔倒的概率也随之增加。

第四，慢性病的发病率高。糖尿病、高血压、心脏病、颈椎病等各种慢性病会导致老年人体力下降，容易因脑缺血引起头晕、乏力等症状。

面对日渐衰老的客观事实，以及受居住环境、家庭环境、人际关系等因素的影响，不少老年人存在不同程度的心理困扰，表现出失眠、孤独、失落、自卑等心理变化，在日常生活中呈现以下 6 个方面的习惯特征。

第一，活动范围小并集中。大部分老年人喜欢在家的附近晒太阳、唠家常、下棋、听广播等，通常是在有限的熟悉的范围内活动，来满足日常生活需要。如果离开生活了大半辈子的家，重新适应陌生的环境，老年人的无助感与失落感倍增。

第二，喜欢养花草或宠物。花草创造的绿色景观，可以缓解老年人的抑郁心理，让老年人感觉有事可做，并让老年人获得成就感。宠物往往会成为老年人的生活伙伴，让老年人找到“被需要”的感觉。如果没有适宜养花草的场所，且养宠物受到限制，老年人会整天无所事事，孤独感悄然而至。

第三，喜欢自然通风，不喜欢使用空调，不喜欢面对窗户睡觉。老年人身体较弱，免疫力和抵抗力跟年轻人相比较差，不适应温度变化。如果老年人的住所没有良好的天然采光，不能进行舒适的自然通风，将对老年人身体健康造成最直接的影响。

第四，喜欢简单形式的物品，不喜欢过于复杂的东西。如果老年人的家用器具操作复杂、不便识别，常用物品摆放位置凌乱，需要经过思考而不是随手可得，那对于老年人来说，何尝不是日复一日地考验他的智商和记忆力，而导致的结果必然是自卑。

第五，喜欢钉挂东西，喜欢在床边放置写字台，喜欢折叠桌椅或叠摞凳，喜欢收到礼品，不喜欢改变家具位置，不喜欢做幅度太大的动作，不喜欢站或蹲着换鞋，不喜欢太麻烦的清扫，不喜欢睡席梦思床垫，夫妇俩不喜欢同床甚至同屋休息。如果空间安排不合理，家具选择不适宜，老年人极易因为生活琐事而失眠、伤神。

第六，喜欢储藏东西，不喜欢扔掉不用的东西。很多老年人喜欢储藏东西，即便是用不到的东西。自己淘汰不用的东西甚至是儿女淘汰的东西，老年人都舍不得扔掉而堆放在自己家中。如果没有适宜储藏的空间，或者遇到人为的干扰，老年人会因此喋喋不休，导致家庭矛盾，家庭成员各执己见、你争我吵，居家环境因此不和谐。

既有住宅的养老问题

自我国实行全面住房制度改革至今十几年的时间，我国房地产开发住宅竣工面积呈直线上升趋势，庞大的工程建设量是我国建设历史中任何一个时期都不可企及的。然而高速的开发模式却没有带来高适应性的住宅，适老化设计程度低，住宅的性能严重落后于时代发展，无法长期满足日渐年老者的居住需求，给老年人的生活造成极大的困扰。

福利分房时代建造的住宅普遍比较老旧，多为砖混结构，走道和门洞口较为狭窄，墙体无法拆改，后期很难进行无障碍改造；还有绝大多数住宅没有配备电梯，一些高龄及体弱老年人上下五六层楼十分困难。

住房制度改革实施后建造的住宅相对较新，但由于缺乏统筹的规划设计，缺乏整体性和连续性的养老体系建设，缺乏规范的适老化设计技术要点，这类住宅同样存在适老化形式单一、有效措施不足等问题。根据调研，北京市老式既有住宅楼主要有一梯两户、一梯三户、一梯多户、外廊式和内廊式 5 种类型。

第一，一梯两户是北京市最常见的住宅板楼类型。优点是户型平面规整，南北通透，保证了南向采光及南北通风，户间干扰较少。一梯两户是五种住房中最适宜老年人居住的。但是三四层以上的户型对于老年人爬楼来说有一定的障碍。

第二，一梯三户及一梯多户是在一梯两户的基础上发展起来的。因为一梯两户的板式住宅楼横向长度较长，为了节约用地，在等量面积里安置更多的住户，就采用了一梯三户甚至一梯多户的住宅楼设计方案。这些户型存在不可避免的缺陷，即无法保证所有户型朝南，北向户型的采光及通风性能较差，户型内部功能空间分区不清楚，客厅因四周开门较多蜕变成过厅，不利于布置家具。

第三，外廊式住宅是北京市 20 世纪 80 年代的一种典型住宅类型。外廊式在多层或高层的板式住宅中普遍采用，这类住宅的特点是在各户型外面的一侧设有共用走廊，走廊一端通向楼梯和电梯。此类住宅中多采用长条玻璃窗的形式围合而成封闭式外廊。外廊式住宅的优点是每个户型均可获得较好的朝向，采光通风较好；缺点是每家户门都对着公共走廊，容易造成相互干扰。

第四，与外廊式住宅相反，内廊式住宅是在中间布置走廊，两侧布置住房户型，各户毗邻排列。内廊式住宅的优点是节约用地、成本较低；缺点是由于两排户型并列相对，各户只有一个朝向，无法开门开窗组织穿堂风，采光和通风都较差，内设走廊缺乏自然采光，严重影响了老年人在走廊通行的安全性及舒适性。

通过总结老龄群体的生活特征，考量住宅的现实状况，既有住宅养老的缺陷一览无遗。适老化设计、适老化环境对居家养老生活的方方面面，起着至关重要的积极作用：通过适老化改造，降低老年人居住中发生各类意外事故的概率，以保障老年人居住安全；通过适老化设计措施，帮助老年人自理完成多数生活行为，减少对子女及社区照护的依赖；通过装设适老化信息产品以有效联络外界力量，使老年人在家中就享受到各类社会服务，在出现突发病情等紧急情况下也可以及时得到外界的救助。

老年人的家最需要的是适合养老，如果在改造住宅的时候缺乏针对老年住宅设计的专业指导，则很容易犯一些错误，给老年生活带来意想不到的困难。

老龄群体的需求分析

适老化改造的第一步，也是最具权重的要求，是从老年人的生活特征与实际需求出发，参照医学评价标准，对老年人进行全面系统的评估。马斯洛需求层次理论适用于适老化改造的研究和设计，适老化改造应该从生理、安全、社交、尊重和自我实现等5个方面满足老年人的需求。

第一，老龄群体的生理需求。生理需求是人的最基本需求，对老年人来说也是如此，包括对饮食、盥洗、空气、环境等多方面的需求。一般来说，人步入老年以后，身体体质和机能下降，容易生病，对生活环境的质量有更高要求。如果没有对老年人的身体状况进行针对性的考虑，只是按照一般性原则设计室内动线、采光和通风，随意选购坐便器、洗面盆、淋浴器等家居产品，盲目设置扶手、助力抓杆、防撞护角，那么老年人的基本生活条件和日常生活舒适度必然大打折扣。

第二，老龄群体的安全需求。老年人对于安全有更加迫切的需求，老年人的安全需求包括人身安全、健康保障、居所安全、家庭安全和财产安全等。如果没有对老年人的居所安全做特殊处理，例如室内地面高差对老年人安全通行的障碍，地面铺装材料不防滑、色彩杂乱对人身安全的影响，在水电改造期没有预埋监控、报警、呼叫系统管线对家庭安全的隐患，这些都将给老年人的健康生活增添困扰。

第三，老龄群体的社交需求。人是具有社会性的，对于老年人来说尤其如此。老年人退休以后，社会交往变少，对亲情和友情有强烈的需求，更加需要得到来自家人、朋友以及社会的关心、关爱和帮助。如果没有获取专业的住宅适老化改造建议，致使老年人不能在自己家养老，不能在自己熟悉的邻里交往和生活环境中安度晚年，那必将成为无法弥补的遗憾。

第四，老龄群体的尊重需求。尊重需求包括自尊、自重和来自他人的敬重。老年人是社会的宝贵财富，为社会作出了巨大的贡献，应该得到全社会的尊重。尊重能使老年人对自己、对家庭、对生活充满信心，对社会满腔热情，愿意继续为社会作贡献。同时也应该看到老年人自尊心强，可能会排斥对老年人的某些特殊要求。如果在没有充分尊重老年人及其实际情况的前提下，仅凭着“一片孝心”，简单粗暴地把家里的原有设施全都换新，那就等同于在老年人的心底落下埋怨的种子。

第五，老龄群体的自我实现需求。自我实现是人的最高层次的需求，如果老年人不能在熟悉的环境里发挥自己的潜力，做一些力所能及的事情，即便老年人的物质生活得到了全面的保障，也无法在精神上得到满足，无法真正实现老有所学、老有所为、老有所乐。

传统装修住宅的养老问题

通过分析老龄群体的生活特征和层次需求，不难发现，不仅既有住宅存在不适应养老的问题，按照传统方式装修的住宅同样也不适合老年人生活。一方面由于传统装修住宅是按常规标准实施的装修，装修对象多为普通中青年群体，无法充分体会和考虑老年人的特殊需要，甚至为追求标新立异的设计感，忽视了老年人居所的活动障碍和潜在危险；另一方面，由于传统装修住宅没有经过专业的老年人身体评估和房屋现状测评，无法实现有针对性的适应老年生活的解决方案，造成装修资源的极大浪费，甚至给老年人的居家养老生活造成隐患。

以下是从适老化的角度，对传统装修住宅室内空间进行现状解读，及典型问题分析，包括起居空间、厨房空间、卫浴空间及阳台。

第一，起居空间。传统装修住宅习惯将起居空间作为核心单元，空间布局较大，且重点粉饰；也有一些起居空间处于住宅中心位置，却没有自然采光。这类设计对于中青年群体来说，并没有太大的问题，但作为老年人的养老居所，却不合适。老年人的家庭规模不同，所需要的起居空间面积也不同，空间布局应该合适。对于“两代居”“三代居”或“多代居”的家庭，老年人将与子女、孙子女的团聚视为晚年的最大乐趣之一，起居空间作为家庭生活的中心单元，设计较大的空间面积具有重要的意义。而“空巢”或“孤寡”的家庭中，老年人与亲人团聚的机会较少，平时只有老年人活动，起居室空间面积过大会显得空旷，反而给老年人平添孤寂感。很多老年人白天大部分时间的活动都在起居空间进行，没有充分的阳光与自然通风，则直接影响其使用的舒适度。

第二，厨房空间。相对于年轻人，老年人时间充裕但行动较迟缓，因此老年人在厨房中进行烹饪活动时停留时间较长，许多老年人把买菜做饭作为其家庭生活的主要内容，甚至“退休后就是围着锅台转”。在传统装修住宅中，厨房的配套设施仍存在这样或那样的问题：首先，厨房的空间面积偏小，根据《老年人居住建筑设计标准》(GB/T 50340) 第 4.10.1 条规定：“老年人使用的厨房面积不应小于 $4.5m^2$”；其次，厨房与相邻空间的地面有高差，老年人容易发生磕碰；再次，厨房的操作台不适合老年人的使用需求，如高度不合适，没有连续的台面，没有为老年轮椅使用者在操作台下预留方便轮椅接近的容膝空间等；再有，橱柜的高度和进深不适合老年人使用，如普通尺寸地柜的开门形式及进深尺寸过大，老年人弯腰取物困难，吊柜高度往往过高，也不便从中拿取物品；最后，缺乏必要的安全设备，如燃气报警器或自动断火装置。

第三，卫浴空间。卫生间是老年人进行便溺、洗浴、盥洗的空间，对于老年人来说，卫生间的重要性不亚于卧室。但大多数的传统装修住宅并没有特殊考虑失能、半失能老年人的辅助需求，仅按照常规标准进行设计施工，也没有特殊考虑卫生间与卧室的动线及距离对于老年人起夜活动的影响；卫生间与相邻空间的地面有高差，没有合适的空间或柜子摆放各种洗漱用品、洁具，周边没有加装安全扶手的预留位置，没有安装紧急呼叫装置的预埋管线和开关等。

第四，阳台。阳台具有晾晒衣物、存放物品等功能，阳台的进深不够大、阳台与室内空间有高差、晾衣杆设置位置较高都不便于老年人使用。

以上是居家养老在传统装修住宅中存在的诸多问题，有些是前期建筑设计的遗留问题，也有些是后期住宅装修过程中，因缺乏适老化改造的专业指导，而产生的新增问题。对于老年人来说，住宅装修最重要的不是豪华与美观，而是安全、方便和舒适。

传统装修住宅无法真正满足老年人的居家养老需求。适老化改造与传统装修有很大区别，适老化改造是专门针对老龄群体的理论指导和实践经验相结合的专业研究成果。适老化改造方案完全是根据老年人的身体状况和住宅的现状量身定制，是适度的升级改造，需遵照国家的规范要求制定，同时借鉴国际先进的改造经验，整个改造过程所使用的材料也须符合国家相关标准，符合老年人的使用特征，以期达到安全、舒适、尊严的改造目标。

【案例讨论】

1. 居家适老化改造针对哪类人群？
2. 适老化改造包括哪些内容？

【问题思考】

1. 养老顾问如何做好后期跟进服务？
2. 在适老化改造中养老顾问能提供什么服务？

第三节　现代化智慧健康养老

伴随人口老龄化进程加快，传统的养老方式已经不能完全适应社会的发展和老年人的需求。一方面，越来越多的老年人更渴望有尊严地老去，他们不希望过多依靠儿女，更希望能够依靠自己，不想变成儿女的累赘或者负担。另一方面，老年人的孤单和慢性病又成为困扰老年人追求“独立”的两大障碍。居民、家庭和社会都对养老服务有“高质量、广覆盖、低成本”的期望：高质量是指养老服务能够满足老年居民及其家庭对于养老服务的个性化、定制化需要，使老年人得到无微不至的关怀；广覆盖是指养老服务具有较好的可获得性，大多数老年居民及其家庭可以便利地获得所需要的养老服务；低成本是指老年居民及其家庭在获取养老服务时所花费的费用不超出其收入可支撑范围，养老服务的提供机构也至少能够实现盈亏相抵①。随着社会需求的增长和科学技术的进步，尤其是互联网、大数据的普及，智慧养老产业正在逐步成为新兴养老服务的新模式，也将使“高质量、广覆盖、低成本”养老服务得以全面实现成为可能。

一、智慧健康养老服务综述

国务院办公厅2016年12月印发的《关于全面放开养老服务市场提升养老服务质量的若干意见》（国办发〔2016〕91号）提出推进“互联网+”养老服务创新：发展智慧养老服务新业态，开发和运用智能硬件，推动移动互联网、云计算、物联网、大数据等与养老服务业结合，创新居家养老服务模式，重点推进老年人健康管理、紧急救援、精神慰藉、服务预约、物品代购等服务，开发更加多元、精准的私人定制服务。支持适合老年人的智能化产品、健康监测可穿戴设备、健康养老移动应用软件（App）等设计开发。打通养老服务信息共享渠道，推进社区综合服务信息平台与户籍、医疗、社会保障等信息资源对接，促进养老服务公共信息资源向各类养老服务机构开放。2017年2月，工信部、民政部和国家计生委三部门联合印发《智慧健康养老产业发展行动计划（2017—2020年）》，提出明确目标：到2020年，基本形成覆盖全生命周期的智慧健康养老产业体系，建立100个以上智慧健康养老应用示范基地，培育100家以上具有示范引领作用的行业领军企业，打造一批智慧健康养老服务品牌。目前，我国智慧养老应用示范基地大体分为“智慧化养生养老园区”“智慧化老年宜居社区”“智慧化老龄服务机构”三类，包括建筑设施智慧化、物业管理智慧化、健康管理智慧化、生活服务智慧化、老年护理智慧化、文化服务智慧化等六大内容。“智慧健康养老”模式既解决了在养老院养老亲情淡薄的问题，又解决了传统养老服务不足、机构养老资源不足的难题，可以较大地节省人力成本，尤其是对于居家养老的半失能老年人也更为方便，被称为没有围墙的养老院。

① 李社季，张庆，张瑞华，张馨卉．基于“人工智能+社区养老”视角的新型养老服务模式研究——以天津市社区养老服务模式创新为例［J］．商业经济，2020（4）．

（一）智慧健康养老的基本概念

"智慧养老"最早由英国生命信托基金会以"全智能化老年系统"的概念提出，指利用互联网、物联网提供的智能养老服务，即老年人在日常生活中可以不受时间和空间以及地理环境的限制，在自己家中过上高质量、高享受的生活和养老服务。智慧养老在日本最初称为"智能化家居养老"，指的是通过信息技术来对老年人的各方面信息进行随时随地的监控，从而让老年人无须去养老院，在家里也能够过上高质量的养老生活，例如在老年人摔倒时的报警器，或者在老年人身体不适时的安全传感器，等等。

自"智慧城市"于2010年正式提出后，"智慧养老"（smart elderly care）概念逐渐在"智能养老"（intelligent elderly care）的基础上产生，"智能"更强调技术，而"智慧"则更多体现人的需求。"智慧"（smart）一词可解释为对事物认知、应对和创新的聪明才智和应用能力，"智慧"的另一英文（intelligent）侧重表达对智能技术的使用，养老服务是指针对老年人群的医养护服务[①]。我国智慧养老起步相对较晚，2007年，胡黎明、王东伟在《新型数字化居家式养老社区解决方案》中提出"数字化养老"的概念，之后"信息化养老"概念于2010年出现在学术界，2011年出现了"科技养老"的概念，2012年又提出了"网络化养老"的概念，进而发展成"智能养老"。智能化养老系统是在深刻理解国家政策和养老服务体系特点的基础上，运用各种先进的信息技术（物联网、互联网、移动互联网技术、智能呼叫、云技术、GPS定位技术等），创建"系统+服务+老人+终端"的养老服务模式，涵盖了机构养老、居家养老、社区日间照料等多种养老形式。通过跨终端的数据互联及同步，联通各部门及角色，形成一个完整的智慧管理闭环，实现老年人与子女、服务机构、医护人员的信息交互，对老年人的身体状态、安全情况和日常活动进行有效监控，及时满足老年人在生活、健康、安全、娱乐等各方面的需求。智能养老是以互联网、物联网为依托，集合运用现代通信与信息技术、计算机网络技术、老年服务行业技术和智能控制技术，为老年人提供安全便捷、健康舒适服务的现代养老模式[②]。智能居家养老利用先进的信息技术手段，面向居家老年人开展物联化、互联化、智能化的养老服务，其核心在于应用先进的管理和信息技术，将老年人与政府、社区、医疗机构、医护人员等紧密联系起来。

2013年以后，学术界开始统一使用"智慧养老"，国内出现了一批学者，对智慧养老的发展发挥了积极的推动作用。左美云[③]认为，智慧养老是利用信息技术，

---

① 王世伟．说"智慧城市"［J］．图书情报工作，2012（2）．

② 穆光宗，张团．我国人口老龄化的发展趋势及其战略应对［J］．华中师范大学学报（人文社会科学版），2011（5）．

③ 左美云．智慧养老：内涵、模式与机制［M］．北京：清华大学出版社，2018.

为老年人提供安全保护、医疗康复、娱乐学习交流等服务，同时对涉老信息进行实时监测、传输、分析、处理，实现智能交互，不仅提升老年人的生活质量，还能利用好老年人的智慧和经验，实现老年人过得幸福、有尊严和生活价值的目标。郑世宝①提出，智慧养老是将移动互联网、物联网、云技术等信息科技与养老服务结合，实现综合性、全面的养老服务。

2014年，我国的智慧养老实现了通过物联网以及其他相关技术，把医疗、养生和线上与线下的服务模式相结合，从而在健康、娱乐、饮食、出行等多个方面提供完善合理的服务，旨在提升老年人的生活，同时也维护了老年人的尊严。智慧养老的概念当中，更多的是对于老年人精神层面的关心，同时也会加强对于社区、养老、家庭等多方面的多元合作。对智慧养老的研究，国内学者重点关注的是运用物联网、大数据、云计算等现代科技手段，国外学者更强调要整合社会、政府、服务机构、社会组织、志愿者等资源为老年人提供方便、智能化的服务。所以，智慧养老实际上是通过计算机网络以及物联网技术把科技和家庭相结合，从而满足老年人身体上和精神上的需求，为老年人建立一个更加安全、可靠、方便、快捷的养老场所。

总之，智慧养老（Smart care for the aged）是指利用现代信息通信技术（如物联网、移动互联、大数据、云计算等）为媒介，结合自动化技术、医学科学技术等现代科学技术，构建养老服务综合平台，整合老年人、企业、政府和其他养老相关机构的信息和资源（如老年人资料、志愿者信息、医疗资源以及服务项目等资源），分析老年人需求，围绕老年人的生活照料、健康管理、安全保障、应急救助、娱乐休闲和学习分享等诸多方面，制造养老智能化产品，辅助养老决策分析，提供规范养老服务，通过现代智能设备对涉老信息的自动监测、预告报警以及自主处理，从而为老年人生活提供便捷、高效、灵活的服务与管理，实现现代科技与老年人的智能互动，以解决老年人个性化养老需求与多元化服务供给的快速对接问题，实现养老方式、管理和服务的数字化、网络化、自动化、智能化，做到老有所养、老有所乐、老有所学、老有所为，通过对老年人的经验与智慧进行再开发和再利用，促进老年人在物质生活和精神生活两方面的不断提高，在实现老年人为社会发展创造价值的同时，使老年人活得更有价值、尊严和幸福感。智慧养老是继数字化养老、信息化养老、网络化养老、智能化养老之后的高级阶段，更多的是强调智慧，更加注重政府、家庭、社区、社会等多个服务主体之间的协作。

（二）智慧健康养老的基本内涵

在未来的老龄社会，新一代的老年人能够更加充分地接受新兴事物、更加积极地运用现代技术，应当因时制宜地推出智慧养老举措。可以预见，通过物联、互联

① 郑世宝．物联网与智慧养老［J］．电视技术，2014，38（22）．

以及智能等信息技术集成，融入“互联网+”理念，老年人的居家生活能力将会得到延展，居家生活质量也会得到改善。例如，网上购物可以让老年人轻松快捷地进行商品消费，远程医疗可以让老年人方便及时地获取诊治服务，社交平台则可以让老年人充分有效地进行联络通信，这对腿脚不便的老年人而言意义尤为突出。同时，智慧养老还能够推出多元化的服务模式、提供个性化的服务定制，满足不同层次老年人的需求，特别是精神生活方面的需求。老年人知识技能的提升，必然能够为智慧养老提供更坚实的实施基础。

“互联网+”背景下的智慧养老，作为现代科技与传统养老的有机结合，依托“互联网+”技术，贯穿于居家养老、机构养老、社区养老三种主流模式中，结合医院、社区等各种照护资源，为老年人提供多元服务的新型现代养老模式，不仅涉及老年人医疗或健康，还关乎心理和社交，为应对未来养老问题提供解决思路与实现途径。“智慧养老”包含很多层面：一是个体层面，应该成为智能化的老年人或是智慧老人；二是家庭层面，要做到智慧家居；三是社区层面，要建立智慧型的社区服务中心；四是养老机构层面，养老机构要变成智能化的养老机构。智慧养老包括了如下内涵①：老年人智力、智能的开发、挖掘和提升，通过活到老、学到老的终身学习，不断提高老年人的智能、智商和智慧水平，选择最适合自己的养老方式，提高幸福感和满意度。智慧家庭、智慧社区、养老机构的信息化、智能化建设，居家养老、社区养老、机构养老、异地养老的环境不断优化，老年人生活质量不断提高。智慧养老本质是一种辅助工具，养老产业的网络化、信息化、智能化，为老年人提供高质量的产品和养老服务。

1. 智慧养老特点鲜明

智慧养老通过利用科学技术为传统养老模式进行服务，通过整合和改善的过程来提升养老服务质量②。首先，科学技术所形成的多层保障体系，利用智能化设备来解决护理人员不足的情况，不但降低了人力成本，也提升了服务质量。通过网络系统把养老服务和一些企业或者组织相连接，从而为老年人提供更加快捷的服务，实现供求平衡。其次，通过利用包对点的服务方式，从社区或者家庭层面对于社会保障方式进行创新。以往的养老模式只包括点对点（就是保姆进行养老服务，这种服务方式的成本较高，不适合大多数人群）或者包对包（指的是对于多个老年人进行集中的服务和管理，这种服务方式无法满足所有老年人的具体需求）两种模式，而智慧养老则能够将这两种模式进行结合，通过网络技术为老年人提供多元化的选择模式。最后，以往的养老模式由于医疗水平和看护水平有限，无法满足老年人对于自我实现以及获得尊重等精神层面的需求，而智慧养老不会让老年人有被监控和

---

① 龚炳铮．发展我国智慧养老的思考［J］．办公自动化，2017（10）．

② 于欣宇，于娇娇．智慧养老现状分析及发展对策［J］．现代交际，2018（15）．

束缚的感觉，通过嵌入式的智能设备来为老年人提供友好的服务方式，让老年人能够感觉到自己被需要和被尊重。通过智慧养老提供的老年人交流平台，能够让老年人发挥自己的热情，实现老有所为。

智慧养老是"多元一网"的"互联网+社区养老"技术平台，前端供给侧接入政府、社区、社会力量、市场等服务力量；信息整合端整合老年人、养老服务机构、养老产品企业等基本信息；需求终端对接老年人需求，为老年人提供健康管理为特质的信息服务。政府通过互联网平台优化配置、整合养老服务资源，形成"互联网+社区养老"服务的联合供给体系；通过公办民营、直接资助、购买服务等方式，支持社会力量参与社区养老服务，形成"政府政策调配资源、社会组织承接服务、社工组织专业支持、电商技术保证、社区承接传统服务"的服务供给体系。

智慧养老提供实时、快捷、高效、物联化、智能化的养老服务，降低养老成本，一方面采用物联网、大数据、人工智能等先进的科技用于养老的方方面面；另一方面从方法、内容和模式上对传统养老产品与服务进行革新，从而实现养老管理的科学化、养老设备的现代化、养老服务的专业化。智慧养老不仅是先进的养老技术、产品的简单组合，更是指服务走向精细化、智能化和多元化。

2. 满足现代养老需求

马斯洛的需求层次理论提出，人的需求按照从低到高分为生理需求、安全需求、爱和归属需求、尊重需求、自我实现需求。对于老年人而言，需求的逐层满足在智慧养老模式中契合度很高。智慧养老模型由低到高应该包含日常物资供应、远程安全监护、医疗健康服务、精神慰藉、自我实现等方面①。

日常物资供应：平台商与附近商场、企业等展开合作，为老年人提供线上订货、送货上门的服务。老年人只需通过"一键通"线上优选并下单，便可享受便捷的日常用品、家政服务、文化娱乐服务等。

远程安全监护：该模块主要适用于子女上班或者子女离乡的老年人群，可以通过远程监控技术监测家中情况，或者通过铺设重力感应地板等智能家居材料，对老年人摔倒等情况及时监控、检测和感应，也可以为老年人提供具有GPS定位、心率血压等各项生理指标检测功能的穿戴设备。

医疗健康服务：该模块服务与智慧医疗紧密相关，体现了智慧养老与智慧医疗的深度融合，涉及线上诊疗、生理指标检测App等。

精神慰藉平台：精神慰藉也是智慧养老模块建设的重要内容，可以开发一些类似老友帮、老友记、老年人学习圈的老年群体社交网站，创办线上老年大学等，帮助老年人开阔视野，娱乐生活，减轻孤独感与寂寞感。

自我实现平台：老年人可以在线上交流心得，利用个人宝贵经验发挥知识余热，

① 高萍，孙玲娟．构建新型智慧养老服务体系［J］．社会治理，2019（11）．

实现“老有所为”，实现“数字就业”，也可以通过加入老年互帮团队，获得心理上的满足，实现自身价值，创造二次人口红利。

3. 创新现代养老产业

智慧养老综合体养老作为我国智慧养老服务的一种创新型实践形式，是对传统养老服务供给方式的又一次超越，为解决居家养老服务供需失衡难题，实现多种养老服务手段和功能的有机融合提供了契机。

（1）智能技术助力养老模式创新。智能养老借助信息技术极大地拓展需求响应的范围，丰富了服务广度和深度，为整个养老产业注入了新鲜的血液。智能养老模式具有以下 4 个特点①。

一是打破边界。居家养老、社区养老和机构养老模式是以老年人的居住形态划分的，智能养老技术则打破了这种传统养老模式的划分界限，不受居住空间、居住形态的局限。

二是规模效益。以政府协调引导，智能养老平台覆盖更大范围，打破社区界线，向街区或片区范围扩大，使平台发挥更大的作用，运营商也可获得规模效益。

三是资源共享。社会养老服务资源有限，而智能养老技术可以实现较大范围的社会资源共享，增加资源的有效使用率。借助智能化平台，众多优质的养老服务资源被整合到一起，平台将这些资源同老年人进行有效对接，从而满足老年人的不同服务需求。

四是配置优化。服务需求发出后，系统对服务相应制订若干个优化的选择救助方案，使个人、家庭、社区、机构的健康养老资源的有效对接和优化配置成为可能，即充分发挥互联网在社会资源配置中的优化和集成作用。

（2）智能养老服务方式异彩纷呈。智能养老的服务方式是线上与线下联动，可以做到精准高效、快速及时。

一是服务提供多元。由家庭成员或家庭保姆扩展到社区专业服务人员，共同对老年人提供服务或相应的帮助。

二是服务精准高效。用户的服务请求多样，而服务提供者所能提供的服务也种类繁多。在提供服务过程中不断积累大量的服务数据，智能养老服务平台可以利用信息处理高效精准的特点，在这些数据中整理、分析出使用频率高、用户满意度好的一系列服务，形成一定的先验性。同时，将老年用户的需求根据其请求服务的位置、时间、频率等进行分类和整合，能够更好地为其匹配相应的养老服务资源。对于每位老年用户个人而言，平台既能实时高效地为其提供服务，又能充分考虑其个性化的服务需求。

三是实时互联互动。利用实时监测的多种智能终端设备（GPS 定位设备、智能

① 宋昕．智能技术助力社区居家养老模式的创新与发展［J］．建设科技，2020（6）．

手环、健康监测等）对老年人进行远程照料的模式已经得到了较为广泛的认可和应用。通过终端数据的收集整理，实现患者与医务人员、医疗机构、医疗设备间的互联互动，开展智能康养的健康管理良性循环，可以大量减少在日常就医就诊、处理政府公共服务上消耗的时间成本和人力资源，得到更加便捷、优惠、全面的优质医疗服务，并且对老年人生活中常伴随的迷路走失、疾病、跌倒等突发情况提供及时必要的紧急救助。

（3）智能养老商业模式创新发展。智能养老商业模式的创新，取决于构建何种智能养老信息平台。智能养老服务平台具有多样性，不同城市、不同公司打造的智能养老服务平台的功能和内容不同。例如，武汉市智能养老服务平台采用的是多部门合力打造的模式，平台建设采用社会资本运营，政府通过购买服务支持智能养老运作，平台建设按照政府的要求和老年人的需求设计，做到线上有大数据架桥、线下有专业团队服务，智能养老服务平台建好后，老年人足不出户就可以在网上预约挂号看病，还可以预约家庭医生上门。市场主体作用得到充分发挥，民办公助、企业自建自营、公建民营等多种运营模式纷纷出现。鼓励社会资本投入，推进基本、保障性服务由政府保底购买，高端、个性化需求由市场调配的运作机制，有效推动了用户、终端企业、系统集成平台、健康养老机构、第三方服务商等实现共赢，形成可持续、可复制的成熟商业模式。

4. 融合养老服务资源

目前中国大城市发展智慧养老，侧重于将智慧养老服务平台与信息平台一同建设，强调养老资源与服务的统筹调整，重视养老公共政策和服务资源的充分利用。

一是重视养老服务网络的建设。目前大城市在智慧养老服务网络的建设上，主要侧重于解决路径方面，如朱勇（2018）提出了北京“三边四级”养老服务体系（床边、身边和周边；社区、街、区、市级）；上海构建涵盖服务供给、服务保障、政策支撑、需求评估、行业监管“五位一体”养老服务工作格局；深圳市福田区创建“五有为老”社区养老服务模式，即政策有支撑、专业有优势、功能有拓展、管理有规范、运营有创新。这些大都是对智慧养老服务单纯实现方式上的优化和建设。

二是服务供给逐渐走向精准化。随着市场的不断发展，政府和市场在智慧养老领域的定位逐渐明晰，政府养老责任更多聚焦到失能、失智、衰弱等需长期照顾的服务对象，精准发力。例如北京市出台的《关于加强老年人分类保障的指导意见》，将老年人分为托底保障群体、困难保障群体、重点保障群体和一般保障群体，根据老年人不同的实际情况实施不同的政策，进行精准帮助。而由市场端打造的“智慧居家养老”体系集中从客户的角度出发，针对大城市养老群体的诉求提出有针对性的解决方案，往往显得更为私人化和个性化定制。社区智慧养老服务精准化，即以社区为基本单位与依托，充分运用互联网、大数据等现代科技技术，发挥政府、市场和社会等多元主体力量，实现养老服务资源的精准化管理、养老服务供需的精准化对接和养老服务过程的精准化监管目的。构建社区智慧养老服务精准化体系，不仅是完善和发展我国养老服务体系的必然要求，更是提升养老服务水平、缓解养老压力的必然选择。

三是养老事业和产业深度融合。目前大城市在智慧养老领域，政府逐渐引入PPP养老模式，采取政府和社会资本合作的方式，为社会巨大的养老压力提供更多的解决方案和方法。在提升养老服务质量，激发养老产业新动能上，通过立足全社会和全生命周期两个着力点，突出解决好老年人、残疾人、低收入人群等重点人群的养老问题，实现养老产业和养老事业的深度融合。

（三）智慧养老服务的发展历程

智慧养老服务政策是指国家、省、市政府出台的，包含智慧化养老服务发展目标、信息网络技术系统、智能产品类型、技术应用标准、信息服务平台建设、养老数据管理与服务系统、服务内容和服务方式、安全保障、运营模式、工作机制、政府责任、资金保障、新业态培育与产品市场推广等的一系列标准，以及遵循的行动原则、要完成的明确任务、采取的工作方式、实施的一般步骤和具体措施，以此来规范智慧养老事业健康发展①。从基于语音呼叫的起始阶段到互联网时代的探索阶段，再到物联网时代的发展阶段，智能养老的发展历程与我国智慧养老政策经历的信息化、智能化再到智慧化的发展进程，互相印证并经历了认识不断深化、视野不断扩大、内涵不断丰富的发展过程②。

1. 养老服务信息化建设阶段（2008—2012年）

我国在20世纪80年代末开始推行基于语音呼叫的电话“一键通”紧急救助服务，即基于语音呼叫的起始阶段，老年人只要按一下呼叫器上的按键，就可以联系社区服务中心，得到帮助或紧急救助，社区中心在接听电话了解老年人的服务需求之后，联系服务商，由加盟企业上门为老年人服务。

从2008年起，我国政府开始关注信息化养老服务问题，并着手推进信息化养老服务建设工作。2008年1月，全国老龄办等10个部门联合下发了《关于全面推进居家养老服务工作的意见》（全国老龄办发〔2008〕4号），明确提出“依托城市社区信息平台，在社区普遍建立为老服务热线、紧急救援系统、数字网络系统等多种求助和服务形式，建设便捷有效的为老服务信息系统”。

“十二五”前期，养老服务信息化建设工作得到了进一步重视与加强。2011年9月国务院印发的《中国老龄事业“十二五”发展规划》（国办发〔2011〕28号）提出“加快居家养老服务信息系统建设，做好居家养老服务信息平台试点工作，并

---

① 李彧钦．积极老龄化视阈下的智能养老解读［J］．智库时代，2018（7）．

② 余晓艳，赵银侠．我国智慧养老政策发展及实践问题研究［J］．西安建筑科技大学学报（社会科学版），2018（10）．

逐步扩大试点范围。建立老龄事业信息化协同推进机制，建立老龄信息采集、分析数据平台，健全城乡老年人生活跟踪监测系统”的目标任务。同年 12 月国务院办公厅印发的《社会养老服务体系建设规划（2011—2015 年）》（国办发〔2011〕60 号）对“十二五”老龄规划目标任务进行了细化完善，针对居家养老服务信息化建设原则、服务方式内容给出了具体指导意见，要求居家养老服务信息化建设“以社区居家老年人服务需求为导向，以社区日间照料中心为依托，按照统筹规划、实用高效的原则，采取便民信息网、热线电话、爱心门铃、健康档案、服务手册、社区呼叫系统、有线电视网络等多种形式，构建社区养老服务信息网络和服务平台，发挥社区综合性信息网络平台的作用，为社区居家老年人提供便捷高效的服务”。从这一时期国家政策内容与提法可以看出，强调社区层面建设居家养老服务信息系统与信息平台，利用信息服务手段为老年人提供预约服务是此阶段政策倡导的重要策略。

2. 智能化养老服务开启阶段（2013—2014 年）

智能化养老服务始于互联网时代的探索阶段。随着互联网时代的到来，各地开始探索以互联网为基础的社区养老服务体系建设，通过搭建多个信息服务平台，将老年人的日常起居、基本生活、外出定位、健康监测、医疗保健、家庭服务、精神安慰以及紧急救援等进行关注和互动，所有数据经过集中汇总后分别传送给老年人的子女和社区，是依靠大数据和移动互联网等技术的新型养老模式，实现了从人与人到人与系统交流互通的转变，提升了养老服务的专业能力和水平。

从 2013 年开始，国家政策开始强调互联网、物联网与智能化在养老服务中的作用。2013 年国务院印发了《关于加快发展养老服务业的若干意见》（国发〔2013〕35 号），提出“要发展居家网络信息服务，支持企业和机构运用互联网、物联网等技术手段创新居家养老服务模式，发展老年电子商务，建设居家服务网络平台，提供紧急呼叫、家政预约、健康咨询、物品代购、服务缴费等适老服务项目”。在这一政策中，提法有所改变，将以前强调的“居家养老服务信息平台建设”改为“居家服务网络平台建设”。

2013 年国家发改委等 14 部门联合下发了《关于印发 10 个物联网发展专项行动计划的通知》（发改高技〔2013〕1718 号），在 10 个物联网发展专项行动中其中一项是“智能养老物联网应用示范专项行动”。2014 年 7 月民政部印发了《关于开展国家智能养老物联网应用示范工程的通知》，确定在全国的 7 家养老机构开展国家智能养老物联网应用试点工作。试点任务主要包括：建设养老机构智能养老物联网感知体系；应用物联网技术，在养老机构开展老年人定位求助、老年人跌倒自动检测、老年人卧床监测、痴呆老人防走失、老年人行为智能分析、自助体检、运动量评估、视频智能联动等服务；探索依托养老机构对周边社区老年人开展服务新模式；加快建立智能养老服务物联网技术标准体系。

智能化平台包括但不限于运营管理子系统、养老院管理子系统、服务中心子系统、服务商子系统、老年人及家属自助子系统、健康管理子系统、志愿者子系统、在线商城、政府监管子系统、门户网站、接口程序及应用支撑子系统、移动终端App等；涉及的角色包括但不限于养老运营机构、老年人、家属、政府机构、服务商家、服务人员、医生护士、护理人员、社区管家或者志愿者等。

3. 智慧养老的全面实施阶段（2015年至今）

智慧养老服务全面实施阶段体现了物联网时代的发展阶段。随着全国智慧城市试点工作的开展，各地积极探索信息技术的广泛运用，实现城市智慧式管理和运行，有条件的地区以此为契机，以机构为支点，建设养老机构智能养老物联网感知体系，配置一系列设施设备，包括健康护理、环境监控、日常服务等，以便更加方便高效地为老年人进行健康障碍评估、生理参数实时监控、远程诊疗、亲情沟通等智能服务，从而探索依托机构建设养老机构物联网信息管理系统。智能居家养老平台的运行主要依靠现代信息技术、物联网、互联网等多方面技术的互联共通，从而能够对居家老人身体健康、日常起居等进行实时监测和服务，并定期将相应信息传送给平台服务人员及其亲属，便于他们远程实时监督。居家智慧养老主要是利用互联网思维打造居家智慧养老平台，平台以社区中的老年人为中心，整合各类社会资源，提供专业化的养老服务，更加符合当前的养老趋势。一是通过智慧互联，突破地域限制，将老年人信息、社会资源、需求匹配等内容集中在平台上，为老年人提供全方位、个性化的服务。二是老年人既可在家享受亲情，也可“一键”得到专业化、个性化、多样化的贴心服务。三是通过智能设备采集老年人的安全、健康与服务需求等数据，实施社区居家养老服务信息化管理，实现老年人从被动应对问题向主动发现问题转变。四是社区居家智慧养老便于政府通过大数据分析作出各方面的决策，必将带动多个产业发展，产生巨大社会效益①。

从2015年开始，智慧养老被提升到国家战略发展层面，密集出台政策进行部署推进。2015年7月，国务院印发了《关于积极推进“互联网+”行动指导意见》（国发〔2015〕40号），提出到2025年，网络化、智能化、服务化、协同化的“互联网+”产业体系基本完善，“互联网+”新经济形态初步形成，“互联网+”成为经济社会创新发展的重要驱动力。在“互联网+”战略的推进下，2016年9月，民政部、财政部联合下发了《关于中央财政支持开展居家和社区养老服务改革试点工作的通知》（民函〔2016〕200号），将“支持探索多种模式的‘互联网+’居家和社区养老服务模式和智能养老技术应用，促进供需双方对接，为老年人提供质优价廉、形式多样的服务”作为重点支持领域。

2017年国家相继下发政策文件，全面部署和推进智慧养老服务工作。一是国务

① 刘康华，张明月，董美丽．关于推进居家智慧养老发展的思考［J］．人才资源开发，2020（7）．

院发布的《“十三五”国家老龄事业发展和养老体系建设规划》（国发〔2017〕13号），对居家养老服务信息化、智能化建设目标任务、服务内容与方式、管理运营方式、投入机制进行了全面规划。确立了推进涉老基础信息分类分级互联共享，建立基于大数据的统计分析决策机制，扩大为老服务综合信息平台在城乡社区的覆盖面，整合建立居家社区养老服务信息平台、呼叫服务系统和应急救援服务机制，实施“互联网+”养老工程，开发应用智能终端和居家社区养老服务智慧平台、信息系统、App应用、微信公众号等具体目标任务。二是国家卫生计生委等部门发布的《“十三五”健康老龄化规划》（国卫家庭发〔2017〕12号）提出了“充分运用互联网、物联网、大数据等信息技术手段，创新健康养老服务模式，开展面向家庭、社区的智慧健康养老应用示范，提升健康养老服务覆盖率和质量效率。搭建智慧健康养老服务平台，对接各级医疗卫生及养老服务资源，建立老年健康动态监测机制”等具体目标任务。三是工业和信息化部、民政部、国家卫生计生委联合下发的《智慧健康养老产业发展行动计划（2017—2020年》（工信部联电子〔2017〕25号），全面系统地部署了推进智慧健康养老服务发展的行动目标，确立了智能产品技术突破与供给、服务项目推广与模式创建、技术信息共享平台建设、智慧服务标准制定、网络基础设施建设等方面的十项重点任务，以及统筹协作组织工作机制与以政府财政和国有资本为主的投入机制等保障措施，这是我国目前为止在推进智慧居家养老方面最全面、详尽、具体的一项国家政策，标志着第一个国家级智慧养老产业规划出台，中国智慧养老产业迎来了发展的快速期、黄金期。2017年7月，国务院印发《新一代人工智能发展规划》，明确提出要加快健康养老人工智能技术产品的研发应用，加强老年人产品智能化和智能产品适老化，构建养老社区、机构的智能化体系。同月，工业和信息化部、民政部、国家卫生计生委三部门发布《开展智慧健康养老应用试点示范的通知》，在全国开展调研、核查工作，遴选智慧健康养老示范企业、示范社区和示范基地，智慧养老产业由试点探索进入示范推广阶段。诸多地区就智慧养老的发展给出了相关的指导意见以及配套的措施，陆续出台具体细化的地方性智慧养老政策扶持行业发展。2019年4月16日，国务院办公厅印发《关于推进养老服务发展的意见》，提出了深化“放管服”改革、拓宽养老服务投融资渠道、扩大养老服务就业创业、扩大养老服务消费、促进养老服务高质量发展、促进养老服务基础设施建设6方面共28条具体政策措施，既有完善养老服务发展的制度设计，也有解决养老服务“堵点”“痛点”问题的具体安排，是党中央、国务院构建新时代中国特色养老服务体系的最新部署。2019年6月4日，国务院办公厅发布《深化医药卫生体制改革2019年重点工作任务》，提出建立完善老年健康服务体系的指导意见。2019年6月25日，工信部、民政部、国家卫健委发出通知，开展第三批智慧健康养老应用试点示范工作，支持建设一批示范企业，包括能够提供成熟的智慧健康养老产品、服务、系统平台或整体解决方案的企业。

以上政策的颁布标志着我国智慧居家养老服务进入全面推进阶段。从我国智慧化养老政策发展的三个阶段来看，智慧养老政策服务的主体从社区居家养老到养老机构再到社会组织，从社区信息平台建设、养老机构智能养老、物联网感知体系建设到民营资本深度进入并提供多元化服务，由试点示范到全面推广，智慧养老政策在发展中不断地进行调整、完善，政府的重视程度也在逐步提高，在一系列政策措施的推动下，我国智慧养老事业发展取得了一定的成就。

(四) 智慧养老服务的主要优势

智慧养老主要是围绕着老年人的日常生活、健康保障、医疗预防和娱乐休闲等方面，通过信息技术手段来达到对养老生活的规范与管理的目的，并对老年人信息进行自动监测，实现智能预警、远程求助等功能，进而为老年人提供高质量的养老生活。智慧养老打破了传统养老服务模式的时空限制，实现了“全接触、零打扰”的养老理念。智慧养老服务体系能够准确及时地对老年人的需求和风险信号作出反应，通过搭建老年人与服务中心的沟通渠道，随时接受老年人的健康信息，并借助于大数据分析、数据库比对甄别筛选出异常信息，然后进行重点分析，将分析结果反馈给老年人、老年人子女及相关健康管理部门。这种快速化的反应机制大大提高了信息传递的准确性和有效性，将老年风险后果发生的损害性降至最低。

智慧养老服务不仅是老年人健康数据和需求信号的传递者，更能直接解决老年人的服务需求和可能发生的养老风险。例如，老年人可以通过“一键呼叫”将自己的订餐需求、就医陪护需求告知服务中心，服务中心会有针对性地帮助老年人订餐和安排陪护人员等①。智慧养老的核心在于将智能信息技术应用于养老服务中，通过构建信息服务平台，使得人、物、信息及服务等各类社会资源广泛汇聚，实现资源的高度共享与精准管理，解决老年人需求与服务供给的快速对接问题。智慧养老具有如下几个方面的优势②。

1. 信息数据优势

传统养老模式的信息记录主要靠人力和台账，信息不全且不方便传递。智慧养老可以运用大数据具有的体量大、类型多、处理快等特点，解决养老服务中信息交流不通畅问题，使服务供给与需求更加匹配。智慧养老系统可以通过平台收集老年人身体状况、病史、生活习惯、爱好等基础数据，及时有效地了解老年人的服务需求，将老年人的养老服务需求与服务递送者对接，实现供需平衡，提升服务的精准度。同时，建立老年人基本信息数据库，为制定老龄政策提供依据，提高政府为老服务能力。通过整合智能化终端的数据互联及同步，连通各部门及角色，形成一个

---

① 董腾超，张鲁刚，王丛聪．基于SWOT分析我国智慧养老发展现状及对策建议［J］．智能城市，2017（3）．

② 杨芳．智慧养老发展的创新逻辑与实践路向［J］．行政论坛，2019（6）．

完整的智慧管理闭环。对接行业信息，整合其他各养老资源，展示街道养老数据，引导养老模式，并对长者与护理人员的业务数据、财务数据、人力数据、活动数据、照护照料数据等进行统计分析，对政策、运营决策提供有效支撑，方便成本管控、工作考核等，实现精细化管理。

2. 资源整合优势

传统养老模式主要依靠家庭和社区的力量，资源整合的范围和数量有限。智慧养老可以通过智能化的科技集成平台，打破空间和地域的限制，将政府、服务商、社会组织、家庭等服务主体“绑定”在一起，整合全国甚至全世界养老服务所需的各种资源，例如，医疗卫生资源、社会工作资源、物业管理资源、市场资源等，共同为老年人提供生活照料、健康医疗、文化娱乐、环境的适老化改造等多元化服务，改善老年人生活的环境和品质。

智慧养老破除资源碎片化，通过养老供需有序对接，实现了养老服务信息资源的共享，养老服务内容、方式、渠道的整合。智慧养老信息平台利用先进的技术设备使养老信息能够互联互通，解决了现实中存在的老年服务资源不足、配置不合理、供需不匹配等问题，实现了养老机构、社区、社会等养老资源的有效整合和优化。智慧养老信息平台实现了服务供给方、服务提供方和老年人三者的无缝对接，家政公司、护理中心、敬老院、各种养老机构等服务提供方通过服务档案的动态管理，综合分析老年人的评价与反馈，及时转变发展思路，实现市场精准定位，最终使老年人获得的服务更加低价、高效、优质和便捷。

3. 人力替代优势

传统的养老一般都是“人”对“人”的服务，具有面对面、直接性、互动性的特点，需要大量长时间的人力投入，服务标准不一且服务人员容易产生倦怠。智慧养老推动养老服务由人工化走向智能化和自动化，以智能设备的相关运用，降低对人力资源的依赖。智能化养老平台可设置标准化、简易式的智能化照护照料方案，依靠先进的照护评估量表智能评测、自动生成长者健康评测报告，根据评测报告自动生成照护等级和照护计划，照护计划自动推送至相对应的护理人员，护理人员按照时间、要求执行即可，省时、省力、省成本，从而减轻护理人员（照护者）的工作量。

由于我国人口结构急剧转型，养老服务压力倍增。利用先进的技术设备和完善的网络以及智能化、自动化等服务手段，可以降低护理人员的劳动强度，减少服务人员的劳动时间；养老服务机器人可以实现“机器代替人”，一定程度上弥补了人力养老服务资源严重不足的缺陷。特别是对于我国目前 2400 万高龄老年人和接近 4000 万失能老年家庭来说，大大节省了家人和子女的照料成本，提高了服务效率，一定程度上解决了人工不愿做、人工做不好甚至人工做不了的为老服务，为求解

“无人养老”（主要指没有人愿意做护理人员）困局提供了思路和实现方式[1]。智慧养老系统还能充当老年人的“隐形伴侣”，如果老年人想休闲放松，系统可告知其当天的电视节目、社区开展的活动等内容；如果家中房门上安装了娱乐传感器，老年人进门时便会自动播放主人喜爱的音乐，并适时调节室内暖气和灯光。

4. 医养结合优势

智慧养老能全方位监测老年人的健康状况，提升健康管理专业水平。如手腕式血压计、手表式 GPS 定位仪等，不仅能随时随地监测老年人的身体状况，也能了解他们的活动轨迹；给家中的厕所进行改装后，系统便会自动监测老年人的尿液、粪便等，老年人在上厕所的同时可完成医疗检查。系统监测到的数据将直接传送到协议医疗单位的老年人电子健康档案，一旦出现数据异常，智能系统会自动提醒老年人及时体检，身体健康数据也可推送至子女，很大程度上提高了护理工作效率，同时保证了数据真实性。老年人由于年龄、身体素质问题，属于高危人群，老年疾病突发的概率高，利用智能可穿戴设备，老年人可随时随地发起紧急呼叫，护理人员或家属可及时接收报警、及时处理，避免风险意外的发生；当老年人身体出现亚健康或者异常情况时，智能居家养老设备的服务中心也能第一时间发出警报；若灶上煤气（燃气）未关，厨房传感器能发出报警，并能自动关闭煤气（燃气）；GPS 定位设备能监测老年人的位置，防止老年人走失。智能化设备运用到老年人日常生活场景中，不仅能预防老年人突发意外情况的发生，降低风险，还能做到“无事勿扰，有求必应，呼叫可查，有理有据”。

5. 高效精准优势

传统的养老服务质量受制于递送者的素质、专业程度和时间的限制，不可能 24 小时提供高效及时的服务。智慧养老可以利用现代技术为老年人提供不间断的面对面或远程服务，最大限度地消除养老服务的时空界限。例如，当老年人跌倒或处于危险状况时，智慧养老系统能迅速感知和识别，及时报警，让老年人第一时间得到救助或风险处置，将老年风险后果发生的损害性降至最低，并减轻照顾者的负担。再如，家庭为老年人购买智能手环、安装智能安防系统等，即使子女不在身边，也可以随时了解老年人的健康状况，保障老年人的家居安全。同时，智慧养老通过对原始信息数据的细化，能够把握特殊或重点人群的不同需求和动态，形成具有区域特色的公共服务网络，积极开展具有个性化、体验化的管理和服务，从而不断增强养老服务的人性化和精准性。

智慧养老帮助机构实现服务规范化、标准化、可视化。养老照护机构和老年人及其家属之间的矛盾，多集中在养护费用、护理方式、意外情况等方面。养老照护机构可以通过智能化方式向老年人的子女推送健康数据、呼叫处理过程、每日照护

① 屈贞．智慧养老：创新我国养老服务供给模式新选择［J］．社保论坛，2016（6）．

计划完成情况、消费明细等，建立养老机构与家属双向沟通桥梁，子女亦可反向叮嘱养老机构注意事项。养老机构的服务、消费透明化，可增强子女、老年人、院方三方信任，助力品牌建设。

智慧养老以信息集成完善养老信息库，实现政府的高效管理。在老龄化背景下，面对家庭结构的小型化、核心化，以及老年人独居化、空巢化，智慧养老利用互联网的信息集成功能建立并完善了信息库，满足了老年人的安全保障、健康检测、社会联系、护理康复等多层次需求。运用大数据技术可以对智慧养老信息管理中心相关信息数据进行挖掘、分析，为政府及各级主管部门适时调整相应的养老服务政策提供数据支撑。

（五）智慧养老服务的主要模式

近些年来，各地结合当地实际，探索出多种智慧养老模式①。

1. 按照使用智能设备不同划分

可分为电话养老服务、“一键通”养老服务、手机养老服务、电视养老服务以及机器人养老服务等方式。电话养老服务是老年人通过拨打养老专线电话（如洛阳12349专线、上海95002热线、沧州电话座机“E键呼”等），由服务平台提供送餐保洁、购买帮厨等服务；“一键通”养老服务是通过专门的便于随身携带的智能手表（如北京石景山24小时智慧养老中心为老年人提供的智能手表）、老年人专用手机（如邵阳正康老年智慧机、西安“关护通”“家事宝”老年手机）等智能设备为老年人提供位置定位、双向通话、健康监测、紧急报警等服务；手机养老服务就是在目前智能手机上安装应用软件，通过使用软件实现各种养老服务，例如北京朝阳区“一点孝心”App软件提供自助售餐、福建厦门“I欢孝”App软件进行健康管理；电视养老服务是老年人通过机顶盒操作智能电视，实现预约点餐送餐、日常购物、家政等一系列服务，如天津智慧养老已开发包括智能电视服务在内的多项适合居家养老使用的智能设备；机器人养老服务是通过人机自主互动，由智能机器人实现定位报警、取物送餐、健康监测乃至日常照料护理等服务。

2. 按照提供服务用途不同划分

可分为位置定位、提醒服务、日间照料、医疗监测、紧急救助、双向通话、代购缴费等服务形式。位置定位是由智能设备提供GPS定位，防止老年人走失，对于患有老年痴呆症的老年人十分必要；提醒服务包括时间提醒、用药提醒、久坐提醒以及事项提醒等，防止老年人忘记时间、错过事项；日间照料包括为老年人提供购买帮厨、订餐送饭、保洁洗澡、看病预约、叫车等待等各种家居养老服务；医疗监测包括血压、血糖、心率、心电等医疗项目的定时监测，预防老年人身体突发异常

① 张雷，韩永乐．当前我国智慧养老的主要模式、存在问题与对策［J］．社会保障研究，2017（2）．

状况；紧急救助包括老年人跌倒报警等紧急状况报警，是老年人突发事件的应急措施；双向通话可实现老年人之间、老年人与家庭成员间的双方或多方通话，提高交流沟通的时效；代购缴费为通过智能设备方便老年人购物和进行水电煤气等日常缴费，使其可以在家享受到各种服务。

3. 按照技术应用场所不同划分

可分为智慧居家养老服务、智慧医疗养老服务、智能机构养老服务、智慧城市养老服务等。

智慧居家养老服务就是依托智能设备（如关爱智能腕表、“一键通”呼叫器、智能手机等）和现代信息技术，以老年人住所为基础，构建智能高效的家居设施（包括配套软、硬件）和养老服务体系，实现老年人通过各种适合居家养老使用的智能设备便可享受点餐送餐、清洁打扫、代购缴费等各种服务，即通常说的智能社区养老服务，这是目前国内各地探索智慧养老最普遍的模式，其中的代表包括绍兴“标准化、全覆盖”模式智慧居家养老服务、洛阳延安社区12349居家养老信息服务平台打造的10分钟智慧服务圈、北京朝阳区安贞街道通过“一点孝心”App客户端提供自助售餐服务、上海“安康通”、西安的“关护通”“家事宝”等老年人智能手机提供智能家居养老服务等。智慧医疗养老服务是指专业机构通过使用智能设备对失能、半失能老年人提供日常看护、科学进餐、医疗监测、康复治疗等服务，如北京寸草春晖养老院为失能、半失能老人提供照顾服务，以及辽阳美林园社区养老服务站（颐养服务中心）为失能、半失能老人提供的专业医养服务都是这种模式的实践。智慧机构养老服务是居住在专业养老机构的老年人通过机构提供的各种智能设备，实现订餐送餐、清洁打扫、健康监测、预警提醒等一系列专业服务，如北京昌平汇晨养老机构等通过智能设备为老年人提供品种多样、高效便捷的特色服务。智慧城市养老服务是在建设智慧城市时，将智慧养老服务列入城市设施和公共服务内容，在实现城市高度智能化的同时实现养老服务的智慧化和效率化，如天津市开发出智能电视、智能机器人、关爱智能腕表、“一键通”呼叫器等智能设备提供多项适合居家养老的服务，浙江乌镇“智慧养老”线上平台通过“智能居家照护”“远程健康照护”“SOS呼叫跌倒与报警定位”等设备，利用阿里云服务器、App等进行远程管理，都是这方面的有益尝试。

（六）智慧养老服务的发展趋势

针对我国日益严峻的老龄化形势和传统养老模式的不足，“智慧养老”模式无疑具有巨大的发展潜力和发展空间，但这种潜力的挖掘和空间的获取有赖于我国养老服务体系建设的不断完善，因此要不断提高我国养老服务的社会化水平，为“智慧养老”提供源源不断的资源供给[①]。

1. 全面普及化

随着我国养老问题的加剧，智能居家养老系统凭借其经济性优势，势必在相关配套政策的引导下迅速普及，成为基础社会保障的一部分。相关配套法规、标准的出台，将进一步规范智能居家养老系统市场，智能居家养老系统将在政治引导性的形势下迅速发展。智能居家养老系统涉及饮食、医疗、居住、出行、娱乐等多方面，将线上服务和线下实体服务紧密结合，立足老年人的各种需求，提供全方位的服务。

2. 服务人性化

我国养老服务呈现单一化、机械化的问题。智慧养老服务平台开发商对于老年人的需求了解较少，其开发设置往往只注重老年人物质和医疗护理方面的满足，而忽视了老年人人文关怀、精神慰藉方面的需求。未来我国智慧养老的服务产品将更趋向于人性化及个性化，在此基础上提供顾客真正需要的产品与服务[②]。一方面是便捷化趋势。智能居家养老系统可以让老年人足不出户即可获得信息、获取服务、享受关怀、丰富自身精神需求。另一方面是情感化趋势。老年人随着所承担社会责任的减少，社会贡献能力逐渐降低，难免产生孤独感、失落感、自卑感、抑郁感等，因此，养老需求不仅是物质层面的需求，更要有精神层面的需求，如挖掘老年人的经验积累、专业学识资源等。关于老年人的情感化需求、精神层面需求，将成为智能居家养老系统的发展趋势。

3. 技术高新化

一是提高各种类型智慧养老服务平台的自身运作水平，增强社会养老服务资源调度和配置能力。智慧养老服务平台要针对老年人多样化和个性化的养老服务需求，不断优化服务流程，增加养老服务专业人才配备，加强资源搜集、整合、调度和配置能力，组建模块式养老服务资源网络，提高快速反应和精准服务能力，改善老年人养老服务体验。二是加强智慧养老服务平台资源整合能力建设，提高社会养老服务资源供给水平。要针对智慧养老服务平台展开身份归属研究，确定平台的身份是“事业”还是“企业”，赋予入驻平台的养老服务企业公益属性，出台鼓励、支持、扶助平台和入驻企业发展壮大的政策措施，提高智慧养老服务平台的资源整合能力，以壮大社会养老服务资源总量供给，应对多样化的养老服务需求。

4. 资源融合化

一是强化社会养老服务体系建设，为智慧养老模式提供优质服务资源。智慧养老服务模式归根结底是一种养老服务工具，其本身并不生产任何养老服务资源，因而其发展的好坏完全取决于现有的养老服务资源现状。如果社会养老服务体系

---

① 林瑜胜．我国“智慧养老”模式的核心问题与发展方向［J］．上海城市管理，2017（9）．

② 丁彦辰，黄嘉慧．智慧养老云平台发展研究［J］．合作经济与科技，2020（7）．

不健全、资源短缺严重、资源质量难以保证，智慧养老服务模式再新颖、再便捷、再高效，也难以成为老年人获取居家养老服务的优先选择。因而，要从养老服务体系规划、政策制定、人才培养、机构设立等方面加强顶层设计，以让我国全体老年人老有所养、老有优养为目标，建设无缝覆盖的老年保障体系，并依据现实国情和老年人收入水平，为老年人提供合适、恰当、可支付的优质居家养老服务保障。

二是健康管理线上与线下融合。目前，智慧养老云平台的健康管理仍以线上咨询为主，缺少人性化的智能服务，还不能形成良好的交互模式。老年人群由于历史和观念的原因，对互联网医疗产品的认同度和接受度也还停留在较低阶段。因此，以连接平台、医生、患者、检测硬件为切入点的交互模式将更具价值。

三是医养结合实现医疗与养老数据融合发展。未来医疗大数据和智慧养老融合发展，实现老年人的养老日常数据与医疗服务数据互通，为老年人提供医养结合无缝衔接的服务模式，才能真正解决老年群体的医疗刚需。

二、智慧养老服务平台建设

随着大数据、人工智能、物联网、区块链等技术的不断发展，以新一代信息技术和人工智能技术为基石的智慧养老服务系统，是集紧急救助系统、掌上健康系统、情感支持系统、生活照料系统、银发智慧学院为一体的全方位、多层次、宽领域、多维度的线上数据集成与线下养老服务“送到家”“送上门”的综合养老服务云平台。通过借助线上大数据资源挖掘系统，对老年人群体的数据进行采集、存储和分析，挖掘养老服务群体的个性化需求，由线下服务圈根据线上平台的需求分析与资源分配，所有服务子系统会立即将相关数据可视化，给智慧养老服务提供者提供了明确的行动路线。智慧养老服务云平台所有的系统数据并不是存储在数据中心，而是存储在养老需求群体的本地数据库中，智慧养老中心只是一个分析决策的平台，可以通过远程访问的方式访问本地数据库，并可以实时调取相关的服务数据。

（一）智慧养老服务平台的作用

与传统的居家养老模式、社区养老模式、机构养老模式相比，智慧养老模式突破传统养老模式的弊端，具有不可比拟的优越性，它可以充分运用大数据等技术，为智慧养老提供一站式养老咨询、申请、评估、预测、救助、分类、转接等微观服务。此外，平台还可以主动采集老年人实时的需求信息，对老年人实施远程健康监护。同时，通过建设覆盖民政主管部门、养老服务机构、服务对象的智慧养老服务平台，为老年人提供生活照料、紧急救援、医疗保健、情感慰藉等个性化、精准化、智能化的养老服务；通过智慧养老服务模式，把线上信息流有效地转换为线下专业化服务，促进线上和线下服务协同发展，最终形成以智慧养老为依托的“去机构化”养老服务新格局，服务资源散点分布、养老服务需求全渠道供给、所有资源经智慧养老平台统一调度，从而实现资源的优化配置、资源利用效率的提高、管理模式的扁平化发展等目标①。

1. 促进信息交流，确保渠道通畅

互联网的发展冲破了传统社会架构下的信息沟通和交流的樊篱，加强了管理服务部门之间的协作性，也为个体与部门间的对话创造了有利条件。现行社区养老模式服务供给呈现出滞后性与形式化的问题，互联网给社区养老服务信息传递带来帮助：一是通过终端系统、智能设备、信息处理技术等手段大大加快了信息传播速度，将老年人的需求快速、及时地传递到供给部门，并第一时间提供解决办法，解决信息滞后带来的负面影响②。如当老年人需要医疗救助和出现突发性事件时，能够通过以上手段发出需求信号，减少时间成本，获得最佳服务供给时机。二是缩短信息传播层级，有效防止信息失真，确保信息真实有效。互联网传递信息的导向性功能将老年人的实际需求准确传达到信息接收部门，双方信息沟通畅通无阻，无须中介传递，老年人可对需求的具体要求、限制条件等详细叙述，管理服务部门可根据准确信息提供服务内容，避免信息层级传递失真后导致的供需不符现象。

2. 优化资源配置，提高服务效率

互联网智能平台对资源配置的优化体现在资源共享和资源合理分配方面，实现对养老服务资源的最大化利用，从而提高管理服务效率。节约养老资源、降低养老成本是社区养老模式的优势所在，但现阶段我国社区养老的资源整合能力依旧不足，在养老服务资源紧缺的现状下，仍有部分资源闲置甚至浪费。资源共享即要实现服务设施、服务项目、服务人员等资源的共享，通过建立养老服务资源网络平台，帮助老年人全面了解周边可用的养老服务，并可通过平台自主选择服务。另外，通过对收集数据的统计分析实现服务资源的合理分配，即根据地区的老年人人数、集聚地点、生活喜好等因素建设基础服务设施和投放服务项目，解决资源闲置和供不应求的问题。同时，通过针对老年人的需求服务类别、时间、次数等数据进行分析处理，可合理调配资源避免需求高峰，也可挖掘潜在需求或提供预测性服务。此外，社区管理服务中心对计算机应用系统和智能终端设备的使用，可简化工作流程、缩短服务时间、提升服务质量。

3. 丰富服务内容，满足多样需求

互联网信息平台与智能设备的结合使用，可以提供丰富的服务项目以改善老年

---

① 刁生富，刁宏宇，吴选红．大数据时代智慧养老服务模式比较分析［J］．山东科技大学学报（社会科学版），2018（12）．

② 李振星．社区养老服务的网络智能平台构建研究［J］．电子商务，2019（4）．

人的生活现状。如开展远程健康监测服务，通过智能终端和传感设备的使用，远程监测老年人体温、血压、血糖等信息，进行“监测—呼救—治疗”一体化健康管理服务；建立网络社区平台，促进老年人之间的沟通互动，提升老年人的精神满足感。以互联网为载体的养老服务与传统养老服务相比，有较强的灵活性和生存空间，“互联网+”传统服务在保证提供原有服务质量的同时带给大众全新体验。社会不断发展，大众的需求日趋个性化，每个个体都有生理、情感、社会等方面的不同需求，这些需求呈现出多层次、多元化的特性，老年人的需求也是如此，对此，互联网可以发挥其整合资源、节省成本的优势，建立网络服务平台“一对一”服务，提供针对性的服务，满足每位老年人的个性化需求。

4. 利于多方参与，扩大服务范围

互联网为一元主导的管理模式向多元协作的治理服务模式转变提供了改革路径，彻底打破了以往封闭、静态的体制大门。社会组织、志愿者团队、企业单位等非政府组织通过社交网站、微信等信息网络媒体方便、迅速地了解社区老年人的生活状况及各类需求，并通过互联网积极参与进来，为老年人的健康生活提供帮助。网络智能平台成为集中社会力量，整合社会资源，促进多方参与社区养老服务体系建设的助推器。另外，网络的平等、开放、共享特性促进了各参与主体间的信息交流与共享，任何个体或组织都能够自由、自主地从网络上获得、分享信息，发表意见，实现了各参与主体之间的对话与协商，因其经济、社会地位的不同，看待问题的角度和处理问题的方式也不同，不仅使社区养老服务的形式和内容趋于丰富化和多样化，同时扩大了服务供给的覆盖面。

（二）智慧养老服务平台的构建

社区养老服务网络智能平台是以供给养老服务为目的，运用大数据、云计算等核心技术对线下信息、资源的识别、分析、整合并利用的综合性服务平台①。主要包括档案管理中心、运营中心、监控中心、信息中心等模块，通过智能化的服务终端为社区老年人提供生活照料、医疗保健、家政服务、情感交流等多元化的养老服务，从而改善传统养老服务方式的弊端，缓解当前严重的人口老龄化压力，提升养老服务的质量与满意度。在服务功能方面，网络智能平台通过终端层、网络层、平台层和服务层四个层次之间的相互连接作用，整合各个层次的资源，发挥信息优势，实现线上服务与线下服务的融合发展。结合智慧养老相关理论研究成果与部分地区的实践经验，依据智慧养老服务体系基于物联网、云计算、移动互联网、大数据等技术，提出智慧养老服务平台架构（见图5-8）由物联层、传输层、平台层、应用层、用户以及技术支撑六部分构成②。

① 李振星．社区养老服务的网络智能平台构建研究［J］．电子商务，2019（4）．

② 李彩宁，毕新华．智慧养老服务体系及平台构建研究［J］．电子政务，2018（6）．

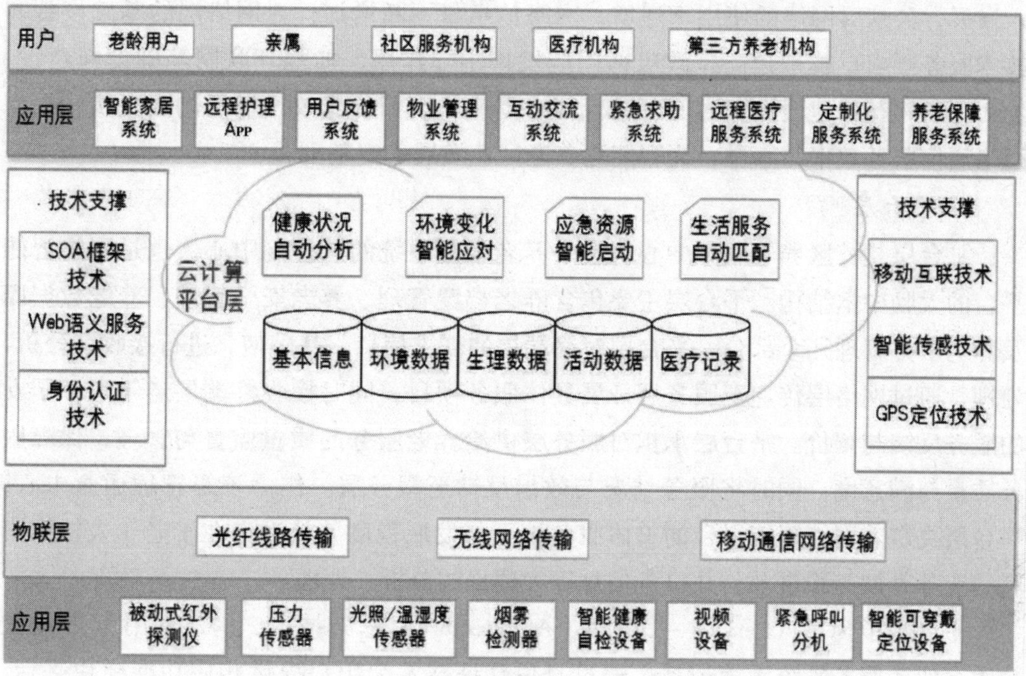

图5－8　智慧养老服务平台结构

1. 终端层

终端层（物联层）是指智能养老服务设备。通过老年人对智能设备的使用，将相关数据信息传送至网络智能平台，再由平台联系服务提供方提供相应的养老服务。终端层主要由基于传感技术的多种智能家居设备、视频设备、可穿戴设备构成，其中应用于保障老年人居家安全的技术分为一般适应性技术、被动式环境传感技术、生活协助技术、行动管理技术和家居设备技术，这些技术须具备可靠性、低侵入性、成本效益性。智能养老服务设备主要包括移动通信设备、智能理疗设备、生命体征检测器、便携式数据传感器等，在终端设备的选择上老年人可根据自身状况、兴趣爱好、使用习惯等进行差异化选择，终端设备的设计也应结合老年人的特点，使用程序尽量便捷、灵活，适用于老年群体。老年人的服务需求通过智能设备由网络层输送至平台层，并由社区养老服务中心进行及时处理。平台层通过终端设备对老年人进行远程监控与健康数据采集，经过数据分析处理，定期将健康分析报告与建议传送到老年人及其子女的终端设备，以便采取科学合理的医疗诊治和保健服务。

2. 网络层

网络层（传输层）是串联终端层、平台层和服务层的载体，是网络智能平台正常、平稳运营的前提和基础，也是平衡养老服务需求与供给的重要因素。根据各感知设备不同的传输需求将传感器收集的数据通过光纤线路、无线网络、移动通信网络渠道准确、可靠、安全、快捷地传输至统一的云计算平台层。随着互联网时代深入发展，公众对网络的使用率递增，网络信息量不断增加，对网络层的基础设备和技术服务要求也越来越高，政府部门应发挥主导作用，加强互联网基础设施建设，加大互联网基础建设投资力度，进行网络提速与废旧、低效设备的淘汰更换，提高网络通信服务效率与水平，为智能化养老产业发展奠定基础。

3. 平台层

平台层是社区养老服务中心对整个养老服务系统的总控制中心，也是网络智能平台的大脑中枢结构。平台层主要包含养老档案管理、养老安全管理、养老数据库及养老事务管理几个部分。平台层对终端层的需求信息、基础信息进行接收、分析、处理，通过网络层传递至服务层开展具体服务项目，同时接收终端层老年人和子女的服务反馈与评价。平台层承担对服务层供给养老服务的质量监督与管理，保障服务质量与满意度，同时将服务情况与效果反馈至服务层。作为统筹管理运营中心，平台层决定着网络智能平台的整体服务水平与发展程度，其难点在于老年人档案资料、业务开展与跟进及公共事务信息等大数据的分析、处理。

平台基于SOA（Service - Oriented Architecture）框架技术，构建利用Web语义技术，使各服务系统无缝衔接，通过身份认证技术为用户提供相应功能模块平台，同时使用移动互联、智能传感、GPS定位等技术。云计算平台层对数据进行统一管理，包括云存储和云计算，在云端存储和备份数据、提供数据上传及共享的统一接口、对数据进行智能运算、建立模型进行长期演化规律分析、生成健康状况自动分析报告、环境变化智能应对策略、智能启动应急资源、自动匹配生活服务需求。

4. 服务层

服务层是由养老服务机构与企业、医疗护理机构、保健康复中心、智能设备开发与销售商等构成，具体服务内容包括生活照料、医疗救助、康复护理、生活娱乐休闲等。其中，医疗护理服务是整合当地社区卫生服务站、医院的服务资源，通过网络智能平台进行专家预约、排队挂号、病情咨询等相关助理服务，智能化提升服务效率，及时进行医疗救助，改善当前医疗资源地区性分布不均的现状。生活照护类服务是老年人通过可穿戴智能设备以移动呼叫设备发出需求，由网络智能平台安排养老服务机构人员上门服务，在这一过程中，精神需求服务同样可以得到满足，主要包括心理咨询、心理疏导、陪伴聊天、心理慰藉等。服务层的设计是根据差异化的个体需求提供个性化、定制化的配套养老服务，因此，老年人健康档案的建立、大数据的分析处理、市场潜在需求挖掘成为服务层的工作重点。

5. 应用层

应用层依据云计算平台层提供的数据和智能运算结果为养老服务各主体提供多个服务系统，包括老龄用户及亲属使用的智能家居系统、远程护理系统、用户反馈系统，社区服务机构使用的物业管理系统、互动交流系统、紧急救助系统，医疗机构使用的远程医疗服务系统，第三方养老机构使用的定制化服务系统，政府使用的养老保障系统。应用层程序采用 B/S 架构，用户可利用普及的智能手机作为终端，减少实施成本。同时，应用层可针对老年群体独特的可视化需求作出特殊设计。

6. 用户层

用户层包括老龄用户、亲属、社区服务机构、医疗机构、第三方养老机构以及政府各主体，通过统一的服务平台进行方便快捷的交流，形成高效运行的智慧养老服务体系。

（三）智慧养老服务平台的特征

智慧养老服务平台以可靠的、用户友好的方式，检测到一系列的突发事件，提供用户服务需求。平台设计降低对使用者的要求，需要用户操作的部分少，对用户行为的干预最小。同时，平台具有较好的成本效益性，维护成本低。此外，平台设计用户隐私保护机制，使用者拥有个人信息的控制权。

1. 实时感知

智慧养老服务部署实时感知的无线传感网络，可以有效获取高质量的老年人所处环境、生理、活动信息。充分运用基于物联网的监测手段，具有采集数据动态灵敏、质量高，运行干扰活动少、费用低，减少监测盲区等优势。实时收集老年人个体活动全数据并精确感知老年人风险和需求，是实现智慧养老服务的基础。

2. 集成共享

智慧养老构建集成共享的信息化平台，一方面可将老年人需求信息与供应商服务信息有效整合，可降低供需信息不对称，提高资源配置效率；另一方面使老年人生理健康监测数据及活动数据与医疗记录信息融合，可提高对老年人疾病诊疗的准确度和及时性，并据此安排合理的照料方案，把握老年人长期健康演化规律。

3. 智能处置

智能处置的内涵包括智能运算和智能响应，智慧养老服务的智能处置体现在四个方面：一是根据预设规则，针对物联网智能感知的环境、生理、活动异常数据，进行突发情况的自动化处理，保障老年人基本的安全需求；二是针对老年人生活不同场景的需求，进行自动化调整，提高环境舒适度和生活质量；三是对持续记录的老年人生理指标和医疗指标的自动化分析，生成改善老年人健康水平的方案；四是对老年人个体特征及偏好信息进行深入分析，自动匹配平台产品与服务，实现精准推荐。智能运算和智能响应是智慧养老服务的关键特征，利用自动化技术可以减少服务时间和成本、提高服务效能和效率。

4. 整合协同

智慧养老强调多种养老服务的广泛覆盖和全面整合，促使养老服务组织由单一主体向多元协同转变，为用户提供涵盖生活照料、医疗保健、文化娱乐等多层次需求的一体化服务。智慧养老为相关主体建立统一的服务接口，打破沟通壁垒，构建虚拟化协同组织。根据老年人物质生活与精神生活的不同需求，以及不同生理能力阶段的不同护理需求，通过整合协同的智慧养老平台，可以对全社会养老资源进行高效配置和快速调动，针对老年人的实际需求提供定制化服务。

5. 远程交互

智慧养老的另一重要特征在于利用移动互联网突破时空限制，使老年人亲属仅通过诸如智能终端 App 等应用，就能随时随地知晓老年人的活动状态，与老年人进行互动交流并提供相应的照料。

（四）智慧养老服务平台建构的关键

我国的智慧养老仍处于新兴阶段，在产品应用、技术融合、社会认可度等方面还面临着一些突出问题，往往出现“叫好不叫座”的现象，面对老年人的日常生活所需，呈现明显的“三重三轻”特点，具体表现在以下几个方面①：一是重技术、轻需求。当前智慧养老的供给中过于依赖技术驱动，追求诸如“物联网”“云计算”“人工智能”等最新技术的使用，缺乏从老年人或老年人家庭出发，从满足他们最直接、最迫切的需求出发，从解决养老服务行业的痛点出发考虑问题。在技术和需求之间存在脱节，契合度不够。二是重产品、轻服务。随着智慧养老的蓬勃兴起，市场中出现了“智能穿戴”“远程报警”“智能康复”“健康管理”等很多类型产品，让人们耳目一新。但产品所需的持续有效的服务支持却往往缺位，导致产品功能不能充分发挥，最终被束之高阁，很多产品“不是用坏的，而是放坏的”。三是重概念、轻场景。随着“VR”“区块链”“富媒体”等前沿技术和概念的不断引入，智能养老产品供给得到不断丰富。落实到养老服务中，应将概念转化为直观的、系统的应用场景，将线上技术与线下服务有机融合，化繁为简，贴近生活，让用户可以便捷、快捷地使用。

智慧养老，“养老”是核心、是根本，“智慧”是手段、是支撑。推进智慧养老的初心和最终目标，就是让老年人得到实实在在的获得感，满足老年人以及老年人家庭的实际需求，以提升其生活质量。坚持以老年人为中心，既是智慧养老的出发点，也是落脚点。

1. 注重应用性

智慧养老，要以需求引导供给，而需求体现在具体的生活场景中。一是明确定位。要从产品所能发挥作用的场景出发，针对居家养老、社区养老、机构养老中某一类或某几类需求。如，针对失能老年人的护理需求或失智老年人的看护需求等，

---

① 朱勤皓．关于推进“智慧养老”的几点思考［N］．中国社会报，2020.6.8（2）．

要定位清晰，用户准确，产品才具有生命力。二是应用为要。智能产品是一种回应需求、解决问题的工具，而非展示和摆设。只有让用户看得见、摸得着、用得上，替代人力、减少成本，才有使用的价值。

2. 注重适配度

智慧养老，关键是“适老”，要适合老年人。一要技术适配。新概念不一定是新技术，最新技术也不一定最适合老年人的日常需求。二要价格可控。要兼顾性价比，根据老年人群体的消费习惯、收入情况，研发适合大众化的产品。否则就会导致养老产品“高不可攀”，无法普及和推广。

3. 注重简易化

智慧养老，根本在于“好用”。一要方便上手。老年人接受新鲜事物较慢，智能产品必须要简单、易学、方便上手，让老年人觉得简单，让老年人及其家庭的生活可以变得更加简单，这才是智慧养老的精髓。二要性能稳定。要区分智能产品的前端和后端，后端可以无限复杂，但前端务必最优便捷。在这个前提下，要高度注重产品后端的技术能力、安全稳定，要尽可能减少出错率和维修率，使智能产品成为老年人日常可依赖的一部分。

4. 注重配套化

智慧养老，要注重落地。一要注重线上与线下的融合。智慧养老不能只是飘在云端的系统，要实现线上线下的良性互动、有机结合。每一个智能产品或先进技术，都要有匹配的服务支撑。二要构建服务闭环。智慧养老，养老是核心；而养老服务，重点在服务。打造智慧养老新模式，必须建立“智能产品—匹配服务—后台支撑”的闭环，在老年人居家生活或照护服务中的更多场景中发挥作用，才能成为老年人安享晚年生活的有力支撑。

5. 注重针对性

智慧养老，要针对养老服务中的痛点，实现精准服务。一要聚焦照护。技术的最大价值在于提高效率、降低成本。对养老服务而言，智慧养老的首要使用价值是通过科技手段，实现对某一些传统养老服务的替代。例如通过技术减轻人工护理的照护压力，缓解家庭的陪护压力。二要聚焦人文。智慧养老产品不能完全替代老年人自主自立，要提高智慧养老产品的人文和温度，围绕老年人的行为习惯、情绪情感等，通过辅助性手段，为老年人“赋能”，增强老年人的自理、自主生活能力。

三、智慧养老服务案例分析

早期，智能家居是用来解决具有神经系统障碍的老年人生活起居问题的。Aldrich（2003）认为应从5个方面支持残疾人的智能家居建设：一是建立网络，一切设备都需要通过互联网来进行信息的传输和交流，只有家里设立了有线或者无线网络，智能家居设备才能有用武之地；二是通过传感器，实现人与物的交互；三是利用各种智能设备收集居住者的各种信息，如房屋的湿度、温度，居住者的作息时间，居住者的生理特征状况；四是通过软件操作系统，将所获得的信息进行共享；五是利用计算机，对所获得的分散数据信息进行分析，预测居住者的舒适状态和条件①。魏广巨（2013）认为：养老数据采集系统、数据分析系统以及数据信息传输系统构成养老服务平台，利用高科技、互联网、物联网、大数据等技术为老年人提供低成本高质量的生理照顾和精神慰藉②。关世荣（2011）指出，智能养老家居可分为四个部分：安防管理、生活管理、医疗管理、社交管理，所以智能养老服务也被称为4M系统③。

表5-7　智慧养老主要应用模式

序号	应用模式	应用举例
1	智慧家居	根据老年人应用场景配置了诸多便捷功能，配置的居家生理检测套装让老年人即使足不出户，也能随时获悉身体健康状况
2	智慧养老服务平台	智慧养老服务平台为其他服务机构提供平台，一方面能够方便老年人快捷、全面地寻找到自己所需要的服务，另一方面为其他服务行业提供了与客户直接对接的平台
3	智慧社区	“一键通”智能养老服务通过基于社区建立的服务中心，快速响应老年人服务要求
4	智慧养老机构	“虚拟养老院”提供送餐、陪护、医疗保健和心理慰藉等多项居家养老服务项目，养老院智慧养老系统提供老年人定位、健康档案管理及医疗服务管理功能
5	智慧远程医疗	远程医疗服务平台，包括远程心电诊断系统、远程影像诊断系统、远程实验室检验系统、远程医疗质量管理、远程预约挂号系统等，通过互联网技术，实现老年人在基层社区卫生服务中心、卫生院即可完成医院自助挂号、预约就诊、自助缴费和打印报告等功能

① Aldrich. Smart homes past, present and future [R]. Inside the Smart Home, 2003.
② 魏广巨．智能养老安防服务——民用安防市场的新增长点［J］．中国安防，2013（11）．
③ 关世荣．家庭智能监护报誉装置的研制［D］．吉林大学，2011.

续表

序号	应用模式	应用举例
6	陪护机器人	专门为居家老年人设计的“多用途老年人陪护机器人”，能够记录、分析人的面部表情，计算出心率、呼吸频率等关键生命体征；集成了人工智能语言处理技术，能够与病人交流，回答有关健康的问题
7	安全健康管理应用程序	“欢孝”高血压管家、“孝情通”“微孝天天”等智能移动助老应用，帮助子女掌握老年人动态，远程看护、照料老年人

（一）智慧养老服务的主要应用

智慧养老需要三个方面的技术支持：一是线上智能养老数据平台建设，包含数据的收集、分析、共享以及传输；二是智能产品终端的设计，随着科学技术的进一步发展，智能终端也呈现出多样化、小型化、个性化趋势；三是线下服务圈的完善。智慧养老有多种体现形式，如有专门针对老年人的可穿戴设备，可以对老年人进行定位或者远程监控，有突发情况时可以第一时间告知看护人。医疗管理系统可以为老年人提供智能化的饮食运动处方、风险评估预警等。在健康管理方面，互联网、大数据能为老年人健康管理实行全方位、全天候监控和防护。

1. 机构养老服务智能化系统

（1）养老机构智能化需求。主要包括机构日常基础管理；数据分析汇总管理；费用结算/财务管理；长照老年人健康管理；护理服务质量管理（服务个案生成照护计划、照护监督执行管理、推送等）；老年人咨询、预约及入/出院管理；长护险结算管理；餐饮管理；志愿活动管理；紧急呼叫护理；子女互动、服务可视化，服务数据推送；等等。

（2）老年人日间照料机构。智能化系统应具有下列功能：养老服务专用系统的健康管理、人身安全监护、报警求助、多媒体培训功能；信息化应用系统的公共服务、智能卡/手机 App 应用、信息安全管理功能；信息设施系统的信息接入、综合布线、移动通信室内信号覆盖、用户电话交换、信息网络、有线电视、公共广播、信息导引及发布功能；建筑设备管理系统的建筑设备监控、建筑能效监管、环境监测、家用电器监控功能；养老服务综合管理系统；信息网络机房、安防监控室、消防控制中心和养老服务综合管理中心。

机构养老服务智能化系统宜具有下列功能：养老服务专用系统的基本业务办公及信息管理、养老服务功能；信息设施系统的无线对讲、会议管理功能；建筑设备管理系统的医用气体设备管理功能；公共安全系统的楼宇对讲、应急响应功能。机构养老、老年人日间照料设施智能化系统配置应按表 5－8 选择。

表 5－8　机构养老服务智能化系统配置

序号	系统名称	功能名称	老年人日间照料设施	老年人全日照料设施
1	养老服务专用系统	基本业务办公及信息管理	⊙	●
		健康管理	●	●
		养护服务	⊙	●
		人身安全监护	●	●
		报警救助	●	●
		多媒体培训	●	●
2	信息化应用系统	公共服务	●	●
		智能卡/手机 App 应用	●	●
		信息安全管理	●	●
3	信息设施系统	信息接入	●	●
		综合布线	●	●
		移动通信室内信号覆盖	●	●
		用户电话交换	●	●
		无线对讲	⊙	⊙
		信息网络	●	●
		有线电视	●	●
		公共广播	●	●
		会议管理	⊙	⊙
		信息导引发布	●	●
4	建筑设备管理系统	建筑设备监控	●	●
		建筑能效监管	●	●
		环境监测	●	●
		家用电器监控	●	●
		医用气体设备管理	⊙	●

续表

<table>
<tr><th>序号</th><th>系统名称</th><th>功能名称</th><th>老年人日间照料设施</th><th>老年人全日照料设施</th></tr>
<tr><td rowspan="8">5</td><td rowspan="8">公共安全系统</td><td>（1）火灾自动报警</td><td colspan="2" rowspan="6">按国家现行有关标准进行配置</td></tr>
<tr><td>（2）安全技术防范</td></tr>
<tr><td>①入侵和紧急报警</td></tr>
<tr><td>②视频监控</td></tr>
<tr><td>③出入口控制</td></tr>
<tr><td>④电子巡查</td></tr>
<tr><td>⑤楼宇对讲</td><td>⊙</td><td>⊙</td></tr>
<tr><td>（3）应急响应</td><td>⊙</td><td>⊙</td></tr>
<tr><td>6</td><td colspan="2">养老服务综合管理系统</td><td>●</td><td>●</td></tr>
<tr><td rowspan="5">7</td><td rowspan="5">机房工程</td><td>信息网络机房</td><td>●</td><td>●</td></tr>
<tr><td>用户电话交换机房</td><td>●</td><td>●</td></tr>
<tr><td>安防监控室</td><td>○</td><td>●</td></tr>
<tr><td>消防控制室</td><td>●</td><td>●</td></tr>
<tr><td>养老服务综合管理中心</td><td>●</td><td>●</td></tr>
</table>

注：●—应配置　⊙—宜配置　○—可配合

2. 居家养老服务智能化系统

（1）养老机构智能化技术需求。信息筛查登记管理、数据管理；安全管理；智能防护管理；紧急呼叫管理；生命体征监测、远程医疗；服药提醒；防压疮翻身提醒；走失预警；夜间离床报警；溢水报警；燃气报警；房门未关提醒；长时间未活动提醒；服务方案执行、监督管理；长护险结算管理；服务人员派单；订餐及服务预订管理；费用结算管理；服务人员信息管理、智能派单管理；服务统计反馈照护情况。

（2）居家养老服务智能化系统。应符合下列规定：应配置报警求助装置；宜为老年人配置穿戴式人身安全监护装置，具有定时定位、报警求助、跌倒检测、图片上传、视频联动等功能；应配置楼寓对讲装置。居家养老服务智能化系统配置应按表5－9选择。

表5-9 居家养老服务智能化系统配置

序号	系统名称	功能名称	配置情况
1	养老服务专用系统	基本业务办公及信息管理	○
		健康管理	○
		养护服务	○
		人身安全监护	⊙
		报警救助	●
		多媒体培训	○
2	信息化应用系统	公共服务	○
		智能卡/手机App应用	○
3	信息设施系统	信息接入	○
		综合布线	○
		移动通信室内信号覆盖	○
		用户电话交换	○
		无线对讲	○
		有线电视	○
		公共广播	○
		会议管理	○
		信息导引发布	○
4	建筑设备管理系统	建筑设备监控	○
		建筑能效监管	○
		环境监测	○
		家用电器监控	○
5	公共安全系统	(1) 火灾自动报警	按国家现行有关标准进行配置
		(2) 安全技术防范	
		入侵和紧急报警	
		视频监控	
		出入口控制	
		电子巡查	
		楼宇对讲	●
		(3) 应急响应	○
6	养老服务综合管理系统		○

续表

序号	系统名称	功能名称	配置情况
7	机房工程	信息网络机房	○
		安防控制室	○
		养老服务综合管理中心	○

注：●—应配置　⊙—宜配置　○—可配合

3. 社区养老服务智能化系统

（1）社区养老设施智能化需求。街镇内其他养老设施的服务共享及需求整合；养老服务设施资源整合服务；家门口服务站线上互动；各级养老设施安全管理；社区内独居老人、孤寡老人、高龄老人安全防护管理和紧急呼叫；服务定制；服务派单；服务监管；第三方服务对接；根据信息数据智能分析、服务匹配、智能推送。

（2）社区养老智能化服务系统。一般规定社区养老服务智能化系统应覆盖老年人日间照料中心、社区养老服务管理中心；社区养老服务智能化系统设计、施工、检测与验收、运行维护、评估应用现代信息技术、网络技术和集成技术，以提高社区养老服务水平和质量，满足社区老年人身心健康、生活服务、文化娱乐等方面的需求。

（3）老年人日间照料中心智能化系统。老年人日间照料中心应配置报警救助、信息接入、综合布线、移动通信室内信号覆盖和环境监测等装置；老年人日间照料中心宜具有基本业务办公及信息管理、健康管理、公共服务、智能卡/手机 App 应用、信息安全管理、综合布线、信息导引及发布、楼寓对讲和养老服务综合管理功能等。

（4）社区养老服务中心智能化系统。社区养老服务管理中心应配置基本业务办公及信息管理、报警求助、公共服务、智能卡/手机 App 应用、信息安全管理、信息接入、综合布线、移动通信室内信号覆盖、信息网络、有线电视、公共广播、信息导引及发布、环境监测和养老服务综合管理功能，设置信息网络机房、安防监控室、消防控制中心和养老服务管理中心；社区养老服务管理中心宜配置健康管理、人身安全监护、多媒体培训、家用电器监控、楼宇对讲和应急响应功能。社区养老服务智能化系统配置按表 5－10 选择。

表5－10 社区养老服务智能化系统配置

序号	系统名称	功能名称	老年人日间照料中心	社区养老服务管理中心
1	养老服务专用系统	基本业务办公及信息管理	⊙	●
		健康管理	⊙	⊙
		养护服务	○	○
		人身安全监护	○	⊙
		报警救助	●	●
		多媒体培训	○	⊙
2	信息化应用系统	公共服务	⊙	●
		智能卡/手机 App 应用	⊙	●
		信息安全管理	⊙	●
3	信息设施系统	信息接入	●	●
		综合布线	●	●
		移动通信室内信号覆盖	●	●
		用户电话交换	○	○
		无线对讲	○	○
		信息网络	⊙	●
		有线电视	⊙	●
		公共广播	⊙	●
		会议管理	○	○
		信息导引发布	⊙	●
4	建筑设备管理系统	建筑设备监控	○	○
		建筑能效监管	○	○
		环境监测	●	●
		家用电器监控	○	⊙
		医用气体设备管理	○	○

续表

<table>
<tr><th>序号</th><th>系统名称</th><th>功能名称</th><th>老年人日间照料中心</th><th>社区养老服务管理中心</th></tr>
<tr><td rowspan="8">5</td><td rowspan="8">公共安全系统</td><td>（1）火灾自动报警</td><td colspan="2" rowspan="6">按国家现行有关标准进行配置</td></tr>
<tr><td>（2）安全技术防范</td></tr>
<tr><td>入侵和紧急报警</td></tr>
<tr><td>视频监控</td></tr>
<tr><td>出入口控制</td></tr>
<tr><td>电子巡查</td></tr>
<tr><td>楼宇对讲</td><td>⊙</td><td>⊙</td></tr>
<tr><td>（3）应急响应</td><td>○</td><td>⊙</td></tr>
<tr><td>6</td><td colspan="2">养老服务综合管理系统</td><td>⊙</td><td>●</td></tr>
<tr><td rowspan="4">7</td><td rowspan="4">机房工程</td><td>信息网络机房</td><td>○</td><td>●</td></tr>
<tr><td>安防控制室</td><td>○</td><td>●</td></tr>
<tr><td>消防控制室</td><td>○</td><td>●</td></tr>
<tr><td>养老服务综合管理中心</td><td>○</td><td>●</td></tr>
</table>

注：●—应配置　　⊙—宜配置　　○—可配合

总之，智慧养老是一个复杂的系统工程，从单一视角很难完整地刻画和描述智慧养老，应从多个维度定义智慧养老：从技术层面来看，智慧养老强调对物联化、网络化、智能化技术的使用；从服务层面来看，智慧养老立足于老年人生理需求、生活需求和精神需求的各方面，通过统一平台为老年人提供生活照料、医疗保健、精神慰藉等集成化服务；从组织层面来看，智慧养老是以老年人为中心家庭、社区、机构等多主体间的深度协作以及与环境的自动交互。智慧养老服务是利用感知化、智能化手段，构建实时监测、智能预警、快速响应的适老生活环境，保障老年人安全，通过以整合技术为基础的信息化服务平台，集成多方主体，共享老年人信息，有效调配监护资源，精准匹配多层次服务需求，实现医养护融合；通过多种数据挖掘技术，对老年人个体全数据进行长周期的追踪建模分析，发现其身心健康的演化规律，并生成改善方案，建立畅通的服务反馈机制，关注老年人的声音，发挥老年人在平台建设中的积极作用，以人性化、专业化、智能化的方式提高老年人生活质量，践行积极应对老龄化的理念，帮助老年人保持健康、幸福、独立。

（二）智慧养老服务体系建设

“以居家为基础、社区为依托、机构为补充的多层次养老服务体系”的总体定位，给智慧养老服务体系建设指明了方向（如图 5－9 所示）。

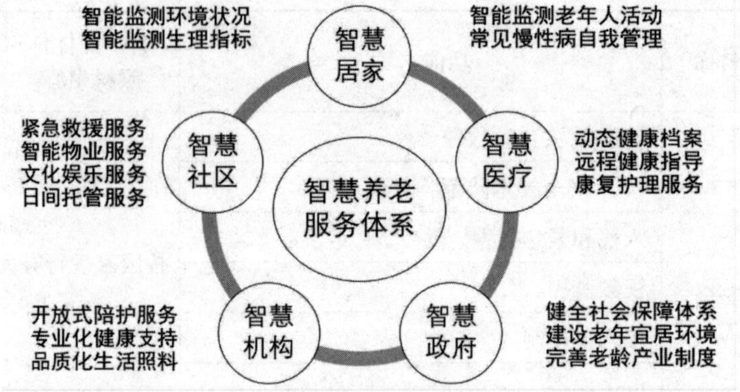

图5－9　智慧养老服务体系

1. 智慧家居是基础

智慧家居是指根据老年人居家需求进行设计改造的宜老家居环境，在减少对老年人日常活动干扰的前提下，预测非正常行为并对潜在的危险行为作出警告，建设内容包括环境状况智能监测、生理指标智能监测、活动情况智能监测和慢性病自我管理。老年人普遍存在对环境变化反应迟缓的问题，实时监测温度、湿度、烟尘、煤气、光照、压力等物理环境指标，可实现环境智能调控和出现异常状况及时报警；老年人器官组织老化、发病率增加，定期自动收集体温、体重、心率、血压等基本生理指标，可实现自动检查健康状况，按需及时提供帮助；老年人肢体活动和社交活动均对其身心健康的保持有重要意义，在对肢体活动（如行走步数、活动范围等）、社交活动（考虑隐私问题只记录声音分贝）信息进行记录分析的前提下，可判断出老年人行动、社交活力并给出改善意见；老年人患慢性病、多病共存现象普遍，通过智能血糖、血压仪以及用药提醒系统，可以帮助老年人进行慢性病的日常自我管理。

2. 智慧社区是依托

针对社区老年人群体提供相关服务，包括紧急救助服务、智能物业服务、文化娱乐服务、日间托管服务等。老年人日常活动范围较小，在家中或周边发生意外情况时，依托社区的服务支持系统可以快速采取措施，进行紧急救助，第一时间处理危机，将伤害降到最小。同时，老年人须应对各种烦琐的生活服务，如水电费、物业费、故障报修等，智慧社区应简化流程，主动服务；通过组织社区老年人开展文化娱乐活动，满足老年人社会交往、社会参与需求；建立空巢、失能老人的日间托管系统，提供用餐、洗漱、护理等日常照料服务。

3. 智慧机构是补充

机构养老方式具有服务专业化、集体生活排解孤独等优势。传统的机构养老由于其封闭式管理和缺少人性化的弊端，遭到了大部分人的抵制。智慧机构养老提供开放式陪护服务、专业化健康支持、品质化生活料理，培养老年人的归属感和社会认同感。养老机构应运用互联互通的信息技术改变服务模式，打通家庭和社区养老隔阂，提供开放式陪护服务，针对最核心的养老需求——健康护理，智慧养老机构配备专业的护理和康复人员，为老年人提供健康支持。养老机构改善公众认知，从粗线条的生活料理服务，向品质化多方位服务转型，从饮食、生活用品、环境设施到健康、运动、娱乐活动等方方面面进行改造，提供标准化、人性化的日常生活料理服务。

4. 智慧医疗是要点

针对老年人群体多病共存、变化快等患病特点，建立动态健康档案，实行远程健康指导，重视康复护理服务。建立个人健康档案，收集老年人的生理数据和诊疗记录，定期生成分析报告。评估老年人的健康水平，针对老年人行动不便的特点，提供远程诊疗服务。老年医疗保障应以预防保健为主，治疗干预为辅，功能康复为目标。

5. 智慧政府为保障

政府应当健全社会保障体系，建设老年宜居环境，完善老龄产业制度，积极应对人口老龄化，以多方位、全覆盖的方式保障老年人的基本生活、医疗和护理服务，推动公共设施无障碍改造，加强老年服务设施的安全隐患排查和监管，完善老年用品和服务市场的准入标准，整治不良商家利用老年群体牟取非法利益的行为，促进老龄产业健康发展。在进行自身智慧化改造的同时，以整合技术为基础，相互配合和集成，共同协作发挥各自的优势和功能，从而形成全方位、一体化的智慧养老服务体系。

（三）统筹提升智慧养老水平

2016 年 10 月，《上海市老龄事业发展“十三五”规划》提出了“科技老龄”新概念，旨在通过信息化手段，打造上海市综合“智能养老”服务平台，以实现对老年人的全天 24 小时看护，这也将成为未来科技养老的必然趋势。为真正实现为老服务信息系统的共享，上海市在科技助老平台建成后，打造市、区“两级平台”和市、区、街道（乡镇）“三级网络”，统筹建设区、街道、社区的信息服务平台，整合老年人健康信息，形成统一的智能养老服务平台，完成养老服务的订单收集、分派以及评价管理。上海科技助老平台是上海市首个市级综合为老服务智能平台，该平台主要是上海市为老服务的门户及入口，可以为全上海老年人及家属提供全面、系统的实时资讯，也打通了与养老服务企业之间的壁垒。上海科技助老服务平台是上海市政府出资，与上海友道网络信息科技合作，不但整合了上海市老年人全面的医疗信息数据，而且还能查询各种实用的信息，如老年人目前所享受的服务、优待项目、养老服务机构以及机构的办事指南等。在科技助老服务平台上可以查询上海市所有养老机构的办公地点，包括养老驿站、长者照护站、日间照料之家、社区就餐点等，这张地图给老年人及其家属带来了极大便利。

2019 年 4 月，上海市首批 12 个人工智能试点应用场景开建，智慧养老是上海市浦东新区打造的 5G 网络下的 7 大人工智能应用场景之一。作为 2019 年世界人工智能大会在智慧养老的场景应用，上海浦东新区的周家渡街道社区综合为老服务中心集成“互联网 +”居家护理服务、5G 远程医疗服务和智慧养老大数据平台，不仅有各类智慧科技助老设备，还整合了街道医养资源，探索出一条智慧养老聚能、赋能的路径，使上海市老年人在家门口就可享受智慧养老，成为社区老年人的“网红”打卡地。如果提前进行了预约，来到周家渡街道社区综合为老服务中心，一进中心大门，人脸识别和智能监控探头就将来访人员信息传到大厅中的显示屏上。随后一个机器人上前与来访人员进行“交流”，引导前往相应窗口。社区老年人上门体验，只要登记一次信息，以后每次来，显示屏上会出现其养老需求和预约服务，智能机器人可提示前往哪个窗口办理。此外，中心有智能养老顾问，结合智能养老设备，可以为老年人提供个性化养老方案，对接政务服务和各类智慧资源。

图 5－10　上海浦东新区周家渡街道社区综合为老服务中心

周家渡养老综合体信息大屏上不仅有访客系统，在 5G 网络的支撑下，还整合了周家渡街道的养老数据资源，承载着周家渡“综合体、社区养老、居家养老”三级网络体系。在大厅一楼的“分钟诊所”里，提供测量血压、血脂等服务，老年人体验后，智慧自助体检机器人可以快速分析数据，给出专业建议。在智能居家样板间，老年人躺在智能照护床上，心率、呼吸等数据即可第一时间传递到数据中心，专业人员分析后，会给出科学建议。智能马桶、悠扶机器人等也吸引了不少老年人体验。在二楼的智能康复中心，智能设备全部依托人工智能岛，老年人在此可以体验健康档案建立、慢病筛查等服务，并借助远程医疗咨询平台，通过 5G 网络连线上海东方医院、华山医院、瑞金医院等知名医疗机构进行远程诊疗。

老年人智能照护床有翻身、清洗、烘干等多项功能，还能够把心率等健康数据传输到显示屏上，后台工作人员可对数据进行分析。老年人子女如果不放心，可安装 App，在线了解老年人身体情况。此外，房间内还配备有雷达感应和语音控制系统，一句“打开窗帘”“打开灯”，就能实现语音控制，老年人跌床等情况可第一时间通知工作人员。

该中心还设有小程序，社区居民可在线体验助餐、护工到家等服务。街道 32 个为老服务站陆续引进智慧养老设备并与街道为老服务中心联网，相关数据实时汇总到数据中心，为每位老年人建立动态健康档案。在 5G 网络的支撑下，街道将实现医养资源在 15 分钟服务圈内可达、可触、可及。

闵行区北桥老年福利院是上海首家全认知症照护机构，刚刚有位老年人走出了规定活动区域，系统第一时间根据老年人佩戴的定位设备在监控屏、护理员智能手环等终端发出语音文字报警。这套防走失系统兼顾了老年人的活动自由，但也有缺陷，例如别针对于老年人来讲不安全，老年人会抠下来藏起来，曾经出现过两例丢失的案例，因而需要设备既可以保证使用，又符合认知症老年人的需求。上海友康信息科技公司的紧急救助服务，依托“一键通”电话和后台大数据及多方联动，10 年来成功救助了 3000 多位申城老年人。但如果电话、遥控器不在身边，突发状况如何及时施救等问题，企业还在探索解决方案。上海市民政局在多次调研中发现，申城智慧养老发展呈现出重技术、重产品、重概念，但存在轻场景、轻需求、轻服务的问题，因此总结梳理了首批四大类 12 个智慧养老应用场景需求，包括认知障碍老年人防走失和老年人紧急救援场景。希望企业研发的产品服务紧贴用户需求、价廉物美，同时形成服务闭环、强化服务配套、注重人文关怀。需要多个应用的场景彼此间能够组合，例如对养老机构来说，它可能既需要有夜间的智能查房、出入院的管理、无接触的消杀，又能够体现人文关怀，如老年人喂饭这个场景，如果把只能单纯喂饭的机器人进行改良，能够帮助老年人抬手，还能够温馨地鼓励老年人，将会更有效果。

首批需求清单被细分为“背景情况、现状描述、场景需求、场景适用”，发布在上海市民政局、市经信委网站、公众号等官方平台，将降低企业调研成本、提升研发精准度。上海市经信委协同市民政局打出组合拳，推动更多“用得起、评价高”的智慧养老产品和服务落地。如根据疫情防控的需要，政府部门积极联系企业抓紧研发无接触式的消毒机器人、照护机器人，对符合相关应用场景需求的产品予以支持，引导企业和行业建立更高的产品标准。

上海市民政局发布的《2020 年上海养老服务工作要点》（沪民养老发〔2020〕5 号）进一步明确了推广社区养老顾问制度，计划新设 1500 个居村养老顾问点和一批专业机构养老顾问点，做好“空中养老顾问”直播，优化“智能养老顾问”系统，并持续开展养老顾问的能力提升培训。

2020年4月27日，上海市民政局根据老年人、养老服务机构和街镇社区等多方面的需求，联合上海市经信委共同发布了“首批12个智慧养老应用场景需求”，分为安全防护类、照护服务类、健康服务类、情感关爱类共四类。此次力推更细分的智慧养老应用场景，就是要让更多企业知道“老年人需要什么”，希望以场景应用为导向、以老年人需求为中心，引导社会各界和企业提供新的创意、积极开发解决方案，鼓励更多企业为老年人提供实时、快捷、高效、低成本，同时又具备物联化、互联化、智能化特征的养老服务。同时，希望广大企业和社会组织能对这些场景需求进行针对性研发，民政部门将积极支持，予以推广。

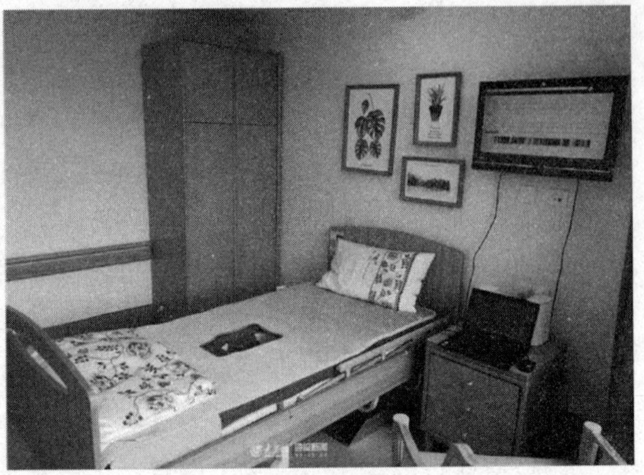

图5－11　智慧养老居室

【案例5－1】

上海市首批12个智慧养老应用场景需求

场景1：老年人防跌倒场景

需求：针对有轻度行动障碍或发生跌倒事故风险较大的老年人，通过使用可穿戴设备、助行机器人等各类跌倒防护产品，帮助老年人居家或外出时独立行动，当老年人发生跌倒事故时能够大幅降低身体伤害。

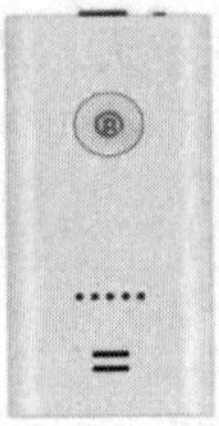

1. 安全卫士“backey”。一款集智能定位、SOS一键报警和老年人意外跌倒自动报警功能为一体的“智能穿戴”设备。像打火机一样大小挂在老年人腰间，一旦老年人跌倒，就会实时触警并向监护人的手机通过App软件或短信发送消息，告知老年人可能跌倒，同时显示老年人当前的精准位置坐标，从而为老年人赢得最宝贵的施救时间。

2. 衣带保智能呵护腰带。可智能检测意外跌倒，及时打开气囊，从而减少高达90%的冲击力，保护老年人两侧髋关节、臀部、尾椎骨以及骶骨等容易受伤部位，降低人身伤害。同时子女能远程查看老年人的健康状态、GPS定位、老年人穿戴设备时间、运动时间等。如老年人意外跌倒，监护人将第一时间接到信息，该设备也可精准定位与及时报警。

3. “防摔倒”智能鞋（B－shoe）。鞋底安装了鞋垫压力传感器、驱动单元、可充电电池、微处理器以及可移动的履带。通过算法，可以分析出老年人是否要摔倒，

并在要摔倒的一瞬间驱动鞋底的履带，将老年人的一只脚向后挪动一些距离，帮助老年人保持身体重心稳定，避免摔倒。且鞋内的全部零件都是超轻材质，鞋子的外观与普通鞋一样，有皮鞋、凉鞋、舞鞋，满足很多老年人的使用需求。

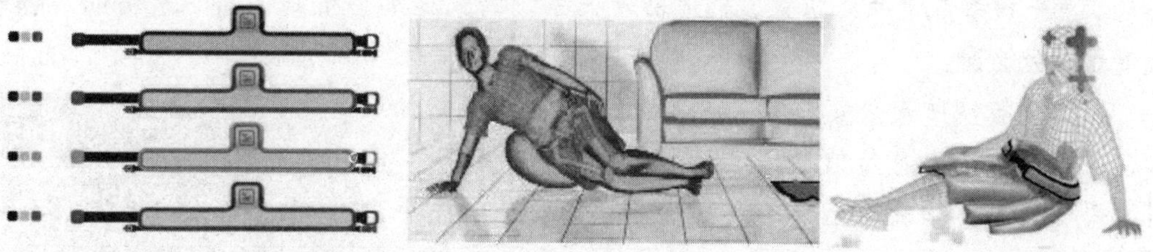

场景2：老年人紧急救援场景

需求：在自主救援场景中，提供一种老年人使用方便、操作简单、服务精准、收费不高的老年人紧急救助整体解决方案。在无感监测报警场景中，针对老年人无人看护时的监测报警需求，老年人发生中风、跌倒、心梗等意外情况时，能及时监测、发出报警信息并通知到监护人或其他指定人员，便于第一时间发现并实施救助。

1. 智能手环。可获取老年人的各项生理信息，包括心率、步数、热量消耗、睡眠质量等；在功能方面，手环还能提供日常活动追踪、睡眠质量监测、久坐提醒、闹钟等服务，监护人可以通过数据了解老年人的健康状况。

2. 远程智能老年机。目前市场上有一些老年人手机不仅采用符合老年人使用习惯的按键布局及操作方式，还配备了远程服药助手、远程位置服务、重要信息前置显示、健康养生、外放收音机等功能，有的老年人手机还配备了跌倒报警、防意外闹钟等人性化功能。

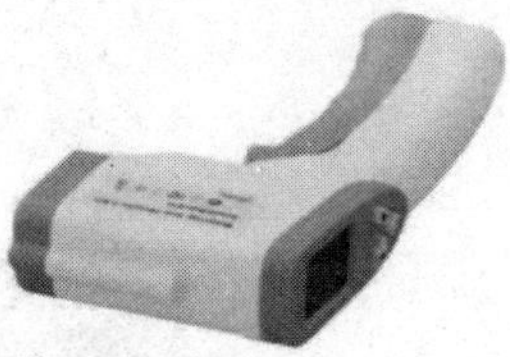

3. 红外感知仪。将红外感知仪安装在卫生间、厨房或卧室等地方，当红外感知仪在设定的时间内没有检测到老年人的活动迹象时，就会自动向信息平台发出“求救”信号。根据老年人的需求和健康状况，家人可把感知报警时间设定为4小时、8小时或更长时间，可有效避免老年人独自在家时出现意外。

场景3：面向认知障碍老人的防走失场景

需求：急需提出一种方便易用、老年人接受度高、成本低、定位准确、后台支持的防走失解决方案。

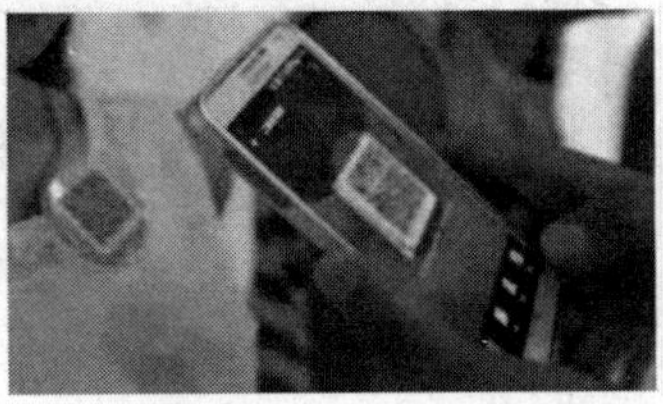

1. “找妈妈”智能防走失系统。以专属防走失二维码为应用形式，附在老年人的衣服上，家属只需扫码即可方便快捷地将老年人服装与智能手机绑定。当老年人意外走失后，任何路人扫码报警，安全中心可第一时间向家属手机发送警报，家属可以一键联系路人或者一键导航老年人位置，同时防走失系统的数据加密机制保障了家属个人隐私信息不会泄露。

2. “智能防走失定位贴”。通过将二维码独立加密成像，与个人身份信息绑定，形成个人身份专属二维码。将二维码烫印至老年人衣物上后，通过智能手机软件扫描，后台即可准确获取老年人的具体位置等相关信息，并将信息通过短信与App消息推送至绑定的紧急联系人手机，让家属能够迅速找到走失老年人。

3. 防走失手环。可随时监测掌握老年人的行动轨迹，通过GPS定位或基站定位等技术，实现位置跟踪，在老年人出现走失情况时，子女或亲属可以实时追踪老年人的地点，随时了解老年人的活动轨迹。如果老年人无法接听电话，监护人可一键主动呼叫。手环的App软件与监护人的手机绑定，手环能够在App上划定安全区域，一旦越出该区域，能在App上及时提醒。手环电量不足时也会主动在App上进行提醒。

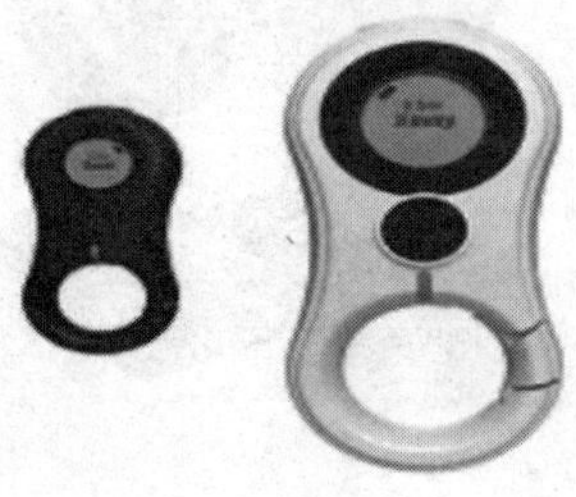

4. 智能定位器。屏幕上可显示姓名、距离以及指示方向的图标。连接方式简单，只要将不同用户的定位器放在一起，让它们相互吸引，系统就会自动创建长距离、低功率的无线电网络，无须手机、地图和网络，即可发送GPS坐标。创建不同模式后，以用户位置为圆心会形成一个圆形的安全区，一旦绑定的老年人离开该范围，会向指定的智能定位器发送震动和警示。这样保证痴呆症患者的安全或是在开展救援等方面产生极佳的作用。

场景4：老年慢性病用药场景

需求：应用“互联网+”技术，提供老年人每日开药、取药和服药的一站式解决方案。

1. 智能掌上超声设备。掌上超声设备体积小、全触屏操作，简单易用，在疾病筛查、治疗过程中的可视化引导以及治疗效果评估上具有很大的作用，还可以对特定病情进行辅助治疗，不方便前往医院的老年人在家中也可享受医疗服务。

2. 智能药箱。智能药箱可与手机 App 连接，老年人服药情况会自动上传同步至子女以及所签约的家庭医生手机上，还可以打开连接的智能药箱查看药箱状态，如服药种类、服药时间、剂量、药仓状态（空/满）。药箱和手机 App 可双重设定时间提醒、分仓提醒、语音提示、盲文提示、图标提示、显示屏提示、色彩分类管理，帮助不同人群快速便捷地按时、按点、按量正确服用药物。更高级的智能药箱还配置视频呼叫功能，医生可以远程呼叫老年人用户，定期随访，为身处家中的慢性病老年人患者在线复诊，提供个性化健康教育和健康咨询，老年人直接通过智能药箱与医生沟通，无须跑腿奔波。自带的 GPS 定位功能和 SOS 报警功能也很实用，便于寻找药盒或者定位老年人的位置，在老年人急需医疗救助的时候，一键按下能立即拨打预先设定好的联系人电话。智能药箱让老年人省心、家人放心。

3. 智能体检机。通过日常的血压、血糖、脂肪率等健康参数的监测，能及早知悉各种急慢性病的发生。日常测量的健康参数会自动上传数据平台，医生端和家属端均可通过手机 App 查看，数据平台经过分析出具健康报告，给予合理的膳食及运动指导，有效延缓和控制身体机能的衰老。针对每位老年人提供智能大数据健康管理和分析，并形成专属独立的健康档案自动上传至云端存储，便于后期为老年人提供专业的健康医疗服务，协助医疗机构为老年人诊疗提供决策依据。

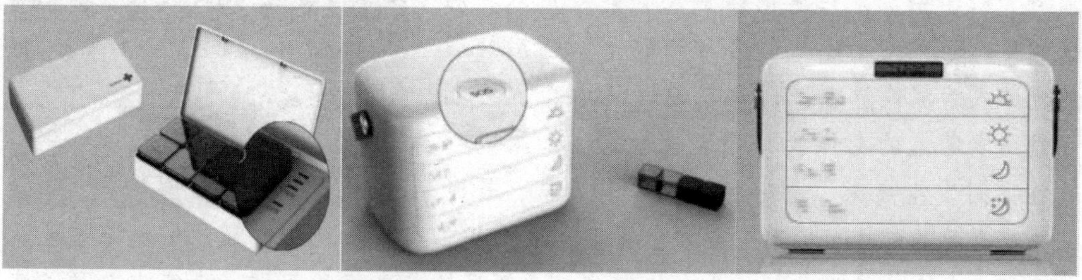

场景 5：老年人卧床护理场景

需求：提供智能化多功能护理床解决方案，要求具备二便处理、辅助翻身、体位调整、生命体征监测及报警、预防压疮等功能，购买价格适中，年综合成本较低。

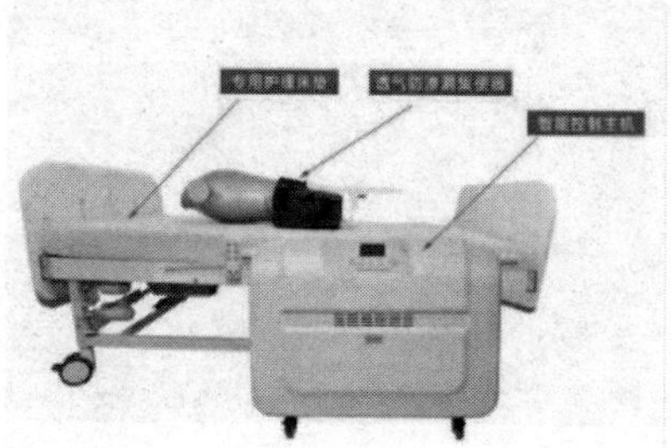

1. 智能护理机器人。智能护理机器人由主机、工作头、床垫三部分组成，通过清洁水循环系统、污物收集系统、自动监测系统，可做到智能识别、自动清洁、干燥处理、双重除臭。处理简单、材质柔软透气且环保，不伤皮肤且有效支撑放置压疮。使用时通过红外线感应，24 小时自动完成及时抽吸、冲洗和烘干，有语音提示，家属或者护理人员每天只需倾倒和加水一次即可，且含有降噪及除臭技术，无声无异味，大大降低了护理成本，提高了老年人的生活质量。

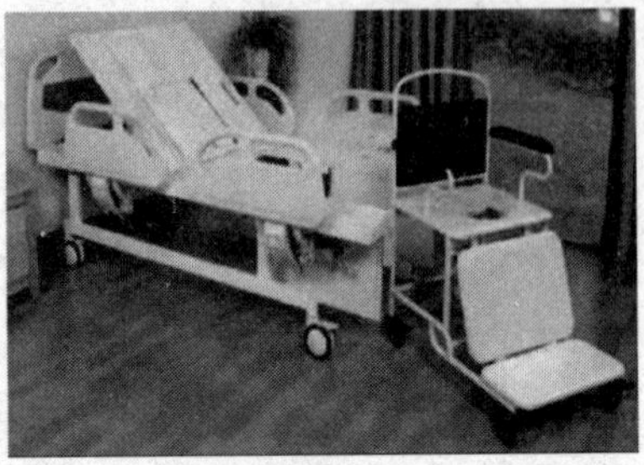

2. 智能护理床。可自动翻身，可在0～90°之间任意调节，同时，护理床的头部与尾部均具有可升降功能，可轻松在“躺”和“坐”之间切换，还可以在床上“坐卧如厕”，并且配有贴心的可拆卸、移动的小桌板设计，使使用者在吃饭与阅读时变得更方便轻松。而且这款护理床还具有床椅分合功能，可使使用者轻松且毫无痛苦的情况下切换到轮椅形态，方便使用者户外行动，而不是被困在床上。甚至它还有在床上洗浴功能，使用者在床上就可完成洗浴工作，且只需一名照护者就能搞定。

场景6：家庭照护床位远程支持场景

需求：提供家庭照护床位的集成式智能化设备解决方案，要求设备具备卧床护理、离床感应、体征监测、紧急呼叫、数据回传、远程指导等功能，可通过视频通话等方式指导老年人家属开展日常护理和突发情况应急处理，体积小巧，安装简便，购买价格适中，年综合成本较低（支持租赁服务）。

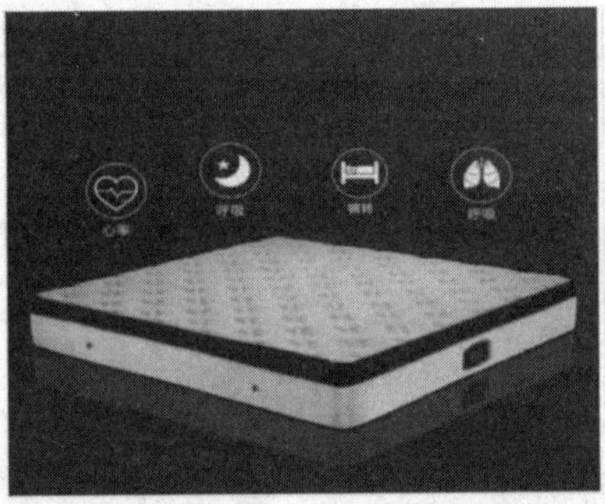

智能床垫。智能床垫使用方便，通过光纤传感器和智能算法，对老年人进行睡眠监测、呼吸监测、心率监测、在床离床监测、健康记录、病症预警。采集到老年人的各项数据后，直接反馈到老年人亲属或养老院，也能通过App个人终端了解到老年人的身体状况和监控数据。如果老年人在夜间发生离床、坠床、呼吸心率异常、长时间未翻身等异常情况，系统会发出警报，通知护工或亲属前来救援。智能床垫能及时掌握老年人的睡眠状况、生命体征情况，便于培养良好的习惯，也能有效预防病症发生，更能大大减少意外发生。

场景7：机构出入管控场景

需求：提供大型养老机构人员进出管控的解决方案。综合采取人脸识别、红外监测、门禁管理等技术，可满足人员进出方便、审核快速、指定进入区域和路线、同步测量人员体温和监测“随申码”等要求。

门禁系统。大门口处安装人脸识别系统，自

动识别老年人和家属的脸，阻止没有经过正式登记的人员进入养老院；而在出口处拦住没有监护人陪伴的失智、失能老人，防止老年人走丢。楼层设置门禁系统，刷卡出入，保障失智、失能老人的安全，同时安装消防联动报警系统，万一遇到火灾触碰了烟感系统以及其他紧急情况，门会自动打开。

场景8：机构智能查房场景

需求：能保障老年人夜间看护安全、降低各类突发事件风险、弥补护理员夜间巡查人力不足的智能查房解决方案。

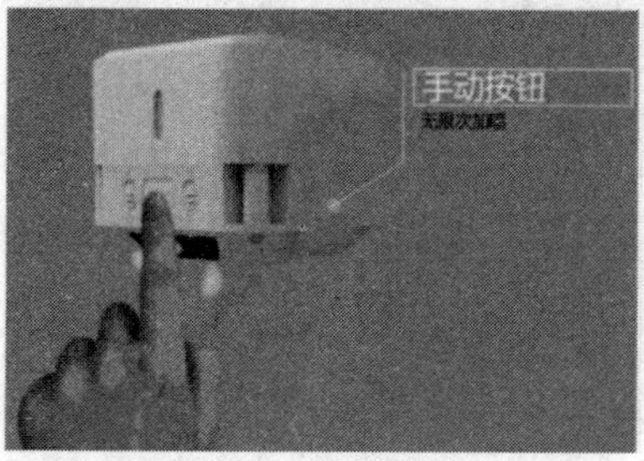

AI行为识别分析技术（智能监控/行为监控）。监控方式由被动到主动的转变，全天候不间断地对视频进行检测，自动发现监控画面中的异常情况，有效协助安全人员处理危机。AI行为识别技术可用于养老院很多场景，并且最大限度地降低误报和漏报现象，很好地满足养老安防系统对于安全的要求，特别是夜间的作用更甚。在老年人不慎跌倒在地上时；在老年人遇到紧急情况或别的老年人看到身边的老年人发生异常状况时，可对着摄像机举手求救时；在午休、其他特定时间段和夜间，有老年人仍然在活动区域徘徊达到徘徊规则启动时；在有人闯入特定区域时（楼梯等危险区域）；在围墙或者建筑物外墙，或者危险楼梯护手等区域，有人攀爬；当夜晚老年人在睡觉时间段，突然起身去上厕所，不慎跌倒或出了其他意外时；在老年人进入厕所超过系统规定的时间未出来时（能看到厕所门口就可以了，无须看到厕所里面）；在老年人尾随他人从出入口出门时；在有老年人在室外休息坐在椅子上维持同一个动作不动，超过一定时间，自老年人久坐不动达到系统设定的时间时；在摄像机检测到值班人员超过系统设定的时间未活动或者活动频率极低时；在应该要有人值班的场景，长时间没有人在岗值班，自岗位人员离开开始，达到系统设定时间时。当系统检测到上述情境，就会立刻发出预警（报警），及时提醒照护人员到场处理，避免意外情况的发生。

场景9：机构无接触式智能消毒场景

需求：提供无接触智能消毒机器人解决方案，要求价格适中、简单易用、稳定可靠，能够自动按照符合标准的消毒程序，依照设定的路线和区域开展消毒工作。

1. 无接触式无损智能消毒喷洒器。全自动无接触式智能感应操作，主要对人体、衣服、手、门把手、电梯按钮、水龙头进行自动喷洒消毒液进行消毒杀灭，最大可对1米范围内的人或物体进行喷洒消毒液杀灭细菌。有三种模式：无人喷洒模式（当产品在0～100cm距离内感应到有物体靠近，正面消毒口立刻进入待喷洒状态，待靠近物体离开以后，下方消毒口自动喷洒消毒液，对空间进行消毒，该模式适合在人多场景，如电梯、卫生间等）、有人喷洒模式（有人模式下，当产品在0～50cm的距离内感应到有物体靠近，则立刻喷洒消毒液，从物体靠近到离开，自动进

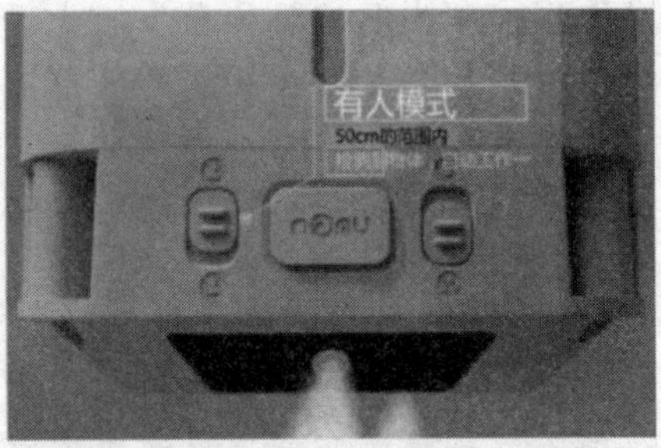

入待机状态）、手动喷洒模式（手动调节模式，在需要消毒物体较大的时候，只需轻触位于中间的手动按钮，就可进行多次喷洒，达到对物体进行全面消毒的效果）。

2. 红外热成像智能消毒机。只需将人脸对准摄像头就能同步完成测温、登记、消毒。设备上配有高清摄像头，人群只需在设备前停留片刻，摄像头便能迅速捕捉到高于37.3摄氏度的人体，然后迅速开启语音报警，并能对人脸进行精准识别，且自动记录出入人员信息。

此外，红外热成像消毒一体机还能提供消毒服务，消毒机里的消毒液为食品级次氯酸，安全无毒、无刺激、无异味，可以将吸附在衣物、手部、头发等部位的病毒和细菌进行全面消毒，也能杀灭空气中其他可能存在的病毒。设备移动方便并且不占地方，可长时间、不间断稳定地工作，对使用环境也没有限制，便于养老机构和长者照护之家等使用。

场景10：老年人智能相伴场景

需求：在居家、社区、机构等各种养老服务场景中，应用各类智能化、信息化手段，为老年人提供触手可及、便捷易用的养老信息资源服务和智能陪伴，提高老年人的生活质量，丰富老年人的社会参与。

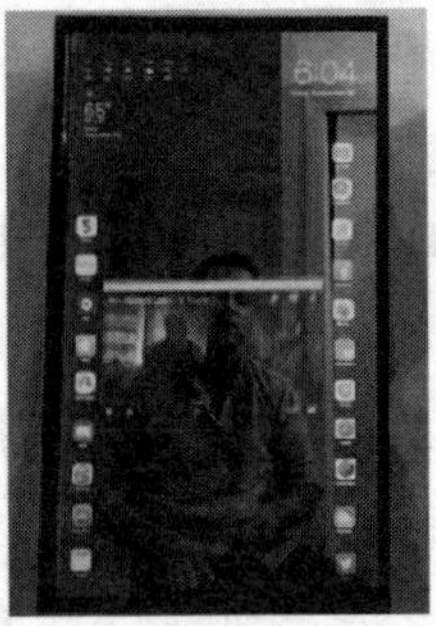

1. 智能家居系统摄像头和各类传感器。子女能通过手机随时随地查看家中的实时画面，随时了解父母的基本情况，以保证老年人的安全；还可以随时与老年人进行视频语音互动，给予他们满满的关怀。同时，老年人也能随时随地通过视频交互与子女交流互动，传递关心，一键操控，无须任何烦琐操作，简单方便。

2. 陪伴机器人。可以模仿人类做各种动作、跳各种舞蹈，双手可以抓取300克的重物，可以陪老年人说话，可以识别家人叫他们的名字，还可以陪老年人下棋、打太极拳。

场景11：老年人智能语音交流互动场景

需求：利用智能自动群呼系统，自动向村（居）委会内数百名以上老年人拨打关爱电话，并具备交互功能，可听懂老年人的简单需求，或根据老年人述说自动转人工席位。

场景12：机构智能视频监控场景

需求：提供基于视频压缩技术的低成本智能视频监控方案，能以较低的成本实现养老机构内部多个摄像头数据的实时采集、传输、保存、分析。

说话机器人

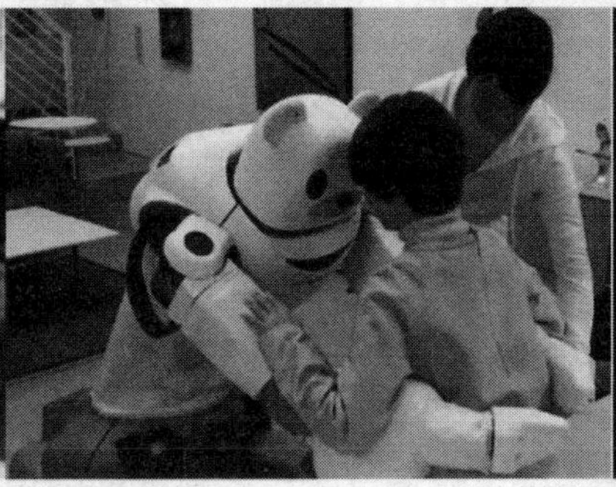

照料机器人

情感交流机器人

1. 智能警戒系统。养老院重点区域、危险区域（如景观池、高台等）采用轻智能警戒摄像机，对进入区域的人体、车辆进行跟踪。对区域入侵的人体检测、抓拍，并联动自身的声光报警功能（白光灯闪烁和喇叭语音喊话）。

2. 倒地智能分析报警。智能分析报警系统通过双目智能网络摄像机，分析人数异常、间距异常、倒地、滞留等基本行为和奔跑、剧烈运动、离岗特殊行为分析，发现老年人摔跤时及时报警，避免延误老年人的最佳治疗时间。可以在老年人活动场所、公共走廊等场所使用。

3. 全景一体式监控系统（鹰眼）。球形鹰眼全景跟踪摄像机可轻松实现全景加细节的监控效果，使得整体方案大大简化。其内置多个水平全景摄像机以及一个智能特写跟踪球机，集成度高，可替代多台普通摄像机、一台星光球机以及视频拼接服务器的组合，硬件成本大大降低；且安装维护简单，前期安装施工成本低，后期维护量小，具备球机的快装结构，一体化快捷安装。

四、居家养老智能产品适配

智能设备的使用主要根据老年人的身体状况、居住环境及个人需求而定，主要面向长者的安全防护与生活护理服务、家庭社交与情感维系服务，以下介绍几项较为前沿的智能产品，以帮助老年人更好地了解智慧养老在社区居家养老中的应用。

可接入设备：睡眠监测类

对在床上睡觉的老人实时监测心脉、呼吸、打鼾、体动、翻身、入/离床等

适用于：对呼吸障碍症、心梗、脑梗、老年认知症等病症进行有效预警和复查，以及慢性病管理等空巢或独居的老人家庭，或是养老院中特护、介护的老人。

可接入设备：安防类

烟感器、燃气报警器、水泄漏报警器、防盗报警器、摄像头等

适用于空巢或独居的老人家庭。

运作原理：

在报警主机内放入手机卡或是主机支持WIFI连接，用户家里安装各类感应探测器（门磁、红外、烟感、煤气探测器等），一旦有非法入侵或入室触动门磁、红外等，向报警主机传送报警信号，报警主机通过无线网络将信号发到平台进行处理。

可接入设备：呼叫/定位类

有线呼叫终端	穿戴式呼叫/定位终端	手机式呼叫/定位终端
固定式一键呼叫，红绿键，SOS	紧急呼叫、一键呼叫、双向通话、GPS/LBS定位	一键呼叫、双向通话、GPS/LBS定位、任意拨号、收音机、大键
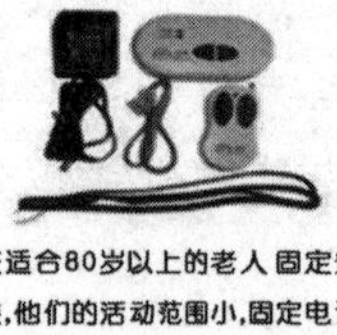		
较适合80岁以上的老人固定安装，他们的活动范围小，固定电话在他们的印象中使用方便。	较适合75岁以上的老人及容易丢失的东西或痴呆症等特殊群体，佩戴于手腕或用绳子挂起，不易丢失，而且定位功能便于子女或服务中心定位。	较适合60～75岁的老人，他们的活动能力强，经常在室外活动。老人机适合文化程度不太高，对新鲜事物不太感兴趣的老人。

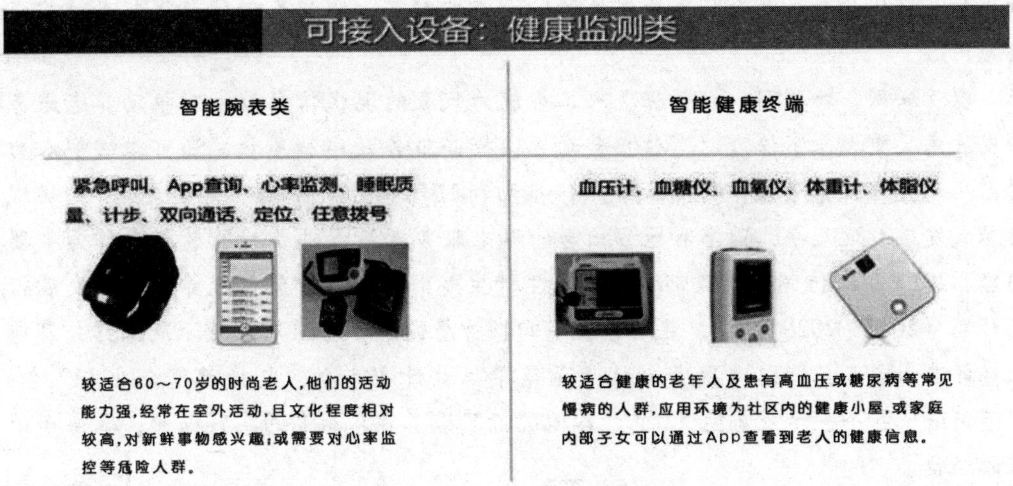

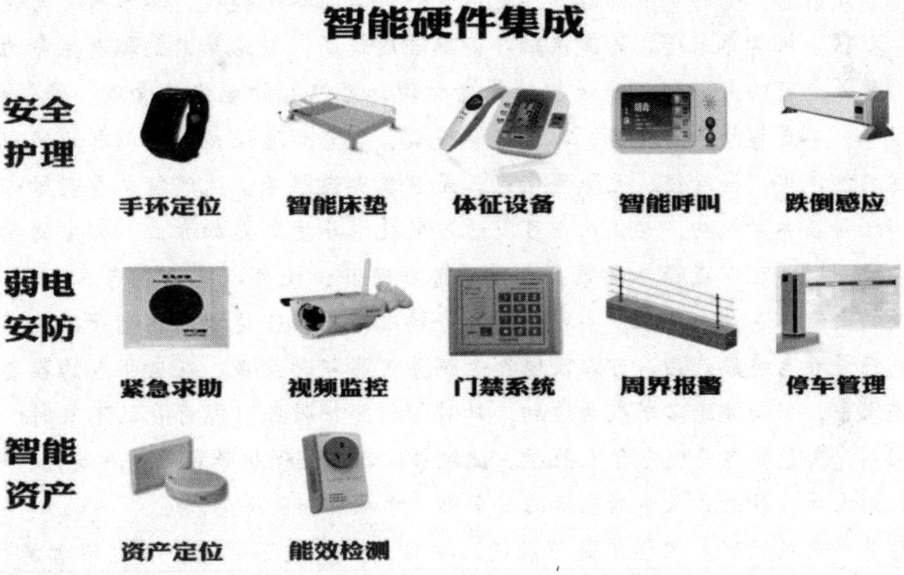

拓展阅读↘5－4

智慧养老既要技术精度更要人文温度①

2019年11月，中共中央、国务院印发的《国家积极应对人口老龄化中长期规划》提出积极应对人口老龄化五大任务，其中之一就是科技创新能力，明确指出："深入实施创新驱动发展战略，把技术创新作为积极应对人口老龄化的第一动力和战略支撑，全面提升国民经济产业体系智能化水平。提高老年服务科技化、信息化水平，加大老年健康科技支撑力度，加强老年辅助技术研发和应用。"这说明，信

① 吴玉韶．智慧养老既要技术精度更要人文温度［N］．中国社会报，2020－08－19（A02）．

息化和智慧化是未来养老服务业发展的一个重要趋势，智慧养老将获得越来越广泛的应用。

以互联网、物联网、大数据、人工智能为代表的现代信息技术对推动养老服务业发展意义重大，不仅可以有效整合资源，提高服务效率和质量，还可以缓解人力资源短缺，纾解养老服务的痛点难点，推动新时代养老服务业“弯道超车”，实现跨越式发展。近几年，国家和地方出台的养老服务政策文件都把智慧养老作为重要内容，2017 年工信部、民政部、国家卫生计生委出台了《智慧健康养老产业发展行动计划（2017—2020 年）》，连续开展了四批智慧健康养老应用试点示范工作，目前已经评选出前三批智慧健康养老试点示范单位共计 394 个，包括示范企业 117 个、示范街道 225 个、示范基地 52 个。各地进行了很多智慧养老的实践探索，取得了很好的经验。

融合是智慧养老的生命，智慧养老不是一种新的养老模式，其本质是与传统的居家、社区、机构养老模式的有机融合，融合度越高，智慧养老就越有生命力。目前，智慧养老有四大领域：一是智慧养老管理，可以有效地优化管理，降低成本，提高效率；二是智慧养老设施，比如智慧建筑、智慧交通设施，可以真正实现居住和交通的智能化、全龄化、无障碍化；三是智慧养老服务，通过智慧养老服务，不管在家还是在养老机构，老年人都可以通过新技术享受到更加专业、安全的养老服务。与此同时，可以减轻养老服务人员的照护负担，还可以基于人与人、人与物、物与物的全链信息精准需求，实现养老服务精准对接；四是智慧养老产品，目前市场上的海量养老终端产品，可以实现养老服务可靠即时互联。在老年人的各类养老服务需求中，安全健康需求最为迫切，针对传统照护服务可能存在的不及时、不适老等问题，智慧养老将使老年人照护、健康管理、安全保护等服务更加及时、便捷、有效，大大地提升老年人养老生活的安全感、幸福感和获得感。

智慧养老虽然好，但也不是万能的，要防止“智慧不养老，养老不智慧”，避免技术至上，炫技术、炒概念，做表面文章，因为技术再好也代替不了养老服务特有的人文属性。比如很多地方都建设了智慧养老信息平台，但是普遍存在着“重线上轻线下，重显示终端轻客户终端”等问题，做出来的显示终端是用来给人观看的，大屏幕跟作战指挥室一样气派，但是这充其量只是一个呼叫平台，与“114”的功能差不多，老年人需要的是更多实实在在的线下服务。再比如，这些年市场上研发生产了很多智慧养老可穿戴设备，但大多产品市场反应不好，根本原因是厂家在技术上下了很多功夫，却很少考虑老年人使用的真实感受，致使这类产品成了“智慧不养老”的创新产品。

养老的本质是服务，而养老服务的最大特征是人本，人对人带有情感的近身服务是其基本形式。所以，再先进的技术都不可能代替情感、代替近身服务，智慧养老既要有技术的精度，更要有人文的温度。

【案例讨论】

1. 针对所接待的老年人具体情况，结合上海市公布的 12 个智能养老场景，说明智慧养老的作用。

2. 举例说明情感陪伴智能养老还有哪些设备?

【问题思考】

1. 容易摔跤的老年人适合使用哪些智能化产品?

2. 政府、社区和机构如何打造智能化平台?

主要参考文献

［1］朱图陵．残疾人辅助器具基础与应用［M］．北京：求真出版社，2010.

［2］李高峰，朱图陵．老年人辅助器具应用［M］．北京：北京大学出版社，2013.

［3］杨宝祥，陈洪涛．老年社会工作培训教程［M］．北京：中国社会出版社，2014.

［4］杨宝祥．养老服务业标准化培训教程［M］．北京：中国社会出版社，2015.

［5］《大城养老》编委会．大城养老——上海的实践样本［M］．上海：上海人民出版社，2017.

［6］蒋德海．以共享的正义原则“克”养老资源分配不公［J］．探索与争鸣，2015（12）．

［7］姚长福，赵东霞．基于老年人对服务设施需求偏好的养老配置问题研究——以辽宁省为例［J］．理论界，2017（7）．

［8］马玉娜，顾佳峰．“空间—制度”互动与公共福利资源配置：以机构养老为例［J］．北京大学学报（哲学社会科学版），2018（1）．